AF130327

James Cook, James King, Johann Ludwig Wetzel

Capitain Cooks dritte und letzte Reise,

oder Geschichte einer Entdeckungsreise nach dem Stillen Ozean - 2. Band

James Cook, James King, Johann Ludwig Wetzel

Capitain Cooks dritte und letzte Reise,
oder Geschichte einer Entdeckungsreise nach dem Stillen Ozean - 2. Band

ISBN/EAN: 9783743448155

Hergestellt in Europa, USA, Kanada, Australien, Japan

Cover: Foto ©ninafisch / pixelio.de

Weitere Bücher finden Sie auf **www.hansebooks.com**

Capitain Cooks dritte und letzte Reise,

oder

Geschichte

einer Entdeckungsreise

nach dem stillen Ocean,

welche auf Befehl

Sr. Großbritannischen Majestät,

zu genauerer

Erforschung der nördlichen Halbkugel

unternommen,

und unter der Anführung der Capitaine Cook, Clerke
und Gore, in Sr. Majestät Schiffen, der Resolution
und der Discovery, während den Jahren
1776, 1777, 1778, 1779 und 1780
ausgeführt worden ist.

Aus den Tagbüchern der Capitaine James Cook, M. d. K. S.

und

James King, D. d. R. u. M. d. K. S.

Eine Uebersetzung

nach der zwoten großen Englischen Ausgabe
in drey Bänden in Quart,
mit einigen Anmerkungen

von

Johann Ludwig Wetzel,

Brandenburg = Anspachl. Hofkammerrath, Bibliothekar
und ersten Pagenhofmeister.

Zweyter Band,
mit Kupferstichen.

Anspach,
auf Kosten des Uebersetzers gedruckt mit Messererischen Schriften.
1 7 8 7.

Nachtrag
zur Subscribenten=Liste.

Exemplar.	**Fürstliche Personen.**
1.	Ihro Hochfürstliche Durchlaucht die regierende Frau Fürstin zu Isenburg.

1.	Bibliothek des Hochlöblich. Obrist=von Reitzenstein. Infanterie=Regiments zu Bayreuth.
1.	, , , Canzley, Reichsunmittelbar Burgfried= bergische.
1.	Herr Freiherr von Braun, K. K. Reichshofrath= zu Wien.
1.	, Cremeri, Censur=Actuarius zu Linz.
2.	, M. Ehrmann, Pfarrer zu Schafhausen bey Calw.
1.	Freyfrau von Fleckenbühl genannt von Bürgel, geb. von Gemmingen, zu Heßencaßel.
1.	Fräulein von Gemmingen, Hof= und Stiftsdame zu Anspach.
1.	Herr M. Göbel, Pfarrer zu Gerhardshofen.
1.	, Freyherr von Hutten, Churpfälz. Cammerherr zu Mannheim.
1.	, Geh. geistl. Rath und Decan von Kolb, in Wur= zach bey Memmingen.
1.	, Lehmann, Rußisch. Kayß. Legationsrath zu Frankfurth am Mayn.
1.	, von Preußchen, Hof= und Canzleyrath, zu Burg= friedberg.

Exemplar.

1. – Ihro Excellenz, Herr Freyherr von Reischach, Dom-
Dechant zu Augsburg.

1. – Herr Freyherr von Roeder, Hochfürstl. Kammerherr
und Infanteriehauptmann zu Anspach.

1. – – Rath und D. Roth, zu Weissenburg am Nordgau.

1. – Ihro Excellenz Herr Graf von Spauer zu München.

6. – Herr Stein, Buchhändler zu Nürnberg.

1. – – Hof- und Regierungsrath, dann Geheimer-Archi-
varius Strebel, zu Anspach.

1. – Ihro Excellenz, Herr Graf von Thurn und Valsassi-
na Dombechant zu Regensburg.

1. – Frh. von Truchses zu Oberlauringen.

1. – Frh. von Streit, Oberst Forstmeister im Nordgau.

1. – Ihro Excellenz Frau Gräfin von Torring-Cronsfeld
zu München.

1. – Herr Weinel, Hochfürstl. Brandenb. Justiz-Sekretar
zu Neustadt a. d. Aisch.

1. – – Freyh. von Weiskirch, K. K. Reichs-Hofrath
zu Wien.

1. – – Wismeyer, Pfarrer zu Wallern.

Inhalt
des zweyten Bandes.

Fortſetzung
des
Zweyten Buchs.

Siebentes Kapitel.

Achtes Kapitel.

Drittes Buch.

Aufenthalt in Otaheite und den Societäts-Inseln ; — Fortsetzung der Reise nach der
Küste von Nord-America.

Erstes Kapitel.

Zweytes Kapitel.

Drittes Kapitel.

Viertes Kapitel.

Fünftes Kapitel.

ftohlen. — Maasregeln die bey dieſer Gelegenheit ergriffen werden. — Expedition queer durch die Inſel.—
Häuſer und Kähne werden verbrannt. — Die Ziege wird
zurückgegeben. — Einige Nachrichten von der Inſel.

Sechstes Kapitel.

Ankunft zu Huaheine. — Verſammlung der Oberhäupter — Omais Geſchenke und Rede an die Oberhäupter. — Seine häußliche Niederlaſſung auf dieſer
Inſel wird einmüthig genehmiget. — Es wird ihm
ein Haus gebauet, und ein Garten für ihn angelegt.—
Maasregeln zu ſeiner Sicherheit. — Schaden den die
Schaben auf den Schiffen anrichten. — Entdeckung
und Strafe eines Diebs. — Er entweicht aus dem
Verhaft. — Feuerwerke. — Thiere, welche dem Omai
zurückgelaſſen werden. — Sein Hausgeſinde. — Seine
europäiſchen Waffen. — Aufſchrift an ſeinem Hauſe.—
Sein Betragen bey Abfahrt der Schiffe. — Kurze
Schilderung ſeines Charakters. — Nachricht von den
jungen Neu-Seeländern.

Siebentes Kapitel.

Ankunft zu Ulietea. — Aſtronomiſche Beobachtungen. — Entweichung eines See-Soldaten. —
Nachrichten von Omai. — Inſtruction für Capitain
Clerke. — Ein See-Cadet und ein Matroſe gehen
davon. — Drey der vornehmſten Perſonen auf der
Inſel werden dieſes Vorfalls wegen gefangen genommen. — Mißlungener Anſchlag der Eingebohrnen auf
die beiden Capitaine Cook und Clerke. — Die beiden Ueberläufer werden zurückgebracht, und die Gefangenen wieder in Freyheit geſetzt. — Die Schiffe
ſeegeln ab. — Erfriſchungen, die wir in Ulietea erhielten. — Gegenwärtiger und vormaliger Zuſtand
dieſer Inſel. — Nachricht von dem abgeſetzten Könige,
und dem ehemaligen Regenten in Huaheine.

Erklärung

der in diesem Bande vorkommenden und insonderheit bey Seeleuten gebräuchlichen Kunstwörter.

Ballast, eine gewisse Quantität Steine, oder andere schwere Dinge, zu unterst des Schiffbodens vertheilt, um dem Schiffe die gehörige Schwere und das Gegengewicht, desgleichen die nöthige Stätigkeit im Laufe zu geben.

Ballastpforten, (Ballast poorten) oder Oefnungen gleich den Canonenlöchern, wodurch der Ballast in den untersten Schiffboden gebracht wird.

Bay, Bucht ein großer Arm von der See, zwischen zwey Stücken Landes, oder ein kleiner Meerbusen.

Brackwaßer, halbsalziges und unbrauchbares Waßer.

Boogsiren, heißt ein Schiff mittelst eines oder mehrerer Seile durch Boote fortziehen.

Bramraa, die Seegelstange, welche queer an der Bramstenge hängt, und woran der Bramsegel bevestigt ist.

Blinderaa, ist die Seegelstange am Bogspriet, oder des am Vordertheil des Schiffs herausgehenden Mastes.

Bäncke oder **Holme** eine seichte Stelle in der See, worüber die Schiffe nicht seegeln können; bisweilen auch der Grund in den Häven oder Rheeden worauf man ankert.

Bugancker, sind die zween mittlern Ancker bey großen Schiffen, der eine heißt der größte oder beste und der andere der kleine Bugancker.

Deinung siehe Anmerckung des ersten Bands Seite 117.

Einreffen, die Seegel unten etwas zusammen wickeln, damit sie weniger Wind fangen.

Kielen, Kielholen heißt ein Schiff auf die Seite legen, um zum Kiel kommen, und den äußern Boden des Schiffs ausbeßern zu können.

Holme, siehe **Bäncke.**

Kreecke (holländ. Kreeke,) ein kleiner Meerbusen, oder Einbucht, auch eine Art von Damm zu Ausladung der Schiffe.

Klüsen, die zwey runden Löcher am Vordertheil des Schiffs, wodurch die Anckertaue gehen.

Marsseegel, sind diejenigen, die an den großen Vorstengen geführt werden.

Nothstengen, sind die aus andern Segelstangen und anderm Holzwerk in der Eil verfertigten kleinen Masten, die an Statt der im Sturm oder Gefecht verlohren gegangenen aufgesetzt werden.

Pinasse, einer Art großer Boote, welches mit Rudern, Seegeln und Masten versehen ist.

Püttings, sind dicke eiserne Stangen die unten mit Bolten (großen eisernen Nägeln) an der Seite des Schiffs bevestigt sind, und zur Verstärckung der Haupttaue oder Wände dienen.

Reff, ist eine Einwickelung des untersten Theils des Seegels, damit er nicht soviel Wind fange, siehe **einreffen.**

Schönfahrsegel ist das unterste Seegel am großen Maste.

Seekehren, heißt ein langes Seil längst dem Boden in der See hinziehen, um vermittelst desselben, einen abgerissenen Ancker rc. rc. wieder zu finden und herauszubringen.

Steuerbord, die rechte Seite des Schiffs.

Stagsegel, sind solche die ohne Raaen oder Segelstangen an die Stagen oder großen Taue bevestigt werden.

Erklärung

der Kupfertafeln, und Anweisung an den Buchbinder, wohin sie gebunden werden müssen.

Seite
35o

354

354

356

4I3

Geschichte
einer
Entdeckungsreise
nach
der Südsee.

Fortsetzung
des
Zweyten Buchs.

Viertes Kapitel.

Verkehr mit den Eingebohrnen von Romango und andern Inseln. — Ankunft zu Annamooka. — Verrichtungen daselbst. — Feenou, eines der ersten Oberhäupter von Tongataboo, besucht uns. — Neigung der Eingebohrnen zum Diebstal. — Einige Nachrichten über Annamooka. Fahrt von dieser Insel nach Hapaee.

1777.

April.

Montags
den 28sten.

Bald nachdem wir uns vor Anker gelegt hatten, ruderten zween Kähne, der eine mit vier, der andere mit drey Mann, auf uns zu, und kamen ohne alles Bedenken an die Schiffsseiten. Sie brachten

Zweyter Th.   A

einige Kokosnüſſe, Brodfrucht, Piſange und Zuckerrohr, welches ſie gegen Nägel vertauſchten. Einer der Eingebohrnen ſtieg an Bord. Nachdem dieſe Kähne uns verlaſſen hatten, beſuchte uns noch ein anderer, der ſich aber nicht lange aufhielt, weil es anfieng, Nacht zu werden. Da Romango, die nächſte dieſer Inſeln, wenigſtens noch fünf Meilen von uns entfernt war, ſo kann man daraus abnehmen, welcher Gefahr ſich dieſe Leute ausſetzen, auch nur die unbedeutendſten Artikel von uns zu erhalten. Nächſt dieſen Proviſionen, die wir vom Ufer bekamen, fiengen wir noch dieſen Abend, mit Angel und Leine, eine anſehnliche Menge Fiſche.

Dienſtag den 29ſten. Tags darauf, des Morgens um vier Uhr, ſchickte ich den Lieutenant King, mit zwey Booten, nach Romango, um uns Erfriſchungen zu verſchaffen; um fünf Uhr gab ich das Zeichen, die Anker zu heben, um dicht bey dem Winde nach Annamooka zu ſeegeln; er kam aus Nord-Weſt, und war ſehr ungünſtig.

Kaum war der Tag angebrochen, ſo bekamen wir ſchon Zuſpruch von ſechs bis ſieben Kähnen, aus verſchiedenen Inſeln, die uns nebſt Früchten und Wurzeln, ein Paar junge Schweine, allerley Federvieh, etliche große Holztauben, kleine Rallen und große violette Waſſerhüner a) mitbrachten, welches ſie uns alles gegen Glaskorallen, Nägel, Beile u. d. gl. überließen. Sie hatten noch andere

a) Fulica Porphyrio. *Linn.* **W.**

Handlungsartikel, als Stücken ihres Zeugs, Fisch-
angeln, kleine Körbe, Rohrpfeifen, einige Streitkolben, Speere und Bogen. Ich verboth aber
dergleichen Waare zu kaufen, bis die Schiffe mit
dem nöthigen Vorrathe versehen seyn würden, oder
ich die Erlaubnis dazu gegeben hätte. Da mir
übrigens aus Erfahrung bekannt war, daß es allemal Streitigkeiten setzte, wenn jeder unsrer Leute
mit den Eingebohrnen, nach seinen eigenen Launen
Handelschaft treiben durfte, so ernannte ich zu diesem
Gewerbe, sowohl am Bord, als am Lande, gewisse
Personen, und ließ allen andern verbieten, sich in
den Kauf zu mischen. Ehe es noch Mittag war,
kam Hrn. Kings Boot zurück, mit sieben Schweinen, verschiedenem Geflügel, einem Vorrath von
Wurzeln und Früchten für uns, und etwas Gras
für das Vieh. Ihm und seiner Mannschaft wurde
zu Komango sehr leutselig begegnet. Die Einwohner schienen ihm nicht zahlreich zu seyn, und
ihre Hütten, die dicht an einander, innerhalb einer
Allee von Plantanenbäumen standen, hatten nicht
viel zu bedeuten. Nicht weit davon war ein ziemlich großer Teich, süssen, ganz leidlichen Wassers,
aber es schien nicht, daß die Insel einen Bach
habe. Mit Hrn. King kam zugleich das Oberhaupt der Insel, Namens Tooboulangee, und
noch ein anderer mit Namen Taipa, an Bord;
diese brachten mir ein Schwein zum Geschenke, und
versprachen noch mehrere auf den andern Tag.

A 2

4

So bald die Boote aufgeholt waren, steuerte
ich gegen Annamooka, und da wir nur sehr gelinden Wind hatten, nahm ich mir vor, zwischen An-
namooka-ette b), und den Brechern an der Süd-
Ostseite dieser Insel hinzusegeln. Da ich aber näher kam, fand ich so ungleiche Tiefen, die sich mit
jedem Bleywurfe um zehn bis zwölf Faden veränderten, daß ich mein Vorhaben aufgeben mußte,
und mir vornahm, mich ganz südwärts zu halten.
Dies brachte uns unter dem Wind und nöthigte uns,
die ganze Nacht unter Seegel zu bleiben. Es war
sehr finster; wir hatten fast aus allen Windstrichen
heftige Regenschauer, so daß wir uns andern
Morgens, mit Tages Anbruch, ungleich weiter als
Abends zuvor in hoher See befanden. Der wenige
Wind, den wir nun hatten, war noch dazu Gegenwind.

Wir seegelten noch immer, den ganzen Tag
hindurch, hart an dem Winde, aber es wollte nicht
viel helfen, und wir ankerten Abends mit neun und
dreyßig Klaftern Wasser, auf einem Boden von
Korallenfels und zerbrochenen Muscheln, wo uns
die westliche Spitze von Annamooka, vier Meilen weit, in Ost-Nord-Osten lag. Tooboulangee und Taipa hielten Wort, und brachten uns
die versprochenen Schweine; auch tauschten wir
deren noch andere und so viel Früchte als wir gebrauchen konnten, von den übrigen Kähnen ein,
die uns begleiteten. Es war sonderbar, daß diesen

b) d. i. Klein-Annamooka.

ganzen Tag unser Zuspruch aus den benachbarten Inseln sonst mit niemanden als mit mir handeln wollte.
Capitain Clerke konnte nicht über ein Paar Schweine bekommen.

Des andern Morgens um vier Uhr ließ ich ein
Boot ausheben, und schickte den Obersteuermann
aus, an der Süd-Westseite von Annamooka zu sondiren, indem dort ein Haven zu seyn schien, der gegen
Nord-Ost durch eine Insel, und gegen Süd-West
und Süd-Ost durch kleine Eilande und Untiefen
gebildet wurde. Mittlerweile giengen die Schiffe
unter Seegel, und suchten der Insel nahe zu kommen.

Der Obersteuermann berichtete, bey seiner Zurückkunft, daß er zwischen Groß- und Klein-Annamooka das Senkbley ausgeworfen und zehn bis
zwölf Faden Wassertiefe auf einem Boden von Ko-
rallensand gefunden habe; daß diese Stelle vor allen
Winden gesichert sey, daß er aber kein frisches Wasser, ausser in einiger Entfernung vom Ufer gefunden habe, daß man selbst hier nur wenig bekommen
könne, und daß dieses nicht einmal gut sey. Aus
diesem sehr zureichenden Grunde, entschloß ich mich,
an der Nordseite der Insel die Anker fallen zu lassen, wo ich bey meiner letztern Reise einen sehr
bequemen Platz sowohl zum Landen, als um Wasser einzunehmen, gefunden hatte.

Dieser Haven war nicht über eine Seemeile
weit entlegen, und gleichwohl konnten wir ihn nicht
vor Abends um fünf Uhr erreichen, weil wir be-

6

1777.
May.

ständig durch die vielen Kähne, die sich um die
Schiffe versammelten, und uns in grossem Ueberflusse alles zuführten, was ihre Insel hervorbrachte,
aufgehalten wurden. Unter diesen waren auch einige
Doppelkähne' mit grossen Seegeln, davon jeder
vierzig bis funfzig Mann an Bord hatte. Diese
seegelten so leicht um uns herum, als wenn wir vor
Anker gelegen hätten. In diesen Kanoten befanden
sich auch einige Weiber, die vermuthlich die Neugierde trieb, uns zu sehen, ob sie gleich auf den
Tauschhandel eben so erpicht waren, wie die Männer,
und beym Rudern so frisch und geschickt, wie jene,
zu Werk giengen. Ich legte mich mit achtzehen Faden Wasser, auf einem Boden groben Korallen-
sandes vor Anker, wo sich die Insel, in einer Entfernung von ungefähr drey Viertelmeilen, von Osten
gegen Süd-Westen, und die Westspitze der am
meisten gegen Abend liegenden Einbucht sich gegen
Süd-Ost erstreckte. Auf diese Weise befand ich
mich wieder in der nämlichen Station, wo ich drey
Jahre vorher c) bey meinem ersten Besuche in Annamooka gelegen hatte, wo wahrscheinlich auch
Tasman, der erste Entdecker dieser und einiger benachbarten Inseln, im J. 1643. vor Anker lag. d)

c) S. Capt. Cook's last Voyage. Vol. II. p. 9.
d) S. Tasmans Beschreibung dieser Insel, (die er
   Rotterdam nennt) in Dalrymple's schätzbarer
   Collection of Voyages to the pacific Ocean, Vol.
   II. p. 79, 80. Die von Tasman angeführten
   wenigen Umstände, kommen mit Capt. Cooks aus-
   führlichern Beschreibung ganz überein.

Tags darauf, unterdessen man Anstalten zum
Füllen der Wasserfässer machte, gieng ich des Morgens
mit Capitain Clerke und einigen andern Officieren
ans Ufer, um einen Platz zu suchen, wo man die
Sternwarte errichten und die Wacht postiren könnte,
wozu uns die Eingebohrnen sehr bereitwillig die Erlaubnis gaben. Sie überließen uns auch eine Boot-
Schoppe, um sie als Zelt zu gebrauchen, und bezeugten uns alle Arten von Leutseeligkeit. Toobou,
das Oberhaupt der Insel, führte mich und den
Omai in sein Haus. Wir fanden es auf einem sehr
anmuthigen Platze, mitten in seiner Plantage. Es
war mit einem schönen Rasenboden umgeben, der,
wie Toobou uns zu verstehen gab, dazu diente, die
Füße darauf zu säubern, ehe man in die Thüren
trete. Bishieher hatte ich auf keiner Insel dieses
Oceans, dergleichen Sorgfalt für Reinlichkeit wahrgenommen; aber ich fand nachher, daß es in den
freundschaftlichen Inseln fast durchgehends gewöhnlich ist. Der Fusboden in Toobous Hause
war mit Matten belegt, und kein Teppich in dem
schönsten Assembleen-Zimmer in England könnte
reinlicher gehalten werden. Während wir uns am
Lande befanden, tauschten wir einige wenige Schweine
und verschiedene Früchte ein, und als wir wieder zurück an Bord kamen, fanden wir die Schiffe voller
Eingebohrnen, deren keiner mit leeren Händen kam,
so daß wir nun an allen nöthigen Erfrischungen den
größten Ueberfluß hatten.

Nachmittags gieng ich mit einigen Seesoldaten noch einmal an Land; ich ließ zu gleicher Zeit die Pferde und das kränkliche Vieh ans Ufer bringen, und da alles aufs beste angeordnet war, begab ich mich mit Sonnenuntergang wieder zu Schiff, und übertrug Hrn. Ring das Kommando auf der Insel. Taipa, der nun unser getreuester Freund geworden war, und die einige thätige Person um uns her zu seyn schien, ließ sich ein Haus, eine ganze Viertelmeile weit, auf Mannsschultern hertragen und dicht an die Schoppe setzen, die unsere Leute eingenommen hatten, um sowohl bey Tag als Nacht bey der Hand zu seyn.

Sonnabend den 3ten. Folgenden Tags nahmen unsere Verrichtungen am Lande ihren Anfang. Einige machten Heu für das Vieh, andere füllten die Wasserfässer an dem nahegelegenen stehenden See, noch andere fällten Holz. Da sich von diesem letzten Artikel ein sehr grosser Ueberfluß den Schiffen gegenüber befand, und zwar an einem Platze, wo es sehr bequem konnte an Bord gebracht werden, so war es sehr natürlich, daß wir davon Gebrauch zu machen gedachten. Aber die Bäume, die unsere Leute aus Irrthum für Manchinelbäume e) angesehen hatten, waren eine Art Pfefferbaum - den die Eingebohrnen Saitanoo nennen - und gaben einen milchfarben, aber so ätzenden Saft, daß davon Blasen auf der Haut entstunden, und die Augen der Arbeitsleute dabey litten. Sie mußten also von diesem Platze abstehen, und

e) Hippomane Mancinella. *Linn.* **W.**

giengen an die Bucht, wo sich unsere Wache postirt
hatte, und wo wir Wasser eingeschifft hatten. Hier
verschaften uns die Eingebohrnen anderes Holz, welches zu unserer Absicht dienlicher war. Dieses waren
aber unsere Verrichtungen nicht alle, denn die Hren.
Ring und Bayly fiengen heute an, correspondirende
Sonnenhöhen zu nehmen, um die Bewegungen der
Zeithalter zu prüfen. Abends ehe die Eingebohrnen
unsern Lagerplatz verließen, hielt Taipa eine Rede
an sie, die eine gute Weile dauerte. Wir konnten
den Innhalt derselben blos vermuthen, und glaubten,
er habe sie angewiesen, wie sie sich gegen uns zu betragen hätten, und sie ermuntert, die Erzeugnisse der
Insel zu Markte zu bringen. Wir verspürten auch
die gute Wirkung seiner Beredsamkeit, an dem
reichlichen Vorrath, den wir Tags darauf erhielten.

Den 4ten und 5ten fiel nichts vor, was bemerkt
zu werden verdiente, als daß am ersten dieser Tage,
die Discovery ihren kleinen Buganker verlohr, weil
die Felsen das Ankertau entzwey gerieben hatten.
Wir wurden dadurch erinnert, die Ankertaue der
Resolution zu untersuchen, die aber unverletzt geblieben waren.

Den 6ten erhielten wir einen Besuch von einem
grossen Oberhaupte aus Tongataboo f), Namens
Feenou, den uns Taipa als den König aller freundschaftlichen Inseln vorzustellen für gut fand. Nun
erfuhr ich, daß man gleich nach meiner Ankunft
einen Kahn nach Tongataboo mit dieser Nachricht

f) Tasmans Amsterdam. W.

abgefendet, und daß aus diefer Urfache das Oberhaupt fich unverzüglich nach Annamooka auf den
Weg gemacht habe. Der Officier am Ufer fagte
mir, daß alle Eingebohrnen Befehl erhalten hätten,
fogleich bey feiner Ankunft demfelben entgegen zu
gehen, und ihm ihre Ehrerbiethung zu bezeugen,
welches durch Beugung ihres Hauptes bis zu feinen
Füffen gefchehen wäre, deren Sohlen fie mit jeder
Hand- zuerft mit der flachen dann der umgekehrten-
berührt hätten. Es war auf folche Weife keine Urfache vorhanden, eine Perfon, die mit fo vieler Ehrerbiethung empfangen wurde, für etwas weniger
als den König zu halten.

Da ich von diefem groffen Manne zuerft ein Gefchenk von zween Fifchen erhalten hatte, die er durch
einen feiner Diener an Bord bringen ließ, fo ftattete
ich ihm Nachmittags einen Befuch ab. Ich war
kaum an das Land geftiegen, fo kam er mir entgegen.
Er fchien ungefähr dreyßig Jahre alt zu feyn; er
war lang und mager, und bishieher kam mir kein
Indianer vor, der in Anfehung der Gefichtszüge fo
viel von einem Europäer gehabt hätte, als er. Nachdem die erften Begrüffungen vorüber waren, fragte
ich ihn, ob er der König fey; denn da ich in ihm
nicht den Mann fand, den ich bey meinem erften
Hierfeyn, unter diefem Charakter mich erinnerte gefehen zu haben, fo fieng ich an, in das Vorgeben der
andern einigen Zweifel zu fetzen. Taipa antwortete
fehr behende an feiner Statt, und rechnete nicht
weniger als hundert und drey und funfzig Infeln

her, von denen, seinem Reden nach, Seenou unumschränkter Herr sey. Nach einem kurzen Aufenthalte am Ufer, begleitete mich unser neuer Gast, mit
fünf oder sechs Personen seines Gefolges, an Bord.
Ich machte einem jeden schickliche Geschenke und unterhielt sie auf eine Art, die ich ihnen am angenehm-
sten zu seyn erachtete.

Abends begleitete ich sie, in meinem Boote, wieder
ans Land und das Oberhaupt ließ zu Bezeugung seiner Dankbarkeit für die von mir erhaltenen Geschenke drey Schweine darauf bringen. Ich erfuhr
einen Vorfall, der sich so eben zugetragen hatte, und
aus dessen Erwähnung man sich einigen Begriff
wird machen können, wie weit sich hier die Gewalt
der Obern über das gemeine Volk erstrecke. Während daß Seenou sich an Bord meines Schiffes befand, gab ein geringerer Chef, aus Ursachen die unsere Leute am Ufer nicht erfahren konnten, den Befehl,
daß die Eingebohrnen den Platz verlassen sollten, wo
wir uns gelagert hatten. Als sich aber verschiedene
doch wieder dort einfanden, ergrief er einen starken
Prügel und fiel damit ganz unbarmherzig über sie her.
Ein Insulaner wurde mit solcher Gewalt ins Gesicht
getroffen, daß das Blut aus Mund und Nase her-
vorschoß, und nach dem er eine Zeitlang, ohne Bewegung gelegen hatte, wurde er unter heftigen Ver-
zückungen fortgetragen. Da man dem Obern, der
ihm diesen Streich versetzte, sagte, er habe den
Menschen erschlagen, lachte er nur darüber, und es
war augenscheinlich, daß ihm der Vorfall nicht im

12

1777.
May.

Mittwoch
den 7ten.

Donnerstag
den 8ten.

geringsten zu Herzen gieng. Wir hörten nachgehends, daß der arme, so übel zugerichtete wieder davon gekommen sey.

Da der Discovery kleiner Buganker wieder gefunden wurde, veränderte sie am 7ten ihren Ankerplatz, aber nicht eher, als bis ihr grosses Bugankertau gleiches Schicksaal wie das erste erfahren hatte. An diesem und dem folgenden Tage speißte Feenou bey mir zu Mittage; das zweyte mal kamen Taipa, Toobou und noch andere Obere mit ihm. Es ist hiebey zu bemerken, daß sonst keinem als dem Taipa erlaubt war, sich mit ihm an Tisch zu setzen, ja nicht einmal in seiner Gegegenwart zu essen. Ich kann nicht bergen, daß mir, dieser Etiquette wegen, Feenou ein sehr willkommener Gast war; denn vor seiner Ankunft hatte ich fast beständig grössere Gesellschaft, als ich beherbergen konnte; und an meinem Tische war nicht Platz mehr für die Menge Männer und Weiber, die sich dabey einfanden, da es auf den freundschaftlichen Inseln nicht, wie in Otaheite, Sitte ist, dem andern Geschlechte das Recht zu versagen, in Gesellschaft der Männer zu speisen.

Gleich den ersten Tag unserer Ankunft auf Annamooka stahl einer der Eingebohrnen ein grosses Schiffsbeil aus der Resolution. Ich wendete mich an Feenou, und bath ihn, mir durch sein Ansehen wieder dazu zu verhelfen. Seine Befehle wurden so unverzüglich befolgt, daß das Beil wieder an Bord war, ehe wir noch von der Mahlzeit aufgestanden waren. Wir hatten mehr als einmal Ge-

legenheit zu bemerken, wie ausgelernte Diebe diese
Leute sind; selbst einige ihrer Oberhäupter, hielten
dieses Gewerbe nicht unter ihrer Würde, denn am
9ten wurde einer entdeckt, der unter seinen Kleidungsstücken aus dem Schiffe die eiserne Querbolze an der
Thau-Aufdrehwinde wegzupracticiren suchte, wofür
ich ihn zu einen Dutzend Peitschenstreichen verurtheilte,
und so lange besthielt, bis er sich mit einem Schweine
losgekauft hatte. Nach diesem statuirten Exempel,
hatten wir Ruhe von den Dieben vom Stande, aber
dagegen wurden ihre Diener oder Sclaven zu diesem
schmutzigen Handwerke gebraucht, auf die eine Tracht
Schläge eben so viel Eindruck zu machen schien, als
auf den grossen Mast, woran man sie band. Geschah es, daß einer von ihnen auf der That ertappt
wurde, so legten seine Herren nicht nur nicht die
geringste Vorbitte für ihn ein, sondern sie ermunter-
ten uns sogar öfters, ihn umzubringen. Da wir
uns zu dieser Art Justiz nicht verstehen konnten, so
kamen sie meistentheils ganz ungestraft davon, weil
sie doch einmal sowohl gegen Scham, als die schmerz-
hafteste körperliche Züchtigung, unempfindlich zu seyn
schienen. Endlich verfiel Capitain Clerke auf ein
Mittel, welches meines Erachtens wirklich etwas
half. Er gab die Diebe in die Hände der Barbierer, die
ihnen das Haar ganz glatt vom Kopfe abrasiren mußten.
Dadurch wurden sie nicht nur bey ihren Landsleuten
lächerlich ausgezeichnet, sondern die unsrigen waren
dadurch in Stand gesetzt, sie in einer gewissen Ent-

Sonnabend
den 10ten.

fernung zu halten, und ihnen die Gelegenheit zu
neuen Versuchen ihrer Schelmereyen zu benehmen.

Dem Feenou gefiel es so wohl in unsrer Gesellschaft, daß er täglich an Bord speiste, ob er gleich
öfters von unsern Gerichten nichts genoß. Den
10ten brachten einige seiner Bedienten eine Tracht
Speisen, die am Ufer für ihn zugerichtet worden
waren. Sie bestunden aus Fischen, einer Suppe
und Yamswurzeln. Zur Suppe wurde, statt des
Wassers, der Saft von Cocosnüssen gebraucht, in
welchem Fische gesotten oder gedämpft waren. Vermuthlich geschah dies in hölzernen Gefäßen, auf
heißen Steinen; aber man brachte sie in einem
Pisangblatte an Bord. Ich kostete von diesem Gerichte und fand es so schmackhaft, daß ich mir hernach einige Fische auf eben diese Art zurichten ließ.
Mein Koch traf es zwar ziemlich, aber seine Schüssel muste der, die er nachahmte, ungleich weit
nachstehen.

Sonntag
den 11ten.

Da ich wahrnahm, daß wir die Insel größtentheils von allen Nahrungsmitteln, die sie hervorbrachte, erschöpft hatten, so ließ ich den 11ten die
Pferde, die Sternwarte, und andere Sachen die
wir am Ufer hatten, wieder auf die Schiffe bringen;
auch schickte ich die Parthey Seesoldaten, die am
Lagerplatze die Wache hatte, zurück an Bord, und
machte mich gefaßt, unter Seegel zu gehen, so
bald nur die Discovery ihren grossen Buganker
würde aufgeholt haben. Als Feenou hörte, daß
ich Willens war, geraden Wegs von hier nach Ton-

gataboo zu seegeln, drang er sehr in mich, mei⸗
nen Plan zu ändern, der so wenig seinen Beyfall
hatte, daß es schien, als wäre ihm persönlich daran
gelegen, mich davon abzubringen. Dagegen schlug
er mir mit vieler Wärme ein anderes Eiland, oder
vielmehr eine Inselgruppe vor, Namens Hapaee,
die Nord⸗Ost läge. Hier, versicherte er uns, würde
ich nicht nur alle nöthigen Erfrischungen im Ueber⸗
fluß finden, sondern auch auf die leichteste Art mich
damit versehen können; und damit er seinem guten
Rath noch mehr Gewicht gäbe, erboth er sich uns
selbst dahin zu begleiten. Was er darunter suchte,
wußte ich nicht, aber es gelang ihm, daß Hapaee
zu unserer nächsten Station gewählt wurde. Da
bisher noch keine europäischen Schiffe dahin gekom⸗
men waren, so konnte es mir nicht gleichgültig seyn,
sie bey dieser Gelegenheit zu untersuchen.

Der 12te und 13te wurde mit Seekehren zuge⸗ Montag am 12ten. Dienstag am 13ten. Mittwoch am 14ten.
bracht, um Capitain Clerke's Anker wieder zu fin⸗
den, welches auch nach vieler Mühe glücklich ge⸗
schah, worauf wir dann am 14ten des Morgens
unter Seegel giengen und Annamooka verließen.

Diese Insel ist etwas höher als die andern kleinen
Eilande, die um sie herumliegen, doch kann sie nicht
unter die Inseln von mäßiger Höhe, dergleichen
Mangeea und Wateeoo ist, gezählet werden. Der⸗
jenige Theil der Küste, wo unsere Schiffe lagen, be⸗
steht aus einem steilen, rauhen, neun bis zehen Fuß
hohen Korallenfelsen, nur zwey Sandufer ausge⸗
nommen, die ein Riff von eben der Steinart haben,

welches sich quer über die Einbucht, die sie in der
Küste machen, erstreckt, und sie vor der Gewalt der
Wellen beschützt. Der See Brackwassers der im
Mittelpunkte der Insel liegt, ist ungefähr anderthalb
Meilen breit, und das Erdreich so ihn umgiebt, erhebt sich nur allmälig gleich einer Bank. Wir konnten
seinen Zusammenhang mit der See nicht entdecken;
da aber das Land zwischen der Lagune und dem grösseren
Sandgestade flach, niedrig und gleichfalls sandig ist;
so mag, wahrscheinlicher Weise, das Wasser ehemals
hier eingedrungen seyn. Das Erdreich auf den höhern
Gegenden der Insel, besonders gegen die See, ist
entweder eine röthliche Thonart, oder eine schwärz-
liche, lockere Gartenerde. Nirgends findet sich
fließendes Wasser.

Die Insel ist bis auf einige wenige Plätze sehr
wohl angebauet. Einige andere dem Anschein nach
uncultivirte Plätze lagen nur brach, damit sie sich, nach
einem lange fortgesetzten Anbau, wieder erholen
möchten, denn wir bemerkten, daß die Einwohner an
diesen Stellen arbeiteten, um sie aufs neue zu be-
pflanzen. Ihre Plantagen bestehen hauptsächlich aus
Yams g) und Pisangen h), oder Plantanen.
Viele dieser Pflanzungen sind sehr weitläuftig und
mehrentheils mit niedlichen, etwa sechs Fuß hohen
Zäunen von Rohr umgeben, welches sie in schräger
Richtung kreutzweis unter einander verbinden. Innerhalb dieser Zäune sahen wir zuweilen noch andere
von kleinerem Umfange, womit die Häuser der

g) Dioscorea alata. *Linn.* h) Musa. *Linn.* W.

le fie in der
: Gewalt der
ffers der im
hr anderthalb
umgiebt, er-
Wir konnten
ht entdecken;
dem grösseren
lls sandig ist;
Basser ehemals
auf den höhern
die See, ist
eine schwärz-
s findet sich

ige Plätze sehr
Anschein nach
mit sie sich, nach
wieder erholen
Einwohner an
s neue zu be-
uptsächlich aus
Plantanen.
weitläuftig und
hs Fuß hohen
sie in schräger
rbinden. In-
en noch andere
ie Häuser der
fa. *Linn.* W.

Vornehmen umgeben waren. Hie und da findet man Brodfruchtbäume und Kokosnußpalmen ohne besondere Ordnung zerstreuet, aber mehrentheils nahe an den Wohnungen der Eingebohrnen. Die übrigen Gegenden der Insel, besonders am Meere, und um den Landsee herum, sind in üppigster Fülle mit Bäumen und Gesträuchen bewachsen. Vornehmlich stehen an dem letztern eine grosse Anzahl Wurzel oder Manglebäume i) und an jenem eine Menge der Pfefferbäume, oder Faitando, deren wir oben gedachten.

Es scheint auf der ganzen Insel keine andre Steinart vorhanden zu seyn, als Korallfels, ausgenommen an der rechten Seite des Sandufers, wo wir eine zwanzig bis dreyßig Fuß hohe Felsenwand von einem gelblichen, sehr dichten Kalksteine angetroffen haben. Aber auch hier, wo das Land am höchsten ist, waren grosse Trümmer von eben dem Korallstein, woraus die Küste besteht.

Nächst unsern fleisigen Spaziergängen im Lande, wogegen kein Insulaner etwas einzuwenden hatte, belustigten wir uns öfters mit Schießen wilder Enten, die viel Aehnliches von der Krickente hatten, und sowohl auf dem Salzwassersee, als auf dem Teiche, wo wir unsere Fässer füllten, in grosser Menge waren. Auf diesen Spaziergängen wurden wir oft gewahr, daß die Eingebohrnen, um auf dem Marktplatz herunter zu kommen, ihre

i) Rhizophora gymnorhiza? R. Mangle? *Linn.*
Zweyter Th.   B

Wohnungen verlaſſen hatten, ohne zu befürchten, daß ihnen die herumſtreifenden Fremden etwas von ihren Habſeligkeiten nehmen, oder daran verderben könnten. Man wird vielleicht vermuthen, daß wir, nach dieſem öfters auf dem Handelsplatze verſammelten größten Theil der Einwohner, leicht ihre Anzahl hätten überſchlagen können: allein bey dem beſtändigen Ab- und Zugehn andrer Inſulaner, konnte wohl hierinnen nichts Zuverläßiges beſtimmt werden. Unterdeſſen, da dem Anſcheine nach niemals über tauſend Perſonen auf einmal beyſammen waren, ſo wird man, für die ganze Inſel, höchſtens noch einmal ſo viel annehmen dürffen. Der Platz dieſer täglichen Zuſammenkunft nebſt der Bucht, wo unſere Boote landeten, iſt hier nach Hrn. Webbers getreuer Zeichnung abgebildet.

Gegen Norden und Nord-Oſten von Annamooka, und auf dem geraden Wege nach Hapaee, wohin wir unſern Lauf richten wollten, iſt die See mit einer großen Menge kleiner Inſeln überſtreut. Ich konnte daher nicht wiſſen, ob mit ſo großen Schiffen, wie die unſrigen waren, durch alle die Klippen und Untiefen, die dieſe Gruppe umgeben, ohne Gefahr hindurch zu kommen wäre, ſo leicht wir auch die Eingebohrnen in ihren Kähnen dieſe Zwiſchenräume befahren ſahen. Aus dieſem ſehr wichtigen Grunde, hielt ich für dienlich, ſo bald die Anker gelichtet waren, mich weſtwärts dieſer Inſeln zu halten, und Nord-Nord-Weſt gegen Kao k)

k) Zum Beweis wie ſchwer es iſt, die Namen der

zu befürchten,
⟨…⟩en etwas von
⟨…⟩ran verderben
muthen, daß
⟨…⟩delsplatze ver-
⟨…⟩ner, leicht ihre
⟨…⟩allein bey dem
⟨…⟩r Insulaner,
⟨…⟩ßiges bestimmt
⟨…⟩eine nach nie-
⟨…⟩nal beysammen
⟨…⟩e Insel, höch-
⟨…⟩ürffen. Der
⟨…⟩nft nebst der
⟨…⟩, ist hier nach
⟨…⟩ abgebildet.
⟨…⟩en von Anna-
⟨…⟩ nach Hapaee,
⟨…⟩n, ist die See
⟨…⟩seln überstreut.
⟨…⟩ mit so großen
⟨…⟩ durch alle die
⟨…⟩uppe umgeben,
⟨…⟩wäre, so leicht
⟨…⟩n Kähnen diese
⟨…⟩us diesem sehr
⟨…⟩lich, so bald die
⟨…⟩ts dieser Inseln
⟨…⟩ gegen Rao k)
⟨…⟩, die Namen der

und Toofoa, die beiden westlichsten Eilande, die vor uns lagen, und sich durch ihre beträchtliche Höhe auszeichnen, zu steuern. Feenou blieb mit seinem Gefolge fast bis Mittag am Bord der Reso-lution; er stieg sodann in sein großes Seegel-Canot, welches er von Tongataboo mitgebracht hatte, und steuerte zwischen der gedachten Insel-gruppe dahin, auf deren Höhe wir uns nunmehr befanden, und in welche wir — es sey nun durch die Fluth, oder sonst eine westliche Strömung — ziemlich weit hinein gerathen waren.

Südseeinseln nach der Aussprache der Eingebohr-nen anzugeben, führe ich an, daß die Insel, die Capitain Cook Aghoo nennte, von Hrn. Anderson Rao, und in Tasmanns Karte, in Hrn. Dalrymple's Collection of Voyages etc. Raybay genennt wird. Tasmanns und Capi-tain Cook's Amattafoa (Ama-Tofoa) heißt bey Hrn. Anderson, Toofoa. Capitain Cook's Komango ist Tasmans Amango. Dergleichen Abweichungen trift man fast durchgehends an. Da Hr. Anderson, wie uns Capitain King versichert, auf diese Gegenstände eine ganz beson-dere Aufmerksamkeit richtete, und dafür bey jedermann an Bord und bey Capitain Cook selbst bekannt war, so hat man seine Rechtschrei-bung in Ansehung der Benennung der freund-schaftlichen Inseln annehmen wollen. (Nach Hrn. Forster ist die eigentliche Benennung obiger beiden Inseln, E-Ghao und Tofua. S. R. u. d. W. 2. B. S. 142. W.)

20

1777.
May.

Die Inseln sind in sehr ungleichen Entfernungen
zerstreuet, und im Ganzen fast eben so hoch wie Annamooka. Ihre Länge aber beträgt nicht über
zwo oder drey Meilen, zuweilen nur eine halbe
Meile, ja öfters nicht einmal so viel. Sie
haben entweder steile felsigte Ufer, wie Anamooka,
oder jähe Abhänge von röthlicher Farbe. Doch sind
an einigen Sandgestade, die sich längs der ganzen
Insel hinziehen. Die mehresten sind über und über
mit Bäumen bekleidet, worunter viele Kokospalmen stehen. Jede stellt einen angenehmen,
mitten in das Meer gesetzten Garten vor. Zur
Verschönerung dieses Prospects trug das helle Wetter, so wir damals hatten, sehr viel bey, und das
Ganze erfüllte die Einbildungskraft mit der Vorstellung eines wahrhaften Feenlandes. Es scheint,
daß wenigstens einige dieser Inseln auf gleiche Weise
entstanden sind, wie wir es bey Palmersstons-
Eiland vermuthet haben; denn eine davon besteht
noch gegenwärtig aus lauter Sand, und auf einer
andern, ist nur ein einiger Busch oder Baum zu
entdecken gewesen.

Da wir uns Nachmittags um vier Uhr auf der
Höhe von Kotoo, der westlichsten Insel dieser
Gruppe kleiner Eilande befanden, steuerten wir
Nord, ließen Toofoa und Kao an unserem Back-
bord (linker Hand) liegen, und hielten uns längs
der Westseite des Felsenriffs, an den westlichen
Theil von Kotoo, bis wir desselben nördliche
Spitze erreicht hatten, um die wir herumsegelten

und fobann gerade unfern Lauf gegen die Infel richteten. Wir waren Willens, uns für die Nacht
hindurch vor Anker zu legen; allein fie überfiel uns,
ehe wir mit weniger als fünf und funfzig Faden
Grund finden konnten; ich nahm mir alfo vor, fie
lieber unter Seegel zuzubringen, als in folcher Tiefe
zu ankern.

Wir hatten uns Nachmittags zwo Seemeilen
weit von Toofa befunden, deren Rauch wir diefen
Tag über fchon verfchiedene male bemerkt hatten.
Die Einwohner der Freundfchaftlichen Infeln
haben allerley abergläubifche Begriffe von dem darauf befindlichen Vulcane, den fie Kallofeea nennen, und für einen Otooa, oder eine Gottheit
halten. Nach ihrer Erzählung, wirft er zu gewif-
fen Zeiten fehr große Steine aus; fie vergleichen
feinen Feuerbecher (Krater), der Größe nach, mit
einer kleinen Infel, der bey Menfchen-gedenken nie
aufgehört habe zu rauchen, und ihren älteften Tra-
ditionen nach, auch immer geraucht hätte. Während unferes Aufenthaltes zu Annamooka, fahen
wir zuweilen den Rauch mitten aus der Infel auf-
fteigen, obgleich diefe beiden Eilande wenigftens zehen große Seemeilen auseinander liegen. Toofa
foll fehr wenig Einwohner haben, aber das Waffer
darauf fehr gut feyn.

Als wir am folgenden Morgen, mit Anbruch
des Tages, nicht weit mehr von Kao, einem großen kegelförmigen Felfen, waren, fteuerten wir
gegen Often, um, bey einer leichten Kühlung aus

Süd-Ost, zwischen die Eilande Footooha und Hafaiva hindurch zu kommen. Gegen zehn Uhr kam Feenou wieder an Bord und blieb den ganzen Tag über bey uns. Er brachte zwey Schweine mit, und einen großen Vorrath von Früchten. Auch kamen verschiedene Kähne aus den benachbarten Inseln zu uns, und boten von diesen letztern Artikel eine Menge zum Vertausch an; Uns kam dieses um so gelegener, da unsere Provision sehr abgenommen hatte. Mittags war unsere Süderbreite 19° 49′ 45″, und wir hatten sieben Längenmeilen von Annamooka aus zurückgelegt. Toofoa blieb uns Nord, 88° West; Kao Nord, 71° West; Footooha Nord, 89° West; und Hafaiva Süd, 12° West.

Nachdem wir Footooha zurückgelegt hatten, kamen wir auf ein Felsenriff, und weil wir nur sehr wenig Wind hatten, so kostete es uns Mühe, uns davon loszumachen. Es liegt zwischen Footooha und Neeneeva, einer kleinen niedrigen Insel, in Ost-Nord-Ost von Fotooha, sieben oder acht Meilen davon entlegen. Footooha ist ein kleines Eiland, von mittlerer Höhe, und seine Küste auf allen Seiten ein steiler Fels. Es liegt, in einer Entfernung von sechs Seemeilen von Kao, in Süd, 67° Ost. Da wir erstgedachtes Riff vorbeygekommen waren, steuerten wir gegen Neeneeva, in der Hoffnung, alldort eine gute Ankerstelle zu finden; allein wir sahen uns abermal in unserer Erwartung betrogen, und wurden genöthigt, die

Nacht mit kurzen Gängen zuzubringen, denn ob wir gleich auf allen Seiten mit Land umgeben waren, so konnten wir doch keinen Grund finden.

In dieser Nacht konnten wir sehr deutlich das Feuer aus dem Vulcan von Toofoa wahrnehmen, aber die Flamme stieg nicht sonderlich hoch.

Den 16ten, steuerten wir mit anbrechendem Tag, bey einem angenehmen frischen Winde aus Süd-Osten, nordostwärts gegen Hapaee, welches wir nunmehr im Gesichte hatten. Da nur Bäume über dem Wasser erschienen, so mußten wir ganz natürlich voraussetzen, daß das Land sehr niedrig seyn müsse. Ungefähr um neun Uhr konnten wir deutlich erkennen, daß es drey Inseln, von beynahe gleicher Größe waren; bald darauf aber erblickten wir südwärts noch eine vierte, die so groß wie die übrigen zusammen war. Jede schien gegen sechs oder sieben Meilen lang, und alle von einerley Höhe zu seyn. Die nördlichste heißt Haanno, die nächste Foa, die dritte Lefooga, und die südlichste Hoolaiva, aber alle vier werden von den Eingebohrnen unter dem Namen Hapaee verstanden.

Da wir fast keinen Wind hatten, mithin das Land nicht erreichen konnten, so sahen wir uns genöthigt, windwärts zu seegeln. Hier kamen wir über einige Korallklippen, wo wir nur sechs Klafter Wasser fanden; aber in dem Augenblicke, da wir darüber hingekommen waren, hatte die Tiefe schon wieder auf achtzig Faden zugenommen. Um diese Zeit lagen die Hapaee Inseln von Nord,

50° Oſt, bis Süd, 9° Weſt. Bey Sonnenuntergang befanden wir uns nahe an der nördlichſten,
und waren in Anſehung einer Ankerſtelle in eben
der Verlegenheit, worinn wir uns die beyden vorhergehenden Abende befunden hatten, alſo mußten
wir noch eine Nacht unter Seegel zubringen, da wir
doch in allen Strichen Land und Brecher um uns
her hatten.   Gegen Abend verfügte ſich Feenou,
nachdem er den ganzen Tag an Bord geweſen war,
nach Hapaee, und nahm den Omai mit in den
Kahn.   Er vergaß nicht, in welcher verdrüßlichen
Lage wir uns befanden, ſondern ließ die ganze Nacht
hindurch ein ſtarkes Feuer am Ufer unterhalten,
welches uns die Stelle eines Leuchtthurms erſetzte.

So wie der Tag anbrach, und wir uns nahe
an Foa befanden, wurden wir gewahr, daß es mit
Haanno durch ein Riff, welches von einem Eilande zum andern faſt der See gleich iſt, zuſam-
menhieng.   Ich ließ nun ein Boot ausſetzen,
welches ſich nach einem Ankerplatz umſehen ſollte,
der ſich auch bald darauf fand, nämlich nahe an
dem Riffe, welches Lefooga mit Foa eben ſo verbindet, wie Foa mit Haanno zuſammenhängt;
Wir hatten vier und zwanzig Faden Waſſertiefe
auf einem Boden von Korallenſand. In dieſer
Station lag die nördliche Spitze von Hapaee, oder
vielmehr das nördliche Ende von Haanno in Nord-
16° Oſt; die ſüdliche Spitze von Hapaee, oder
das ſüdliche Ende von Hoolaiva, in Süd, 29°
Weſt; und das nördliche Ende von Lefooga in

Süd, 65° Oſt. Zwo Felſenbänke lagen vor uns,
ungefähr zwey oder drey Meilen hinaus, die eine
in Süd 50° Weſt, die andere in Weſt gen Nord
¼ Nord. Wir waren vor einer kleinen Bucht
im Riffe vor Anker, wo man zu allen Zeiten bequem
landen konnte, und nicht über drey Viertel einer
Meile vom Ufer.

Fünftes Kapitel.

Ankunft der Schiffe zu Hapaee, freundlicher Empfang,
Geschenke und Feyerlichkeiten, die man ihnen zu
Ehren alldort anstellte. — Einzelne Kämpfe mit
Kolben. — Faustkämpfe. — Auch die Weiber
ringen mit einander. — Waffenübung unsrer See-
soldaten. — Ein Tanz von lauter Männern. —
Feuerwerke. — Beschreibung der nächtlichen
Belustigungen der Einwohner, ihrer Gesänge und
Tänze.

Son.
den 17.

Wir hatten kaum die Anker fallen lassen, so
waren schon die Schiffe voller Eingebohrnen, und
mit einer Menge wohlbesetzter Kähne umringt.
Sie brachten uns vom Ufer Schweine, Früchte
und Wurzeln, die sie gegen Beile, Nägel, Glaskorallen und Zeuge vertauschten. Feenou und
Omai kamen, sobald es helle war, an Bord, um
mich den Insulanern vorzustellen; ich begleitete sie
also unverzüglich ans Ufer, wo wir auf der Nordseite von Lefooga, ein wenig rechter Hand von
unserer Ankerstelle, ans Land stiegen.

Das Oberhaupt führte mich an ein Haus, oder
vielmehr in eine Hütte, dicht am Gestade, die
ich nur wenige Minuten vorher an diesen Platz
hatte bringen sehen, und welche besonders zu unserer Aufnahme bestimmt war. Hier setzten wir uns
Feenou, Omai und ich. Die übrigen Vornehmen bildeten, nebst dem Volke aussen herum, einen
Kreis, uns gegen über, und setzten sich ebenfalls.
Man fragte mich darauf, wie lang ich hier zu blei-

icher Empfang,
e man ihnen zu
ne Kämpfe mit
ch die Weiber
ng unsrer See-
Männern. —
er nächtlichen
r Gesänge und

n lassen, so
hoffnen, und
hne umringt.
ine, Früchte
Nägel, Glas-
Seenou und
n Bord, um
begleitete sie
uf der Nord-
er Hand von

n Haus, oder
Gestade, die
diesen Platz
ders zu unse-
ßten wir uns
gen Vorneh-
herum, einen
ich ebenfalls.
hier zu blei-

ben gedachte; und da ich antwortete, ungefähr fünf Tage, wurde dem Taipa befohlen, sich neben mir niederzulassen und dem Volke meine Absicht bekannt zu machen. Er hielt sodann eine Rede, die ihm Seenou größtentheils in den Mund legte. Wie ich nachher von dem Omai erfuhr, so war der Innhalt derselben, ihnen insgesammt, alt und jung, zu erkennen zu geben, daß sie mich als einen Freund anzusehen hätten, der einige Tage bey ihnen zubringen würde, — daß sie, so lange ich mich hier befinden würde, mir nichts entwenden, noch mir auf eine andere Art Verdruß machen sollten, daß man endlich von ihnen erwartete, die Schiffe mit Schweinen, Geflügel, Früchten u. d. g. zu versorgen, wogegen sie diese und jene Artikel, die er ihnen hernannte, von uns erhalten sollten. Kurz nach dieser an die Versammlung gerichteten Rede, verließ uns Seenou, und Taipa nahm Gelegenheit, mir zu verstehen zu geben, daß ich dem Oberhaupte der Insel, Namens Earoupa, ein Geschenk machen müßte. Ich hatte mich schon darauf gefaßt gemacht, und die Artikel, die ich ihm geben ließ, überstiegen seine Erwartung. Diese meine Freygebigkeit machten sich zween anwesende Oberhäupter von andren Inseln, und Taipa selbst, zu nutz, um etwas für sich zu verlangen. Seenou kam wieder zurück, da ich so eben mit Austheilung dieser Geschenke fertig geworden war, und bezeigte sich gegen den Taipa ganz ungehalten, daß er zugegeben habe, mir so viele Unkosten zu machen; ich sahe es aber als eine bloße Grimasse an, und bin versichert, daß es ein unter ihnen abgeredeter Handel war. Nun nahm er wieder seinen vorigen Platz ein, befahl dem Earoupa, sich neben ihm niederzusetzen, und so wie Taipa erst gethan hatte, eine Rede an das Volk, in gleicher Absicht, zu halten, deren Hauptpunkte er ihm, wie vorher dem Taipa, einsagte.

Als diese Ceremonien vorüber waren, führte mich das Oberhaupt, auf mein Begehren, an die drey Teiche stehenden Wassers, die er frisches Wasser zu nennen beliebte. In einem derselben war solches auch noch leidlich, und die Lage bequem genug, ihm mit Fässern beyzukommen. Nachdem wir diese Wasserstelle in Augenschein genommen hatten, kehrten wir wieder auf unsern alten Platz zurück, wo ich ein gebackenes Schwein und rauchend heiße Yamswurzeln, die man so eben zum Mittagsmahle für mich an Bord bringen wollte, antraf. Ich lud den Seenou und seine Freunde ein, solche verzehren zu helfen, und wir fuhren sogleich an das Schiff zurück; aber nur er allein setzte sich zu uns an die Tafel. Nachmittags begleitete ich sie ans Ufer. Ehe ich wieder an Bord gieng, beschenkte mich das Oberhaupt mit einer schönen, großen Schildkröte, und einer Menge Yamswurzeln. Ueberhaupt bekamen wir hier reichlichen Vorrath, denn es wurden diesen Tag über an den Schiffsseiten, ausser einer großen Anzahl Früchte und Wurzeln, über zwanzig Stück junge Schweine eingetauscht. Man erzählte mir, daß des Morgens vor meiner ersten

Landung ein Indianer an die Schiffe gekommen wäre, und allen Kähnen befohlen hätte, sich an das Ufer zu begeben. Wahrscheinlich geschah es, damit alle Einwohner der Insel bey meinem Empfange gegenwärtig seyn möchten, denn sobald diese Ceremonie vorüber war, kam eine ganze Menge wieder an die Schiffe.

Tags darauf, in aller Frühe, kamen Feenou und Omai, der dieses Oberhaupt nunmehr selten verließ, und immer die Nacht am Lande zubrachte, an Bord, in der Absicht mich auf die Insel abzuholen. Nach einer guten Weile gieng ich mit ihnen; da wir an Land gestiegen waren, führte man mich an eben den Platz, wo ich mich Tages zuvor niedergelassen hatte, und wo bereits eine große Menge Volks versammelt war. Ich muthmaßte zwar, daß etwas Ungewöhnliches hier vorgehen müße, aber was daraus werden würde, konnte weder ich errathen, noch Omai.

Ich saß nicht lange, als wir an die hundert Eingebohrne uns nähern sahen, die mit Pamswurzeln, Brodfrucht, Pisangen, Kokosnüssen, und Zuckerrohr beladen waren, und ihre Bürden uns zur Linken - wo sie herkamen - in zween Haufen oder Pyramiden aufschlichteten. Bald darauf kam ein andrer Zug rechter Hand her, mit eben dergleichen Artikeln, die gleichfalls in zwo Pyramiden auf dieser Seite aufgethürmt wurden. An diese band man noch zwey junge Schweine und sechs Stück Geflügels; an jene zur linken aber

sechs Schweine und zwo Schildkröten. Earoupa
setzte sich vor diese Waaren linker Hand, und ein
andrer Vornehmer vor die zur rechten Hand; vermuthlich weil diese beiden Oberhäupter solche auf
Seenou's Befehl herbey geschafft hatten, dem man
hier eben so unbedingten Gehorsam zu leisten schien,
als in Annamooka, und der, vermöge seiner Gewalt über die Obern von Hapaee, sie ohne Zweifel
im gegenwärtigen Falle mit dieser Taxe zu belegen
berechtiget war.

Sobald dieser reiche Vorrath von Lebensmitteln niedergelegt und in bester Ordnung aufgeschlichtet war, verfügten sich die Träger zu der übrigen
Menge, die um das Ganze herum einen grossen
Kreis bildete. Nun traten in diesem Cirkus, eine
Anzahl Männer, mit Kolben von grünen Kokospalmen bewafnet, vor uns hin, paradirten vier
oder fünf Minuten, zogen sich dann wieder zurück,
die eine Hälfte auf diese- die andre auf jene Seite,
und setzten sich vor den Zuschauern nieder. Aber
bald darauf ließen sie sich nach und nach in einzelne
Zweykämpfe ein. Ein Streiter der einen Seite
stund nämlich auf, trat der andern Seite gegenüber,
und forderte sie mehr durch ausdrucksvolle Geberden,
als durch Worte auf, einen aus ihrem Mittel abzu-
schicken, der sich's mit ihm aufzunehmen getrauete.
Wurde die Ausforderung angenommen, welches
allemal geschah, so setzten sich die beiden Kämpfer
in die gehörige Stellung und begannen den Streit,
der so lange dauerte, bis sich einer davon überwun-

Earoupa
ib, und ein
Hand; ver-
er solche auf
en, dem man
leisten schien,
ge seiner Ge-
ohne Zweifel
re zu belegen

on Lebensmit-
z aufgeschlich-
u der übrigen
einen grossen
Cirkus, eine
rünen Kokos-
rabirten vier
wieder zurück,
af jene Seite,
nieder. Aber
ch in einzelne
einen Seite
ite gegenüber,
olle Geberden,
n Mittel abzu-
nen getrauete.
nen, welches
eiden Kämpfer
n den Streit,
avon überwun-

den bekannte, oder bis ihre Waffen zerbrochen waren. Nach jedem geendigten Kampfe hockte sich der Sieger vor dem Oberhaupte nieder, richtete sich wieder auf, und gieng ab. Zu gleicher Zeit gaben ihm einige alte Männer, die als Richter bey-zufitzen schienen, in wenigen Worten ihren Bey-fall, und die Menge, besonders die Seite, zu welcher der Sieger gehörte, erhob ein zwey- oder dreymaliges Freudengeschrey.

Dieses Schauspiel wurde, dann und wann, eini-ge Minuten lang ausgesetzt, und der Zwischenraum mit Ringen und Faustkämpfen ausgefüllt. Jenes geschah, wie wir es in Otaheite gesehen hatten, und dieses ist vom englischen Boxen gar wenig ver-schieden. Was uns aber am meisten auffiel, war, daß zwo starke, rasche Dirnen ohne alle Umstände auftraten, und sich so flink herumschlugen, wie Män-ner. Der Zweykampf dauerte aber kaum eine halbe Minute, da ihn die eine aufgab. Die siegreiche Heldin erhielt den nämlichen Beyfall der Zuschauer, den sie den Ueberwindern männlichen Geschlechts zugejauchzt hatten. Wir bezeigten einiges Miß-fallen an diesem Theile der Scene, dem unge-achtet traten doch noch ein Paar weibliche Kämpfer auf. Es schienen rasche, herzhafte Mädchen zu seyn, und würden sicher einander tüchtige Stöße versetzt haben, wenn sie nicht ein Paar alte Wei-ber auseinander gebracht hätten. Alle diese Kämpfe geschahen in der Mitte von wenigstens dreytausend Zuschauern, und die Partheyen betrugen sich dabey

mit sehr guter Laune, obgleich manche der Fechter,
sowohl Männer als Weiber, Streiche erhalten ha,
ben, die sie noch einige Zeit hernach werden empfun,
den haben.

Wie diese Auftritte vorüber waren, sagte mir
das Oberhaupt, die rechter Hand befindlichen Haufen
von Lebensmitteln wären ein Geschenk für den Omai;
die zur linken aber, welche zwey Drittel des Gan,
zen betragen mochten, gehörten für mich. Er setzte
hinzu, ich könnte sie an Bord bringen lassen, wenn
es mir gefällig wäre, ich hätte aber nicht nöthig,
zu diesem Vorrath Wache von meinen Leuten stellen
zu lassen, indem ich versichert seyn dürfte, daß mir
auch nicht eine Kokosnuß von den Eingebohrnen
würde genommen werden. In der That zeigte sich's
auch, daß er Recht hatte, denn ich ließ alles zurück,
als ich zur Mittagsmahlzeit wieder an Bord gieng,
— wohin mich das Oberhaupt begleitete — und da
man Nachmittags die Provisionen auf die Schiffe
brachte, wurde auch nicht das geringste vermißt.
Vier volle Boote wurden damit beladen, und ich
war um so mehr von Feenou's Freygebigkeit ge,
rührt, da dieses Geschenk bey weitem alle übertraf,
die ich je von einem Regenten der Inseln, die ich
im stillen Meer besuchte, erhalten hatte. Ich ver,
lohr keine Zeit, meinen Freund von diesen Gesinnun,
gen meiner Dankbegierde zu überzeugen, und ehe er
das Schiff verließ, beschenkte ich ihn mit allerley Arti,
keln unserer Bequemlichkeiten, die in seinen Augen
einen gewissen Werth zu haben schienen. Diese

e der Fechter,
e erhalten ha-
erden empfun-

en, sagte mir
llichen Haufen
ür den Omai;
ittel des Gan-
ich. Er setzte
laffen, wenn
nicht nöthig,
Leuten stellen
rfte, daß mir
Eingebohrnen
at zeigte sich's
ß alles zurück,
Bord gieng,
ete — und da
uf die Schiffe
igste vermißt.
ben, und ich
ngebigkeit ge-
alle übertraf,
nseln, die ich
te. Ich ver-
fen Gesinnun-
n, und ehe er
allerley Art-
feinen Augen
enen. Diese

Gegengeschenke fielen auch so sehr zu seinem Vergnügen aus, daß er mich sogleich nach seiner Rückkehr ans Ufer durch Uebersendung zweyer Schweine, einer beträchtlichen Menge Zeuge und Yamswurzeln in neue Verbindlichkeiten setzte.

Feenou hatte bereits einiges Verlangen geäus-
sert, die Seesoldaten exerciren zu sehen, und da
ich seiner Neugierde sehr gerne willfahrte, so ließ
ich sie alle von beiden Schiffen, den 20sten, des
Morgens, an Land gehen. Nachdem sie einige
Schwenkungen gemacht und einige Salven abgefeuert hatten, (womit die in großer Menge versammelten Zuschauer sehr zufrieden schienen,) ließ das
Oberhaupt auch seiner Seits uns mit einem Schauspiele unterhalten, welches mit solcher Geschicklichkeit
und Regelmäßigkeit ausgeführt wurde, daß wir demselben einmüthig den Vorzug vor der Probe unserer militarischen Uebungen einräumen mußten. Es
war eine Art von Tanz, der aber so sehr von Allem,
was ich jemals gesehen hatte, verschieden war, daß
ich mir nicht getraue, dem Leser nur einen schwachen Begrif davon zu geben. Er wurde von Männern aufgeführt, und hundert und fünf Personen
hatten dabey ihre Rollen. Jeder hatte ein nett
gearbeitetes Instrument in der Hand, das wie ein
Ruder gestaltet, zween und einen halben Fuß lang,
und mit einem kleinen Handgriffe versehen war,
scharfe Schneiden hatte, und sehr leicht schien. Dieses Instrument schwenkten sie auf mancherley Weise

in der Luft, wobey sie mit dem Körper eben so vielerley besondere Bewegungen oder Stellungen machten. Zuerst stellten sie sich in drey Reihen, aber
durch eine Menge Entwicklungen veränderte jede
ihren Platz so, daß die vom hintern Gliede, im
vordern Gliede zu stehen kamen. Aber nicht lange
blieben sie an einer Stelle, und diese Uebergänge
geschahen mit äusserster Schnelligkeit. Einmal brei-
teten sie sich in eine Reihe aus, sodann bildeten sie
einen halben Cirkel, und endlich zwo Colonnen ins
Gevierte. Während sie diese letztere Figur formir-
ten, trat ein Insulaner heraus, der vor mir ein
seltsames Solo tanzte, und hiemit hatte das Schauspiel ein Ende.

Ihre musicalischen Instrumente bestunden aus
zwo Trommeln, oder vielmehr aus   en hohlen
Baumstämmen, auf die sie mit ein-   -se Stäben
schlugen, und dadurch einige verschiedene Noten
herausbrachten. Mir kam es indessen vor, als ob sich
die Tänzer weniger nach diesen Tönen richteten, als
nach dem Chor der Vocalmusik, in die sie alle selbst
mit einstimmten. Dieser Gesang war nicht ohne
Anmuth und Melodie, und alle ihre übereinstimmen-
den Bewegungen geschahen mit so vieler, allgemeinen
Geschicklichkeit, daß dieser zahlreiche Haufe von
Tänzern nur eine einige in Gang gesetzte grosse
Maschine zu seyn schien, und wir alle der Meynung
waren, daß eine solche Vorstellung auf jedem
europäischen Theater allgemeinen Beyfall erhalten
würde. Sie übertraf alles, was wir zu ihrer Unter-

er eben so vie-
ellungen mach-
Reihen, aber
veränderte jede
n Gliede, im
ber nicht lange
ese Uebergänge
Einmal brei-
ann bildeten sie
Colonnen ins
Figur formir-
er vor mir ein
tte das Schau-

bestunden aus
s en hohlen
Stäben
chiedene Noten
vor, als ob sich
n richteten, als
ble sie alle selbst
war nicht ohne
übereinstimmen-
ler, allgemeinen
che Haufe von
gesetzte grosse
e der Meynung
ung auf jedem
eyfall erhalten
zu ihrer Unter-

haltung vornahmen, so weit, daß sie ihre Uberle-
genheit zu fühlen schienen, und sich selbst zu übertreffen suchten. Aus unsern musicalischen Instrumenten machten sie sich nichts, die Trommel ausgenommen, die aber ihrer Meynung nach, der
ihrigen nicht beykäme. Unsre Waldhörner schienen
sie ganz besonders gering zu schätzen, und weder
hier noch auf irgend einer andern der Inseln gab
man nur darauf Acht.

Um ihnen etwas vortheilhaftere Begriffe von
den englischen Lustbarkeiten beyzubringen, und in
ihren Gemüthern eine Erinnerung unserer höheren Fähigkeiten zurückzulassen, ließ ich ein Feuerwerk bereit halten, und, sobald es dunkel wurde,
in Gegenwart des Feenou, der andern Obern, und
bey einem grossem Zulaufe von Einwohnern anzünden. Einige Stücke waren verdorben, die übrigen aber in gutem Stande und thaten alle nur er-
wünschte Wirkung. Besonders setzten die Wasser-
raketen und Luftkugeln alle Insulaner in ein unbe-
schreibliches Erstaunen, und die Waage sank nun
wieder zu unserm Vortheile.

Dies reizte sie aber nur noch mehr, uns neue
Beweise ihrer ganz eigenen Geschicklichkeit zu geben.
Denn kaum war das Feuerwerk vorbey, so fieng
man an eine Folge von Tänzen aufzuführen, die
Feenou zu unserer Belustigung hatte veranstalten
lassen. Das Vorspiel dieser Tänze 1) war, daß
1) Hrn. Anderson's vollständigere Beschreibung die-

C 2

sich eine Bande, oder ein Chor von achtzehen
Musikanten im Mittelpunkte des Kreises, den die
zahlreiche Menge schloß, und der den Schauplatz
vorstellte, vor uns niedersetzte. Vier bis fünf dieser Bande, hatten grosse, von drey bis zu fünf
oder sechs Fuß lange Bambusrohrstücke, die ein
jeder beynahe in lothrechter Richtung hielt, so daß der
offene Theil oben und der durch einen der Schuß-
knoten geschlossene unten war. Mit diesem geschlossenen Ende stießen sie beständig, jedoch ganz gemach, auf den Boden, und brachten auf solche
Weise durch die unterschiedenen Längen der Instrumente unterschiedene Töne hervor, die aber alle
hohl und tief klangen. Dagegen schlug ein andrer
sehr flink mit zween Stäben, auf ein Stück von
eben dergleichem Rohre, das aber gespalten war, und
auf der Erde lag, und brachte dadurch eben so
scharfe und erhöhte Töne heraus, als jene tief
waren. Die übrigen der Truppe, so wie die Bam-
busrohrspieler selbst, sangen hierbey einem halb leisen und sanften Gesang, wodurch die rauhen Töne gedachter Instrumente dergestalt gemäßigt wurden, daß auch jedes an die vollkommensten und
reichsten Abwechslungen angenehmer Töne gewöhnte Ohr den tiefen Eindruck und die sanfte Wirkung
dieser einfachen Harmonie gefühlt haben würde.

Nach dem Concerte, welches ungefähr eine Viertelstunde mag gedauert haben, traten zwanzig Frau-

ser Nachttänze wird dem Leser hier nicht unangenehm seyn.

: von achtzeh...
...reifes, den die
den Schauplatz
hier bis fünf die-
ren bis zu fünf
...rstücke, die ein
...hielt, so daß der
...nen der Schuß-
...t diesem geschlos-
jedoch ganz ge-
...chten auf solche
...igen der Instru-
, die aber alle
...schlug ein andrer
...i ein Stück von
...spalten war, und
dadurch eben so
..., als jene tief
so wie die Bam-
...y einem halb lei-
...die rauhen Tö-
...alt gemäßigt wur-
...kommensten und
...er Töne gewöhn-
...e sanfte Wirkung
haben würde.
...igefähr eine Vier-
...ten zwanzig Frau-
...bier nicht unange-

ensperfonen in den Kreis. Sie hatten meistens Kränze von carmosin rothen chinesischen Rosen m) oder andern Blumen auf dem Kopfe; andere waren um den Leibe herum mit Baumblättern geziert, die an den Kanten sehr nieblich ausgeschnitten waren. Sie schlossen einen Kreis um die Musik, mit den Gesichtern gegen dieselbe gekehrt, und stimmten eine sanfte Melodie an, die das Chor in eben dem Tone beantwortete, welches verschiedenemale auf jeder Seite wiederholt wurde. Unterdessen begleiteten die Tänzerinnen ihren Gesang mit mancherley der anmuthsvollesten Bewegungen ihrer Hände, sowohl gegen das Gesicht, als nach anderen Richtungen, wobey sie beständig mit einem und demselben Fuß einen Schritt vorwärts und dann rückwärts thaten, unterdessen der andere ruhig blieb. Sie kehrten darauf ihr Gesicht gegen die Versammlung, sangen noch eine Weile, und giengen dann ganz sachte, in eine Gruppe versammlet, nach dem Theil des Kreises, der der Hütte, worinnen die vornehmsten Zuschauer saßen, gegen über war. Sodann gieng von jeder Seite eine aus, begegnete der andern, setzte aber ihren Weg fort, bis sie beide zu den übrigen gekommen waren. Darauf giengen zwo von jeder Seite aus; ein Paar gieng auch vor dem andern vorbey und kehrte, wie die ersten, zu den übrigen zurück: aber das andere Paar blieb stehen bis sich nach und nach von jeder Seite wieder eine an die andere an-

m) Hibiscus Rosa sinensis. Linn. W.

schloß und endlich alle einen Kreis um das Chor gebildet hatten.

Nun veränderte sich ihre Art zu tanzen in ein leb-
hafteres Zeitmaas, wobey sie unter Hüpfen und Händeklatschen und Schnippchenschlagen mit den Fingern
eine Art von halben Dreher machten, und zugleich
mit dem Chor einige Worte wiederholten. Gegen
das Ende, da der Tact der Musik noch rascher
wurde, zeigten sie in ihren mancherley Stellungen
und Geberden eine bewundernswürdige Stärke und
Geschwindigkeit. Einige ihrer Bewegungen dürften
vielleicht unter uns für etwas mehr als üppig gehal-
den werden, allein es ist wahrscheinlich, daß diese
Auftritte nicht Sinnlichkeit erregen, sondern nur die
unglaubliche Verschiedenheit ihrer Bewegungen dar-
stellen sollten.

Auf dieses grosse Frauenzimmer Ballet folgte ein
anderes, welches von funfzehen Mannspersonen aufgeführt wurde. Einige darunter waren schon bey
Jahren, aber ihr Alter schien ihnen noch sehr wenig
von ihrer Behendigkeit und Tanzlust benommen zu
haben. Sie bildeten eine Art von Kreis, der
vornen offen war, und kehrten die Gesichter weder
auswärts gegen die Versammlung, noch einwärts
gegen die Musik; sondern die von der einen Hälfte
des Cirkels sahen, je nachdem sie fortrückten, vorwärts, da die von der andern auf die entgegenge-
setzte Seite sahen. Bisweilen sangen sie ganz langsam mit dem Chore in einem Takte, und machten
unter dem Tanze sehr artige Bewegungen mit den

Händen, doch auf eine andere Weise als die Weibs=
personen. Sie neigten zugleich den Körper bald auf
diese bald auf jene Seite, wobey sie ein Bein auf=
hoben und auswärts streckten, während sie auf dem
andern ruheten, und zugleich den Arm eben dieser
Seite ganz in die Höhe hielten. Ein andermal
sangen sie gewisse Recitative, die das Chor beant=
wortete, und ließen nach einigen Absätzen, durch
Klatschen der Hände und Beschleunigung der Bewe=
gung ihrer Füsse (die jedennoch immer dieselbe blieb)
den Takt des Tanzes und der Musik dergestalt zu
nehmen, daß man am Ende die verschiedenen Be=
wegungen gar nicht unterscheiden konnte. Es ist
zu vermuthen, daß die Akteurs dabey ganz müde
müssen geworden seyn, denn die Handlung dauerte
beynahe eine halbe Stunde.

Nach einer ziemlich langen Pause gieng, wenn
wir anders so reden dürfen, ein andrer Act an.
Nun traten zwölf Männer hervor, und ten sich
in doppelten Gliedern, an entgegengesetzten Seiten
des Kreises, mit dem Gesichte einander gegenüber.
An einer Seite stund ein Mann, der gleich einem
Einhelfer, verschiedene Sätze wiederholte, die von
dem Chore nachgesungen wurden. Ihr Gesang
war anfänglich ganz gemach, nachher aber wurde
Gesang und Tanz lebhafter, wie bey den vorherge=
henden Tänzen, und der Auftritt dauerte ungefähr
eine Viertelstunde.

Bald nachdem sie abgetreten waren, zeigten
sich neun Insulanerinnen; sie setzten sich der Hütte

gegen über, in welcher sich das Oberhaupt befand; Darauf stund ein Mann auf und schlug mit geballten Fäusten die erste dieser Weiber auf den Rücken; so hielt er es mit der zwoten und dritten, da er aber zur vierten kam, schlug er sie — ich kann nicht sagen, ob es mit Fleiß oder von ungefähr geschah — nicht auf den Rücken, sondern auf die Brust. In diesem Augenblick erhob sich eine Person aus der Menge, und schlug ihn mit einem Streich auf dem Kopf zu Boden, worauf dieser ohne das mindeste Geräusch, oder einige Unordnung weggetragen wurde. Denn ohngeachtet entgiengen die fünf übrigen Weibspersonen ihrer sonderbaren Strafe, oder diesem — vielleicht nöthigen — Ceremoniel nicht, denn nun trat eine andere Person an deren Stelle, die sie auf gleiche Weise behandelte; ja, noch war dies nicht Demüthigung genug für sie, denn da sie nachher tanzten, hatten sie den Verdruß, daß man zweymal mißvergnügt darüber war, und sie musten von Vorne anfangen. Dieser Tanz war nicht sehr von dem Ballet ihrer Vorgängerinnen verschieden, ausser daß diese zuweilen den Körper, durch eine doppelte Bewegung wechselsweise von einem Beine zum andern in die Höhe schauckelten, und dabey tacktmäßig mit den Fingern Schnippchen schlugen. Gegen das Ende wiederholten sie mit ausnehmender Geflinkigkeit alle die lebhaften Bewegungen, in denen sich die erste Tänzerinnengruppe so geschickt bewiesen hatte.

Nicht lange darauf kam eine Person ganz unvermuthet in den Kreis, und sagte über unser abge-

brenntes Feuerwerk eine Posse, worüber die ganze
Versammlung in ein Gelächter ausbrach. Nachher
eröffneten die Mannspersonen die den Feenou bedienten, oder in seinem Gefolge waren, einen Tanz.
Sie schlossen einen gedoppelten Kreis, nämlich zween
Kreiße in einem; jeder bestand aus vier und zwanzig Personen und sie hatten die Musik in der Mitte.
Sie stimmten einen sehr angenehmen Gesang an,
und begleiteten die Töne mit Bewegungen der Hände und des Hauptes. Da dieses eine gute Weile
gedauert hatte, giengen sie in raschere Zeitmaaße
über, wobey sie entweder mit dem Chore zugleich,
gewisse Sentenzen wiederholten, oder die, welche
einer aus ihrer Truppe selbst sang, beantworteten.
Sodann verfügten sie sich, wie es die Frauenspersonen gethan hatten, an die Rückseite des Kreises;
traten aber bald auf jeder Seite, je drey und drey,
wieder vorwärts, bis sie einen halben Cirkel gebildet hatten, welches aber ganz unvermerkt geschah,
indem sie den Körper auf einen Schenkel neigten,
und mit dem andern nur sehr kleine Schritte vorwärts machten. Sie sangen hiezu in eben der sanften Melodie, die sie Anfangs beobachtet hatten,
veränderten sie aber bald bey Wiederholung einiger
Sätze in stärkerem Tone; ihr Tanz wurde zugleich
lebhafter, bis sie ihn bey einem allgemeinen Zuruf-
fen und Händeklatschen geendigt hatten. Diese Vorstellung wurde einigemale wiederholt; endlich for-
mirten sie noch, wie Anfangs, einen doppelten
Kreis, tanzten und sangen in sehr raschen Zeitmaa-

sen, und schlossen mit verschiedenen sehr geschickten Versetzungen beider Kreise.

Die Lustbarkeiten dieser merkwürdigen Nacht beschloß ein Tanz, der von den vornehmsten der gegenwärtigen Menge aufgeführt wurde. Er war in vielen Stücken dem unmittelbar vorhergehenden ähnlich, und bestund aus gleicher Anzahl handelnder Personen, die ihn auch beynahe auf einerley Weise anfiengen, aber bey jedem Absatze auf eine ganz verschiedene Weise endigten. Denn ihre Bewegungen stiegen zu einer so erstaunlichen Geschwindigkeit, sie schlugen dabey ihre Köpfe mit solcher Gewalt von Schulter zu Schulter, daß Zuschauern, denen dergleichen Anblick noch nicht vorgekommen war, befürchten mußten, sie möchten sich die Nacken verrenken. Diese Scene wurde mit einem betäubenden Händeklatschen, mit einem wilden Zurufe oder einem Freudengeschreye begleitet, dergleichen man zuweilen auf unsern europäischen Theatern, bey komischen Tänzen, zu hören bekommt. Auch sie bildeten, wie die letzten Tänzer, einen dreyfachen Halbcirkel, und nun trat an der Spitze des einen Flügels ein Mann hervor, und sang etwas ganz im Geschmacke eines musikalischen Recitativs, und zwar mit so einnehmendem Anstande, daß unsre größten Günstlinge dieser Art es nicht ohne Erröthen würden gesehen haben. Eine Person an der Spitze des gegenüber stehenden Flügels antwortete ihm auf die nämliche Weise, und nachdem dieses etlichemale wiederholt worden war, stimmte die ganze eine

sehr geschickten

ürdigen Nacht

chmsten der ge-

e. Er war in

vorhergehenden

nzahl handeln-

je auf einerley

lbsatze auf eine

Denn ihre Be-

chen Geschwin-

pfe mit solcher

aß Zuschauern,

vorgekommen

n sich die Na-

e mit einem be-

wilden Zurufe

t, dergleichen

hen Theatern,

nmt. Auch sie

nen dreyfachen

pitze des einen

etwas ganz im

tivs, und zwar

unsre größten

Erröthen wür-

der Spitze des

te ihm auf die

es etlichemale

ie ganze eine

Hälfte des Halbkreises in ein Chor ein, welches hernach von der andern Hälfte eben so beantwortet wurde, wobey der Halbkreis immer weiter vorwärts rückte, und die Handlung mit Singen und Tanzen, wie sie angefangen hatte, ein Ende nahm.

Diese beiden letzten Tänze wurden mit solcher Lebhaftigkeit und dabey mit so großer Pünktlichkeit ausgeführt, daß sie allgemeinen Beyfall erhielten. Die eingebohrnen Zuschauer, die wohl am richtigsten beurtheilen konnten, welche dieser Auftritte am besten ausgefallen waren, gaben bey verschiedenen Stellen den ihrigen laut zu erkennen, und selbst ein Fremder, der dergleichen Lustbarkeiten vorher noch nicht gesehen hatte, empfand hieben nicht weniger Vergnügen. Denn so genau man auch im Ganzen die äusserste Uebereinstimmung beobachtete, so waren doch einige Geberden der handelnden Personen so voll Ausdruck, daß — wenn wir anders unter Bewegung und Laut einige Verbindung annehmen dürfen — man sagen möchte, diese Geberden hätten die dabey gesungenen Worte nicht angedeutet, sondern ausgesprochen. Man muß jedennoch hieben bemerken, daß, obgleich die Musik des Chors und der Tänzer mit einander übereinkam, doch die genaue Beobachtung des Zeitmaaßes in diesen Liebangergözlichkeiten unserer Freunde vorzüglich ihrer beständigen Uebung in dergleichen Spielen muß zugeschrieben werden. Denn wir bemerkten, daß wann auch, zufälliger Weise, einer oder der andere irre wurde, es ihm nicht die mindeste Mühe ko-

ſtete, wieder ſeinen Platz oder ſeine Note zu treffen, und dieſe unübertrefliche Fertigkeit war nicht
merklicher, als bey ihren ſchnellen Uebergängen von
den heftigſten Bewegungen und gräßlichſten Tönen
zu der ſanfteſten Melodie und der einnehmendſten
Geberde. n)

Die Tänze wurden auf einem offenen Platze,
unter den Bäumen, nahe an der See, aufgeführt,
bey Fackeln, die in kleinen Entfernungen von einander innerhalb des Kreiſes angebracht waren. Der

n) Es iſt bereits erwähnt worden (S. iſten B. S.
268.) daß die Tänze und Geſänge der Einwohner in den **Carolinen-Inſeln**, im nördlichen
ſtillen Meere, viel Aehnliches mit den Tänzen
und Geſängen der Eingebohrnen auf **Wateeo**
haben. Man kann nunmehr dieſe Bemerkung
auch auf die in dieſem Kapitel beſchriebenen Tänze ꝛc. der Einwohner der **Freundſchaftlichen
Inſeln** ausdehnen. Ich hebe folgende Umſtän-
de aus des lPater **Cantava's** Nachrichten aus,
um den Leſer in den Stand zu ſetzen, ſelbſt darüber zu urtheilen. "Pendant la nuit, au clair de
„la lune, ils s'aſſemblent de tems en tems pour
„chanter devant la maiſon de leur *Tamole*.
„Leurs danſes ſe font au ſon de la voix, car ils
„n'ont point d'inſtrument de muſique. La beau-
„té de la danſe conſiſte dans l'exaƈte uniformité
„des mouvemens du corps. Les hommes ſe-
„parés des femmes, ſe poſtent vis-à-vis les
„uns des autres; après quoi ils remuent la tète,
„les bras, les mains, les pieds en cadence.
„Leur tète eſt couverte de plumes ou de fleurs; —
„et l'on voit attachées à leur oreilles, des feuil-

1777.

Man.

Montags
den 28ften.

e Note zu tref-
gkeit war nicht
ebergängen von
ßlichsten Tönen
einnehmendsten

offenen Plätze,
ee, aufgeführt,
ungen von ein-
ht waren. Der

S. 1ften B. E.
nge der Einwoh-
, im nördlichen
mit den Tänzen
en auf Wateeo
diese Bemerkung
eschriebenen Tän-
:undschaftlichen
folgende Umstän-
Nachrichten aus,
-ßen, selbst barü-
nuit, au clair de
ns en tems pour
de leur *Tamole.*
la voix, car ils
ufique. La beau-
raße uniformité
-es hommes fe-
it vis-à-vis les
remuent la tête,
:ds en cadence.
; ou de fleurs ; —
eilles, des feuil-

Zulauf des Volks war groß; aber doch der Menge
nicht gleich, die sich Nachmittags beym Exerciren
der Seesoldaten versammelt hatte. Einige unserer
Herren schätzten sie ungefähr auf fünftausend Personen; andere noch höher; diejenigen aber, welche
sie für geringer hielten, mögen der Wahrheit vielleicht näher gekommen seyn.

„les de palmier tissues avec assez d'art. Les
„femmes, de leur côté, — se regardant les uns
„les autres, commencent un chant pathétique
„et langoureux, accompagnant le son de leur
„voix du mouvement cadencé de la tête et des
„bras. „

Lettres édifiantes et curieuses. Tom. XV. p. 314, 315.

Sechstes Kapitel.

Beschreibung von Lefooga. — Cultur. — Größe. —
Ein weiblicher Augenarzt. Sonderbare Art, die
Haare abzuscheeren. — Die Schiffe verändern
ihren Ankerplatz. — Ein merkwürdiger Berg
und Stein. — Beschreibung der Insel Hoolai,
va. — Nachrichten von Poulaho, dem Könige
der Freundschaftlichen Inseln. — Ehrfurchts
volles Betragen seiner Unterthanen gegen ihn. —
Abreise von den Hapaee-Inseln. — Einige
Nachrichten von der Insel Kotoo. — Die Schiffe
gehen wieder nach Annamooka. — Sie begeg
nen Poulaho und Feenou. — Ankunft zu Ton
gataboo.

1777.
May.

Mittwoch
den 21sten.

Nachdem nun, durch Vorstellung der mancherley
Unterhaltungen, die ich beschrieben habe, die Neu
gierde beider Theile befriediget worden war, bekam
ich Zeit, mich etwas umzusehen. Ich nahm daher,
Tags darauf, einen Spaziergang in der Insel Lefoo
ga vor, die ich etwas genauer untersuchen wollte.
Ich fand sie, in mehr als einem Betracht, vorzüglicher
als Annamooka; die Pflanzungen waren hier nicht
nur zahlreicher, sondern auch viel weitläuftiger.
Zwar ist hie und das Land, gegen die See zu, be
sonders an der Ostseite, noch unbebaut, vermuthlich
weil der Boden hier sandig ist, denn Lefooga ist
ungleich niedriger als Annamooka und die übrigen
umher liegenden Inseln. Aber gegen die Mitte
wird das Erdreich fruchtbarer, auch entdeckt man
überall Anzeigen einer beträchtlichen Volksmenge

und eines höhern Grades der Cultur. Wir kamen
hier zu großen Plantagen, die alle eingehägt waren, und zwar so, daß die parallel laufenden Verzäunungen schöne, geräumige Landstraßen bildeten,
die selbst Ländern zur Zierde gereichen würden, wo
alles, was zum Schicklichen oder Bequemen auf
dem Lande gehört, zu dem höchsten Grad der Vollkommenheit gebracht ist. Wir sahen große Flecken
Landes mit Papier-Maulbeerbäumen besetzt,
und überhaupt waren alle Pflanzungen mit Wurzeln
und Früchten, die die Insel erzeugt, reichlich versehen. Zu diesen natürlichen Producten fügte ich
einige ausländische, und steckte indisches Korn,
Melonen, Kürbiskerne und dergleichen. Wir
kamen an ein Haus, das vier bis fünfmal größer
war, als die gemeinen Wohnungen; vor demselben
war ein großer mit Rasen bedeckter Platz, und
ich halte dafür, daß sich die Einwohner, bey gewissen öffentlichen Gelegenheiten, hier versammeln.
Nicht weit von unserm Landungsplatze sahen wir
einen zween oder drey Fuß hohen, mit Sand bedeckten Aufwurf, worauf vier bis fünf kleine Hütten standen, in welchen, nach dem Bericht der Ein-
wohrnen, die Leichname einiger ihrer Vornehmen
ausgesetzt waren.

Die Insel ist nicht über sieben Meilen lang,
und an manchen Orten nicht über zwo oder drey
Meilen breit. Die Ostseite, welche dem Passatwinde ausgesetzt ist, hat ein Riff, welches in beträchtlicher Weite von hier aus sich in die See er-

streckt, und woran sich die Wellen mit großer Hef=
tigkeit brechen. Er ist eine Fortsetzung des Riffs,
welches Lefooga mit Foa verbindet, das nicht
über eine halbe Meile davon liegt. Zur Ebbezeit,
wo dieses Riff größtenteils trocken ist, können die
Eingebohrnen von einer Insel zu der andern gehen.
Das Ufer selbst bestehet zum Theil aus einem sechs
bis sieben Fuß hohen Korallenfelsen oder aus einem
Sandgestade, das aber hier höher ist, als auf der
Westseite, welche überhaupt nicht mehr als drey
bis vier Fuß über die Meeresfläche erhaben liegt
und, ihrer ganzen Länge nach, ein Sandufer hat.

Als ich von meinen Streifereyen im Lande zu=
rückkam, und zum Mittagessen an Bord gieng,
fand ich ein großes Seegel=Canot am Hintertheile
des Schiffs vestgebunden. In diesem Canote be=
fand sich Latooliboula, den ich auf meiner letz=
tern Reise gesehen hatte, und den wir damals für
den König dieser Insel hielten. Er saß im
Kahne mit aller der Gravität, die ihn, wie ich in
meinem Tagebuche angemerkt habe a), schon damals

a) S. Capitain Cook's Voyage, Vol. I. p. 206,
207. dort heißt dieser sonderbare Mann Kohage=
too Fallangou, woraus wohl der geschickteste
Etymologist nicht die geringste Aehnlichkeit mit
Latoo liboula erzwingen wird. Es ist merk=
würdig, daß Capitain Cook nicht sollte wahrge=
nommen haben, daß er einer Person zween so sehr
verschiedene Namen beylegte. Vielleicht läßt sich
die Sache dadurch erklären, daß eine dieser Be=
nennungen die Person, und die andere seinen Titel

uit großer Hef-
ung des Riffs,
et, das nicht
Zur Ebbezeit,
ist, können die
: andern gehen.
aus einem sechs
oder aus einem
ist, als auf der
mehr als drey
he erhaben liegt
Sandufer hat.
:n im Lande zu-
n Bord gieng,
am Hintertheile
iesem Canote be-
auf meiner leh-
i wir damals für
    Er saß im
ihn, wie ich in
I), schon damals
, Vol. I. p. 206,
e Mann Rohage-
ol der geschicktest-
: Aehnlichkeit mi-
-d. Es ist merk-
icht sollte wahrge-
rson zween so seh-
Vielleicht läßt sich
aß eine dieser Bo-
andere seinen Titel

so ganz besonders auszeichnete; und ließ sich durch sein Bitten bewegen, zu uns auf das Schiff zu kommen. Es waren eine Menge Insulaner zugegen, die ihn alle Arekee, oder König, nannten, welchen Titel ich sie nie dem Seenou beylegen hörte, so groß auch sein Ansehen sowohl hier als in Annamooka zu seyn schien. Ich hegte auch schon lange einige Zweifel über seine Königswürde, obgleich sein Freund Taipa sich es hatte sehr angelegen seyn lassen, ihn dafür auszugeben. Latooliboula blieb unter dem Spiegel des Schiffs bis Abends, und fuhr sodann in seinem Canote auf eine der In-

ober Rang bezeichnete. Diese Vermuthung erhält auch noch mehr Gewicht, wenn wir erwägen, daß Latoo, in der Sprache dieser Leute, zuweilen ein großes Oberhaupt bedeutet, denn Hr. Forster spricht in seinen Observations, etc. p. 378, 379. und an andern Orten, (S. Reise um die Welt, Deut. Aus. S. 351, 352.) von diesem Oberhaupte von Tongataboo, unter dem Titel Latoo (Latu); und er nennt ihn Latoo-Mipooroo, (Latu-Nipuru. S. 351.) Ein abermaliger Beweis, auf wie verschiedene Art unsere Reisenden einerley ihnen von den Eingebohrnen vorgesagte Worte niederschreiben. Unterdessen läßt sich unter Latoo-Mipooro und Latooliboula doch eine Aehnlichkeit entdecken, und geschieht diese Verwechslung der Hauptlaute um so öfter je weniger das Ohr an die Aussprache eines Worts gewöhnt ist. Hr. Anderson schreibt, wie Capitain Cook, Latooliboula.

Zweyter Th.   D

1777.
May,

Donnerstag
den 22sten.

feln zurück. Seenou war unterdessen immer am
Bord; aber keiner dieser wichtigen Personen schien
auf die andere Acht zu geben.

Folgenden Tags gieng nichts Bemerkenwerthes
vor, als daß einige der Eingebohrnen, das lose
Verdeck b) und andere Sachen auf dem Ueberlaufe
wegstahlen. Sie wurden zwar bald vermißt, und
die Diebe verfolgt, aber dies geschah ein wenig zu
spät. Ich wendete mich daher an den Seenou,
der, wenn er auch nicht der König, doch hier wenigstens mit aller erforderlichen Gewalt versehen
war, mir das Entwendete wieder zu verschaffen.
Er verwieß mich an den Earoupa, der mich von
einer Zeit zur andern aufzog, und am Ende geschah
doch nichts.

Freytag den
23sten.

Am 23sten, des Morgens, da wir im Begriffe waren die Anker zu lichten, und die Insel zu verlassen, kam Seenou, mit seinem Premier-Mini-
ster, dem Taipa, in einem Seegel-Canote an unser Schiff, und sagte mir, daß sie nach Vavaoo
giengen, einer Insel, die ihrer Rechnung nach,
ungefähr zwo Tagreisen nordwärts von Hapaee,
läge. Sie gaben vor, es geschähe in der Absicht,
mir noch einen guten Vorrath von Schweinen, und
dem Omai einige rothe Federmützen zu verschaffen,
die er mit nach Otaheite nehmen wollte, wo sie
in hohem Werthe stunden. Seenou versicherte

b) Das lose Verdeck ist ein von gepichtem gröbern Seegeltuche gemachter Sonnen- oder Regen-
schirm. W.

:ſſen immer am
Perſonen ſchien

iemerkenwerthes
rnen, das loſe
dem Ueberlaufe
b vermißt, und
ah ein wenig zu
n den Seenou,
, doch hier we:
Bewalt verſehen
: zu verſchaffen.
a, der mich von
im Ende geſchah

a wir im Begrif:
die Inſel zu ver:
Premier = Mini:
el=Canote an un:
e nach Vavaoo
Rechnung nach,
s von Hapaee,
e in der Abſicht,
Schweinen, und
en zu verſchaffen,
h wollte, wo ſie
nou verſicherte
n geplchtem grö:
nen= oder Regen:

mich), er würde binnen vier oder fünf Tagen wie=
er zurück ſeyn, und wünſchte, daß ich mittlerweile
nicht unter Seegel gehen ſondern ſeine Rückkehr
erwarten mögte, wo er mich ſodann nach Tonga=
taboo begleiten wollte. Ich hielte dieſes für eine
ſchickliche Gelegenheit, Vavaoo zu unterſuchen,
und ſchlug ihm vor, mit den Schiffen auch dahin
zu gehen; es ſchien ihm aber dieſer Plan nicht zu
gefallen, und um mich davon abzubringen, gab er
vor, es ſey dort weder Haven noch Ankerplatz. Ich
willigte alſo darein, in meiner gegenwärtigen Sta=
tion ſeine Zurückkunft zu erwarten, und ſo ſeegelte
e unverzüglich ab.

Tags darauf wurde unſere Aufmerkſamkeit durch
ein Gerüchte rege gemacht, welches einige Einge=
bohrne ſehr emſig zu verbreiten ſuchten; daß näm=
lich ein Schiff, gleich den unſrigen, in Annamoo=
ka, ſeitdem wir die Inſel verlaſſen hatten, ange=
kommen ſey, und daſelbſt noch vor Anker läge.
Man ſetzte noch hinzu, Toobou, das Oberhaupt
der Inſel, hätte ſich eiligſt dahin auf den Weg ge=
macht, um die neuen Gäſte zu empfangen. Wir
dachten um ſo weniger daran, die Geſchichte dieſer
erwarteten Ankunft für eine Fabel zu halten, da
wir wußten, daß Toobou wirklich abgegangen
war. Um jedennoch ſichere Nachricht zu erhalten,
gieng ich mit dem Omai an den Strand, und wollte
den Mann ſelbſt aufſuchen, der dieſe Neuigkeit zuerſt
von Annamooka hieher gebracht haben ſollte. Wir
fanden ihn bey dem Laroupa, wo Omai alle

1777.
May.

Fragen an ihn richtete, die ich für nöthig erachtete und die er so passend beantwortete, daß mir nich der geringste Zweifel übrig blieb. Indessen kan ein Vornehmer von unsrer Bekanntschaft von Anna mooka hier an, und versicherte, daß sich wede ein Schiff daselbst befände, noch seit unsrer Abreis von dieser Insel, alldort befunden habe. Derje nige so dieses Gerüchte ausstreuete, und auf dies Weise auf einer Unwahrheit ertappt wurde, ver schwand mit einem Male, und wir sahen ihn nich wieder. Zu welchem Ende sie dieses Mährchen ersonnen haben, ist schwer zu errathen, es müßt denn seyn, daß sie es geflissentlich darauf angeleg haben, uns von einer Insel an die andre zu schicken

Sonntags den 25sten.

Auf einem meiner Spaziergänge kam ich, den 25sten, ungefähr in ein Haus, wo eine Weibs person einem kleinen Kinde, das blind zu seyn schien, die Augen verbinden wollte, die sehr entzündet und mit einem zarten Felle überzogen waren. Ihre Instrumente waren ein Paar hölzerne, dünne Son den, mit denen sie so lange die Augen rieb, bis sie anfiengen zu bluten. Ich kam zu spät in die Woh nung, als daß ich genau beschreiben könnte, auf welche Art dieser weibliche Augenarzt, mit so elen den Instrumenten zu Werk gegangen ist; indessen verdient es doch angemerkt zu werden, daß diese Insulaner sich nur getrauen, eine so gefährliche Operation zu unternehmen.

Ich sah in demselben Hause noch eine Verrich tung von anderer Art, die ich etwas umständlicher be

nöthig erachtete,
:, daß mir nicht
Indessen kam
schaft von Anna,
, daß sich weder
eit unsrer Abreise
n habe. Derje-
:, und auf diese
ppt wurde, ver-
r sahen ihn nicht
dieses Mährchen
athen, es müßte
) darauf angelegt
andre zu schicken.
ge kam ich, den
wo eine Weibs-
ind zu seyn schien,
:hr entzündet und
waren. Ihre
rne, dünne Son-
igen rieb, bis sie
spät in die Woh-
iben könnte, auf
arzt, mit so elen-
gen ist; indessen
:rden, daß diese
ne so gefährlich

ch eine Verrich-
umständlicher be-

schreiben kann. Eine andere Frau war beschäftigt,
sinem Kinde die Haare mit einem Hayfischzahne ab-
uscheeren, der an einem Stück Holz befestigt war.
Ich bemerkte, daß sie die Haare zuerst mit einem
n Wasser getauchten Lappen befeuchtete, und sodann ihr Instrument an den eingeweichten Theil
ansetzte. Dem Kinde schien diese Operation nicht
die geringsten Schmerzen zu verursachen, ob ihm
gleich die Haare so dicht am Kopfe weggenommen
wurden, als wenn man eines unserer Scheermes-
ser dazu gebraucht hätte. Dieses veranlaßte mich,
nachher eines dieser sonderbaren Instrumente an mir
selbst zu versuchen, und ich fand daß es im Fall der
Noth, recht gute Dienste thut. Die Insulaner bedienen sich gleichwohl eines andern Mittels bey ihren Bärten: sie nehmen zwo Muschelschaalen; eine
setzen sie unterhalb eines kleinen Büschels des Bar-
ts an, und da sie die andere oberhalb anbringen,
wissen sie ihn auf diese Art sehr rein wegzuputzen.
Diese Art ist zwar etwas langweilig, aber nicht
schmerzhaft. Es giebt hier Leute, die diese Profes-
sion treiben, und es war eben so gewöhnlich, daß
unsere Matrosen während unseres Aufenthaltes ans
Land giengen, sich nach Landessitte den Bart abnehmen zu lassen, als sich die Oberhäupter an Bord
unserer Schiffe von unsern Barbieren rasiren ließen.
Da ich wahrnahm, daß wenig oder nichts mehr
von den Producten der Insel auf die Schiffe gebracht
wurde, so beschloß ich meine Station zu verändern,
und Feenou's Zurückkunft von Vavaoo in einem

andern bequemen Ankerplaße abzuwarten, wo wir
uns noch einige Erfrischungen verschaffen könnten.
Wir giengen also den 26sten, Vormittags, unter
Seegel und steuerten südwärts, längs dem Riffe
der Insel hin, mit vierzehen auch dreyzehen Klaftern
Wassertiefe in einem sandigen Grunde. Doch trafen wir auch auf hie und da zerstreute Felsenbänke,
die entweder durch die Brecher, durch die Farbe des
Wassers, oder durch die Bleyschnur entdeckt wurden. Da wir Nachmittags um halb drey schon
verschiedene dieser Klippen passirt hatten, und deren
noch mehrere vor uns sahen, so schlug ich eine Bay ein,
die zwischen dem südlichen Ende von Lefooga und
dem nördlichen Ende von Hoolaiva befindlich ist,
und ankerte hier in siebzehen Faden Wasser auf Ko-
rallengrund, wo die Spiße von Lefooga in Süd-Ost
gen Ost, in einer Entfernung von einer halben
Meile lag. Die Discovery konnte vor Sonnenuntergang nicht vor Anker kommen; sie war auf eine der
Untiefen gerathen, kam aber doch noch ohne Schaden
über dieselbe hin.

Sobald wir die Anker hatten fallen lassen,
schickte ich Hrn. Bligh aus, die Bucht, in der wir
lagen, zu sondiren; ich aber gieng mit Hrn. Gore,
am südlichen Theile von Lefooga, ans Land, die
Revier zu untersuchen und mich nach frischem Wasser umzusehen, nicht eben, weil es uns an diesem
Artikel gebrach— denn wir hatten auf unserer leßten
Station alle unsere Fässer gefüllt —, sondern weil
man mir gesagt hatte, daß es hier ungleich besseres

arten, wo wir
haffen könnten.
rmittags, unter
ngs dem Riffe
nzehen Klaftern
de. Doch tra-
te Felsenbäncke,
ch die Farbe des
ur entdeckt wur-
zalb drey schon
tten, und deren
ich eine Bay ein,
t Lefooga und
a befindlich ist,
Wasser auf Ko-
oga in Süd-Ost
n einer halben
vor Sonnenun-
war auf eine der
ch ohne Schaden

n fallen lassen,
ucht, in der wir
nit Hrn. Gore,
ans Land, die
h frischem Was-
s uns an diesem
af unserer letzten
-, sondern weil
ngleich besseres

gäbe. Ich hatte aber mehr als einmal Gelegenheit zu bemerken, daß die Insulaner nicht wissen, was gutes Wasser ist. Man führte uns an zwo Quellen, aber in beyden war es abscheulich, und die Eingebohrnen, die uns dahin begleiteten, versicherten, daß sie kein besseres hätten.

Nahe am südlichen Ende der Insel, und an der Westseite sahen wir einen künstlichen Berg. Nach der Grösse der darauf stehenden Bäume und noch andern Anzeigen zu urtheilen, muß er in sehr entfernten Zeiten aufgeführt worden seyn. Ich schätzte ihn ungefähr sechzig Fuß hoch, und sein Durchmesser auf dem Gipfel maß funfzig. In der Mitte desselben stand ein Stein, der aus einer Korallenklippe muß ausgehauen worden seyn. Er war vier Schuh breit, anderthalb Schuh dick, und vierzehn Schuh hoch. Die uns begleitenden Eingebohrnen versicherten, daß nicht einmal die Hälfte seiner Länge ausserhalb der Erde hervorrage. Sie nannten ihn Tangata Arekee c) und sagten, daß dieser Hügel und dieses Grabmal von einem ihrer Vorfahrer zum Andenken eines ihrer Könige errichtet worden sey; wann es aber geschehen, konnten sie nicht sagen.

Da es anfieng dunkel zu werden, kehrten wir, Hr. Gore und ich wieder an Bord, und nun kam auch Hr. Bligh vom Sondiren der Bay zurück, in der er mit vierzehn bis zwanzig Faden Wasser

c) Tangata heißt in ihrer Sprache, ein Mann,
und Arekee ein König.

fand, auf einem Grund, der mehrentheils Sand,
doch nicht ohne Korallenklippen war. In unserer
jetzigen Ankerstelle waren wir weit mehr vor Wind
und Wellen gesichert, als in der, die wir so eben
verlassen hatten, aber zwischen beyden ist eine dritte,
die noch viel bequemer ist. Lefooga und Hoolaiva werden durch ein Korallenriff getrennt, welches
zur Ebbezeit dergestalt über der Wasserfläche erscheint, daß man trockenen Fußes von einer Insel
zur andern kommen kann. Einige unserer Herren,
die an der letzten Insel landeten, fanden darauf
nicht die geringste Spur einer Cultur, oder daß sie
bewohnt sey; eine einzige Hütte ausgenommen, die
einem Mann, der Fische und Schildkröten fieng,
zum Obdach diente. Es ist sonderbar, sie, bey ihrem
Zusammenhange mit der so vollkommen angebaue-
ten Insel Lefooga, ganz verlassen zu sehen; denn
obgleich der Boden hier durchgehends sandig ist, so
waren doch alle in den benachbarten Gegenden ein-
heimische Bäume und Pflanzen auch hier in vollem
Wachsthum anzutreffen. An ihrer Ostseite hat sie
ein Riff wie Lefooga, an der Westseite gegen Norden aber, eine Beugung, die eine gute Ankerstelle
zu seyn scheint. So unbewohnt auch Hoolaiva
ist, so hat man doch dort auch einen solchen künstlichen Hügel, wie auf der daranstossenden Insel aufgeführt, der so hoch ist, wie einige der umherstehenden Bäume.

Dienstags
den 27sten.
Des andern Morgens, mit Anbruch des Tages,
gab ich das Zeichen, die Anker zu lichten, und da

ich auf meinem Laufe nach Tongataboo, einen
Weg südwestwärts nach Annamooka, durch die
dazwischen liegenden Inseln versuchen wollte, so
schickte ich den Obersteuermann in einem Boote aus,
vor den Schiffen her zu sondiren. Ehe wir aber
noch unter Seegel kamen, wurde der Wind verän=
derlich. Da es auf diese Weise nicht rathsam war,
uns in Gegenden zu wagen, mit denen wir nicht
bekannt waren, so blieb ich in meiner Station und
gab dem Obersteuermann ein Zeichen, zurück=
zukehren. Nachher befahl ich sowohl ihm als dem
Obersteuermann der Discovery, daß jeder in einem
besondern Boote die Kanäle, so weit als sie nur
könnten, untersuchen sollten, und ließ ihnen Zeit,
erst mit Eintritt der Nacht zurückzukommen.

Gegen Mittag kam ein großes Seegelcanot an
das Hintertheil der Resolution, worinnen eine
Person saß, die Futtafaihe, oder Poulaho,
vielleicht auch Futtafaihe=poulaho hieß. Nach
dem Berichte der an Bord unseres Schiffs befind=
lichen Eingebohrnen, war er König von Tonga=
taboo und von allen benachbarten Inseln, die wir
gesehen, oder von denen wir gehört hätten. Es
mußte mir ganz natürlich auffallen, einen Fremden
unter diesem Titel angemeldet zu sehen, der, mei=
ner Meynung nach, einem andern zukam. Indeß=
sen bestand man einstimmig darauf, daß der neue
Gast wirklich diese hohe Würde begleite, und ge=
stand zum erstenmale, daß Seenou nicht König,
sondern ein Oberhaupt vom zweyten Range, aber

58

von großer Macht sey, und bey kriegerischen Unternehmungen, oder wenn Zwistigkeiten entschieden
werden sollten, von Tongataboo aus in die andern Inseln abgesendet werde. Da es nicht nur
meinem Interesse sondern auch meiner Neigung gemäß war, allen angesehenen Personen, die ihnen
schuldige Achtung zu bezeugen, ohne es bey Untersuchung der Gültigkeit ihrer angenommenen Titel,
so genau zu nehmen: so lud ich den Poulaho ein,
an Bord zu kommen, und hörte, daß er auf die
Einladung gewartet habe. Er war mir auch darum
ein willkommener Gast, weil er ein Paar wohlge-
mästete Schweine zum Geschenke mitbrachte, die
jedennoch nicht so fett, wie er selbst, waren. Wenn
Rang oder Macht durch körperliches Gewicht bestimmt werden, so war er unstreitig der König aller
Könige, die wir bis hieher gesehen hatten, denn,
bey einer nicht sehr großen Statur, war er von der
unbeholfensten, unförmlichsten Dicke. Er mochte
etwa vierzig Jahre alt seyn; hatte schlichte Haare,
und seine Gesichtszüge waren von der Nationalbil-
dung seines Volkes merklich verschieden. Ich fand
übrigens an ihm einen gesetzten, vernünftigen Mann.
Er betrachtete das Schiff und so viele für ihn neue
Gegenstände mit ungemeiner Aufmerksamkeit, und
that manche sehr vernünftige Fragen an mich, unter
andern auch die, was uns bewogen hätte, diese
Inseln zu besuchen. Nachdem er seine Neugierde
bey unseren Thieren und andern Gegenständen auf
dem Verdecke befriedigt hatte, bat ich ihn, mit

iegerischen Unter=
keiten entschieden
o aus in die an=
Da es nicht nur
lner Neigung ge=
onen, die ihnen
ne es bey Unter=
ommenen Titel,
Poulaho ein,
daß er auf die
mir auch darum
n Paar wohlge=
nitbrachte, die
waren. Wenn
es Gewicht be=
der König aller
hatten, denn,
war er von der
e. Er mochte
chlichte Haare,
r Nationalbil=
en. Ich fand
nftigen Mann.
e für ihn neue
ksamkeit, und
n mich, unter
hätte, diese
ne Neugierde
enständen auf
ich ihn, mit

ir in die Kajute zu kommen. Einige seiner Be=
leiter wandten aber hiegegen ein, wenn er diese
Einladung annähme, würden verschiedene Leute über
inem Kopfe herumgehen, welches durchaus nicht
eschehen dürfte. Ich ließ ihnen durch den Omai
ntworten, daß ich diese Schwierigkeit heben und
efehlen wollte, daß unterdessen niemand den Theil
es Verdecks, der über der Kajute wäre, betreten
ollte. Gleichwohl schienen sie mit diesem Auskunfts=
mittel nicht zufrieden zu seyn; das Oberhaupt aber
setzte sich dießmal über diese Umständlichkeit seines
Befolges und alles Ceremoniel hinweg, und stieg
hne alle Bedingung hinunter. Nunmehr schien
s, als ob es ihm eben so sehr als seinen Leuten
daran gelegen wäre, uns zu überzeugen, daß er
König sey, und nicht Feenou, den man dafür aus=
egeben hatte, denn er merkte nur allzuwohl, daß
ir hierüber noch einige Zweifel hegten. Omai,
er Feenous innigster Freund geworden war, und
um Zeichen dieser Verbindung seinen Namen mit
Feenous Namen vertauschte, hatte auch keine son=
erliche Lust, diese Zweifel zu heben; und es war
hm höchst unangenehm, daß nunmehr ein anderer
ne Ehre in Anspruch nahm, die bisher sein Freund
nossen hatte.

Poulaho setzte sich mit uns zu Tische, aber er
aß nichts, und trank noch weniger. Nach aufgeho=
bener Tafel bat er mich, mit ihm an Land zu
gehen. Auch Omai war's hiezu eingeladen; er
war aber seinem Freunde Feenou zu sehr ergeben,

als daß er deſſen Nebenbuhler einige Achtung hätte
erweiſen können: er machte daher einige Entſchul-
digung und blieb zurück.   Nachdem ich Poulaho
mit verſchiedenen Artikeln, die er beſonders zu ſchätzen ſchien, über alle Erwartung beſchenkt hatte,
begleitete ich ihn, in meinem eigenen Boote. Mein
Bemühen um ſeine Freundſchaft war auch nicht ver-
gebens, denn in dem Augenblick, da wir das Sandufer erreicht hatten, und ehe er noch ausgeſtiegen
war, gab er Befehl, daß man noch zwey Schweine bringen und meinen Leuten im Boote überliefern
ſollte.   Einige der ſeinigen huben und trugen ihn
ſodann aus dem Boote, mittelſt eines Brettes,
das wie eine Tragbahre geſtaltet war, und ſetzten
ihn nahe am Strande in einem kleinen Hauſe nieder,
welches zu dieſer Abſicht ſchien hier errichtet worden
zu ſeyn.   Ich mußte neben ihm Platz nehmen,
ſein nicht zahlreiches Gefolge aber ſetzte ſich auſſer
dem Hauſe in einem halben Kreiſe vor uns nieder.
Hinter dem Oberhaupte, oder vielmehr ihm zur
Seite, ſaß eine alte Frauensperſon, die ihm mit
einem Fächer die Fliegen wehrte.

Man legte nunmehr die verſchiedenen Artikel,
die ſeine Leute an Bord der Schiffe erhandelt hatten, vor ihm nieder.   Er betrachtete ſie alle mit
Aufmerkſamkeit, fragte, was ſie dafür gegeben hätten,
und ſchien mit ihrem Kaufe zufrieden zu ſeyn.   Endlich ließ er einem jeden ſeine Waare zuſtellen,
eine gläſerne Schale ausgenommen, die ihm ſowohl
gefiel, daß er ſie für ſich behielt.   Beym Hintragen

der Waaren hockten sich alle vor ihm nieder, legten ihre erkauften Sachen hin, stunden gleich wieder auf, und begaben sich zurück. Eben dieses ehrerbietige Ceremoniel wurde auch beym Wegtragen beobachtet, und keiner unterstand sich, stehend mit ihm zu sprechen. Ich blieb, bis verschiedene seiner Begleiter ihn verlassen hatten. Ihre Abschiedsreverenz bestund in Beugung des Kopfs unter seine Fußsohlen, die sie nachher mit der äußern und innern Seite der Finger berührten, oder sanft dagegen schlugen. Auch einige, die nicht mit im Kreise waren, näherten sich ihm, wie es schien, blos in dieser Absicht, und traten nach dieser Ehrenbezeugung ab, ohne ein Wort gesprochen zu haben. Man beobachtete hiebey eine gewiße Wohlanständigkeit, die mir überaus gefiel und die ich nirgends, selbst nicht unter civilisirten Nationen, wahrgenommen hatte.

Als ich wieder an Bord stieg, fand ich den Obersteuermann, der so eben von seiner Expedition zurückgekommen war. Er meldete mir, daß er zwar, so weit er gewesen sey, Ankerstellen und Durchgänge für die Schiffe gefunden, gegen Süd, und Süd-Osten aber eine Menge kleiner Eilande, Bänke und Brecher wahrgenommen habe. Da ich aus diesem Berichte sah, daß eine Durchfarth auf dieser Seite mit einiger Gefahr verknüpft sey, so gab ich dieses Vorhaben auf, und hielt es für besser, auf dem nämlichen Weg, den ich letzthin so sicher gefunden hatte, meinen Lauf wieder gegen Annamooka zu richten.

Mit diesem Vorsatz würde ich mit nächstem Morgen unter Seegel gegangen seyn, wenn der Wind nicht allzu südlich, und zugleich unbeständig gewesen wäre. Poulaho, den ich nunmehr den König nennen werde, kam ganz frühe an Bord, und brachte mir eine aus rothen Federn gemachte, oder damit bedeckte Mütze zum Geschenke. Diese Mützen wurden nachher eine sehr gesuchte Waare unter uns, da wir wußten, welchen Werth sie in Otaheite hatten; allein so viel wir auch dafür boten, so wurde uns doch nicht eine zu Kauf gebracht; ein Zeichen, daß sie bey den Einwohnern in gleich hohem Werthe stunden. Auf unsern beyden Schiffen war niemand, der eine bekommen konnte, als ich, Capitain Clerke und Omai. Diese Mützen sind aus dem Schweiffedern der Tropikvögel mit darauf oder dazwischen geflochtenen rothen Papagey federn verfertigt. Sie haben keinen Boden, sondern werden nur vor die Stirne gebunden. Sie haben die Form eines Halbcirkels, dessen Radius achtzehn bis zwanzig Zoll beträgt. — Nach der Zeichnung, die Hr. Webber von Poulaho mit einer solchen Mütze machte, wird man sich die Sache deutlicher vorstellen können. d) Das Oberhaupt blieb bis Abends an Bord; sein Bruder aber, der auch Futtafaihe hieß, nebst zwen oder mehrern von seinem Gefolge, brachten die Nacht auf dem Schiffe zu.

d) S. 1. Band, S. 156.

uf wieder gegen
lt nächstem Mor-
wenn der Wind
beständig gewese[n]
r den König neu
Bord, und brach[te]
achte, oder da

Diese Mützen
Waare unter uns,
sie in Otaheit[e]
dafür boten, so
uf gebracht; ein
nern in gleich he-
benden Schiffen
konnte, als ich,
iese Mützen sind
ikvögel mit da-
othen Papagey-
Boden, sondern
en. Sie haben
Radius achtzehn
) der Zeichnung,
mit einer solchen
Sache deutlicher
haupt blieb bis
, der auch Fut-
tern von seinem
dem Schiffe zu.

1.777.
May.

Donnerstag
den 1sten.

Den andern Morgen, mit Tagesanbruch, lichte ich, bey einer schönen Kühlung von Ost-Nord-
Ost, die Anker, und steuerte westwärts, in der Absicht
en meinem Laufe nach Annamooka meine vorige
Curslinie zu halten. Es folgten uns verschiedene
Seegelcanote, auf deren einem sich der König befand. Sobald er an Bord der Resolution gekommen war, fragte er nach seinem Bruder und
den übrigen, die die Nacht über auf dem Schiffe
geblieben waren. Es schien, daß es ohne seine
Erlaubniß geschehen war, denn er gab ihnen in wenig Worten einen so derben Verweis, daß ihnen
Thränen in die Augen traten, ob es gleich Männer
wenigstens von dreyßig Jahren waren. Er ver-
gab ihnen indessen bald, und beym Fortgehen erlaubte seinem Bruder und fünf Personen von seinem
Gefolg, an Bord zu bleiben. Wir hatten auch
die Gesellschaft eines andern Oberhaupts, der so
eben von Tongataboo angekommen war, und sich
Poobouritoa nannte. Er schickte gleich nach seiner Ankunft seinen Kahn zurück, und gab mir zu
verstehen, daß er mit fünf anderen, die mit ihm
gekommen waren, an Bord schlafen wollte. Meine Kajüte war also ganz mit fremden Gästen angefüllt; ich mußte mir indessen diese Unbequemlichkeit
gefallen lassen, da sie mir alle einen reichen Vor-
rat an Lebensmitteln mitbrachten, wofür ich ihnen
nochmal anständige Gegengeschenke machte.

Ungefähr um ein Uhr, Nachmittags, verwan-
delte sich der östliche Wind in eine frische Kühlung

aus Süd=Süd=Osten.   Da aber unser Weg na
Süd=Süd=West gerichtet war, so musten wir be
ständig laviren und konnten nicht eher, als Abend
um acht Uhr, die Nordseite von Footoha gewinnen
wo wir die Nacht hindurch ab= und zu steuerten.

**Freytag
am 30ten.**

Am folgenden Morgen hielten wir gegen Lo
fanga, wo, nach der Versicherung unserer neue
Freunde, ein guter Ankerplatz seyn sollte.   Es wa
schon ein Uhr Nachmittags, ehe wir an der Lee= od
Nordwestseite, etwa eine halbe Meile vom Strand
mit vierzig Faden Grund fanden.   Die Küste wa
steil, der Boden felsicht und die Leeseite eine ununter
brochene Klippenkette.   Bey diesen so mißlichen Um
ständen, wendete ich mich gegen Kotoo, wo i
bessern Grund zu finden hoffte.   Das Hinsteue
nach Lofanga hatte uns aber so viele Zeit wegg
nommen, daß es schon dunkel war, ehe wir die
Insel erreichen konnten.   Da es also auch hier nic
möglich war vor Anker zu kommen, so musten w
diese Nacht wie die vorige mit hin= und her kreuz
zubringen.

**Sonnabend
am 31ten.**

Am 31sten mit Tagesanbruch steuerte ich na
den Kanal zwischen Kotoo und dem Felsenriffe a
der Westseite der Insel; als ich aber näher ka
wurde der Wind so schwach, daß es unmöglich wa
hindurch zu kommen.   Ich hielt mich also ausserhal
des Riffs, und steuerte bis gegen Mittag Süd
West.   Inzwischen brachte uns auch dieses nich
weiter windwärts; es war vielmehr zu besorgen, da
wir von den Inseln ganz abkommen möchten, welch

unser Weg nach
mußten wir be
er, als Abendt
toha gewinnen
zu steuerten.
wir gegen Lo
g unserer neue
sollte. Es w
an der See= od
le vom Strand
Die Küste w
ite eine ununt
so mißlichen Un
Rotoo, wo t
Das Hinsteuer
viele Zeit wegg
r, ehe wir die
ho auch hier ni
, so mußten m
und her kreuz

steuerte ich na
m Felsenriffe
aber näher kan
unmöglich wa
ich also ausserhal
n Mittag Süd
auch dieses ni
zu besorgen, da
möchten, welch

er vielen Eingebohrnen wegen, die ich an Bord
atte, sehr verdrüßlich gewesen wäre. Ich ließ
aber das Schiff umwenden, und steuerte rückwärts,
m eine günstigere Gelegenheit abzuwarten. Wir
amen noch eben zu rechter Zeit vor Footooha,
nd brachten zwischen dieser Insel und Rotoo mit
ngereeften Mars= und Vorsegeln die Nacht zu.
Da der Wind sehr frisch und in Stößen wehete,
und fast beständig mit Regen begleitet war, so waren wir nicht ganz ohne Sorgen. Ich blieb bis
um Mitternacht auf dem Verdecke, überließ es als-
ann dem Obersteuermanne, und gab ihm einige
nweisung, wie er, meiner Meynung nach, die
Schiffe vor den umherliegenden Untiefen und Klippen zu sichern hätte. Aber kaum hatten wir einen
ang nordwärts gemacht, und wieder gegen Sü-
en umgelegt: so kamen wir, durch ein geringes
mlaufen des Windes, auf einmal weiter windwärts,
ls wir es vermuthet hatten, und waren eben daran,
f einer niedrigen Sandinsel, Namens Pootoo,
rundum mit Brechern umgeben ist, zu stranden.
allem Glück hatte man gerade die Leute auf das
erdeck gerufen, das Schiff umzulegen; die mei-
n waren also noch auf ihrem Posten, und alle
orkehr ward nicht nur so zweckmäßig sondern auch
schleunig getroffen, daß das Schiff nur dadurch
vom Untergange gerettet wurde. Die Discovery
war weiter zurück, mithin außer Gefahr. Vor-
lle dieser Art dürfen übrigens keinen Seemann be-

Zweyter Th.   E

Sonntag
den 1sten.

fremden, der auf neue Entdeckungen in unbekann-
ten Gewässern ausgeht.

Dieser Umstand hatte indessen unsere Passagiere
dergestalt in Schrecken gesetzt, daß sie begehrten
ans Land gebracht zu werden. Ich ließ also mit
anbrechendem Tage ein Boot ausheben, und befahl
dem commandirenden Officier, nachdem er an Kotoo würde gelandet haben, längs des Riffs, welches sich von dieser Insel aus in die See erstreckt,
zu sondiren und sich nach einem Ankerplatze umzusehen. Ich war es nunmehr so sehr, als meine
Gäste überdrüssig, zwischen den vielen Inseln und
Untiefen hin und her zu laviren, und war entschlossen, mit der ersten der besten Ankerstelle vorlieb zu
nehmen. So lange das Boot aus war, versuchten wir, die Schiffe durch den zwischen der Sandinsel und dem Riffe von Kotoo befindlichen Kanal
zu bringen, und vermutheten hinter demselben eine
mäßige Wassertiefe zu finden, wo wir uns vor Anker
legen könnten. Allein die uns entgegen kommende
Fluth oder ein Seestrohm verhinderte uns daran,
und wir waren genöthigt, in funfzig Faden Wasser
zu ankern, wo wir, in der Weite von einer Meile,
die Sandinsel in Ost gen Norden hatten.

Hier blieben wir bis zum 4ten. In dieser
Station erhielten wir fleißige Besuche vom König
von Tooboueitoa, und den Einwohnern der nahe gelegenen Inseln, die sich weder durch Wind noch Wetter
abhalten ließen, mit uns Handel zu treiben. Der
Obersteuermann wurde auf Sondiren der Kanäle

ı in unbekann	die sich zwischen den oſtwärts gelegenen Inſeln be- finden, ausgeſandt, und ich gieng am 2ten, des Morgens zu Kotoo an Land, um die Inſel genauer in Augenſchein zu nehmen.

ſere Paſſagiere

ß ſie begehrten

h ließ alſo mit

en, und befahl

dem er an Ko-

es Riffs, wel-

See erſtreckt,

erplatze umzuſ-

hr, als mein

len Inſeln und

ıb war entſchloſ-

ſtelle vorlieb zu

s war, verſuch-

ſchen der Sand-

findlichen Kanal

r demſelben ein

r uns vor Anka

gegen kommend

erte uns dar-

ıg Faden Waſſ

ſon einer Meile

hatten.

ten. In dieſ

ache vom König

ınern der nahe g

Wind noch Wetter

ſu treiben. Der

ıren der Kanäle

Es hält ſogar mit Booten ſchwer, auf derſelben anzulanden, weil ſie mit einem Korallenriffe um-geben iſt. Sie iſt nicht über anderthalb oder zwo Meilen lang und nicht ſo breit. Ihr nordweſtliches Ende iſt niedrig, wie die Inſeln von Hapaee, aber in der Mitte erhebt ſie ſich mit einem male, und läuft am ſüdöſtlichen Ende in eine ungefähr dreyßig Fuß hohe, röthliche, lehmartige Küſte aus. Das Erdreich in dieſer Gegend iſt von eben der Lettenart wie die Küſte, in andern Gegenden aber iſt es eine zerreibliche ſchwarze Gartenerde. Sie bringt die nämlichen Früchte und Wurzeln hervor, die wir auf den andern Inſeln angetroffen haben, und iſt ziem-lich angebauet, aber nicht ſehr bewohnt. Indeß ich ſie durchſtreifte, waren unſere Leute beſchäftiget, was für unſer Vieh abzuſchneiden; wir legten auch ıge Melonenkerne, und umzäunten ſie mit Zwei-, womit die Einwohner ſehr zufrieden zu ſeyn nen. Als wir wieder an unſer Boot zurück-gen, kamen wir an zween oder drey Teiche, von mr oder weniger ſalzigem, ſehr trübem Waſſer vor-be auch ſahen wir einen Begräbnißplatz, der weit beſſer angelegt war, als die wir auf Hapaee an-getroffen hatten.

E 2

Mitwoch
den 4ten.
Donnerstag
den 5ten.

Am 4ten, des Morgens um sieben Uhr lichteten wir die Anker, und steuerten, mit einem frischen Winde aus Ost-Süd-Ost, gegen Annamooka, wo wir uns am nächsten Morgen fast auf eben der Stelle, wo wir uns das letztemal befanden, vor Anker legten.

Ich gieng bald darauf an das Land, und fand die Einwohner sehr häufig in ihren Pflanzungen, wo sie Yamswurzeln ausgruben, um sie auf den Markt zu bringen. Es müssen diesen Tag über ihrer an die zweyhundert am Sandufer versammelt gewesen seyn, und sie trieben ihren Tauschhandel wieder mit eben solcher Hastigkeit, als bey unserm letztern Besuche. Ob gleich wir nicht lange weggeblieben waren, so schien sich doch ihr Vorrath unterdessen wieder ziemlich vermehrt zu haben; aber so wie wir bey unserm ersten Hierseyn, sonst nichts als Brodfrucht bekommen konnten, so sah man diesmal nichts als Yamswurzeln und einige Pisange. Man sieht daraus, wie schnell die Jahrszeiten hier auf einander folgen, oder wie geschwinde wenigstens die verschiedenen Producte des Pflanzenreichs hier nach einander reif werden. Seit unserer Abwesenheit schien man auch noch mehr auf den Anbau der Insel Bedacht genommen zu haben, denn wir fanden Plätze, die damals ganz unbenutzt lagen, in grosse Pisangpflanzungen verwandelt. Die Yamswurzeln waren gegenwärtig in ihrer grössten Vollkommenheit; auch tauschten wir deren eine beträchtliche Menge gegen Eisenwaaren ein.

Uhr lichteten
inem frischen
nnamooka,
auf eben der
:fanden, vor

ıo, und fand
anzüngen, wo
ıf den Markt
über ihrer an
mmelt gewesen
ıel wieder mit
n letztern Ve:
weggeblieben
th unterdessen
ıer so wie wir,
hts als Vrod
diesmal nichts
ange. Man
eiten hier auf
wenigstens die
:ichs hier nach
r Abwesenheit,
nbau der Insel
m wir fanden
gen, in grosse
: Yamswurzel
Vollkommen
le beträchtl...

Die Insulaner schienen während Toubou's
Abwesenheit, den wir n..t Poulaho und den übrigen Oberhäuptern auf Rotoo zurückgelassen hatten, unter keiner sonderbaren Subordination zu
stehen: denn wir bemerkten nicht, daß diesen ganzen
Tag über eine Person sich vor der andern eines gewissen Rechts angemasset hätte. Ehe ich wieder an
Bord gieng, besuchte ich die Plätze, wo ich Melonenkerne gelegt hatte, fand aber zu meinem Verdrusse,
daß die meisten von einer kleinen Ameise verderbet
waren. Dagegen waren einige Ananas-Kronen,
die ich auch damals gepflanzt hatte, im vollen
Treiben.

Tags darauf, gegen Mittag, kam Feenou
von Vavaoo hier an. Er erzählte uns, daß verschiedene, zugleich mit ihm von der Insel abge-
gangene Kähne, die Schweine und andern Vorrath für uns an Bord gehabt hätten, durch das
letztere stürmische Wetter zu Grund gegangen wären,
ohne daß sich eine Seele hätte retten können. Diese
an sich traurige Nachricht schien indessen bey keinem
seiner Landsleute den geringsten Eindruck zu machen;
und was uns anlangte, so waren wir nunmehr zu
gut mit Feenous Charakter bekannt, als daß wir
dieser Erzählung hätten grossen Glauben beymessen
sol... Aller Wahrscheinlichkeit nach, mochte er in
Vavaoo die gehofften Victualien nicht haben auf-
bringen können, oder, hat er sie auch bekommen,
so mag er für klüger gehalten haben, sie in Hapaee
zurückzulassen, welches auf seinen Rückweg lag, und

wo er mußte erfahren haben, daß unterdeſſen Pou,
laho bey uns geweſen war, welchem er, als ſeinem
Oberherrn, alles Verdienſt und allen Dank bey die,
ſer Gelegenheit hätte überlaſſen müſſen, ob dieſer
gleich nicht die geringſte Bemühung dabey gehabt
hatte. Das Mährchen von den verunglückten
Kähnen war indeſſen nicht ganz übel erdacht; denn
es war damals wirklich ſo ſtürmiſche See, daß der
König mit den andern Oberhäuptern, die uns von
Hapaee nachfolgten, in Kotoo zurückblieb, und
es nicht wagte, ſich zugleich mit uns der See aus,
zuſetzen. Sie bathen mich aber, ich möchte ſie in
Annamooka erwarten, und in dieſer Rückſicht
legte ich mich noch einmal daſelbſt vor Anker, an,
ſtatt geraden Wegs nach Tongataboo zu ſeegeln.

Am folgenden Morgen kamen Poulaho und
die mit ihm durch ungünſtigen Wind zurückgehaltenen
Oberhäupter bey uns an. Ich befand mich gerade
damals mit Feenou am Strande. Es deuchte mir,
als ob er jetzt das Unſchickliche ſeiner Anmaſſung
fühlte, denn er erkannte nicht nur Poulaho für
den König von Tongataboo und den übrigen
Inſeln, ſondern es ſchien als wenn es ihm nunmehr
recht darum zu thun wäre, daß man jenen dafür er,
kenne; ohne Zweifel damit man ſein voriges Be,
nehmen deſto leichter vergeſſen möge. Ich verließ
ihn, um jenen, dem mehr Ehre gebührte, zu be,
willkommen. Ich fand ihn ſitzend, mit einigen
wenigen, die ſich vor ihm niedergelaſſen hatten. Die
Verſammlung wuchs indeſſen bald zu einem zahl,

terbeffen Pou-
1 er, als feinem
1 Dank bey die-
ffen, ob diefer
) dabey gehabt
verunglückten
erdacht; denn
See, daß der
, die uns von
:ückblieb, und
der See aus-
h möchte fie in
efer Rückficht
)r Anker, an-
) zu feegeln.
)oulaho und
rückgehaltenen
b mich gerade
:s deuchte mir,
:r Anmaffung
)oulaho für
den übrigen
ihm nunmehr
nen dafür er-
voriges Be-
Ich verließ
ihrte, zu be-
mit einigen
hatten. Die
einem zahl-

reichen Kreife an, denn jedermann beeiferte fich, ihm feine Aufwartung zu machen. Nun war ich begierig zu fehen, wie fich Feenou bey diefer Gelegenheit betragen würde, und wurde hinlänglich überzeugt, daß er einen groffen Rang behauptete, denn er nahm feinen Platz unter denen ein, die, als das nächfte Gefolge Sr. Majeftät, vor Poulaho fich fetzen durften. Anfänglich fchien er ein wenig betreten, weil er einige von Uns erblickte, die gewohnt waren, ihn eine andere Rolle fpielen zu fehen; er faßte fich aber bald wieder, und nun fiel unter beiden Ober-häuptern ein kleines Gefpräch vor, von dem wir aber alle nichts verftanden, auch aus Omai's Ver-dolmetfchung nicht klüger wurden. Indeffen wußten wir nunmehr, wie wir mit Feenous Rang daran waren. Er und Poulaho begleiteten mich, als ich zum Mittageffen an Bord gieng; aber nur letzter fetzte fich zu Tifche, und Feenou gieng aus der Kajütte, nachdem er die gewöhnliche Reverenz gemacht, nämlich feines Oberherrn Fußfohlen mit dem Kopf und Händen berührt hatte. e) Der

e) Nach des Pater Cantova Bericht, bezeugen die Einwohner der Carolinen-Eilande ihren Ober-häuptern, oder Tamolen ihre Ehrerbietung auf ähnliche Weife, "Lorsqu' un Tamole, fchreibt ner, donne audience, il paroit affis fur une table ,,élevée; les peuples s'inclinent devant lui, jus-,,qu'à terre, et du plus loin qu'ils arrivent, ils ,,marchent le corps courbé et la tête presque :,entre les genous, jusqu'à ce qu'ils foient auprès

1777.
Junius.

Sonntag
am 8ten.

König hatte uns dieses schon vorhergesagt, und es zeigte sich nun, daß Feenou nicht einmal in jenes Gegenwart essen oder trinken durfte.

Tags darauf, Morgens um acht Uhr, lichteten wir die Anker; und steuerten bey einer schönen Kühlung aus Nord-Ost gegen Tongataboo. Vierzehen bis fünfzehen Fahrzeuge mit Seegeln, voller Eingebohrnen, stachen mit uns in See, aber bald kamen sie uns eine beträchtliche Strecke zuvor. Feenou sollte diese Farth mit uns auf der Resolution machen, aber er zog diesmal sein eigenes Kanot vor, schickte uns aber zween Insulaner an Bord die uns die beste Ankerstelle anzeigen sollten. Wir hielten den Compaß-Strich Süd gen Westen.

Nachmittags um fünf Uhr sahen wir zwo kleine Eilande an die vier Seemeilen weit in Westen. Unsere Lootsen nannten die eine Hoonga Hapaee, die andere Hoonga Tonga. Sie liegen im 20sten° 36′ der Breite, zehen oder eilf Seemeilen von der westlichen Spitze von Annamooka, in der

„de sa personne; alors ils s'asseyent à plate terre;
„et les yeux baissés, ils reçoivent ses ordres
„avec le plus profond respect. Quand le *Tamoi*
„les congédie, ils se retirent, en se courbant,
„de la même maniere que quand ils sont venus,
„et ne se relevent que lorsqu'ils sont hors de
„sa présence. Ses paroles sont autant d'oracles
„qu'on révère. On rend à ses ordres une obeis-
„sance aveugle; enfin on lui baise les mains et
„les pieds, quand on lui demande quelque grace.„
Lettres édifiantes et curieuses, Tom. XV. p. 312. 313.

gesagt, und es
einmal in jenes
.
t Uhr, lichteten
y einer schönen
ataboo. Vier:
Seegeln, voller
See, aber bald
Strecke zuvor.
uf der Resolu-
ein eigenes Ka-
iulaner an Bord
sollten. Wir
en Westen.
i wir zwo kleine
eit in Westen.
ntga Hapaee,
Sie liegen im
eilf Seemeilen
mooka, in der

ent à plate terre;
vent ses ordres
Quand le *Tamol*
en se courbant,
d ils sont venus,
ls sont hors de
autant d'oracles
rdres une obeïs-
ife les mains et
quelque grace.,,
KV. p. 312. 313.

Richtung Süd, 46° West. Nach dem Berichte der Insulaner an Bord, wird Hoonga Hapaee nur von fünf Personen, Hoonga Tonga aber gar nicht bewohnt. Beyde Inseln haben einen großen Ueberfluß an Seegeflügel.

Wir setzten unsern Lauf immer in dieser Richtung fort, bis gegen zwey Uhr des andern Morgens, wo wir vor uns hin einige Lichter sahen. Da wir nicht wissen konnten, ob sie vom Strande oder von den Kähnen her schimmerten: so legten wir uns vor den Wind, und machten nur kurze, bald da bald dorthin gerichtete Gänge; bis der Tag anbrach, wo wir unsern Lauf wieder Süd gen West fortsetzten. Nun sahen wir, daß verschiedene kleine Inseln vor uns lagen, und jenseits derselben Eooa und Tongataboo. Wir hatten hier fünf und zwanzig Klafter Wasser auf einem Boden zerbrochener Korallen und Sand. Je nachdem wir den vorhinge-dachten Inseln, die längs der Nordostseite von Tongataboo belegen sind, näher kamen, nahm die Wassertiefe allmälig ab. Der Anweisung unserer Lootsen zu Folge, hielten wir gerade gegen die Mitte von Tongataboo, und zugleich gegen die größte Oeffnung, die wir zwischen den zu passirenden Inseln vor uns hatten. Unsere Boote waren immer vor uns her und lotheten. Unvermerkt wurden wir auf eine breite Niedrung getrieben, auf der eine unzählige Menge Korallenfelsen lag, die in verschiedenen Tiefen noch unter dem Wasser verborgen waren. Aller unserer Mühe und Sorgfalt ungeachtet, konn-

wir es doch nicht verhüten, mit dem Schiff über
eine dieser Klippen dahinzustreichen; auch gieng es
der Discovery nicht besser, obgleich sie hinter uns
war. Zum Glück blieb keines der Schiffe darauf
sitzen, und sie kamen noch beyde ganz unbeschädigt
davon. Zurückzugehen war nicht möglich, ohne sich
noch größerer Gefahr auszusetzen, da wir in diesem Falle fast vollkommen Gegenwind gehabt hätten.
Anker konnten wir eben so wenig werfen, denn in
etlichen Augenblicken würden die Taue an den Klippen
entzwey gegangen seyn. Hier war also kein anderes
Mittel, als vorwärts zu gehen, und wir erwählten
es um so mehr, da man uns nicht nur versicherte,
daß zwischen uns und der Küste das Wasser tiefer
würde, sondern wir es auch selbst dafür ansahen.
Um jedennoch der Sache gewiß zu seyn, senkten wir
Anker, so bald wir nur auf eine Stelle kamen, wo
kein Fels war, und schickten die Schiffer mit Booten
aus, in den Revieren zu sondiren.

Bald darauf, ungefähr um Mittag, stachen
viele Einwohner von Tongataboo mit ihren Kähnen in See, und kamen an die Schiffe. Sowohl
sie als unsere Lootsen versicherten uns, wir würden,
weiter vorwärts, tiefer Wasser und einen ganz
klippenfreyen Grund antreffen; und sie hatten recht:
denn gegen vier Uhr, gaben uns die Boote ein
Zeichen, daß sie eine bequeme Ankerstelle gefunden
hätten. Wir lichteten also, und kamen mit Eingang der Nacht, in neun Faden Wasser auf einen
reinen, feinen Sandboden vor Anker.

m Schiff über
auch gieng es
fie hinter uns
Schiffe darauf
15 unbeschädigt
glich, ohne sich
a wir in die,
gehabt hätten.
rfen, denn in
an den Klippen
so kein anderes
wir erwählten
ur versicherte,
Wasser tiefer
afür ansahen.
n, senkten wir
lle kamen, wo
r mit Booten

ttag, stachen
nit ihren Käh,
e. Sowohl
wir würden,
) einen ganz
hatten recht:
ie Boote ein
elle gefunden
ien mit Ein,
fer auf einen

75

1777.
Junius.

Dienstag
den 10ten.

Die Nacht hindurch hatten wir einige Regen, schauer; gegen Morgen aber sprang der Wind nach Süd und Süd-Osten um, und brachte uns schön Wetter. Mit Anbruch des Tags lichteten wir, um näher an Land zu kommen, und fanden keine, als sichtbare und leicht zu hebende Schwierig, keiten.

Während daß wir den Haven, den uns die Ein, gebohrnen angezeigt hatten, zu gewinnen suchten, hielt sich der König beständig um uns her in seinem Kanote unter Seegel, und die Schiffe waren mit einer Menge kleiner Kähne umgeben. Zween dieser Nachen, die dem königlichen Fahrzeuge nicht ge, schwind genug ausweichen konnten, wurden über, schlagen, und der König bekümmerte sich so wenig darum, als wenn es Stücke Treibholzes gewesen wären. Unter den vielen Insulanern die an Bord der Resolution kamen, befand sich auch Otago, f) der mir bey meinem vorletztern Aufenthalte so gute Dienste leistete, und ein gewisser Toobou, der da, mals dem Capitain Furneaux ganz besonders er, geben war. Sie brachten uns alle beide, zum Be, weis ihrer alten Freundschaft, ein Schwein und einige Yamswurzeln, und ich ermangelte nicht, ihnen anständige Gegengeschenke zu machen.

Endlich gegen zwey Uhr, Nachmittags, kamen wir an die erzielte Station. Es war ein wohl

f) Sein Bildniß ist in Capt. Cook's (zwoter) Voyage, Vol. I. p. 197.

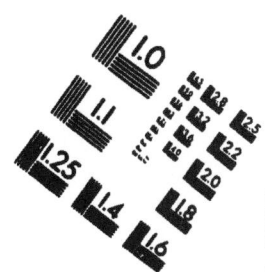

**IMAGE EVALUATION
TEST TARGET (MT-3)**

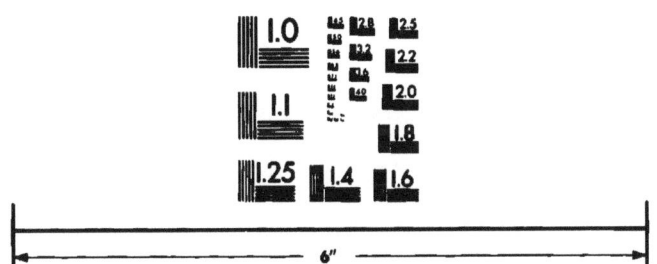

Photographic
Sciences
Corporation

23 WEST MAIN STREET
WEBSTER, N.Y. 14580
(716) 872-4503

gesicherter Platz; an der Süd = Ostseite schützte ihn die Küste von Tongataboo, an der Ost = und Nord = Ostseite zwey kleine Eilande. Hier ankerten wir, in zehen Faden Wasser auf einem schlammigten Sand = Grund, eine Drittelmeile vom Ufer.

Siebentes Kapitel.

Freundschaftliche Aufnahme in Tongataboo. —
Poulahos Gefolg wird mit einem gebackenen
Schweine und Kava bewirthet. — Aufrichtung
der Sternwarte ꝛc. ꝛc. — Beschreibung des Ortes
wo die Oberhäupter wohnen, nebst der nahegele-
genen Gegend. — Zusammenkunft zwischen
Mareewagee, Toobou und dem Sohn des
Königs. — Mareewagee veranstaltet ein großes
Haiva, oder Fest mit Gesängen und Tänzen. —
Feuerwerke. — Ringen und Faustkämpfe. —
Austheilung unserer Thiere. — Diebereyen der
Eingebohrnen. — Poulaho und die übrigen
Oberhäupter werden deswegen gefangen genom-
men. — Poulaho's Geschenk, und gegebenes
Haiva.

Bald nachdem wir Anker geworfen und unser
Mittagsmahl eingenommen hatten, stieg ich mit dem
Omai und einigen Officieren aus Land, wo uns
der König bereits am Sandufer erwartet hatte. Er
führte uns sogleich an ein kleines, niedliches Haus,
welches ein wenig innerhalb einer Waldspitze lag,
und einen schönen geräumigen Platz am Eingang
hatte. Er sagte mir, daß, so lange ich auf der
Insel bleiben würde, dies Haus ganz zu meinen
Diensten wäre. Eine bessere Lage hätten wir uns
wohl selbst nicht wählen können.

Wir hatten nicht lange zugebracht, als sich ein
sehr zahlreicher Kreis von Eingebohrnen um uns her
versammelte und auf dem Vorplatze niedersetzte.

1777.

Junius.

Dienstag
den 10ten.

78

1777.
Junius.

Man brachte eine Wurzel von der Kavapflanze a), und legte sie vor dem Könige nieder. Er befahl, sie in Stücken zu spalten, und unter die verschiedenen Personen beyderley Geschlechts auszutheilen, die sich dann darüber hermachten, diese Stücke zu käuen, und in kurzer Zeit eine Schale voll ihres Lieblings-getränks zubereitet hatten. Mittlerweile brachte man ein gebackenes Schwein und zween Körbe voll ebe:. so zugerichteter Jamswurzeln, die in zehen Portionen vertheilt, und gewissen Personen der Versammlung gegeben wurden. Wie viele sich wieder darein zu theilen hatten, kann ich nicht sagen; doch bemerkte ich, daß eine Portion dem Bruder des Königs überreicht wurde, eine aber blieb übrig, die vermuthlich für den König selbst gehörte, denn es war ein auserlesenes Stück. Nachher gab man das Getränke herum, Poulaho schien aber hierüber keine besondere Weisung zu geben. Man brachte ihm die erste Schale, er befahl aber, man sollte sie der ihm zunächst sitzenden Person überreichen; man brachte ihm eine andere Schale, und diese behielt er. Die dritte wurde mir angebothen, allein da die Art des Gebräues meinen Durst gelöscht hatte, so bekam sie Omai. Das Uebrige des Tranks wurde an verschiedene Personen, nach Anweisung eines

a) Piper methysticum. Forst. Pl. esc. 50. Taumel-pfeffer. Forsters Bemerk. S. 140. 415. ic. Diese Pfefferzattung heißt in den Societätsinseln, so wie das daraus bereitete Getränke, Ava. W.

iavapflanze a),
er. Er befahl,
die verschiedenen
szutheilen, die
Stucke zu kauen,
ihres lieblings:
lerweile brachte
veen Körbe voll
n, die in zehen
1 Personen der
Wie viele sich
ich nicht sagen;
em Bruder des
blieb übrig, die
hörte, denn es
er gab man das
aber hierüber
Man brachte
, man sollte sie
rreichen; man
nd diese behielt
n, allein t.1 die
öscht hatte, so
Tranks wurde
weisung eines

. 50. Taumel:
415. 2c. Diese
ietätsinseln, so
, Ava. W.

Mannes herumgegeben, der darüber zu verfügen hatte. Als man eine Schale dem Bruder des Königs überreicht hatte, gieng er mit dieser und seiner Portion Speise ab. So hielten es auch mehrere aus dem Kreise, blos weil es ihnen nicht erlaubt war, in Gegenwart des Königs weder zu essen noch zu trinken, da doch andere Anwesende beiderley Geschlechts von einem weit niedrigern Range es thun durften b). Bald darauf begaben sich die meisten hinweg und nahmen mit, was sie nicht aufgezehrt hatten.

Ich bemerkte, daß nicht der vierte Theil der Anwesenden von den Gerichten oder dem Getränke etwas zu kosten bekam, und vermuthete daher, daß die, unter welche jene ausgetheilt wurden, zu des Königs Familie oder Hofstaat gehörten. Die Diener, die sowohl die Speisen als den Kava austheilten, gaben es allemal niederhockend aus der Hand, nicht nur dem König, sondern auch jeder andern Person. Es verdient nicht übergangen zu werden, daß, ob wir gleich nur erst ans Land gekommen waren, und sich so viele unter der Menge befanden, die uns vorher niemals gesehen hatten, uns doch kein Mensch beschwerlich fiel. Man beobachtete vielmehr, so lange die Versammlung dauerte, die größte Ordnung.

Ehe ich an Bord zurück kehrte, wollte ich mich nach einer Wasserstelle umsehen, und man führte mich an einige Teiche oder Sumpflöcher, die, wie man sich ausdrückte, frisches Wasser enthalten sollen. In einer dieser Lachen war es auch ganz erb)

b) S. Ellis zuverlässige Nachricht. 2c. S. 52. W.

träglich), aber theils lag es zu tief im Lande, theils
hätte man nur einen kleinen Vorrath daraus nehmen
können.   Da ich nachher hörte, daß wir uns auf
der kleinen Insel Pangimodoo, die nicht weit
von unsern Schiffen lag, besser mit diesem nöthigen
Artikel versehen könnten, so begab ich mich den folgenden Tag dahin, und war so glücklich, einen kleinen Teich, mit so vortreflichem Wasser zu finden, als
wir noch nicht auf diesen Inseln angetroffen hatten.
Der Teich war zwar unrein, als ich aber das Un-
saubere wegschaffen ließ, wurden die Schiffe daraus
mit hinreichendem Wasser versehen.

Da ich mir vorgenommen hatte, einige Zeit in
Tongataboo zu bleiben, ließ ich noch Vormit-
tags, nahe am Hause, welches uns Poulaho zum
Gebrauch überlassen hatte, ein Gezelt aufschlagen.
Nachher wurden die Pferde, das Hornvieh und die
Schaafe an Land gebracht, und ihnen eine Parthey
Seesoldaten nebst einem Officier zur Bedeckung mitgegeben.   Auch die Sternwarte wurde nicht weit vom
Gezelte aufgerichtet, und Hr. King blieb nunmehr am Ufer, Beobachtungen anzustellen, und die
hiezu nöthigen Verrichtungen angeben zu können.
Die Seegel, die des Ausbesserns bedurften, wurden gleichfalls hieher geschafft; die Zimmerleute
mußten Holz sowohl zum Brennen, als zu Planken für
die Schiffe fällen, und die Konstabler der Resolution
und der Discovery hatten Befehl, auf dem Platze
zu bleiben, und bey dem Handel mit den Eingebohrnen als Proviantmeister vorzustehen.   Letztern

im Lande, theils
h daraus nehmen
aß wir uns auf
, die nicht weit
diesem nöthigen
ich mich den fol-
cklich, einen klei-
ser zu finden, als
getroffen hatten.
ich aber das Un-
e Schiffe daraus

e, einige Zeit u
ch noch Vormit
s Poulaho zum
ezelt aufschlagen
Horuwich und d
ien eine Parthe
r Bedeckung nie
rde nicht weit ver
King blieb um
zustellen, und d
geben zu können
bedurften, wie
die Zimmerleu
als zu Planken für
r der Resolution
, auf dem Platz
l mit den Eing
ustehen. Letzte

kamen nun zu Haufen von allen Orten und Enden der Insel her, und brachten Schweine, Yams, Kokosnüsse und andere Landesproducte. Unser Landungsplatz sah in kurzer Zeit einem großen Jahrmarkte gleich, und wir bekamen auf unsern Schiffen so vielen Besuch, daß man sich kaum auf den Verdecken mehr regen noch wenden konnte.

Feenou hatte seine Residenz in unserer Nachbarschaft aufgeschlagen; aber seine erste Rolle war nunmehr zu Ende. Inzwischen fanden wir immer an ihm eine Person von großem Ansehen, und er gab uns, durch seine beständigen, nie unbeträchtlichen Geschenke, tägliche Beweise seines Reichthums und seiner Freygebigkeit. Auch der König ließ in diesem Stücke nichts erwinden, denn es verging fast kein Tag, woran wir nicht eine ansehnliche Ehrengabe von ihm erhalten hätten. Wir erfuhren nun, daß sich auf der Insel noch andere Große befänden, die wir bishieher noch nicht gesehen hatten. Otago und Toobou erwähnten besonders eines, mit Namen Mareewagee c), der in dieser Insel von erster Bedeutung wäre, und allgemein verehrt würde; ja, wenn Omai die Einwohner nicht unrecht verstanden hat, so war er selbst über Poulaho erhaben. Er soll übrigens mit ihm verwandt seyn, und Alters wegen sehr eingezogen leben; aus dieser Ursache sagte man, würde er uns auch nicht besuchen.

c) Malla-Wagka in Ellis zuverl. Nachricht. S.39.

Zweyter Th.   F

Einige der Eingebohrnen gaben uns aber zu ve
stehen, daß sein hoher Rang ihm nicht erlaubt
uns diese Ehre zu erzeigen. Durch diese Nachric
ten wurde meine Neugierde so gereitzt, daß ich no
selbigen Tags gegen Poulaho äußerte, ich wä
sehr begierig, dem Mareewagee meine Aufwartu
zu machen; er erboth sich sogleich, mich den fo
genden Morgen an den Ort seines Aufenthalts ;
begleiten.

Andern Tags, in aller Frühe, fuhren wir
dieser Absicht in der Pinnasse ab, und Capita
Clerke folgte mir in einem seiner Boote. W
giengen um die kleinen Eilande, die den Have
bilden, oder, welches einerley ist, ostwärts derse
ben. Nachdem wir sodann, auf Poulahos Rat
gegen Süden umgelegt hatten, schlugen wir ei
geräumige Bay oder Einfahrt ein, auf der wir ei
Seemeile weit hinruderten, und darauf mitten unt
einer beträchtlichen Menge Menschen ans La
stiegen, die uns alle mit einem Zuruffe bewillkom
ten, der ungefähr wie das Freudengeschrey unser
Matrosen lautete. Indessen machte man unve
züglich Platz für den Poulaho. Dieser führte un
in eine kleine Verzäumung, wo er anstatt des Stü
Zeuges, das er um den Unterleib trug, ein neue
sehr niedlich gefaltenes anlegte. Es wurde ihm vo
einem jungen Menschen gereicht; ein altes We
aber half ihn ankleiden, und hieng noch über diese
Gewand eine Matte, vermuthlich damit es bey
Niedersetzen nicht schmutzig werden möchte. D

ins aber zu ve
1 nicht erlaubt
h diese Nachrich
ißt, daß ich ne
aßerte, ich wä
eine Aufwartun
), mich den fä
s Aufenthalts

, fuhren wir i
, und Capita
r Boote. W
, die den Hat
, ostwärts der
Ooulahos Rat
schlugen wir e
, auf der wir e
arauf mitten un
nschen ans La
ruffe bewillkom
engeschrey unser
achte man unw
Dieser führte un
anstatt des Sti
trug, ein neues
Es wurde ihm re
ein altes Wei
noch über dies
h damit es bey
en möchte. Di

wir nunmehr nach dem Mareewagee fragten, gab
e zu unserem großen Befremden die Antwort, er
ye kurz vor unserer Ankunft von hier ab, und zu
en Schiffen gegangen. Inzwischen schlug er uns
r, ihn in ein Malace, oder öffentliches Ver-
ammlungshaus zu begleiten, welches noch eine halbe
Meile weit tiefer im Lande stünde. Da wir an den
räumigen Vorplatz des Hauses kamen, setzte er
sich am Wege nieder, und verlangte, daß wir unterdessen darauf zugehen sollten. Wir thaten es, und
setzten uns sodann am Eingange des Hauses; die
uns nachgefolgte Menge nahm den übrigen Theil
des Vorplatzes ein. Nachdem wir eine Zeitlang
gesessen hatten, ließen wir uns noch einmal, durch
den Omai erkundigen, ob wir Mareewagee zu
hen bekommen würden, oder nicht? Da man uns
er keine befriedigende Antwort gab, und wir nicht
ders schließen konnten, als daß man das alte
Oberhaupt geflissentlich vor uns verberge, so kehrten
wir wieder nach unseren Booten zurück, sehr verdrüßlich, uns in unserer Erwartung betrogen zu
hen. Als wir wieder an Bord gekommen waren,
orten wir, daß keine Person von dieser Art hier
wesen sey. Es schien überhaupt ein großes
Rißverständniß bey der Sache vorzugehen, es sey
an daß man dem Omai falsche Nachrichten gab,
oder, welches wahrscheinlicher ist, daß er unrecht
verstanden hatte, was man ihm von dem vor-

nehmen Manne sagte, dem zu Gefallen wir di
Fahrt gemacht hatten.

Der Platz, wo wir uns befanden, war ein a
Ufer der Einfahrt angenehm gelegenes Dorf, w
alle Großen der Insel, wenigstens die meisten, iß
Wohnungen haben. Ein jedes dieser Häuser ste
mitten in einer kleinen Pflanzung, und hat eini
geringere Nebenhäuser und Gebäude für das G
sinde. Diese Plantagen haben sehr nette Ve
zäunungen, und größtentheils nur einen Eingan
durch eine Thüre, die innwendig mit einem hölze
nen Riegel verschlossen wird, so daß man klopfe
muß, um hineingelassen zu werden. Zwischen jede
dieser Pflanzungen, gehen die Hauptstraßen und d
schmälern Fußsteige hindurch, und keiner kann de
andern Gränze überschreiten. Ein großer Thei
einiger dieser Verzäunungen besteht aus Rasenplätze
und ist mit allerley mehr angenehmen als nützliche
Artikeln bepflanzt; indessen wird nicht leicht ein
ohne Kavapflanze seyn, woraus das hier allge
mein beliebte Getränke bereitet wird. In den übrige
Pflanzungen sind alle nutzbare, auf der Insel ein
heimische Gewächse im Ueberflusse zu finden; ic
habe aber bemerkt, daß diese Plantagen nicht Per
sonen vom ersten Range zugehörten. An den Haupt
straßen waren einige große Häuser, mit ansehnlichen
wohl unterhaltenen, nicht eingeschlossenen Grasplätzen
die, wie man mir sagte, dem Könige gehören, und
vermuthlich zu öffentlichen Versammlungen bestimmt
sind. In eines dieser Häuser, wurden wir, gleich

efallen wir die| ach unserer Landung geführet, wie ich bereits vorhin
| gedacht habe.

oben, war ein an| Tags darauf, ungefähr um zwölf Uhr, Mittags,
zenes Dorf, m| ...eg dieser Mareewagee, von dem wir schon so
die meisten, ih| ...iel gehört hatten, wirklich, nahe an unserm Lager-
dieser Häuser ste| ...latze am Ufer, mit einer beträchtlichen Menge Be-
, und hat eini| ...leiter von verschiedenem Range, an Land. Man
ude für das C| ...interbrachte mir, daß er sich blos darum diese
sehr nette Ba| Mühe gegeben hätte, damit ich dadurch Gelegen-
r einen Eingan| heit haben möchte, ihm aufzuwarten, denn, wahr-
mit einem hölz| scheinlich, hatte er gehört, daß ich über die Tags
daß man klopf| zuvor fehlgeschlagene Hoffnung einige Unzufrieden-
. Zwischen jed| heit bezeugt hatte. Nachmittags, gieng eine Par-
ptstraßen und b| thei von uns, unter Seenou's Anführung, ans Land,
d keiner kann b| um ihm unsern Besuch abzustatten. Wir fanden
in großer Th| nahe am Strande, unter einem großen Baume, et-
aus Rasenplätze| was rechter Hand vom Gezelte, eine Person sitzen,
nen als nützlich| ...e ein Stück Zeuges von wenigstens vierzig Yarden
nicht leicht ei| vor sich ausgebreitet, und um sich her eine große
s das hier allg| Menge Volks, beiderley Geschlechts, sitzend hatte.
, In den übrig| Es war zu vermuthen, daß dies der gesuchte vor-
f der Insel ei| ...ehme Mann sey, aber Seenou belehrte uns
e zu finden; i| ...nes andern, und sagte uns, der nicht weit
tagen nicht Pa| ...n diesem Oberhaupte, rechter Hand, auf einer
An den Haupt| Matte sitzende Vornehme wäre Mareewagee. Er
mit ansehnlichen| ...ellte uns ihm vor; dieser empfieng uns sehr leut-
nenGrasplätze| ...eelig, und verlangte, daß wir uns zu ihm setzen
ge gehören, und| ...llten. Die unter dem Baum uns gegen über
hlungen bestimm| ...ßende Person hieß Toobou. — Ich werde ihn
rden wir, gleic| ...ünftig, so oft ich seiner gedenke, den alten Toobou

1777.
Junius.
Freytag
den 13ten.

nennen, zum Unterschiede eines andern Toobou, Capitain Fourneaux's Freund. Er, und Mareewagee hatten ein sehr ehrwürdiges Ansehen. Der letztere war ein langer, hagerer Mann, und schien tief in den Sechzigen zu seyn. Der erstere war wohlbeleibt, hatte aber kranke Augen und war beynahe blind. Er war übrigens nicht so alt, wie jener.

Da ich mich nicht darauf gefaßt gemacht hatte, zween Oberhäupter, bey dieser Gelegenheit anzutreffen, so hatte ich auch nur für ein einiges Geschenk mit ans Ufer genommen, und fand mich daher genöthigt, solche unter zwey zu vertheilen. Glücklicher Weise waren die Portionen noch beträchtlich genug, daß beide damit zufrieden waren. Wir unterhielten sie darauf eine Stunde lang mit ein Paar Waldhörnern und einer Trommel. Aber sie bezeigten mehr Vergnügen bey Abfeuerung eine Sackpistole, die Capitain Clerke bey sich hatte. Ehe ich noch Abschied nahm, wurde das große Stück Zeugs aufgerollt, und mir nebst einige Kokosnüssen zum Geschenk gegeben.

Am folgenden Morgen stattete mir der alte Toobou seinen Gegenbesuch an Bord ab, und sprach auch bey Capitain Clerke zu. Wenn die Geschenke die er am vorigen Abend erhielt, nicht anständig genug gewesen seyn sollten; so wurde der Abgang nunmehr ersetzt. Mittlerweile besuchte Mareewagee unsere Leute am Strande, und Hr. King zeigte ihm alles, was wir hatten hieher

ndern Toobou,
Er, und Ma-
irdiges Ansehen.
rer Mann, und
n. Der erste
Augen und wa-
is nicht so alt,

it gemacht hatte,
genheit anzutre-
niges Geschenk
b mich daher ge-
theilen. Glück
noch beträchtlich
waren. We-
e lang mit ei-
mmel. Aber so
bfeuerung eine
bey sich hatte
urde das groß
r nebst einiga
en.
e mir der al-
Bord ab, und
zu. Wenn d
erhielt, nicht
; so wurde de
rweile besucht
Strande, und

bringen lassen. Er betrachtete unsere Thiere mit
großer Bewunderung, auch unsere Kreutzsäge zog
eine Zeitlang seine Aufmerksamkeit auf sich.

Gegen Mittag kam Poulaho von dem Orte
zurück, wo wir ihn zween Tage vorher gelassen
hatten, und brachte seinen Sohn mit, einen jungen
Menschen von etwa zwölf Jahren. Er speiste bey
mir, aber obgleich der Sohn noch gegenwärtig
war, so durfte er sich doch nicht mit ihm zu Tische
setzen. Es war mir immer sehr lieb, Poulaho zu Gast
zu haben, denn in diesem Falle, der während unsers
Aufenthaltes fast täglich vorkam, konnte sonst kein
anderer Eingebohrne zu Tafel gelassen werden, und
nur wenige durften in der Kajütte bleiben. Hingegen, wenn weder er, noch Seenou an Bord
waren, so drängten sich die geringern Befehlshaber
so sehr, und in so großer Anzahl an meinen Tisch,
oder wenigstens in die Kajütte zu kommen, daß wir
keine Gerüchte mit Ruhe genießen konnten. Der
König gewöhnte sich bald an unsere Küche; unterdessen deuchte mir, daß er mehr unseres Getränkes
als unserer Speisen wegen so ofte zu Tische kam;
denn er ließ sich unsern Wein wohl schmecken, leerte
seine Flasche trotz einem von uns, und wurde dabey
sehr munter. Er schlug nunmehr seine Wohnung
in einem an unserm Gezelte gelegenen Hause, oder
Malaee auf. Hier ließ er diesen Abend zu Unterhaltung unserer Leute einen Tanz aufführen, und
in diesem ermüdenden Zeitvertreibe, suchte der un-

geheure **Poulaho**, zu allgemeiner Verwunderung,
es den andern gleich zu thun.

Am 15ten des Morgens, erhielt ich von dem
alten **Toobou** eine Einladung, zu ihm an das Land
zu kommen. Ich und **Omai** verfügten uns also
dahin, und wir fanden ihn, gleich einem alten
Patriarchen im Schatten eines Baums sitzen. Ein
Stück einheimischen Zeuges lag in ganzer Länge vor
ihm ausgebreitet, und eine Menge Insulaner vor
sehr ehrwürdigem Ansehen saßen darum her. Er
begehrte, daß wir uns neben ihm niederlassen sollten, und sagte dem **Omai**, daß der Zeug, nebst
einem Stücke Arbeit aus rothen Federn, und ungefähr ein Dutzend Kokosnüsse mir zum Geschenke
bestimmt sey. Ich dankte ihm für seine Freygebigkeit, und da ich nichts am Lande hatte, was ich ihm
hätte dagegen schenken können, bath ich ihn, mit mir
an Bord zu gehen.

Omai verließ mich nachher, um sich zu **Poulaho**
zu verfügen, der ihn hatte aufsuchen lassen. Bald
darauf kam **Feenou** und hinterbrachte mir, daß der
junge **Futtafaihe**, **Poulaho's** Sohn, mich zu sehen
wünschte. Ich willfahrte seinem Begehren, und fand
den Prinzen mit dem **Omai** unter einem großen Thron-
himmel von sehr feinem Zeuge. Ein Stück von der
gröbern Sorte, sechs und siebenzig Ellen lang, und acht
halb Ellen breit, war unter- und vor ihnen her ausgebreitet. An einer Seite lag ein großes altes Schwein,
auf der andern ein Hauf: Kokosnüsse. Um
den Zeug herum saß eine Menge Eingebohrne,

Verwunderung,

ielt ich von dem
ihm an das Land
fügten uns als
eich einem alten
ums sitzen. Ein
ganzer Länge ver
e Insulaner ver
warum her. Er
niederlassen soll
der Zeug, nebst
Federn, und un
r zum Geschenke
seine Freygebig
te, was ich ihm
ich ihn, mit mir

ich zu Poulaho
n lassen. Bald
hte mir, daß der
hn, mich zu sehen
gehren, und fand
m großen Throw
n Stück von der
n lang, und acht
nen her ausge
altes Schwein,
osnisse.   Um
Eingebohrne,

worunter ich den Mareewagee und andere dem ersten Range bemerkte. Man bath, mich neben dem Prinzen zusetzen. Omai eröffnete mir alsdann, der König habe ihm aufgetragen, mir zu sagen, da er und ich so gute Freunde wären, so hoffte er, ich würde auch seinen Sohn in diese Verbindung aufnehmen, und wollte er es als ein Zeichen meiner Einwilligung ansehen, wenn ich dieses sein Geschenk annehmen würde. Ich willigte sehr gerne in den Vorschlag; und weil es eben Zeit zum Mittagessen war, so lud ich sie alle ein, mit mir an Bord zu kommen.

Es begleiteten mich also, der junge Prinz, Mareewagee, der alte Toobou, drey bis vier geringere Oberhäupter, und zwo ehrwürdige alte Matronen vom ersten Range. Mareewagee hatte ein ganz neues Stück Zeuges an, an dessen Saume sechs große Stücken von rothem Federgeflechte geheftet waren. Diesen Anzug schien er mit Fleiß für diesen Besuch gewählt zu haben, denn so bald er an Bord kam, legte er ihn ab, und überreichte mir denselben, vermuthlich weil er gehört hatte, daß er mir der rothen Feder wegen sehr angenehm seyn würde. Ich beschenkte jeden meiner Gäste, so, daß ich Ursache hatte zu glauben, sie wären ganz besonders damit zufrieden. Als die Speisen aufgetragen waren, wollte sich keiner niedersetzen, noch von einem einigen Gerichte essen, und als ich ihnen darüber meine Verwunderung zu erkennen gab, sagten sie, diese Speisen seyen alle taboo. Dieses Wort hat mancherley Bedeutung, insgemein aber drückt es eine verbotene Sache aus. Die Ursache warum sie sich eben jetzt dieser Speisen enthalten mußten, konnten wir nicht erfahren. Nachdem die Mahlzeit geendigt, und ihre Neugierde durch Besichtigung alles dessen, was auf dem Schiffe zu sehen war, befriediget war, führte ich sie wieder an Land.

Das Boot hatte kaum das Sandufer erreicht, als Seenou und einige andere heraus stiegen. Der junge Futtafaïe wollte ihnen nachfolgen, als ihn Mareewagee zurückrufte, und ihm als vermuthlichen Kronerben, eben dieselbe Ehrerbiethung bezeugte, die ich ihn hatte dem Könige leisten sehen. Der alte Toobou und eine der beiden Matronen thaten ein gleiches, und nun ließen sie ihn an das Land gehen. Als diese Ceremonie vorüber war, stiegen die alten Personen von meinem Boote aus in einen Kahn, der schon bereit lag, um sie wieder nach Hause zu bringen.

Es war mir sehr lieb, bey dieser Gelegenheit hier gewesen zu seyn, denn nunmehr hatte ich vollgültige Beweise von Poulaho's und seines Sohnes höchster Würde und Erhabenheit über alle andere vornehmere Oberhäupter. Auch erhielt ich so ziemlich genauen Bescheid über die verschiedenen wechselseitigen Verhältnisse der angesehenen Personen, deren Namen bishieher so oft vorgekommen sind. Nun erfuhr ich, daß Mareewagee und der alte Toobou Brüder wären. Beide hatten

'en Bedeutung,
ne Sache aus.
dieser Speisen
ahren. Nach=
hre Neugierde
uf dem Schiffe
e ich sie wieder

dufer erreicht,
stiegen. Der
folgen, als ihn
als vermuth=
erbiethung be=
ge leisten sehen.
den Matrosen
sie ihn an das
vorüber war,
n Boote aus in
um sie wieder

er Gelegenheit
hatte ich voll=
d seines Soh=
heit über alle
uch erhielt ich
e verschiedenen
sehenen Per=
vorgekommen
eewagee und
Beide hatten

beträchtliche Besitzungen auf der Insel, und schienen bey dem Volke in großem Ansehen zu stehen, be= sonders gab jedermann dem erstern den ehrenreichen Beynamen Motooa Tonga, das ist, Tonga's Vater, oder Vater seines Landes. Auch war uns die Art seiner Verwandschaft mit dem Könige kein Geheimniß mehr. Er war nämlich dessen Schwiegervater und Poulaho hatte eine von sei= nen Töchtern zur Gemahlin, mit welcher er vorhin= gedachten Sohn erzeugte; mithin war Mareewagee des Prinzens Großvater. Daduch daß Poulaho sich sehen ließ, entdeckten wir, daß wir in An= sehung Seenou's Rang unrecht daran gewesen waren, als wir ihn für das Oberhaupt der ganzen Inselgruppe ansahen. Nun blieb uns hierinnen kein Zweifel mehr übrig. Seenou war einer von Mareewagee's Söhnen, und Tooboueitoa war sein Bruder.

Als ich von meinem Boote aus ans Land ge= stiegen war, traf ich den König in dem, nächst unserem Gezelte befindlichen Hause, bey unsern ans Ufer ge= schickten Leuten an. So bald ich ihm näher kam, beschenkte er mich mit einem großen Schweine und einem guten Vorrathe von Yamswurzeln. Wie es anfing dunkel zu werden, erschien eine Anzahl Männer; sie setzten sich in einem runden Haufen zu= sammen, und stimmten nach Maasgabe einer Mu= sick von Bambusrohr=Trommeln, die sich in der Mitte befand, einen Gesang an d). Drey dieser

d) Eben diese Art von nächtlicher Musik wird auch vor dem Hause des Oberhauptes oder des Tamo=

Trommeln waren lang, zwo aber ganz niedrig. Mit dem untern Ende derselben stießen sie auf den Boden, wie oben (bey Hapaee) beschrieben worden ist. Zwo Bambusrohre, von denen das eine gespalten war, lagen neben einander auf der Erde; auf diese schlug ein Insulaner tactmäßig mit ein Paar kleinen Stäben. So lang ich da war, wurden drey Gesänge vollendet, und nachdem ich weggegangen war, soll dieses Concert noch bis zehen Uhr gedauert haben. Sie hatten angezündete Wharra, oder Pandangs=Blätter, statt der Fackeln. Ich habe nicht bemerkt, daß sie zu dieser Absicht etwas anders gebrauchen.

Während der Zeit, die ich mit diesen Obern zubrachte, machte Hr. Anderson, nebst einigen andern unserer Gesellschaft, eine Excursion in das Innere des Landes, von welcher er mir nachstehende Bemerkungen mittheilte:

"Westwärts von dem Orte unsers Gezeltes, ist das Land an die zwo Meilen weit ganz ungebauet, dagegen aber mit wilden oder einheimischen, in aller Kraft und Ueppigkeit wachsenden Bäumen und Gesträuchen bedeckt. Weiter hin ist eine grosse Ebene,

le der Carolinen=Eilande aufgeführt. "Le Tamole ne s'endort qu'au bruit d'un Concert de musique que forme une troupe des jeunes gens, qui s'assemblent le soir autour de sa maison, et qui chantent, à leur manière, certaines poésies. „

S. *Lettres édifiantes et curieuses*, Tom. XV. p. 314.

r ganz niedrig.
ßen sie auf den
eschrieben wor-
denen das eine
auf der Erde;
tmäßig mit ein
da war, wur-
chdem ich weg-
h bis zehen Uhr
dete Wharra-
Fackeln. Ich
Absicht etwas

sen Obern zu-
st einigen an-
on in das In-
r nachstehende

s Gezeltes, ist
nz ungebauet,
ischen, in aller
men und Ge-
grosse Ebene,

hrt. "Le Ta-
Concert de
jeunes gens,
sa maison, et
ertaines poë-

XV. p. 314.

mit etlichen Kokosbäumen und einigen kleinen Pflanzungen, die vermuthlich erst kürzlich mögen angelegt worden seyn, und deren Boden man vorher noch nicht mag benutzt haben. Nahe an der Bucht, die sich gegen Westen von unserm Gezelte landeinwärts erstreckt, ist das Erdreich ganz flach, und wird bey jeder Fluth größtentheils unter Wasser gesetzt. Während der Ebbe bemerkt man, daß die Oberfläche aus einem Korallfelsen besteht, dessen Höhlungen mit einem gelblichen Schlamme angefüllt sind. An den Ecken, wo es etwas vester ist, sieht man unzählige kleine Oeffnungen, aus denen eine Menge kleiner Krabben von zwo oder dreyerley Arten hervorkommen, und auf diesem Platze gleich Fliegen auf einem Gerippe wimmeln. Sie sind aber so behend, daß sie in dem Augenblicke da man ihnen nahe kömmt, verschwinden, und sogar die Eingebohrnen sie nicht fangen können.

In dieser Gegend befindet sich ein Kunstwerk, woraus man abnehmen kann, daß es diesen Völkern weder an Entwürffen noch an Beharrlichkeit fehlt, wenn sie etwas auszuführen gedenken. Dieses Werk fängt auf einer Seite wie ein schmaler gepflasterter Weg an, der allmählig breiter und höher wird. Seine größte Höhe beträgt zehen Fuß; seine größte Breite fünf - und seine Länge vier und siebenzig Schritte. An diesen Weg stößt eine Art von Cirkus, welcher dreyßig Schritte im Durchmesser hat, und nicht über einen oder zween Fuß höher ist, als der Weg. In der Mitte des Cirkus stehen einige Bäume.

An der entgegengesetzten Seite, geht ein eben solcher Steindamm oder gepflasterter Weg abwärts, der aber nicht über vierzig Schritte lang ist, und schon anfängt zu verfallen. Das Ganze ist aus großen Korallsteinen gebauet, und die Oberfläche mit Erde bedeckt, die über und über mit kleinen Bäumen und Gesträuche bewachsen ist. Nach dem Verfall zu urtheilen, den man an verschiedenen Theilen dieses Werkes wahrnimmt, scheint es sehr alt zu seyn. Was man auch ehehin für einen Gebrauch davon mag gemacht haben, so scheint es doch gegenwärtig zu gar nichts mehr zu dienen, und alles was wir hier über von den Eingebohrnen erfahren konnten, war, daß es Poulaho gehöre, und Etchee genennt wird.

Montag
am 16ten.

Nachdem ich am 16ten des Morgens den verschiedenen Arbeiten am Strande nachgesehen hatte, machte ich mit Hrn. Gore einen Spaziergang ins Land. Das merkwürdigste auf dieser kleinen Reise war, daß wir Gelegenheit hatten, die ganze Verfahrungsart einer der vorzüglichsten Manufacturen dieser und vieler andern Inseln dieses Oceans, nämlich die Bereitung ihrer Zeuge, zu sehen. Ich habe zwar schon in dem Bericht meiner ersten Reise e) eine umständliche Beschreibung von dieser Operation, wie sie auf Otaheite üblich ist, gegeben, da aber die hier gewöhnliche Art von jener in einigen Stücken

e) S. Hawkesworth's Collection of Voyages, Vol. II. p. 210. (Geschichte der Seereisen und Entdeckungen im Süd-Meere rc. II. B. S. 207. f.f.)

: ein eben solcher
g abwärts, der
3 ist, und schon
: ist aus großen
fläche mit Erde
:n Bäumen und
:em Verfall zu
n Theilen dieses
:ehr alt zu seyn.
auch davon mag
gegenwärtig zu
s was wir hier:
n konnten, war,
e genennt wird.„
:rgens den ver-
:chgesehen hatte,
Spaziergang ins
:r kleinen Reise
die ganze Ver-
Manufacturen
:Oceans, näm-
:hen. Ich habe
erstenReise e)
:eser Operation,
:eben, da aber
:inigen Stücken

of Voyages,
:ereisen und Ent-
B. S. 207.f.f.)

abweicht, so wird es vielleicht nicht undienlich seyn,
ihrer hier Erwähnung zu thun.

Die Arbeiter, welches lauter Weibspersonen
sind, gebrauchen hiezu die schlanken Stengel oder
Stämme der Papiermaulbeerbäume, welche eben zu
dem Ende gezogen, und selten über sechs oder sieben
Fuß hoch, und vier Finger dick werden. Von
diesen schälen sie die Rinde, und kratzen die äußern
Theile derselben mit einer Muschelschaale f) ab.
Sie rollen sodann die Rinde so, daß sie die durch
den Stamm erhaltene convexe Form verliehrt, und
lassen sie einige Zeit — man sagte, eine Nacht hindurch, — in Wasser liegen. Sie legen sie sodann
quer über einen viereckigt gezimmerten Stamm eines
kleinen Baums, und schlagen darauf mit einem viereckigten hölzernen, etwa einen Fuß langen Instrumente, in welches auf allen Seiten grobe Rinnen
oder Hohlkehlen eingeschnitten sind; zuweilen haben
sie einen solchen Bläuel, der ganz eben ist. Nach
Maasgabe der Größe der Rinde ist ein solches Stück
bald fertig, aber diese Operation wird mehrmalen
durch andere Hände wiederholt, oder das Stück
öfters auf- und zusammengerollt und wieder gebläuet,
vielleicht mehr das Gewebe dicht, als solches zart
und fein zu machen. Wenn dieses geschehen ist,
wird der Zeug ausgebreitet und getrocknet. Die
Stück sind vier bis sechs und mehr Fuß lang, und
halb so breit. Nun übernimmt sie eine andere Person, die die Stücke zusammensetzt und zu dem Ende

f) Tellina gargadia. Linn. W.

einen Theil derselben mit dem klebrichten Saft einer Beere bestreicht, die sie Toro nennen, und an statt keimes gebrauchen. Haben die Stücke ihre gehörige Länge, so werden sie auf ein großes Stück Holz über eine Art von Stempel, von einer zaserigen, sehr dicht verwebten Substanz gelegt. Man nimmt hierauf einen Lappen, taucht ihn in den ausgepreßten Saft der Rinde eines Baums, den sie Rokka nennen, und überfährt tüchtig damit den Zeug, der davon eine dunkelbraune Farbe und einen matten Glanz auf der Oberfläche bekömmt. So viel ich wahrnehmen konnte, ließ der Stempel nur geringe Spuren zurück, und schien blos dazu zu dienen, die aneinander geleimten Stücke, noch vester zu vereinigen. Auf solche Weise fährt man allmälig fort zu leimen und zu färben, bis das Stück Tuch so lang und so breit ist, als man es verlangt. Gewöhnlich bleibt an den Seiten, ein schuhbreiter Rand, und an den Enden, ein noch größerer, ungefärbt. Wenn der Zeug hie und da zu dünn oder gar löcherich wird, welches öfters geschieht; so kleben sie ein anderes Stück darauf, und geben ihm dadurch gleiche Dicke. Wollen sie schwarze Farbe zubereiten, so mischen sie den Ruß einer ölichten Nuß, Dooedooe genannt g), unter den Rokka-Rindensaft, und nehmen davon mehr oder weniger, je nachdem die Farbe dunkler oder heller werden soll. Sie halten die schwarzen Zeuge, die gemeiniglich die glänzendesten sind, für kühle Gewänder, die

g) Aleurites triloba? *Forst.* Mehlblattbaum.

en Saft eine
, und an statt
te ihre gehörig
s Stück Hol
zaserigen, sehr
an nimmt hier
t ausgepreßte
en sie Rokk:
den Zeug, de
d einen matte
So viel ic
pel nur gering
t zu dienen, di
vester zu ve
an allmälg fort
Stück Tuch f
verlangt. Ge
ein schuhbreite
größerer, unge
a zu dünn oder
thicht; so kleben
geben ihm da
warze Farbe zu
r ölichten Nuß,
Rokka-Rinden
er weniger, je
ler werden soll.
die gemeiniglich
Gewänder, die

, andern aber für wärmer. Um beyderley Tücher stärker zu machen, kleben sie die schmalen Stücke der Länge nach an einander, daher es unmöglich ist, diese Zeuge anders als in einer Richtung zu zerreissen.

Bey unserer Zurückkunft vom Lande trafen wir Feenou an, und nahmen ihn, nebst einem andern jungen Vornehmen, mit uns an Bord zum Mittagessen. Da die Speisen aufgetragen waren, wollte keiner einen Bissen essen, und sie sagten, sie seyen taboo avy. Nachdem sie sich aber erkundiget hatten, wie man die Speisen zugerichtet habe, und erfuhren, daß das Schwein und die Yamswurzeln ohne Ava (d. i. Wasser) zubereitet worden wären, setzten sie sich nieder, und ließen sich's treflich schmecken; auch trugen sie kein Bedenken, Wein zu trinken, als man sie versicherte, daß kein Wasser darunter wäre. Entweder hatte diese Enthaltsamkeit irgend einen ihrer Religionsbegriffe zum Grund, oder — welches vielleicht wahrscheinlicher ist— sie scheueten sich, etwas davon zu genießen, weil sie es uns aus ihrem Badeplatze hatten nehmen sehen. Dies war nicht das einzige mal, daß wir dergleichen Personen angetroffen haben, die taboo avy waren. Die Ursache aber, weswegen sie es gewesen sind, können wir nicht mit Gewißheit angeben.

Den folgenden Tag, als den 17ten, hatte Maareewagee zu einem großen Haiva oder Feste bestimmt, wozu wir alle eingeladen waren. Zu dem

Dienstag
den 17ten.

Zweyter Th.   G

1777.
Junius.

Ende wurde vor der Hütte, in der sich für dießmal dieses Oberhaupt befand, neben unserm Lager, ein geräumiger Platz rein gemacht, auf welchem diese Lustbarkeiten sollten aufgeführt werden. Eine große Menge von Eingebohrnen kam schon des Morgens von allen Orten und Enden der Insel her, und jeder trug eine ungefähr sechs Fuß lange Stange auf der Schulter, an deren Ende eine Jamswurzel angehängt war. Diese Jamswurzeln und Stangen wurden auf beiden Seiten des Platzes in zween grosse Haufen niedergelegt, mit allerley Arten kleiner Fische ausgeziert, und sehr geschickt aufgeschlichtet. Dieses Geschenk bestimmte Mareewagee dem Capitain Clerke und mir, und beides, sowohl das Holz zum Brennen, als die Jams für unsere Küche, waren uns zu großem Behufe. Die Fische aber dienten blos, dem Auge zu gefallen. Sie rochen sehr übel, denn man hatte sie schon zween oder drey Tage lang aufgehoben, um sie uns bey dieser Gelegenheit zu überreichen.

Nachdem die nöthigen Anstalten getroffen waren, fieng man gegen eilf Uhr an, verschiedene Tänze, oder Mai — wie sie es nennen — aufzuführen. Die Musik h) bestand aus einem Chor von siebenzig Insulanern, die alle saßen. Sie hatten in ihrer Mitte drey Instrumente, die wir Trommeln

h) Da Hrn. Andersons Beschreibung von dieser Lustbarkeit ausführlicher ist als was Capitain Cook darüber angemerkt hat, so hat man sie hier einrücken wollen.

für dießmal
m Lager, ein
hem diese Luft,
Eine große
des Morgens
sel her, und
lange Stange
eine Rams
amswurzeln
ten des Platzes
, mit allerley
hr geschickt auf
nnte Mareu
ir, und beides,
die Rams für
Behufe. Die
ge zu gefallen.
hatte sie schon
en, um sie und
en.
n getroffen wo
n, verschiedene
nen — aufzuführ
inem Chor von
n. Sie hatte
wir Trommeln
bung von dieser
was Capitain
so hat man su

nennten, ob sie gleich wenig ähnliches davon hatten. Es waren große walzenförmige Stücke Holz oder Baumklötze, drey bis vier Fuß lang, und noch einmal so dick als ein Mann von gewöhnlicher Statur. Sie hatten auch einige kleinere, die inwendig hohl, an beiden Enden aber mit einem Boden verschlossen waren, und eine ungefähr drey Zoll breite Spalte hatten, die sich beynahe längs des ganzen Instruments erstreckte. Durch diese Oeffnung schien der übrige innere Theil mit sehr vieler Mühe ausgehöhlt worden zu seyn. Dieses Instrument hießen sie Nafsa; Sie sitzen vor demselben, die Spalte gegen sich gekehrt, und schlagen darauf sehr stark mit zween cylinderförmigen Schlägeln, von hartem Holze, die beynahe einen Schuh lang und so dick als eine Faust sind. Dadurch bringen sie einen groben, aber lauten und starken Ton hervor. Sie wechseln bey verschiedenen Stellen des Tanzes, sowohl in Ansehung der Stärke, als des Zeitmaaßes der Schläge, ab, und verändern die Töne dadurch, daß sie bald in die Mitte, bald zunächst den Enden auf die Trommel schlagen.

Der erste Tanz bestand aus vier Reihen, jede von vier und zwanzig Mannspersonen. Sie hatten ein kleines, dünnes, leichtes, hölzernes Instrument, in der Hand, das an die zween Fuß lang und fast wie ein kleines, ablanges Ruder gestaltet war. Mit diesem Instrumente, welches sie Pagge nennen, wissen sie eine Menge verschiedener Bewegungen zu

machen; sie neigten es bald zur Rechten, auf die
Erde, und bogen sich zugleich mit dem Leibe auf
diese Seite, bald richteten sie es zur Linken und neigten
sich dabey eben dahin; dann warfen sie es schnell
von einer Hand in die andere, und ließen es sehr
geschickt darauf um und um laufen. Die Handgriffe
waren ungemein verschieden, und mit verschiedenen
Stellungen des Leibes begleitet. Ihre Bewegungen
waren anfänglich sehr gemach; sie wurden aber
rascher, je nachdem die Trommeln lebhafter geschlagen
wurden. Während dem Tanze recitirten sie, in
musikalischen Tönen, gewisse Sentenzen, die von
dem Chor beantwortet wurden. Am Ende einer
kurzen Pause stimmten alle in ein allgemeines Chor
ein, und schlossen mit einem Freudengeschreye.

Nach zwo oder drey Minuten Stillstand, wurde
dieser Tanz wieder wie zuvor angefangen, und mit
kurzen Zwischenräumen über eine Viertelstunde lang
fortgesetzt. Nun theilte sich die hintere Reihe der
Tänzer, zog sich ganz langsam um die beiden Enden
der vordern Reihen, und nachdem sie vor der Front
an einander gestossen waren, machten sie nunmehr
das erste Glied aus. Das ganze Corps sang unterdessen, wie das vorigemal, gewisse Sentenzen.
Die übrigen Glieder veränderten auf gleiche Weise
nach und nach ihre Stelle, bis das erste das hinterste
wurde, und die letzte Reihe wieder ihren alten Platz
eingenommen hatte. Nun führten sie einen zwar
anfänglich gemachen, nachher aber ungleich lebhaf-
tern Tanz auf, wobey ungefähr zehen Minuten lang,

ten, auf die
em Leibe auf
a und neigten
sie es schnell
ließen es sehr
le Handgriffe
verschiedenen
Bewegungen
wurden aber
ster geschlagen
itirten sie, in
zen, die von
n Ende einer
emeines Chor
geschreye.
llstand, wurde
gen, und mit
rtelstunde lang
tere Reihe da
beiden Ende
vor der Front
n sie nunmehr
orps sang unter
sse Sentenzen
f gleiche Weise
te das hinterst
hren alten Plat
sie einen zwar
ungleich lebhaf
Minuten lang

gesungen wurde. Darauf theilte sich der ganze Haufe in zwo Gruppen, und nachdem er ein wenig rückwärts und dann wieder vorwärts getreten war, bildete er eine kreisförmige Figur, und damit hatte der Tanz eine Ende. Die Trommeln wurden weggetragen, und das Chor gieng auseinander.

Bey dem zweeten Tanze waren nur zwo Trommeln, und das Chor bestund aus vierzig Mannspersonen. Die Tänzer, oder vielmehr die handelnden Personen, machten zwey Glieder aus, das erste von siebenzehn, das andere von funfzehn Mann. Feenou war an ihrer Spitze, oder in der Mitte der ersten Reihe, welches in solchen Fällen der vornehmste Platz ist. Sie tanzten und recitirten Sentenzen, mit kurzen Pausen, etwa eine halbe Stunde lang, bald nach einem raschen, bald nach einem langsamen Tacte; und dieses alles mit so ausnehmender Genauigkeit, daß es schien, als ob alle diese Bewegungen nur eines Mannes Bewegungen gewesen wären: auch wurden sie allgemein bewundert. Gegen Ende des Tanzes theilte sich das hintere Glied, und zog sich vor die Front; diese nahm darauf, wie beym ersten Tanze, wieder ihren Platz ein, und zuletzt gieng gleichfalls Chor und Trommelschläger auseinander.

Nun brachte man drey Trommeln, deren jede so schwer war, daß zween bis drey Männer daran zu tragen hatten; siebenzig Mann setzten sich auf die Erde, und machten das Chor des dritten Ballets aus, welches aus zwo Reihen, jede von sechzehen

Personen bestand, und den jungen Toobou an der Spitze hatte, der auf das prächtigste mit einem mit rothen Federn bedeckten Gewande geschmückt war. Sie tanzten, und sangen und schwungen das Pagge, wie es die vorigen thaten; im Ganzen aber mit noch größerer Lebhaftigkeit. Sie machten ihre Sache so vortreflich, daß sie sich den ununterbrochenen Beyfall der Zuschauer erwarben; besonders gefiel eine ihrer Bewegungen sehr wohl, da sie das Gesicht seitwärts kehrten, als ob sie sich schämten, und das Pagge vorhielten. Das hintere Glied zog sich endlich vor das vordere, und nahm, wie bey den zwey ersten Balleten, seinen ersten Platz wieder ein. Nun fiengen sie wieder von neuem an, bildeten drey Reihen, theilten sich, zogen sich an die beiden Enden des Schauplatzes, und ließen den größten Theil der Bühne leer. In dem Augenblicke traten zween Männer sehr eilfertig auf, und machten allerley Bewegungen mit Keulen, die sie im Kriege zu führen pflegen. Anfänglich schwungen sie sie in ihren Händen, und drehten sie sehr heftig und geschwinde im Kreise vor sich her, und zwar mit solcher Geschicklichkeit, daß sie einander nicht trafen, so nahe sie auch beysammen stunden. Eben so geschickt warfen sie diese Streitkolben von einer Hand in die andere, und nachdem sie eine Zeitlang damit fortgefahren hatten, knieeten sie nieder und machten noch allerley Bewegungen. Sie warfen die Kolben in die Luft, und fiengen sie im Herunterfallen, endlich traten sie eben so eilfertig wieder ab, als sie gekommen waren. Sie hat-

ten ein Stück weißes Tuch auf dem Kopfe, das oben wie eine Nachtmütze zusammen gebunden war; um die Stirne hatten sie einen Kranz von Blättern. Uebrigens trugen sie nur ein sehr schmales Stück weißen Zeugs um die Lenden; vermuthlich damit es ihnen beym Kampfe nicht zu warm würde, und sie sich desto freyer bewegen konnten.   Bald darauf trat einer mit einem Speere hervor, und das eben so plötzlich, wie die vorigen ; auch war er wie sie gekleidet.   Er sah mit gierigen Blicken um sich her, als ob er jemand suche, nach dem er den Speer werffen wollte.   Er lief darauf sehr eilfertig auf die eine Seite der Zuschauer, und nahm eine drohende Stellung an, als ob er einen darunter mit dem Spieße durchstechen wollte; seine Kniee bogen sich unter ihm, und er zitterte, als wenn er wirklich zornig gewesen wäre.   Als er einige Secunden lang in dieser Stellung geblieben war, wandte er sich auf die andere Seite, setzt sich einige Augenblicke in eben diese Positur, und verließ den Platz so geschwind als er ihn betreten hatte.   Unterdessen sangen die Tänzer, die sich in zwo Partheien getheilt hatten, ganz sachte dazu; traten vorwärts, vereinigten sich wieder, und schloßen die Handlung mit allgemeinem Beyfalle.   Wenn dieser Tanz nach dem Rang der handelnden Personen beurtheilt werden muß, so war er zuverläßig eines der vorzüglichsten ihrer Schauspiele.   Denn Juttafaihe, Poulahos Bruder, schlug eine der Trommeln, Feenou eine andere, und Mareewagee eine dritte, die aber nicht im Chor, sondern am Eingang seiner Hütte lag.

Der letzte Tanz hatte ein Musikchor von vierzig Mann und zwo Trommeln. Er bestund aus sechzig Personen, die noch nicht getanzt hatten, und aus drey Reihen, davon die erste vier und zwanzig Mann stark war. Ehe sie anfiengen, wurden wir mit einem ziemlich langen Prologus unterhalten, wobey die ganze Tänzer=Gruppe dem Vorredner zuweilen antwortete. Sie recitirten abwechselnd mit dem Chore gewisse Sätze — vielleicht waren es Verse— und machten dabey vielerley, und sehr schnelle Bewegungen mit dem Pagge, die alle mit einem Mareeai, und Syfogge — welche verschiedene Grade von Lobeserhebungen bezeichnen — belohnt wurden. Sie theilten sich darauf in zween Haufen, die sich einander den Rücken zukehrten, versammelten sich wieder, veränderten ihre Pläze, wie bey den andern Tänzen; theilten sich und giengen zurück, um zween Fechtern Platz zu machen, die, wie die vorhin wähnten, ihre Streitkolben schwangen, und nachher von zween andern abgelößt wurden. Während der Zeit recitirten die Tänzer ganz langsam, und wechselsweise mit dem Chor einige Sätze, traten sodann vorwärts und machten dem Schauspiel ein Ende.

Diese Tänze, — wenn man sie anders so nennen darf — dauerten von eilf bis fast drey Uhr, und ob sie gleich, aller Wahrscheinlichkeit nach, theils uns zu Ehren angestellt waren, theils um uns eine Probe

seiner Hütte ihrer Geschicklichkeit zu geben: so war dennoch auch
eine grosse Menge ihrer eigenen Leute als Zuschauer
or von vierzig · zugegen. Ihre Anzahl genau anzugeben, ist nicht
nd aus sechzig wohl möglich, da der Boden sehr ungleich war.
ten, und aus Wir zählten indessen den inneren Kreis und die Tiefe,
wanzig Mann die an manchen Stellen an die zwanzig bis dreyßig
en wir mit ei Köpfe betragen mochte, und schlossen, daß ungefähr
alten, wobey viertausend Personen gegenwärtig gewesen seyn
bner zuweilen mögen. Wenigstens eben so viel, wo nicht mehr,
selnd mit dem schweiften um, und auf dem Marktplatze an unserm
en es Verse— Gezelte herum, und einige unserer Herren berechne-
hr schnelle Bo ten, daß sich damals nicht viel weniger als zehen bis
mit einem Ma zwölf tausend Seelen in unserer Nähe, nämlich in
hiedene Grade einem Bezirke von einer Viertelmeile, müßten auf-
elohnt wurden gehalten haben, die größtentheils die Neugierde her-
aufen, die sich bey gelockt hatte.
rsammelten sich

bey den andern Mit Bedauern muß ich gedenken, daß wir blo-
rück, um zween se Zuschauer bey diesen Handlungen seyn konnten,
e die vorhin und daß wir ganz nichts von allem verstanden, was
zen, und nach sie sprachen. Wir würden daraus sehr merkwürdigen
en. Während Unterricht, in Ansehung des Genius und der Sitten
langsam, und dieser Völkerschaft, genommen haben. So sehr auch
Sätze, traten die Zuschauer unaufhörlich bey den verschiedenen
Schauspiel ein künstlichen Bewegungen Beyfall zuruften: so war
es doch merklich, daß ein großer Theil ihres Ver-
n ers so nennen gnügens auch aus den Empfindungen, die in den
y Uhr, und ob Sätzen der handelnden Personen ausgedrückt waren,
ach, theils uns herrührte. Indessen verdiente auch die bloße Hand-
uns eine Prob lung, ohne Rücksicht auf den Sinn der recitirten
Sentenzen, alle unsere Aufmerksamkeit, nicht nur

wegen des darinnen zu Grunde liegenden Plans und der großen Mannigfaltigkeit der Bewegungen, sondern auch wegen der ungemeinen Genauigkeit, mit der sie ausgeführt wurde. Hrn. Webbers Zeichnung von den Schauspielen in Hapaee, welche auch hier gelten kann, mag, in Ansehung der Ordnung und der Reihen der handelnden Personen, zu einiger Erläuterung dienen. — Allein weder Pinsel noch Feder sind im Stande, die unzähligen Stellungen und Bewegungen darzustellen und zu beschreiben, deren Sonderbares eben so sehr zu bewundern war, als die unübertrefliche Leichtigkeit und Anmuth, die sie begleitete.

Wie es Nacht war, gab man uns zu Ehren ein Bomai, oder einige Nachttänze, die vor Seenous einstweiliger Wohnung aufgeführt wurden. Sie dauerten an die drey Stunden, in welchem Zeitraume ungefähr zwölf Tänze getanzt wurden, die sehr viel mit denen in Hapaee überein kamen. In zween, die von Weibspersonen aufgeführt wurden, traten verschiedene Mannspersonen ein, und bildeten einen Kreis in dem Kreise der Tänzerinnen. Bey einem andern Tanze, von vier und zwanzig Männern, kamen eine Menge Hand-Bewegungen vor, die wir vorher noch nie gesehen hatten, und sich großen Beyfall erwarben. In dieser Nacht wurde auch das Musikchor einmal verändert, und Seenou erschien an der Spitze von funfzig Mann, welche schon in Hapaee getanzt hatten. Er war sehr schön in Leinen gekleidet, und ein großes Stück dünnen

Zeuges, wie Flor, mit einigen kleinen gemahlten
Figuren hiengen ihm am Halse. Wir fanden, nach
geendeten Spielen, daß wir diese guten Leute, oder
vielmehr, daß sie sich selbst sehr grosser Unbequemlichkeit ausgesetzt hatten. Denn da sie sich in diesem
unbewohnten Theile ihrer Insel versammeln mußten,
waren viele genöthigt, die Nacht entweder im Ge-
büsche oder unter einem Baum, oder neben einem
Kahne zuzubringen. Ja viele schliefen sogar unter
freyem Himmel — welches sonst ihre Sache gar nicht
ist — oder sie schweiften die ganze Nacht in der
Gegend herum.

Bey dieser Lustbarkeit gieng alles weit ordent-
licher zu, als man von einer so zahlreichen Versammlung hätte erwarten sollen. Indessen fehlte es
bey einer so großen Menge nicht an Uebelgesinnten,
und wir wurden es bald inne. Aller unserer
Sorgfalt und Aufmerksamkeit ungeachtet, konnten
wir ihren Diebereyen nicht vorbeugen; sie bestahlen
uns, wo sie nur konnten, und zwar auf die frecheste
und keckeste Weise. Da war nicht leicht etwas, auf
das sie nicht Anschlag machten, und dennoch erlaubte ich den Schildwachten nicht zu schießen, weil sie
immer in großen Haufen giengen und öfters der
Unschuldige für den Schuldigen hätte büssen müssen.
Einmal, am hellen Mittag, versuchten sie den Buganker der Discovery zu stehlen, und es würde ihnen auch geglückt haben, wenn nicht, im Herunter-
lassen, eine der Ankerfliegen an den Püttings hangen
geblieben wäre, wovon sie mit der Hand nicht

losgemacht werden konnte, da sie die Rolle nicht zu gebrauchen wußten. Die einige Gewaltthätigkeit, die sie
zu Schulden gebracht haben, war, daß sie einer
unserer Ziegen das Schulterblatt entzwey schlugen;
woran sie bald hernach sterben mußte. Dieser Verlust fiel ihnen selbst in den Busen, denn es war eine
der Ziegen, die ich auf der Insel lassen wollte, wovon freylich der Kerl der sie umbrachte, nichts wissen
konnte.

Am 18ten, des Morgens in aller Frühe, eräugte sich ein Zufall, der uns über einige ihrer Gebräuche Aufschluß gab. Ein Eingebohrner war aus
seinem Kahne auf den obern Altan der Resolution
geklettert, und hatte ein zinnernes Becken gestohlen;
er wurde aber entdeckt und verfolgt, und man brachte ihn an die Schiffsseite. Drey alte Weiber die
im Kahne waren, erhuben bey dieser Gelegenheit
ein lautes Wehklagen über den Gefangenen, und
schlugen sich mit Fäusten ganz entsetzlich auf die Brust
und ins Gesicht, ohne jedoch dabey eine Thräne zu
vergiessen. Von dieser Art, ihre Betrübniß auszu-
drücken, rühren die Flecken im Gesichte her, die
wir an den mehresten derselben über den Backenknochen wahrgenommen haben. Die wiederholten
Schläge, die sie sich an diesem Theile versetzen, hinter-
lassen endlich rohes Fleisch, und das Blut rinnt öfters
häufig darnach. Sind die Wunden noch frisch, so
sieht es aus, als ob sie mit einem runden Eisen ge-
brandmarkt worden wären. Bey verschiedenen Gelegenheiten schneiden sie diesen Theil des Gesichts so-

Rolle nicht zu ge=
tthätigkeit, die sie
, daß sie einer
tzwey schlugen;
. Dieser Ver=
enn es war eine
sen wollte, wo=
te, nichts wissen

ller Frühe, er=
einige ihrer Ge=
bohrner war aus
er Resolution
ecken gestohlen;
und man brach=
alte Weiber die
ser Gelegenheit
fangenen, und
ich auf die Brust
eine Thräne zu
betrübniß auszu=
esichte her, die
er den Backen=
le wiederholten
ersetzen, hinter=
Blut rinnt öfters
noch frisch, so
mden Eisen ge=
rschiedenen Ge=
des Gesichts so=

gar mit einem Instrumente heraus, wie die Ein=
wohner von Otaheite sich Wunden in die Scheitel
schneiden.

Heute schickte ich dem Mareewagee einige Ge=
schenke, zum Zeichen meiner Dankbarkeit für die=
jenigen, so ich Tags zuvor von ihm erhalten hatte,
und da die Feyerlichkeiten die er zu unserem Ver=
gnügen angestellt hatte, auf unserer Seite eine ähn=
liche Gegengefälligkeit erforderten; so ließ ich auf
dem Platze, wo die Tänze aufgeführt worden waren,
die Seesoldaten alle ihre Manövers machen, und
des Abends ebendaselbst ein Feuerwerk abbrennen.
Poulaho war mit den vornehmsten Häuptern, und
einer großen Anzahl Eingebohrnen von aller Gattung
zugegen. Sie bezeugten bey den Pelotonfeuern, die
ziemlich rasch giengen, Vergnügen; aber der An=
blick der Wasser=Raketen setzte sie in Erstaunen und
Entzücken. In den Zwischenräumen ließen sich
Trommeln, Pfeifen und Waldhörner hören, aber
man achtete wenig darauf. Der König saß ganz im
Hintergrunde, weil es niemand erlaubt ist, ihm
rückwärts zu sitzen; und um ihm die Aussicht nicht zu
benehmen, setzte sich auch niemand unmittelbar vor
ihm, sondern die Zuschauer ließen von seinem Sitze
an bis zum Feuerwerke eine leere Gasse, in die er
bequem hinabsehen konnte.

Der Kreis der Eingebohrnen um unser Gezelt
herum war sehr groß. In Erwartung des ver=
sprochenen nächtlichen Schauspiels, brachten sie den
größten Theil des Nachmittags mit Faustkämpfen

und Ringen zu. Ersteres nennen sie Fangatooa,
und dieses Foohoo. Wenn einer zu ringen Lust
hat, so tritt er aus dem Kreise hervor, geht mit
gemessenen Schritten queer über den Platz, klatscht
sich mit der flachen Hand auf den innern Bug
des Ellbogens, und der daraus entstandene hohle
Ton ist das Zeichen der Ausforderung. Tritt von
der entgegengesetzten Seite kein Streitlustiger hervor, so begiebt er sich auf eben diese Weise wieder an
seinen Platz und setzt sich nieder. Zuweilen bleibt
er eine Weile mitten im Kreise stehen, und wiederholt die Ausforderung durch mehrere Schläge. Erscheint ein Gegner, so gehen beide mit ausnehmender
Gutmüthigkeit, ja, mit Lächeln, einander entgegen,
und nehmen sich Zeit, das um ihre Lenden gegürtete
Gewand in gehörige Ordnung zu bringen. Bey
diesem Gürtel ergreift nun jeder den andern mit
einer Hand, und derjenige, der so glücklich ist, seinen Gegner zu sich heran zu ziehen, trachtet, ihn
gegen die Brust empor zu heben, und auf den Rücken
zu werfen. Ist er so geschickt, sich in dieser Stellung zwey oder dreymal mit demselben herum zu
drehen, ehe er ihn niederwirft, so kann er sicher auf
den lauten Beyfall der Zuschauer zählen. Sind
beide Gegner an Kräften oder Geschick einander
gleicher, so sind sie bald vest in einander verschränkt
und jeder sucht den andern, durch Unterschlagen der
Beine, oder durch Heben vom Boden, niederzu-
werfen. Bey diesem Ringen zeigen sie eine erstaunliche Anstrengung der Kräfte, und all' ihre Muskeln

ngatooa,
ingen Luſt
, geht mit
atz, klatſcht
nern Bug
bene hohle
Tritt von
luſtiger her,
ſe wieder an
beilen bleibt
und wieder,
hläge. Er,
snehmender
er entgegen,
en gegürtete
gen. Bey
andern mit
cklich iſt, ſei,
rachtet, ihn
f den Rücken
dieſer Stel,
n herum zu,
er ſicher auf
hlen. Sind
bick einander
r verſchränkt
rſchlagen der
n, niederzu,
eine erſtaun,
ihre Muſkeln

ſind gleichſam bis zum Berſten geſpannt. Derjenige, der niedergeworfen iſt, verläßt plötzlich den Kampf, platz; der Sieger aber ſetzt ſich einige Augenblicke lang nieder, und kehrt darauf an die Seite zurück, wo er hergekommen war. Hier ertönt nun ein lauter Jubel über den Sieg in langſam recitirten Sätzen und in muſikaliſchem Zeitmaaſe. Wenn er eine kleine Weile geſeſſen hat, ſteht er wieder auf, und fordert aufs neue heraus, da ſich denn öfters meh, rere Gegner auf einmal zeigen. Es ſteht ihm aber nicht nur frey, ſeinen Mann zu wählen, ſondern auch, wenn er dieſen zu Boden geworfen hat, ſeine Herausforderung ſo lange zu wiederholen, bis er ſelbſt überwunden wird; in dieſem Falle wird von der Gegenparthey der Sieg des Ueberwinders be, ſungen. Es geſchiehet zum öftern, daß fünf bis ſechs Ausforderer von jeder Seite hervortreten, und in dieſem Falle ſieht man gemeiniglich drey oder vier Paar Kämpfer zugleich auf dem Platze. Es iſt zum Verwundern, mit welcher Mäſigung ſie ſich hie, bey betragen, denn wir ſahen keinen, der den Kampf, platz mit dem mindeſten Zeichen des Unwillens ver, laſſen hätte. Sind ſie einander an Stärke ſo gleich, daß ſie voraus ſehen, es bringe keiner den andern zu Boden; ſo geben ſie den Kampf freywillig auf. Hat man ſich beym Niederwerfen nicht redlicher Mittel bedient, oder iſt es nicht ganz ausgemacht, welcher den andern überwältiget habe, ſo wird auf beiden Seiten das Siegslied geſungen, und man fängt den Kampf von neuem an. Aber kein Ueber,

wundener darf es zum zweytenmale mit seinem Ueberwinder aufnehmen.

Die Faustkämpfer (Boxers) treten seitwärts
hervor; so daß sie mit jedem Schritte, (wobey sie
einen Arm vorwärts, und den andern rückwärts
ausstrecken) den Zuschauern eine andere Seite zu
kehren. In einer Hand hielten sie einen Strick; mit
diesem umwinden sie dieselbe, so bald sich ein Gegner
zeigt, oder sie hatten sie schon damit umwickelt, ehe
sie aufgetreten waren, vermuthlich um sich die Hand
oder die Finger nicht zu verrenken. Ihre Streiche
sind meistens nach dem Kopfe, zuweilen auch in die
Seiten gerichtet, und sie wissen solche mit großer
Behendigkeit auszutheilen. Zuweilen wechseln sie
von der rechten zur linken Hand ab, weil sie mit
beiden Händen gleich tüchtige Stöße versetzen. Einer
ihrer beliebtesten Streiche, der aber auch die meiste
Geschicklichkeit erfordert, besteht darinnen, daß
wenn sie so eben ihrem Mann einen Schlag versetzt
haben, sie sich auf der Ferse herum drehen, und
ihm noch einen derben Streich rückwärts beybringen.

Diese Faust - Wettkämpfe währen selten lange; die
Partheyen lassen entweder freywillig von einander,
oder einer bekennt, daß er überwunden sey. Bey dieser Gelegenheit wird kein Siegslied gesungen, es
müßte denn jemand seinen Widerpart zu Boden geworfen haben. Man sieht daraus, daß unter beiden
Spielen das Ringen bey ihnen das ehrenreichste
und beliebteste ist. Nicht nur kleine Jungen lassen
sich auf beiderley Art mit einander ein, sondern

t seinem Ueber-
reten seitwärts
te, (wobey sie
dern rückwärts
dere Seite zu
en Strick; mit
sich ein Gegner
umwickelt, ehe
n sich die Hand
Ihre Streiche
ilen auch in die
che mit großer
en wechseln fa
), weil sie mit
ersetzen. Einer
auch die meiste
darinnen, daß
Schlag versetzt
m drehen, und
irts benbringen
selten lange; bis
g von einander,
sen. Bey die
b gesungen, es
t zu Boden ge-
daß unter beiden
as ehrenreichste
e Jungen lassen
r ein, sondern

auch junge Mädchen schlagen sich, eine kurze Zeit hindurch, ganz hartnäckig auf die Faust.

Bey allen diesen Handgemengen schien es nicht, als ob man es für eine Schande halte, überwunden zu werden; der Ueberwältigte setzt sich wenigstens mit eben der Gleichgültigkeit wieder an seinen Platz, als wenn er sich gar nicht eingelassen hätte. Einige unserer Leute versuchten es, mit den Eingebohrnen sowohl zu ringen als zu baxen, sie wurden aber allezeit geschlagen, ein Paar Fälle ausgenommen, wo es allzumerklich war, daß die Furcht uns zu mißfallen, mehr zum Siege unseres Landsmanns beygetragen hatte, als seine Ueberlegenheit.

Ich habe bereits erwähnt, daß sich alles unser mitgenommenes Vieh am Lande befand. So sorgfältig ich es auch bewachen ließ, so sahe ich doch allzuwohl ein, daß es bey dem großen Hange der meisten Eingebohrnen zum Stehlen, und bey ihrer Geschicklichkeit, alles, was sie nicht hoffen konnten durch ehrliche Mittel zu erhalten, heimlich wegzubringen, endlich Gefahr laufen müsse. Ich hielt also für rathsam, nicht nur bekannt zu machen, daß ich mir gleich Anfangs vorgenommen gehabt hätte, einige unserer Thiere hier zu lassen, sondern sie auch wirklich vor meiner Abreise zu vertheilen.

Ich ließ daher am 19ten, des Abends, alle Oberhäupter vor unserem Hause versammeln, und bestimmte einem jeden seine Geschenke. Poulaho, der König, bekam einen jungen englischen Stier und

Zweyter Th.   H

eine Kuh, Mareewagee, einen Widder vom Vorgebirge d. g. H. nebst zwey Mutterschaafen, und
Feenou einen Hengst und eine Stute. Da ich
diese Austheilung bereits Tags zuvor angekündigt
hatte, so war das Volk aus der Nachbarschaft meistentheils dabey zugegen. Ich unterrichtete den
Omai, ihnen begreiflich zu machen, daß man viele
Monate lang von ihrer Insel aus zu reisen hätte,
ehe man dergleichen Thiere fände, daß wir diese
blos zu ihrem Besten, mit vieler Mühe und Kosten,
so unermeßlich weit hergebracht hätten, daß sie sich
also ja hüten möchten, keines dieser Thiere umzubringen, bis sich jede Gattung beträchtlich würde
vermehrt haben; endlich, daß sie und ihre Kinder
eingedenk seyn sollten, daß sie solche von den Männern aus Britane empfangen hätten. Er erklärte
ihnen noch den verschiedenen Gebrauch, den sie davon machen könnten, und was sie sonst noch zu dem
Ende wissen mußten, oder vielmehr was er selbst
von diesen Dingen wußte, welches freylich sehr
wenig war. Da ich mir vorgenommen hatte, diese
weggeschenkten Thiere so lange bey dem übrigen
Vieh zu lassen, bis wir uns würden seegelfertig gemacht haben; so schlug ich vor, ein jedes der Oberhäupter sollte einem, oder ein Paar Eingebohrnen
befehlen, zugleich mit unsern Leuten, bey diesen ihren Thieren nachzusehen, um besser mit ihnen bekannt zu werden, und die Art und Weise, wie sie
verpflegt und behandelt werden müßten, abzulernen.
Der König und Feenou thaten es; aber weder

oder vom Vor-
rfchaafen, und
tute. Da ich
r angekündiga
hbarfchaft mei
terrichtete den
, daß man viel:
zu reifen hätte,
daß wir diefe
ihe und Koften,
n, daß fie fich
r Thiere umzu
ächtlich würde
nd ihre Kinder
von den Mäv
. Er erklärte
ch, den fie da
ift noch zu dem
r was er felbft
s freylich feße
nen hatte, diefe
) dem übriga
feegelfertig ge
edes der Ober
Eingebohrnen
, bey diefen ih
mit ihnen be
Welfe, wie fie
en, abzulernen.
; aber weder

Mareewagee, noch einer feiner Leute bekümmerte fich mehr um die Schaafe; der alte Toobou,
den ich ebenfalls eingeladen hatte, und der fich in
der Nähe befand, ließ fich bey diefer Gelegenheit
nicht einmal fehen. Ich hatte ihm einen Bock und
zwo Ziegen zugedacht; da es ihm aber im Gering-
ften nicht darum zu thun war, fo fügte ich folche
noch zu des Königs Antheile.

Es zeigte fich bald, daß man mit diefer meiner
Vertheilung nicht ganz zufrieden war; denn des
andern Morgens in aller Frühe, hinterbrachte man
mir, daß eine unferer jungen Ziegen und zween
Truthähne vermiffet würden. Ich konnte diefes unmöglich als einen blos zufälligen Verluft anfehen,
und befchloß, fie wieder habhaft zu werden. Vor
der Hand ließ ich drey Kähne, die gerade an den
Schiffen waren, wegnehmen, gieng fodann an
Land, und nachdem ich den König, feinen Bruder,
Feenou und verfchiedene andere Vornehme in dem
Haufe, welches wir innen hatten, antraf, gab ich
ihnen unverzüglich eine Wache zu, und fagte, daß
ich fie fo lange in Arreft behalten würde, bis nicht
nur die Ziege und die Truthähne, fondern auch alles,
was zu verfchiedenen Zeiten hier weggekommen fey,
wieder erfetzt wäre. Sie verbargen, fo gut fie konnten, den Verdruß, fich gefangen zu fehen, ver-
fprachen alles, meinem Verlangen gemäß wieder
herbeyfchaffen zu laffen, und fetzten fich, dem An-
fcheine nach, ganz gelaffen nieder, um ihren Kava

H 2

zu trinken. Es währte nicht lange, so brachte man
mir ein Beil und einen eisernen Keil zurück. Unterdeſſen ſammelten ſich einige bewaffnete Eingebohrne
hinter dem Hauſe; zerſtreuten ſich aber, da ein Theil
der Wache gegen ſie anrückte. Ich gab den Oberhäuptern hierüber zu verſtehen, daß ſie gegen dergleichen Rotten Befehle ertheilen möchten, welches ſie
auch thaten, und man gehorchte ihnen. Als ich ſie hierauf einlud, mit mir zu Mittag an Bord zu ſpeiſen, waren ſie ganz bereit dazu, und da nachher verſchiedene
gegen das Mitgehen des Königs etwas einzuwenden
hatten, ſprang er augenblicklich auf, und erklärte,
er wolle der erſte ſeyn. Wir begaben uns alſo an
Bord, wo ſie bis gegen vier Uhr verblieben. Ich
begleitete ſie wieder ans Land, und bald darauf
brachte man die Ziege und einen der Truthähne zurück, mit dem Verſprechen, daß der andere am
folgenden Tage ſollte herbeygeſchaft werden. Ich
verließ mich auf dieſe Zuſage, und gab ſie und die
Kähne wieder los.

Nachdem uns die Oberhäupter verlaſſen hatten,
machte ich mit dem **Omai** einen Spaziergang, um die
Mahlzeiten der um uns her befindlichen Eingebohrnen
zuzuſehen, denn es war gerade ihre Eſſenszeit.
Ich fand, überhaupt, daß ihre Koſt ſehr ſchmal zu-
geſchnitten war; man darf ſich aber darüber um ſo
weniger wundern, da ſie faſt alle ihre Yamswurzeln
und andere Lebensmittel an uns verkauft hatten, und
nicht daran dachten, in ihre Wohnplätze zurück zukehren, ſo lange ſie in unſerer Nachbarſchaft noch einigen

117

1777.
Junius.

, so brachte man
zurück. Unter‐
te Eingebohrne
ber, da ein Theil
gab den Ober‐
sie gegen dergl..
ten, welches f..
. Als ich sie hier‐
d zu speisen, w..
her verschieden..
as einzuwenden
f, und erklärt..
ben uns also a..
erblieben. I..
nd bald darau..
r Truthähne zu..
der andere a..
t werden. I..
gab sie und u..

verlassen hatten
ziergang, um d..
en Eingebohrne..
ihre Essenszei..
t sehr schmal u..
r darüber um f..
e Damswurzel..
auft hatten, und
ätze zurück zu..
haft noch einige..

Unterhalt zu finden hofften. Wir hatten uns auf einer sehr ungebauten Landspitze gelagert, und auf eine halbe Meile weit von uns wohnte eigentlich kein Insulaner. Auch in jener Entfernung, wo man bey einem so großen Zulaufe von Fremden hätte vermuthen sollen, daß alle Wohnungen voll seyn müßten, fanden wir gerade das Gegentheil, und die daselbst niedergelassenen Familien lebten so einsam für sich, als wenn kein einziger überzähliger Gast in der Nähe gewesen wäre. Alle Fremden hielten sich unter kleinen, zu vorübergehendem Gebrauche errichteten Schirmen oder unter Bäumen und Gesträuchen auf, und wir sahen viele Kokospalmen von ihren Zweigen entblößt, weil man daraus Wohnungen für die Oberhäupter zubereitet hatte.

Auf diesem Spaziergange trafen wir, auf einem Platze, ungefähr ein halbes Dutzend Frauenspersonen beym Abendessen an. Ich bemerkte, daß zwoen von dieser Gesellschaft von den andern das Essen in den Mund gesteckt wurde, und als ich nach der Ursache fragte, antwortete man mir, sie wären taboo mattee. Bey weiterem Nachfragen erfuhren wir, daß eine davon, vor zween Monaten, den Leichnam eines verstorbenen Oberhauptes abgewaschen habe, und ihr aus diesem Grunde nicht erlaubt sey, binnen fünf Monaten eine Speise mit Händen zu berühren. Die andere hatte eben dieses Amt bey dem Leichname einer geringern Person verrichtet, und war nunmehr zu gleicher Enthaltung,

Sonnabend
den 21jten.

aber nur auf eine kurze Zeit verbunden. Auf einem
andern Platze, nicht weit davon, sahen wir auf gleiche
Art einer Frau die Speisen in den Mund stecken,
und man sagte uns, daß diese beym Abwaschen oben
gedachten Befehlshabers hülfliche Hand geleistet habe.

Am folgenden Morgen kam der König sehr zeitig zu mir an Bord, um mich zu einer Lustbarkeit
einzuladen, welche er an eben demselben Tage anzustellen gedachte. Er war schon unter der Hand des
Barbierers gewesen, und hatte den ganzen Kopf mit
einer rothen Farbe beschmiert, um seinem von Natur
dunkelbraunen Haare einen feuerfarben Anstrich zu
geben. Nach dem Frühstücke begleitete ich ihn ans
Ufer, wo ich seine Leute an zween verschiedenen
Plätzen vor unserem Hause sehr beschäftiget fand,
vier ziemlich lange Pfähle senkrecht, und im Gevierte einzuschlagen, so daß jeder etwa zween Schuh
weit von dem andern zu stehen kam. Der innerhalb
dieser vier Pfähle befindliche Raum ward hernach
mit Yamswurzeln ausgefüllt, und wenn diese ungefähr die Höhe von vier Schuh erreicht hatten, bevestigte man jedesmal von einem Pfahl zum andern vier
Stäbe kreuzweis an einander, theils, damit der Druck
der eingeschlossenen Yams die Pfähle nicht auseinander treibe, theils damit man ihnen auf diesen Stäben
bequemer beykommen möge. Wenn die Anzahl der
Yams die Höhe der ersten Pfähle erreicht hatte,
wurden wieder vier andere Pfähle aufgesetzt und
bevestigt, und so fuhr man fort, bis jedes der beiden Gerüste dreyßig und noch mehr Fuß hoch war.

aben. Auf einem
hen wir auf gleiche
en Mund stecken,
a Abwaschen oben
hand geleistet habe,
er König sehr zeit...
einer Lustbarkeit
selben Tage an zu
ter der Hand da
ganzen Kopf mit
seinem von Natur
roten Anstrich zu
.... ich ihn an
en verschiedenen
beschäftiget fand,
ht) und im Ge-
va zween Schul-

Der innerhal...
m ward hernach
wenn diese unge-
t hatten, bevesti...
zum andern...
damit...
e nicht auseinan...
uf diesen Stäben
n die Anzahl der
erreicht hatte,
aufgesetzt und
is jeder der bei-
Fuß hoch war.

Auf dem einen hatte man zu oberst zwey gebackene Schweine, auf dem andern aber ein lebendiges an-gebracht; in der Mitte des letztern Gerüstes hieng noch eines an den Beinen. Es war wirklich der Mühe werth zu sehen, mit welcher Leichtigkeit und wie geschickt diese beiden Stösse errichtet wurden. Hätte man von unsern Matrosen dergleichen Stück Arbeit verlangt, wie sehr würden sie sich vermessen haben, daß hiezu schlechterdings Zimmerleute gehörten! Diese hätten wenigstens ein Dutzend mancherley Hand-werkzeuges hiezu nöthig gehabt, und vielleicht einen Centner Nägel verbraucht, und würden dem unge-achtet in ganzen Tagen nicht zu Stand gebracht haben, was diesen Leuten nur einige Stunden ge-kostet hatte. Aber Matrosen sind, wie alle andere Amphibien, auf dem Lande sehr unbeholfene Thiere.

Nachdem man beide Haufen in gehörigen Stand gesetzt hatte, schlichteten die Eingebohrnen noch meh-rere Stösse Yams und Brodfrucht an beiden Seiten des Platzes auf; auch thaten sie noch eine Schild-kröte und eine Menge vortreflicher Fische zu diesem Vorrathe. Dieses alles, nebst einem Stücke Zeug, einer Matte und einigen rothen Federn schenkte mir der König. Er schien sich vorgenommen zu haben, Feenous Freygebigkeit, von der er auf Hapaee hatte reden hören, zu übertreffen; und er übertraf sie auch auf alle Weise.

Um ein Uhr gieng der Mai oder das Tanzen an. Das erste Ballet war meistentheils dem gleich, womit wir bey Mareewagees Feyerlichkeit, den

Anfang hatten machen sehen. Beym zweyten war
der jüngere Toobou, Capitain Furneaux's Freund,
an der Spitze, der auch bey jenen Tänzen mitge-
tanzt hatte; es traten auch vier bis fünf Frauenspersonen auf, die bey allen Verwicklungen eben so große
Geschicklichkeit zeigten wie die Männer. Gegen Ende
des Tanzes theilten sich die handelnden Personen,
um zween Klopffechtern Platz zu machen, die auf
bereits beschriebene Art, ihre Streitkolben gegen einander schwungen. Im dritten und letzten Tanz
traten noch ein Paar solcher Männer mit Keulen
auf, und zeigten nicht mindere Geschicklichkeit im Gebrauche derselben. Nachdem diese Ballete vorbey
waren, gieng es wieder an ein Ringen und Faustkämpfen; und zuletzt kam ein Streiter auf dem Platz,
mit einer Keule, die aus dem vesten und schweren
Stengel eines Kokospalmenblattes gemacht war;
aber niemand hatte Lust, sich in einen so ernstlichen
Kampf einzulassen. i) In der Nacht wurden die Bomai wiederhohlt, wobey Poulaho selbst, in englische Zeuge gekleidet unter den Tänzern erschien.
Allein weder diese nächtlichen, noch jene bey Tag
aufgeführten Tänze glichen an Pracht und Lebhaftig-

i) Die Zweige oder Blattstiele der Kokospalme,
sind 12, bis 16. Schuh lang und haben, da wo
sie entstehen, öfters eine Spanne im Durchmesser. Selbst in der Mitte des Blattes läuft der
Länge nach eine holzige, veste Ribbe; es können
also gar wohl gefährliche Streitkolben daraus
verfertiget werden. W.

ym zweyten wa
neaux's Freund,
n Tänzen mitga
ünf Frauenspen
en eben so groß
r. Gegen Ende
lnden Personen,
nachen, die auf
olben gegen ein
d letzten Tanz
ner mit Keula
icklichkeit im Ge
Ballete vorbey
gen und Faust
r auf dem Platz
1 und schweren
gemacht war;
n so ernstlichen
vurden die Bo
selbst, in eng
nzern erschien.

jene bey Tag
und Lebhaftig

r Kokospalme,
haben, da wo
im Durchmes
attes läuft der
be; es können
kolben daraus

keit denen, die uns Feenou und Mareewagee ge= geben hatte; darum wollen wir auch die Leser nicht mit Beschreibung derselben ermüden.

Damit ich nichts von allen diesen Unterhaltungen übersehen möchte, speißte ich Mittags am Lande. Der König setzte sich zwar an Tisch aber er nahm weder Speise noch Trank an. Hieran soll ihn die Gegenwart einer Frauensperson verhindert haben, die ich, auf ihr Verlangen, zu Tische gebethen hatte, und die, wie ich nachher erfuhr, von noch höherem Range als er selbst gewesen war. So bald diese vornehme Frau abgespeißt hatte, gieng sie auf den König zu, der sogleich seine Hände unter ihre Füsse legte, worauf sie sich hinweg begab. Er tauchte darauf seine Finger in ein Glas Wein, und erhielt nunmehr von allen, die die Matrone begleitet hat= ten, gleiche Ehrenbezeugungen. Dies war das ein= zige mal, wo wir ihn gegen eine andere Person der= gleichen Zeichen der Unterwerfung äußern sahen. Seinen Wünschen gemäß, wollte ich Abends einige Feuerwerke abbrennen lassen; unglücklicher Weise aber waren sie verdorben, und keines that uns Genüge.

Achtes Kapitel.

Einige Officier werden von den Eingebohrnen bestohlen. — Beschreibung einer Fischerey. — Ein
Besuch bey Poulaho. — Beschreibung eines
Fiatooka. — Ländliche Bewirthung in Pou-
laho's Hause. — Trauergebräuche. — Von der
Kava-Pflanze, und der Art wie man daraus ein
Getränk bereitet. — Nachrichten von Onev,
einem kleinen Eilande. — Einer der Eingebohrnen wird von einer Schildwacht verwundet.—
Die Hren. King und Anderson besuchten des
Königs Bruder. — Ihre Bewirthung. — Noch
eine Trauer. — Art und Weise, die Nacht hin-
zubringen. — Bemerkungen über die Gegend.—
Anstalten unter Seegel zu gehen. — Unvollständige Beobachtung einer Sonnenfinsterniß.—
Hrn. Andersons Bemerkungen über die Insel
und ihre Produkte.

1777.

Junius.

Sonntag
den 22sten.

Da weder auf einer, noch der andern Seite, mehr
Schauspiele zu erwarten standen, und die Neugier
des Volks größtentheils befriediget war, so verließen
uns die meisten am folgenden Tage nach Poulaho's
Haiva. Indessen hatten wir noch immer Diebe um
uns herum, die durch die Nachlässigkeit unserer
Leute gereizt, uns unaufhörlich bestahlen.

Einige Officier von beiden Schiffen hatten ohne
meine Erlaubniß, ja ohne mein Wissen, eine Strei-
ferey im Innern der Insel gemacht, und kamen,
nach einer zweentägigen Abwesenheit diesen Abend
wieder zurück. Sie hatten ihre Flinten, nebst Pulver und Bley, und einige kleine, hier zu Lande

:I.

Eingebohrnen be
Fischerey. — Ein
Beschreibung eine
irthung in Poz
äuche. — Von de
le man daraus zu
ten von Onev,
iner der Eingo
acht verwundet.
on besuchten de
irthung. — Noc
e, die Nacht hin
er die Gegend.
ben. — Unvoll
onnenfinsterniß.
über die Insi

ern Seite, mes
und die Neugia
war, so verließ
ach Poulaho
mmer Diebe zu
äffigkeit unsere
stahlen.

ffen hatten ohn
ssen, eine Strä
t, und kamen,
it diesen Abend
nten, nebst Pul
hier zu Land

geliebte Handelsartifel bey sich, wurden aber, während ihrer Expedition von den hierinnen sehr geschickten Insulanern rein ausgeplündert. Dieser Vorfall
hätte beynahe sehr verdrüßliche Folgen gehabt: denn
unsere beraubten Reisenden wandten sich, nach ihrer
Zurückkunft, ohne mich darum zu befragen, an den
König, und beklagten sich, mit Hülfe des Omai,
über diese Begegnung. Da er nicht wußte, was
ich hiebey für Maasregeln nehmen würde, und nach
dem bereits geschehenen, besorgte, ich möchte ihn
aufs neue gefangen nehmen; so wurde er am folgenden Morgen, in aller Frühe, unsichtbar. Feenou
folgte seinem Beyspiele, und es war nun kein Oberhaupt von einigem Ansehen in unsrer Nähe. Dieser Vorfall war mir höchst ärgerlich und ich gab dem
Omai Verweise, daß er sich in diese Sache gemischt habe. Diese fruchteten so viel, daß er sich
Mühe gab, seinen Freund Feenou wieder zurückzubringen, und es glückte ihm auch; denn der wichtigste Grund bey seinem Geschäfte, war mein gegebenes Wort, daß ich mich keiner Zwangsmittel bedienen würde, die unseren Herren abgenommenen
Sachen, wieder zu bekommmen. Feenou traute
seiner Versicherung, und kam gegen Abend wieder
zum Vorschein. Da Poulaho hörte, wie man
ihn aufgenommen hatte, beehrte er uns Tags darauf auch wieder mit seiner Gegenwart.

Bey dieser Gelegenheit machten beide Oberhäupter die sehr richtige Bemerkung, daß, wenn
einige unserer Leute Lust hätten, sich in das Innere

des Landes zu begeben, man ihnen vorher davon
Nachricht geben müßte, in welchem Falle sie eigene
Leute mitschicken, und für die Sicherheit der unsrigen
gutstehen würden. Ich habe es auch aus Erfahrung,
daß bey einer so guten Vorsicht ein Fremder, mit
aller seiner Habe, unter diesen Insulanern eben so
sicher ist, als in irgend einem Theile der policirten
Welt. Ob ich mich gleich um die Herausgabe der
bey dieser Gelegenheit gestohlenen Sachen nicht im
geringsten bekümmerte: so wurden doch die meisten
durch Feenou's Vermittlung, wiedergebracht, bis
auf eine Flinte, und einige wenige andere Artikel
von minderem Werthe. Auch hatten wir unterdessen unsern Truthahn, die meisten Werkzeuge und
andere Dinge, die unsere Arbeitsleute vermißt hatten, wieder bekommen.

Mittwoch
am 25sten.

Am 25sten kamen die zwey Boote, die ich in
der Absicht ausgeschickt hatte, sich nach einem Kanal
umzusehen, durch welchen wir am sichersten wieder
in See kommen könnten, mit der Nachricht zurück,
daß der gegen Norden, durch welchem wir herein-
gekommen waren, äußerst gefährlich, und von einer
Seite zur andern voller Korallklippen sey. Gegen
Osten hätten sie aber einen sehr guten Kanal angetroffen, nur sey er an einem Orte, der kleinen
Inseln wegen, etwas enge, und hätte man einen
sehr günstigen Wind, nämlich eine Kühlung aus
Westen nöthig, um hindurch zu kommen, dergleichen
wir aber hier selten angetroffen haben. Wir hatten
unsere Schiffe nunmehr hinlänglich mit Holz und

n vorher dave..
l Falle sie eigen..
..heit der unsrigen
..aus Erfahrung,
a Fremder, mi..
sulanern eben h..
ile der policirta
Herausgabe da
Sachen nicht in
doch die meisten
vergebracht, bis
andere Artikel
en wir unterds..
Werkzeuge un..
te vermißt ha..

ote, die ich u..
ch einem Kanal..
sichersten wieda..
Nachricht zurück..
dem wir herein..
und von eine..
n sey. Gega..
n Kanal ange..
te, der kleina..
ätte man einen
Kühlung aus..
ten, dergleichen
.. Wir hatten
mit Holz und

Wasser versorgt, alles Tackelwerk wieder in gehöri-gen Stand gesetzt und konnten uns wenig Producte der Insel mehr von den Eingebohrnen versprechen. Da sich indessen auf den 5ten künftigen Monats eine Sonnenfinsterniß eräugen sollte, so nahm ich mir vor, unsere Abreise bis dahin aufzuschieben, und sie hier zu beobachten.

Weil ich auf diese Weise noch einige Tage Muße vor mir hatte, so machten wir eine Gesell-schaft zusammen, und fuhren Tags darauf, in aller Frühe, von Poulaho begleitet, in einem Boote nach Mooa, einem Dorfe, seiner und anderer Großen des Lands gewöhnlichen Residenz. Als wir der Einbuhrt entgegen ruderten, begegneten uns vierzehn Kähne, die auf Fischerey ausgegangen waren, und in deren einem sich Poulaho's Sohn befand. In jedem Kahne war ein dreyeckigtes, zwischen zwo Stäben ausgespanntes Netz, an dessen unterstem Ende sich ein hohler Raum befand, worin-nen die Fische aufgenommen und verwahrt wurden. Sie hatten bereits einige schöne Meeräschen ge-fangen, und gaben etwa ein Dutzend davon in uns.. Boot. Ich war begierig, über ihre Art Fische zu fangen näher unterrichtet zu seyn, und sie bezeigten sich sehr bereitwillig hierzu. Eine der Bänke oder Untiefen, auf welcher sie viele Fische vermutheten, wurde augenblicklich mit einem langen Netze, gleich einem Schlag-Netze, oder Setz-Garn, umzogen. Aus jedem Kahne begab sich sodann ein Fischer in das Wasser, und, nachdem sie das Setz-Garn, mit

ihren dreyeckigten Netzen in der Hand, umringt
hatten, schöpften sie damit die Fische heraus, oder
haschten sie, wenn sie über das Garn springen wollten.
Um uns diese Verfahrungsart — die übrigens sehr
zuverlässig schien — desto deutlicher zu machen, warfen sie schon gefangene Fische wieder hinein, da sich
keine mehr in der mit dem Netze umgebenen Untiefe
befanden.

Nachdem wir den Prinzen mit seinen Fischern
verlassen hatten, fuhren wir gegen den Hintergrund
der Bay, und landeten an dem nämlichen Platze,
wo wir letzthin bey unserem dem Mareewagee zu
gedachten aber fehlgeschlagenen Besuche ausgestiegen
waren. So bald wir das Ufer erreicht hatten, ließ
mir der König durch den Omai sagen, daß ich in
Ansehung unseres Bootes und der darinnen befindlichen Sachen, ohne alle Besorgniß seyn dürfte,
und sich niemand unterstehen würde, etwas davon
anzurühren. Wir fanden nachher, daß auch nicht das
mindeste fehlte. Nun führte man uns in eines von
Poulaho's Häusern, nicht weit vom Strande
und nahe an dem öffentlichen Gebäude, oder Malaee, wo wir bey unserm ersten Besuche in Mooa
gewesen waren. Dieses ziemlich große Haus schien
des Königs Privatwohnung zu seyn, und lag mitten in einer Plantage. Der König setzte sich an
einem Ende des Hauses auf die Erde, und die
Eingebohrnen, die ihn zu besuchen kamen, nahmen,
je nachdem sie gekommen waren, an dem andern
Ende, in einem Halbcirkel ihren Platz ein. Das

and, umringt
e heraus, oder
bringen wollten.
ie übrigens sehr
u machen, war
hinein, da sich
gebenen Untiefe

seinen Fischern
en Hintergrund
mlichen Platze,
areewagee zu
che ausgestiegen
icht hatten, ließ
en, daß ich in
darinnen befind
iß seyn dürfte,
etwas davon
ß auch nicht das
ns in eines von
vom Strande
be, oder Ma
ache in Mooa
ße Haus schien
und lag mit
g setzte sich an
Erde, und die
men, nahmen,
n dem andern
latz ein. Das

erste was geschah, war daß man eine Schaale **Kava** zubereitete, und Yamswurzeln für uns zu bähen befahl. Mittlerweile giengen einige von uns, in Begleitung etlicher Personen aus des Königs Gefolge, und des Omai, unsers Dollmetschers, ein **Fiatooka** a), oder einen Begräbnißplatz zu besehen, den wir ganz nahe am Hause bemerkt hatten, und weitläuftiger und beträchtlicher zu seyn schien, als alle die wir auf den übrigen Inseln gesehen hatten. Man sagte uns, er gehöre dem Könige. Er bestand aus drey ziemlich großen Häusern, die auf einer allmälig sich erhebenden Gegend, oder vielmehr am Rande derselben lagen. In einiger Entfernung stand noch ein kleineres; alle lagen in einer Reihe. Das mittlere der drey ersten Häuser war bey weitem das größeste, und lag in einem Vierecke, welches vier und zwanzig Schritte breit, acht und zwanzig Schritte lang, und etwa drey Fuß erhöht war. Die übrigen standen gleichfalls auf drey Schuh hoch aufgemauerten Erhöhungen. Die Fußböden in diesen Häusern, so wie der obere Theil der Erhöhungen um sie her, waren mit lockern, feinen Kieseln überschüttet, und das Ganze umgaben große, flache, wohlzugehauene Steine von hartem Korallfelsen, so daß sie mit dem scharfen Theile in der Erde eingelassen waren b).

a) Dieser Name bedeutet eigentlich ein Gotteshaus. S. Forsters Bemerkungen. S. 492. W.
b) Die Begräbnißplätze der Oberhäupter auf den Carolinen-Inseln sind auf eben diese Weise eingeschlossen. S. *Lettres édifiantes et curieuses.* Tom. XV. p. 309.

Einer dieser Steine war zwölf Schuh lang, zween
Schuh breit, und über einen Schuh dick. Eines
dieser Häuser war an einer Seite offen, welches
wir sonst bey keinem angetroffen hatten. Inwendig
waren zwey unförmlich geschnitzte hölzerne Brust
bilder, das eine stund beym Eingange, das andere
weiter innen. Wir erkundigten uns bey den Eingebohrnen, die uns bis an den Vorplatz begleitet
hatten, ins Haus selbst aber sich nicht zu treten ge-
traueten, was diese Bilder zu bedeuten hätten, und
sie machten uns so begreiflich, als wir es nur verlangen konnten, daß sie blos zum Andenken einiger
hier begrabenen Oberhäupter aufgestellt wären, und
keineswegs eine Gottheit vorstellen sollten. Es
scheint, daß dergleichen Denkmäler nur selten errichtet
werden, denn diese sind allem A   n nach von sehr
hohem Alter. Man sagte uns, in jedem diese
Häuser lägen Tode begraben, obgleich keine Spur
davon zu entdecken war. In einem derselben lag
ein mit Schnitzwerk geziertes Vordertheil eines otaheitischen Kahnes, welches ans Ufer geworfen
worden war, und hier aufbewahrt wird. Am Fuß
der Anhöhe, war ein geräumiger mit verschiedenen
Bäumen umgebener Rasenplatz, worunter viele
überaus große sogenannte Etoa- oder Keulen-
Bäume c) befindlich waren. Da letztere viel
Aehnliches mit den Cypressen haben, so nehmen sie
sich auf einem solchen Platze sehr wohl aus. Auch

c) Casuarina equisetifolia. Forst. Flor. Ins. austr.
prod. 334. Bemerk. S. 472. W.

ih lang, zwee...
ih dick. Eines
offen, welche...
...en. Inwendi...
hölzerne Bruß...
...ige, das ande...
...ıs bey den Ein=
...orplatz begleit...
...cht zu treten ge...
...ten hätten, un...
...vir es nur vo...
...ndenken einig...
...ellt wären, un...
...ı sollten. E...
...ır selten errichte...
...'ı nach von seh...
...in jedem dies...
...elch keine Spu...
...m derselben la...
...theil eines ot...
...Ufer geworfe...
...vird. Am Fu...
...ıe verschieden...
...worunter vie...
...oder Keulen...
...Da letztere vi...
...t, so nehmen si...
...hl aus. Auch
Flor. Ins. ausl.
W.

sahen wir eine Reihe niedriger **Palmbäume** nahe an einem dieser Gebäude, und hinter demselben einen Graben, in welchem eine Menge alter Körbe lag. Hrn. Webbers Zeichnung dieses **Siatooka** wird das Unvollständige meiner Beschreibung ersetzen.

Nach dem Mittagessen, oder vielmehr nachdem wir uns durch einige vom Schiffe mitgenommene Provision erfrischt hatten, machten wir, in Gesell-schaft eines der königlichen Staatsbedienten, einen Spaziergang von ziemlichem Umfange ins Land hin-ein. Unser Gefolg war nicht sehr groß, denn er verbot dem Pöbel uns nachzulaufen und befahl allen denen, die uns unterwegs begegneten, sich so lange niederzusetzen, bis wir vorbey gegangen wären; eine Ehrenbezeugung, die nur allein ihrem Ober-herrn gebührt. Wir fanden den größten Theil des Landes sehr cultivirt, mit allerley Arten von Producten bebauet, und diese Pflanzungen fast durch-gehends umzäunt. Einige Plätze, wo vorhin Plan-tagen waren, lagen jetzt brach; andere die nie urbar gemacht, sondern noch in ihrem ersten natürlichen Zustande waren, trugen Bäume und Zimmerholz, und waren also auch von großem Nutzen. Wir kamen an verschiedene große, aber nicht bewohnte Häuser, die, wie man uns sagte, dem Könige ge-hörten. Auch trafen wir überall eine Menge öffent-licher, wohl gebahnter Landstraßen und Fußsteige an, die in alle Gegenden der Insel führen. Da die Wege gut sind, und fast überall flaches Land ist,

Zweyter Th.   I

130

1777.
Junius.

so läßt sich hier sehr angenehm reisen. Es ist be-
merkenswerth, daß, wenn wir uns auf den erhabensten Gegenden und wenigstens hundert Fuß über
der Meeresfläche befanden, wir oft den nämlichen
Korallfelsen, den wir am Strande antrafen, aus
dem Erdreich hervorragen sahen, und daß er eben so
löchericht und uneben gestaltet war, als die Felsen,
die beständig von den Fluthen ausgespült werden.
Aber auch auf diesen rauhen, fast nur keiner Erde
bedeckten Plätzen, keimt und grünt alles in bewun-
dernswürdiger Fülle. Man führte uns an verschiedene kleine Teiche und Quellen; aber sie hatten entweder stinkendes oder salzigtes Wasser, ob es uns
gleich die Eingebohrnen als ganz vortreflich ange-
rühmt haben. Die Teiche waren meistens landeinwärts, nahe am Strande der Bay, unter dem Standpunkte der Springfluth, so daß man nicht eher als
zur Ebbezeit ein leidliches Wasser daraus nehmen
konnte.

Als wir von unserem Spaziergang zurückgekommen waren, welches nicht eher als mit der Abend-
dämmerung geschah, fanden wir unsere Abendmahlzeit bereit; sie bestund in einem gebäheten Schweine,
einigen Fischen und Yamswurzeln, welches alles
nach der Insulaner Weise und ganz vortreflich zugerichtet war. Da wir nach Tische keinen weitern
Zeitvertreib mehr zu erwarten hatten, so folgten wir
dem Landesbrauch, und legten uns schlafen. Unsere
Betten waren auf den Boden gebreitete Matten, und
Stücke Zeug unsere Decken. Der König, der sich

Es ist be-
uf den erha-
ert Fuß über
:n nämlichen
:trafen, aus
aß er eben so
s die Felsen,
:hlit werden.
t keiner Erde
es in bewun-
s an verschie-
ie hatten ent-
:, ob es uns
treflich ango-
stens landein-
r dem Stand-
nicht eher als
raus nehmen

zurückgekom-
it der Abend-
e Abendmahl-
ten Schweine,
welches alles
vortreflich zu
einen weitern
so folgten wir
lafen. Unsere
e Matten, und
könig, der sich

unfern mitgebrachten Wein und Branntwein trefflich hatte schmecken laſſen, schlief, mit verschiedenen
andern Eingebohrnen, in eben dem Hauſe. Lang
vor Anbruch des Tags stund er und sie alle auf;
Sie setzten sich zusammen, und schwatzten mit einander
beym Mondscheine. Man kann sich leicht vorstellen, daß Wir der Gegenstand ihrer Unterredung
waren, und der König unterhielt seine Gesellschaft
mit Erzählung dessen, was er gesehen und bemerkt
hatte. So wie es Tag wurde, giengen sie auseinan-
ander, der eine auf diese, der andere auf jene Seite;
aber es währte nicht lange, so kamen sie alle wieder
und brachten noch mehrere ihrer Landsleute mit.

Nun wurde eine Schaale Kava zubereitet. Ich
verließ sie bey dieser Verrichtung, um Toobou,
Capitain Furneaux's Freund, zu besuchen, der ein
Haus in der Nähe hatte, welchem hier wenige an
Größe und Schönheit beykommen. Ich fand hier
auch eine Gesellschaft, die, gleich jener die ich verlaſſen hatte, einen Morgentrank zubereitete. Dieses Oberhaupt schenkte mir ein lebendiges und ein
gebackenes Schwein, eine Menge Panis und ein
großes Stück Zeug. Bey meiner Rückkehr in des
Königs Wohnung, fand ich ihn mit seinem Gefolge schon bey der zwoten Schaale Kava. Wie
diese leer war, sagte er dem Omai, er müsse jetzt
einer Trauer-Ceremonie, welche er Tooge nannte, und welche einem seiner unlängst verstorbenen
Söhne zu Ehren angestellt würde, beywohnen, und

J 2

wünschte, daß wir ihn begleiten möchten. Wir nahmen den Vorschlag mit Vergnügen an, weil wir bey dieser Gelegenheit hofften, etwas neues und seltenes zu sehen.

Nun trat der König in Begleitung zwoer alten Frauenspersonen aus dem Hause, und legte ein neues Kleid, oder vielmehr ein neues Stück Zeug an, und über dasselbe hieng man eine alte, zerrissene Matte, deren sich bereits sein Urgroßvater bey ähnlicher Gelegenheit mochte bedient haben. Seine Diener, oder alle die ihm folgten, waren auf eben diese Weise gekleidet, nur daß ihre Matten auf kein so hohes Alter Ansprüche machen konnten, als die seinige. In diesem Aufzuge setzten wir unsern Weg fort, wobei uns acht bis zehen Personen, alle in ähnlichen Feyerkleidern, und mit dünnen, grünen Zweigen um den Hals, voraus giengen. Poulaho hielt seinen Zweig in der Hand, bis wir nahe an den Versammlungsplatz kamen, da er ihn dann gleichfalls um den Hals legte. Wir giengen darauf in eine kleine Verzäunung, in welcher ein artiges Haus stand; vor demselben saß ein Eingebohrner. So wie die Gesellschaft eingetreten war, nahm jeder seinen grünen Zweig vom Halse und warf ihn weg. Nachdem sich der König niedergelassen hatte, setzten sich auch die übrigen auf die gewöhnliche Weise vor ihm nieder, und da nach und nach andere hinzukamen, wurde der Kreis über hundert Personen stark. Die meisten waren alte Männer, und auch die neu angekommenen waren alle auf vorhin beschriebene Wei-

se gekleidet. Da von der Gesellschaft niemand mehr
zu fehlen schien, brachte einer von des Königs Bedienten eine große **Kava-Wurzel**, nebst einer
Schaale, welche vier bis fünf englische Quart oder
Kannen halten mochte. Verschiedene Personen
fiengen nun an, die Wurzel zu zerkäuen, und die
Schaale war bald von diesem Getränke bis zum
Ueberlaufen voll. Mittlerweile hatten einige andere
Becher aus Plantanenblättern gemacht. Der erste
volle Becher wurde dem Könige gereicht; er befahl
ihn aber einer andern Person zu geben. Man brachte
ihm den zweyten und er trank; den dritten both man
mir an. Nachher fragte der Mann, der die Becher
füllte, bey jedem Becher, wer ihn bekommen sollte;
ein anderer nannte die Person, und man brachte ihr
den Becher. Da der Napf anfieng leer zu werden,
schien die über die Austheilung gesetzte Person in
Verlegenheit zu gerathen, wem nunmehr der nächste
Becher sollte geschickt werden, und erholte sich deßwegen öfters Raths bey denen die ihr zur Seite saßen.
So fuhr man mit der Austheilung fort, bis die
Schaale leer war, und ohnerachtet gewiß die Hälfte
der Anwesenden nichts bekam, so bemerkte man doch
an keinem Menschen das geringste Mißvergnügen.
Man gebrauchte etwa ein halbes Dutzend Becher
zum Serviren, und so wie einer ausgetrunken war,
warf man ihn auf den Boden, wo ihn die Bedienten aufnahmen, und aufs neue füllen ließen. Während dieser ganzen Zeit saß, wie gewöhnlich, sowohl
das Oberhaupt, als die Versammlung um ihm her,

in großer Ernsthaftigkeit da, ohne daß fast jemand mit dem andern ein Wort gesprochen hätte.

Wir harreten und hofften, mit jedem Augenblick, daß endlich die Trauerceremonie ihren Anfang nehmen würde, aber kaum war der Kava-Napf leer, so sahen wir, zu unserm nicht geringen Befremden und Verdrusse, daß sie alle aufstunden, und auseinander giengen, und Poulaho sagte uns, daß er nunmehr bereit sey, uns auf die Schiffe zu begleiten. Wenn dieses eine Trauerceremonie seyn sollte, so war sie seltsam genug. Vielleicht war es die zweyte, die dritte oder die vierte Trauer-Epoche, oder—welches sehr oft geschah—Omai hatte nicht recht verstanden, was man ihm gesagt hatte. Denn, das Umkleiden, und die um den Hals geschlungenen grünen Zweige ausgenommen, fiel bey der ganzen Sache nichts vor, was uns nicht alle Tage, mehr als zu oft, vorkam.

" d) Wir sahen auf den übrigen Inseln auch zuweilen Kava trinken, aber bey weitem nicht so häufig, als hier, wo es Vormittags die einzige Beschäftigung der Vornehmen zu seyn scheint. Die Kava Pflanze ist eine Art Pfeffer, welcher hier blos zu dieser Absicht gebauet, und als einer ihres schätzbarsten Producte angesehen wird. Man sucht daher die jungen Pflanzen sorgfältig vor aller Beschädigung zu bewahren, und sie werden meistens um

d) Diese Nachrichten vom Kava sind aus Hrn. Andersons Tagbuche genommen.

die Wohnungen gesetzt. Sie wachsen selten über
mannshoch; doch habe ich auch einige gesehen, die
noch einmal so groß waren. Sie breiten sich in viele
Zweige aus, haben große, herzförmige Blätter, und
gabelförmige Stengel (jointed Stalks). In den
freundschaftlichen Inseln gebraucht man blos die
Wurzel, welche ausgegraben und den Dienstboten
übergeben wird, die sie in Stücken zerbrechen, und
mit einer Muschelschaale, oder einem Spahne die
daran befindliche Erde abkratzen. Jeder käuet darauf
seine Portion, und wirft sie vom Munde aus in ein
Stück Pisangblatt. Die Person, welche das Getränke zubereitet, sammelt sodann die zerkäueten
Stücke, legt sie in eine große hölzerne Schüssel oder
Schaale, und gießt so viel Wasser darauf, als
nöthig ist, um dem Trank die gehörige Stärke zu
lassen. Hierauf wird alles mit Händen wohl unter-
einander gemischt, und wenn dieses geschehen, etwas von den lockern Materialien, woraus sie ihre
Matten flechten, auf den Aufguß geworfen, um
die zaserichten Theile davon abzusondern. Dieser
Mattenstoff wird sodann tüchtig ausgewunden, um
noch so viel Flüssiges herauszubringen, als möglich
ist. — Die Art der Vertheilung ist bereits beschrieben worden. — In jedem Becher wird gemeiniglich
das Viertel einer Kanne (*quarter of a pint*) gethan. An den Insulanern, die an dieses Kava-
trinken gewöhnt sind, äußert sich keine sonderliche
augenblickliche Wirkung; aber einige unserer Leute,
die, der eckelhaften Zubereitung ungeachtet, doch da-

von tranken, verspürten darauf eben dieselbe Berauschung, die gebrannte Wasser verursachen, oder vielmehr jene Art von Betäubung, die der Gebrauch des Opium oder ähnlicher Substanzen nach sich zieht. Es ist hieben zu bemerken, daß dieses Getränk äußerst widerwärtig ist, oder wenigstens zu seyn scheint. Denn, ob gleich die Insulaner es nie anders als frisch zubereitet genleßen, und so darauf erseffen sind, daß ich sie an einem Vormittage wohl siebenmal habe davon zu sich nehmen sehen; so können es doch die wenigsten hinunterbringen, ohne sauer Gesichter zu machen, und ohne sich zu schütteln. „

So bald die Trauerceremonie vorüber war, verließen wir Mooa, um wieder nach unsern Schiffen zurückzukehren. Als wir die Lagune oder die Bucht hinunterruderten, begegneten uns zween Kähne, die vom Fischfang herkamen. Poulaho ließ befehlen, daß sie an das Boot kommen sollten, und nahm ihnen alle Fische und Muscheln ab, die sie gefangen hatten. Er ließ bald darauf wieder ein Paar Kähne anhalten, und sie durchsuchen, aber diese hatten nichts. Warum er dieses that, kann ich nicht sagen; denn wir hatten einen Ueberfluß an Lebensmitteln im Boote. Einige Fische gab er mir, die übrigen verkauften seine Bedienten an Bord des Schiffs. Weiter die Bucht hinab holten wir ein großes Seegelkanot ein. Alle Leute die an Bord standen, ehe wir herankamen, setzten sich, bis wir vorbey waren, sogar der Mann am Steuerruder, der es nicht anders als stehend handhaben konnte.

Poulaho und andere mehr hatten mir gesagt, daß auf einer kleinen Insel, Namens Onevy, die etwa eine Seemeile weit von der Mündung der Einbucht an der Nordseite des östlichen Kanals, entlegen ist, vortreffliches Wasser zu bekommen sey. Wir legten also daselbst an, um es zu kosten. Ich fand es aber eben so salzig, als an den meisten andern Wasser=Stellen, die wir aufgesucht hatten. Diese Insel ist noch gänzlich so, wie sie aus den Händen der Natur gekommen ist. Sie wird blos von Fischern besucht, und ihre Producte sind nebst einigen Etoa= oder Keulenbäumen e) fast dieselben, die wir auf Palmerstone's=Eiland angetroffen haben. Als wir Onevy verlassen hatten, wo wir unser Mittagmal einnahmen, besahen wir, auf unserem Weg nach dem Schiffe, einen sonderbaren Korallfelsen, der auf das Riff, worauf er stand, scheint angeworfen zu seyn. Er ragt an die zehn bis zwölf Fuß über die ihn umgebende Meeresfläche hervor. Seine Basis, oder der Theil worauf er ruht, hält kaum ein Drittel von dem Umfange seines obern, hervorstehenden Gipfels, der, meines Erachtens, etwa hundert Fuß betragen mochte. Er ist mit Etoabäumen und Pandangs oder wilden Palmnußbäumen bewachsen.

Bey meiner Zurückkunft an Bord des Schiffs hörte ich, daß unterdessen nichts wichtiges vorgefallen, daß alles ruhig und ordentlich zugegangen, und nicht das geringste von den Eingebohrnen ent-

e) Casuarina equisetifolia. *Forst.* **W.**

wendet worden ſey; worauf ſich Seenou und Jutta.
ſaihe, des Königs Bruder, die ſich anheiſchig gemacht hatten, dieſe Zeit über, ihre Landsleute in
Ordnung zu halten, nicht wenig zu gut thaten.
Man ſieht daraus, wie viel dieſe Oberhäupter hierinnen zu thun vermögen, wenn es ihnen nicht an gutem Willen fehlt; welches aber nur ſelten der Fall
geweſen war, denn wenn uns etwas geſtohlen wurde, ſo gerieth es mehrentheils, wo nicht allzeit, in
ihre Hände.

Sonnabend am 28ſten. Die gute Aufführung der Einwohner war von
nicht langer Dauer; denn am folgenden Tage grif-
fen ihrer ſechs oder acht einige unſerer Leute an,
die Bretter ſchnitten. Die Schildwache ſchoß unter
ſie; einen hielt man für verwundet, und drey wurden gefangen. Dieſe gab ich vor Nachts nicht wieder los, und ehe ich es that, ließ ich ſie tüchtig ab-
ſtrafen. Dieſer Vorfall machte ſie etwas vorſich-
tiger, und wir wurden wenig mehr von ihnen be-
unruhiget. Wahrſcheinlicher Weiſe hatten wir dieſe
Beſſerung dem Verwundeten zu verdanken, denn
bisher hatten ſie blos von der Wirkung unſerer
Feuergewehre reden gehört, dießmal aber hatten ſie
ſie geſehen und empfunden. Ich ſahe mich durch einige vorhergehende Frechheiten der Eingebohrnen ge-
röthigt, die Flinten der Schildwachten mit Schrot
laden zu laſſen, und erlaubte dieſen, bey gewiſſen
Fällen, Feuer zu geben. Ich konnte daher nicht
anders vermuthen, als daß der Verwundete nur
mit Schrot getroffen ſey. Allein Hr. Ring und

Hr. Anderson, die ihm auf einem Spaziergang im Lande antrafen, fanden deutliche Kennzeichen, daß er mit einer Musketenkugel, aber nicht gefährlich verwundet worden war. Ich konnte nicht dahinter kommen, wie die Kugel in die Muskete gerathen ist; und dennoch waren Leute genug bereit, es zu beschwören, daß sie nur mit Schrot wäre geladen gewesen.

Die Nachricht von Hrn. Andersons erst gedachtem Spaziergange, füllt eine Lücke von zween Tagen aus, an welchen nichts merkwürdiges auf den Schiffen vorgefallen ist.

"Hr. King und ich, begleiteten am 30sten den Futtafaihe nach Mooa, um ihn in seinem Hause, das ganz nahe an Poulaho's, seines Bruders, Hause stand, zu besuchen. Gleich nach unserer Ankunft wurde ein ziemlich grosses Schwein geschlachtet, oder durch wiederholte Schläge vor den Kopf todt gemacht. Man schabte, ziemlich geschickt, die Borsten mit der Schärfe gespaltener Bambusrohr-Stücke ab und machte mit eben diesem einfachen Instrumente eine beträchtliche, länglichrunde Oeffnung in den Bauch, um die Eingeweide heraus zunehmen. Vorher hatte man einen Ofen zurecht gemacht, nämlich ein weites, tief in die Erde gegrabenes Loch, dessen Boden man mit Steinen, ungefähr einer Faust groß, ausfüllte, sodann ein Feuer darauf anschürte, und sie glühend heiß machte. Von diesen Steinen wickelte man einige in Brodbaum-Blätter, und füllte damit den hohlen Leib des

Schweines. Damit die Steine nicht herausfielen, stopfte man noch eine Menge Blätter hinein, und verwahrte auch den After mit einem ähnlichen Pfropfe. Das Schwein wurde hernach aufrecht, an einige kreutzweis über die Steine gelegte Stäbe gelehnt, und über und über mit Pisang-Blättern bedeckt. Sodann verschüttete man rund umher die Ofengrube mit Erde und ließ das Schwein, ohne weiteres Nachsehen, darinnen backen.

Unterdessen giengen wir in der Gegend spazieren, fanden aber nichts merkwürdiges, außer einem Sia-tooka, mit einem einzigen Hause, auf einem künstlich errichteten Hügel, der wenigstens dreyßig Fuß hoch seyn mochte. Ein wenig seitwärts war ein großer, offener Platz und nicht weit davon, meistentheils unbebauetes Land, welches, wenn wir anders unsere Wegweiser recht verstunden, noch zum Sia-tooka gehörte, und durchaus nicht berührt werden durfte. Dieser Begräbnißplatz gehört dem Könige. Nicht weit davon sahen wir viele Etoa-Bäume f) an denen eine Menge großer madagascarschen Fledermäuse (*Ternate* bats) g) hiengen, die ein unangenehmes Gesäuße machten. Da wir nicht mit Flinten versehen waren, so konnten wir keine davon bekommen; aber man brachte uns welche in Anna-mooka, die von einem Flügel zum andern an die drey Fuß maaßen. Sobald wir wieder in Jutta-faihe's Hause angelangt waren, ließ er das nunmehr fertige Schwein, nebst einigen Körben ge-

f) Casuarina. *L.* g) Vespertilio Vampyrus. *Linn.* W.

stoofter Yamswurzeln und etliche Kokosnüffe
auftragen. Wir konnten nicht anders vermuthen,
als daß er den Wirth in seinem Hause machen würde;
es fand sich aber, daß er uns ganz diese Ehre überließ, und wir, als seine Gäste, die aufgetragenen
Speisen als unser Eigenthum zu betrachten hatten,
welches wir nach unserem Gutdünken austheilen
könnten. Der Eingebohrne, der des Morgens das
Schwein zugerichtet hatte, zerschnitt es nunmehr
in Stücken, aber nicht eher, als bis wir ihn darum gebethen hatten. Ein Stück Bambusrohr diente ihm hiebey zum Tranchiermesser, und er traf die
Gelenke, und zerlegte alles so geschickt und so geschwind, daß wir uns darüber verwundern mußten.
Das Zerschnittene, welches wenigstens funfzig Pfund
muß gewogen haben, wurde darauf vor uns hinge-
setzt. Wir nahmen ein kleines Stück und baten,
daß man das Uebrige an die umher sitzende Gesellschaft vertheilen möchte. Da fand sich aber eine
Menge Bedenklichkeiten, und wir wurden mehr als
einmal befragt, welche Person eigentlich bekommen
sollte. Uebrigens schienen sie sehr vergnügt, zu vernehmen, daß ihr Brauch in diesem Stücke dem
unsrigen nicht zuwider sey. Einige nahmen ihre
Portion mit sich fort, andere verzehrten sie auf der
Stelle. Wir hatten aber alle Mühe, den Futtafaihe zum Essen zu bereden, und er nahm fast keinen Bissen zu sich.

Nach dem Essen verfügten wir uns mit ihm und
fünf oder sechs Personen von seinem Gefolge an den

Ort, wo Poulaho's oben beschriebene Trauerceremonie vorgegangen war, als wie das letzte mal in Mooa gewesen waren. Wir giengen aber nicht in die Verzäunung. Unsere Begleiter hatten alle, wie das vorigemal, eine Matte über ihre Kleidung und einige Blätter um den Hals. Als wir an eine große offene Kanot-Schupfe oder Boothaus, bey welchem wir einige wenige Personen antrafen, gekommen waren, warfen sie ihre Blätter weg, setzten sich vor dem Hause nieder, und gaben sich einige leichte Schläge mit der Faust auf die Backen. Sie blieben hierauf noch ungefähr zehen Minuten mit großer Ernsthaftigkeit sitzen, und giengen sodann aus einander, ohne ein Wort gesprochen zu haben. Dies erklärte uns nun, warum Poulaho seine Trauerceremonie Tooge nannte h); Da diese Faustschläge nur ein paar Augenblicke dauerten, so hatten wir sie bey der ersten Ceremonie nicht wahrgenommen. Es scheint daß dies eine bloße Fortsetzung einer Trauerceremonie war. Denn als wir uns nach Veranlassung derselben erkundigten, erfuhren wir, daß man ein vor einiger Zeit in Vavaoo verstorbenes Oberhaupt betraure, daß man bereits seit dessen Tode es also gehalten habe, und noch eine geraume Zeit so halten würde.

Gegen Abend wurde ein Ferkel, welches man auf gleiche Weise wie das Schwein zugerichtet hatte, nebst Yamswurzeln und Kokosnüssen aufgetragen.

h) S. oben S. 131. Man wird weiter unten sehen, daß Tooge Faustschläge bedeutet. W.

Suttafaihe, der bemerkt hatte, daß uns die vielen
Umstände, die sie Mittags gemacht hatten, nicht
angenehm waren, bat uns, das Ferkel sogleich zu
zerschneiden und nach unserm Gefallen herumgeben
zu lassen. Nach dem Essen brachte man eine Menge
Zeuge zu unserem Nachtlager. Wir wurden aber
durch einen sonderbaren, üppigen Brauch, der unter
den hiesigen Großen eingeführt ist, in unserer Ruhe
gestöhrt. Sie lassen sich nämlich während dem
Schlafen Schläge geben, und diese Operation,
die man hier tooge tooge nennt, verrichteten diese Nacht zwo Frauenspersonen an dem Suttafaihe,
indem sie mit geballten Fäusten ziemlich derb auf seinen Leib und seine Beine wie auf eine Trommel
schlugen, bis er eingeschlafen war. Dieses währte
die ganze Nacht hindurch, und man setzte nur zuweilen ein wenig aus. Ist die Person einmal eingeschlafen, so werden die Schläge schwächer und
langsamer; man fängt aber wieder so lebhaft wie
zuvor an, wenn es scheint, als ob die Person er-
wachen wollte. Gegen Morgen lößten die beiden
Weiber einander ab; während daß die eine trommel-
te, legte sich die andere schlafen. In jedem andern
Lande würde man dieses für das beste Mittel halten,
allen Schlaf zu vertreiben; hier thut es aber so gute
Dienste wie Mohnsaft, und man kann daraus
sehen, was Gewohnheit vermag. Wir wurden
übrigens nicht durch dieses Klopfen allein munter erhalten; denn die Eingebohrnen die die Nacht über
im Hause geblieben waren, plauderten nicht nur

öfters mit einander, wie beym Tage, sondern ehe
es noch helle geworden war, stunden sie auf und nahmen eine tüchtige Mahlzeit von Fischen und Yamswurzeln zu sich, die ihnen eine Person brachte, die
sehr wohl zu wissen schien, wann es Zeit zu diesem
sonderbaren Frühstücke war.

**Dienstag
den 1sten.** Am folgenden Morgen giengen wir mit Juttafaihe längs der Ostseite der Bay hinunter, bis an
die Spitze. Diese ganze Gegend ist sehr wohl angebauet, aber im Ganzen giebt es hier nicht so viel
Verzäunungen, als in Moos. Unter vielen andern
Pisang-Feldern, an denen wir vorbey kamen,
war eines wenigstens eine Meile lang, ganz vortreflich unterhalten, und alle Stämme standen im
schönsten Wachsthum. Wir sahen auf diesem
Spaziergange, bey einigen Gelegenheiten, wobey
sich jedennoch Juttafaihe mit Mäßigung benahm,
wie viele Macht und Ansehen die Oberhäupter auf
diesen Inseln, oder wenigstens alle, die, so wie er,
zur Familie des Königs gehören, besitzen. Denn
an einem Ort schickte er nach Fischen, an einem
andern verlangte er Yamswurzeln, und so fort an;
und alle diese Befehle wurden mit so vieler Bereitwilligkeit befolgt, als ob er unumschränkter Herr
über das Eigenthum des gemeinen Manns gewesen
wäre. Als wir an die Landspitze kamen, sprachen
die Eingebohrnen von einem ihrer Landsleute, auf
den die unsrigen Feuer gegeben hätten, und als wir
Verlangen bezeigten, ihn zu sehen, führten sie uns
in ein Haus, wo wir einen Mann fanden, der durch

sondern ehe
c auf und nah-
n und Yams-
t brachte, die
Zeit zu diesem

ir mit Jutta-
unter, bis an
sehr wohl an-
r nicht so viel
vielen andern
orben kamen,
ng, ganz vor-
ne standen im
auf diesem
zeiten, wobey
zung benahm,
erhäupter auf
die, so wie er,
sitzen. Denn
en, an einem
nb so fort an;
vieler Berat-
hränkter Herr
tanns gewesen
men, sprachen
andsleute, auf
, und als wir
führten sie uns
nden, der durch

die Schulter geschossen war. Da die Kugel ein wenig über dem innern Theil des Schlüsselbeins hinein – und, in schiefer Richtung, rückwärts wieder herausgegangen war, so war der Schuß nicht gefährlich, und wir sahen aus der Beschaffenheit der Wunde, daß es eben der Insulaner seyn müßte, auf dem vor drey Tagen eine unserer Schildwachten gefeuert hatte, ob gleich ausdrücklich befohlen war, kein Gewehr anders als mit Schrot zu laden. Wir gaben den Freunden des Verwundeten einige Anweisung, wie sie ihn verbinden sollten, denn bisher war es noch nicht geschehen. Sie bezeugten Freude, als wir ihnen sagten, ungefähr um die und die Zeit würde er wieder geheilt seyn; als wir aber weggiengen, verlangten sie, wir sollten dem Verwundeten Yams und andere Eßwaaren schicken, und zwar auf eine Art, woraus wir schließen konnten, sie sähen es als eine Schuldigkeit an, daß wir den Kranken bis zu seiner Genesung unterhielten.

Abends fuhren wir, queer über die Bay, nach unserer Station zurück. Juttafaihe ruffte, zu dieser Absicht, das erste vorbeyrudernde Kanot herbey, und dieses mußte uns, vermöge seines Ansehens, sogleich übersetzen. Er hatte sich auch in dieser Gegend ein Schwein geben lassen, welches er uns, nebst einem Bündel Zeuges, den einer seiner Leute von seinem Hause aus mittragen mußte, schenken wollte. Da wir aber, wegen Enge des Kahns, Einwendungen dagegen machten, befahl er,

Zweyter Th. K

daß man es uns am folgenden Tag überbringen
sollte. „

Ich hatte meinen Aufenthalt auf dieser Insel
wegen bevorstehender Sonnenfinsterniß verlängert.
Als ich den 2ten Julius das Mikrometer, welches der
Commission der Meereslänge gehörte, besah, fand
ich etwas am Netze zerbrochen, und da die Zeit zu
kurz war, das Instrument vor der Hand wieder in
gehörigen Stand zu richten, so konnte es nicht gebraucht werden. Ich machte nunmehr Anstalt zu
unserer Abreise, und ließ Vieh und Geflügel und
andere Thiere, außer denen, die ich für diese Insel
bestimmt hatte, an Bord bringen. Ich wollte
auch einen Truthahn mit einer Henne hier lassen.
Da ich aber nur noch zwey Paar hatte, die noch
niemand zugedacht waren; und von drey Truthen-
nen, die ich mit hieher brachte, eine, durch Nachläßigkeit meiner Leute, auf der Insel ums Leben kam, und eine andere von einem unnützen Hunde eines Officiers tod gebissen wurde: so befand ich
mich durch beide Vorfälle außer Stand, ein Paar
hier zu lassen, und zugleich diese Zucht nach Otaheite zu bringen, wohin sie doch gleich Anfangs bestimmt war. Nachher gereuete es mich doch, daß
ich Tongataboo nicht den Vorzug gegeben habe,
wo man einen größeren Werth auf das Geschenk
würde gelegt haben, als in Otaheite; denn die
Eingebohrnen jener Insel hätten sich sicherlich mehr
Mühe gegeben, dieses Geflügel fortzupflanzen, als
diese.

überbringen

dieser Insel
§ verlängern.
r, welches der
besah, fand
da die Zeit zu
und wieder is
te es nicht ge
hr Anstalt z
Geflügel und
ür diese Insi
Ich wollte
ie hier lassen.
tte, die noch
ren Truthen
durch Nach
nsel ums to
nnützen Hun
so befand ich
t», ein Paar
.ach Ota
Anfangs be
ich doch, daß
zegeben habe,
das Geschenk
te; denn die
sicherlich mehr
upflanzen, als

Am folgenden Tage lichteten wir die Anker, und
führten die Schiffe hinter Pangimodoo, um bey
dem ersten günstigen Winde durch die engen Kanäle
zu kommen. Der König speißte heute bey mir
zu Mittag, und ich bemerkte, daß er die Teller
mit besonderer Aufmerksamkeit betrachtete. Dies
veranlaßte mich, ihm einen anzubieten, es sey
von Zinn oder englischem Steingute. Er wählte
den ersten, und sagte uns, was für mancherley
Gebrauch er davon zu machen gedächte. Ihrer
Sonderbarkeit wegen kann ich zwo dieser Bestim-
mungen nicht übergehen. Er sagte, wann er einmal Veranlassung hätte, eine der andern Inseln zu
besuchen, so wolle er den Teller, als seinen Reprä-
sentanten, in Tongataboo zurücklassen, dem die
Einwohner in seiner Abwesenheit eben dieselbe Ehrerbietung erweisen sollten, als seiner eigenen Person.
Wir fragten ihn, was bis hieher diese Stelle vertreten habe, und hörten, daß diese sonderbare Ehre
einem hölzernen Napf zu theil ward, worinnen er
sich die Hände wusch. Der andere seltsame Gebrauch, den er von dem Teller machen wollte, war,
daß er ihn, wie seine hölzerne Schaale, zu Entdeckung der Person, die dieses oder jenes gestohlen
habe, dienen sollte. Er sagte uns, bey solchen
Vorfällen, lasse er alles Volk vor ihm her versammeln, wenn er seine Hände in dem Gefässe wa-
sche; dieses werde sodann rein gemacht, worauf
alle Einwohner, einer nach dem andern, hinzutre-

K 2

ten und das Gefäß auf eben diese Weise berühren müßten, wie sie es sonst bey seinen Füssen zu thun pflegten. Sobald der Schuldige es berühre, sey er augenblicklich des Todes, nicht durch menschliche Gewalt, sondern durch die Hand der Vorsehung; Weigere sich aber jemand, das Gefäß zu berühren, so sey es ein klarer Beweis, daß er den Diebstal begangen habe.

Sonnenfinsterniß den 5ten. Des Morgens, am 5ten, da die Sonnenfinsterniß einfallen sollte, war der Himmel trüb und mit Wolken überzogen, auch regnete es zuweilen. Es war also wenig Hoffnung vorhanden, Beobachtungen zu machen. Gegen neun Uhr brach die Sonne zuweilen ungefähr eine halbe Stunde lang aus den Wolken hervor, blieb aber nachher versteckt, bis auf eine oder ein Paar Minuten vor Anfang der Verfinsterung. Wir standen alle bey unsern Fernrohren, nämlich Hr. Bayly, Hr. King, Capitain Clerke, Hr. Bligh und ich. Ich kam um meine Beobachtung, weil mein gefärbtes Glas zu dunkel war, und ich kein anderes bey der Hand hatte, welches, bey den beständig vorüberziehenden Wolken, hiezu bequemer gewesen wäre; und Hr. Bligh hatte die Sonne noch nicht in das Feld seines Telescops gebracht; daß also der Anfang der Finsterniß nur von den drey andern Herren konnte beobachtet werden. Auch ihre Wahrnehmungen sind um einige Secunden von einander verschieden.

Belſe berühren
züſſen zu thun
berühre, ſen
:ch menſchlich:
r Vorſehung;
ß zu berühren,
: den Diebſtel

ie Sonnenfin,
mel trüb un,
e es zuweilen,
en, Beobach,
Uhr brach die
Stunde lang
r nachher ver,
Minuten ver,
anden alle ver,
y, Hr. Ring,
h. Ich kan
efärbtes Glas
ben der Hand
rüberziehenden
ire; und Hr.
in das Feld
o der Anfang
ndern Herren
re Wahrneh,
einander ver,

St. M. S.)

Nach Hrn. Bayly war der			ſchein,
Anfang um	11, 46	23½	bare
Nach Hrn. King, um	11, 46	28	Zeit.
Nach Capit. Clerke, um	11, 47	5	

Hr. Bayly und Hr. King beobachteten mit achroma,
tiſchen Fernrohren — die der Commiſſion der Mee,
reslänge gehörten, und gleich ſtark vergrößerten —
Capitain Clerke aber mit einem Spiegel,Telescope.
Die Sonne kam bis gegen die Mitte der Finſterniß
nur zuweilen, und nachher den ganzen Tag über gar
nicht mehr zum Vorſchein, daß alſo das Ende der
Finſterniß nicht konnte beobachtet werden.   Im
Grunde war nicht viel daran gelegen, indem die
Länge der Inſel, auch ohne dieſe Finſterniß, durch
Mondsbeobachtungen, (die weiter unten angezeigt
werden ſollen,) hinlänglich beſtimmt worden iſt.

So bald wir annehmen konnten, daß die Son,
nenfinſterniß vorüber ſeyn müſſe, packten wir die
Inſtrumente zuſammen, nahmen die Sternwarten
ab, und ſchafften alles noch am Lande befindliche
Geräthe an Bord.   Da keiner der Eingebohrnen
ſich der drey Schaafe annahm, die ich dem Ma,
reewagee zugedacht hatte, ſo ließ ich ſie wieder auf
die Schiffe bringen.   Denn hätte ich ſie zurückge,
laſſen, ſo war zu beſorgen, daß ſie von Hunden
wären aufgerieben worden, deren es, vor meinem
erſten Beſuche auf dieſer Inſel im Jahre 1773,
zwar noch keine hier gab, die ſich aber unterdeſſen,
theils durch die, welche ich hiehergebracht, theils

durch andere, die aus Seejee, einer nicht allzu weit
entlegenen Insel, hieher gekommen sind, sehr beträchtlich vermehret haben.   Tongataboo ausgenommen, wissen wir übrigens keines der freundschaftlichen Eilande, zu welchem Hunde den Zugang gefunden hätten.   Und selbst hier waren sie
nur das Eigenthum der Oberhäupter.

Ehe wir diese Insel verlassen, muß ich noch
einige Bemerkungen über sie und ihre Erzeugnisse
anfügen, die ich Hrn. Anderson zu verdanken habe.
Da wir diesmal so viele Wochen hier zugebracht haben, als damals Tage i); so hoffe ich hierdurch einiger maassen das Mangelhafte meiner vorigen Bemerkungen über diese Insel zu ersetzen.

„Die Insel Amsterdam — Tongataboo, oder,
wie sie die Eingebohrnen öfters nennen, Tonga-
hat ungefähr zwanzig große Seemeilen im Umkreise.
Sie ist zum Theil länglicht; ihr breitester Theil ist
ihr östliches Ende, und ihre größte Länge erstreckt
sich von Osten gegen Westen.   Die Südküste, die
ich im Jahre 1773 sah, läuft gerade zu, und besteht aus acht bis zehen Fuß hohen Korallenfelsen,
die sich mehrentheils senkrecht abschneiden, nur einige
Stellen ausgenommen, wo sie von kleinen Sand-
gestaden unterbrochen werden, an denen man zur
Ebbezeit eine Reihe schwarzer Klippen erblickt. Das
westliche Ende ist nicht über fünf bis sechs Meilen
breit, und die Küste ungefähr von eben der Beschaffenheit wie die Südseite; Die ganze Nordseite

i) Vom 4ten bis zum 7ten Octobr. 1773.

hingegen iſt überall mit Untiefen und kleinen Eilanden umgeben, und das Geſtade iſt niedrig und ſan-
dig. Das öſtliche Ende iſt wahrſcheinlich der Süd-
ſeite ähnlich; denn das Ufer fängt ſchon an der
Nordſpitze an. felſigt zu werden, wiewohl es nicht
über ſieben oder acht Fuß hoch iſt.

Die Inſel kann mit allem Recht eine der niedrigen Inſeln genennt werden. Denn von der ganzen
Weſtſeite, an welcher wir vor Anker lagen, war
nichts als die Bäume zu ſehen. Der einige erha-
bene Theil, der von einem Schiff aus kann wahrgenommen werden, iſt die ſüdöſtliche Spitze; und
nur wenn man an Land kömmt, erblickt man hier
und da einige ſanfte Erhöhungen und unvermerkt
abnehmende Gründe. Die erſte Anſicht dieſer Inſel bietet daher nicht die Schönheiten einer Land-
ſchaft dar, die in reicher Mannigfaltigkeit, durch
Abwechslung von Berg und Thal, von Auen, Bä-
chen und Waſſerfällen das Auge bezaubert: aber ſie
erregt bey dem Beobachter den Gedanken von Fülle
und Fruchtbarkeit, die hier überall ſichtbar iſt, es
ſey in den angebauten Gegenden, oder in denen, die
noch ihrem rohen Zuſtande überlaſſen ſind. Beide
kleidet ein immerwährendes Grün, und in beiden
ſchoßt Baum und Pflanze in ſtrotzender Kraft empor. In einer gewiſſen Entfernung ſcheint die
ganze Inſel mit Bäumen von verſchiedener Größe
und Höhe, bedeckt zu ſeyn. Einige ſind ungemein
beträchtlich. Aber über alle erhebt die ſtolze Kokospalme ihr buſchreiches Haupt, und iſt keine

der geringsten Zierden des Landes. Der Boogo k), eine Art Feigenbaum, mit länglichen spitzigen Blättern, wächst sehr hoch und treibt die meisten Aeste. Auf den neuangebauten Plätzen, besonders gegen die See hin, kommt von Gesträuchen und kleinen Bäumen der *Pandanus* (Pandang), verschiedene Arten *Hibiscus* (Eibisch), der schon öfters erwähnte Faitanoo l), nebst einigen andern, am öftesten vor. Obgleich die verschiedenen Massen zu einem großen Landschaftsgemählde hier fehlen, so giebt es doch kleine angenehme Prospecte in den Gegenden der angebauten Plätze und den Wohnungen; vorzüglich aber um die Fiatookas (Begräbnisörter) her, wo sich Natur und Kunst vereinigt haben, das Auge zu ergötzen.

Da Tongataboo gegen den Wendekreis liegt, so ist das Klima dort veränderlicher, als in den mehr innerhalb dieses Kreises belegenen Gegenden, wiewohl dieser Unterschied vielleicht auch gegenwärtiger Jahreszeit, nämlich dem Wintersolstitium, kann beygemessen werden. Die Winde kommen hier meistens aus Strichen zwischen Süden und Osten;

k) Dieser **Boogo** kann vielleicht Ficus (*religiosa*) foliis cordatis oblongis, integerrimis acuminatissimis etc. *Linn.* seyn, der zwar in Ostindien und in den Morgenländern zu Hause ist, den aber die Herren Forster auch in den Neuen Hebriden auf Tanna angetroffen haben. S. Flor. inf. austr. prodr. Nro. 402. Die Einwohner in Zeylon nennen ihn **Boghas**. W.

l) Eine Art **Pfefferbaum**. S. S. 8.

Wenn sie gemäßigt sind, bringen sie mehrentheils gut Wetter; werden sie aber heftiger: so entstehen getrennte Wolken, die gewöhnlich mit öfterem Regen begleitet sind. Zuweilen dreht sich der Wind nach Nordost, Nordnordost, sogar nach Nordnordwesten; er bleibt aber weder lang in diesen Richtungen, noch wehet er von daher in heftigen Stössen. Doch folgt allemal starker Regen oder trübes, schwüles Wetter darauf. Es ist erwähnt worden, daß alle Gewächsarten hier sehr geschwind auf einander reif werden. Ich bin aber nicht gewiß, ob die verschiedene Witterung, die dieses bewirkt, den Einwohnern merklich genug ist, ihnen ihre in diesem Falle nöthige Verrichtungen anzuweisen; ich will soviel sagen, ob sie die verschiedenen Jahrszeiten zu unterscheiden wissen, oder nicht. Ich wollte beynahe das letztere behaupten; denn es geht hier mit den Producten des Pflanzenreichs bey weitem nicht die auffallende Veränderung vor, daß sie alle auf einmal ihr Laub verlieren, sondern, so wie ein Blatt abfällt, ist schon ein anders an der Stelle, und man scheint hier eines allgemeinen immerwährenden Frühlings zu genießen.

Das Unterlager dieser Insel besteht, so weit wir sie haben untersuchen können, ganz aus Korall; wenigstens haben wir an den Ufern diese einige Felsart wahrgenommen. Ausser einigen kleinen bläulichen Kieseln, die um die Siatookas herum zerstreut lagen, und dem glatten, vesten, schwarzen Stein, der dem *Lapis lydius* (Probierstein) nahe kommt, und aus welchem die Eingebohrnen ihre Beile verfertigen, fanden wir daselbst keine andere Steine. Sogar diese scheinen von andern benachbarten Inseln hieher gekommen zu seyn; denn auf einer derselben kauften wir ein Stück schieferartigen, eisenfärbigen Stein, den man in Tongataboo nicht kannte. So sehr auch der Korallfels an manchen Orten über die Meeresfläche hervorragt, so liegt doch, im Ganzen, das Erdreich der Insel sehr tief. In allen angebauten Gegenden ist es mehrentheils locker, und von schwärzlicher Farbe, und scheint aus den vermoderten Theilen der hieher gepflanzten Gewächse entstanden zu seyn. Vermuthlich ist d' darunter liegende Schicht Thon; denn ich habe, sowohl in den niedern als höhern Gegenden der Insel, vorzüglich aber auf verschiedenen ziemlich erhabenen Stellen nahe am Ufer, diese Erdart angetroffen. Auf dem Bruch erscheint sie zuweilen von röthlicher, öfter aber von braungelber Farbe, und hat fette dicht beysammen liegende Theilchen. An den niedrigen Strecken des Ufers ist der Boden mehrentheils Sand, oder zermalmter Korall. Gleichwohl kömmt eine Menge Buschwerk vortrefflich darauf fort, und die Eingebohrnen haben sogar nicht ohne Nutzen Pflanzungen darauf angelegt.

Die vorzüglichsten Früchte, welche von den Einwohnern gebauet werden, sind Pisange m), deren es hier funfzehen Untergattungen oder Abarten giebt; Brodfrucht; n) zwo Gattungen von Früchten die

m) Mufa. *Linn.* n) Artocarpus communis. *Linn.*

wir in Otaheite angetroffen hatten, wovon die eine dort unter dem Namen Jambu o) und die andere, eine Art Pflaume, unter dem Namen Eevee p) bekannt ist; endlich eine beträchtliche Menge Pompelmusen (Shaddóks) q) die aber eben so häufig wild wachsen, als wenn sie gepflegt wären.

Die Wurzeln sind Yams, wovon es hier zweyerley Arten giebt; eine schwarze, die so groß wird, daß sie öfters zwanzig bis dreyßig Pfund wiegt, und eine weiße, längliche, die aber selten ein Pfund schwer ist; r) eine große Wurzel Namens Kappe, s) eine, die unsern weissen Kartoffeln ähnlich ist, und hier Mawhaha genannt wird; die Taro- oder wie sie in andern Gegenden heißt, die Coccos-Wurzel t) und eine, Namens Jeejee.

Außer einer großen Menge Kokos-Nußbäume trift man hier drey andere Palmen-Gattungen an, wovon zwo ziemlich selten sind. Die eine heißt Beeoo, und wächst fast so hoch als der Kokosbaum, sie hat sehr große, wie ein Fächer

o) Jambusenbaum, Eugenia malaccensis. *Linn.* W.

p) Spondias dulcis *Forst.* Eine apfelähnliche Frucht, die mit der Myrobalan-Pflaume (Spond. Myrobalan. *Linn.*) die nächste Anverwandschaft hat. Forst. Bem. S. 381. W.

q) Citrus decumana *Linn.* die Einwohner nennen sie Molia oder Moria. Forst. Bem. S. 382. Pl. esc. p. 35. W.

r) Dioscorea alata *Linn.* s) Arum macrorhizon *Linn.*

t) Arum esculentum. *Linn.* W.

gefaltene Blätter u) und Trauben, oder Büschel von kugelrunden Nüssen, von der Größe einer Pistolenkugel, die meistentheils zwischen den Zweigen oder Blattstielen wachsen, und einen sehr harten Kern enthalten, der zuweilen gegessen wird. Die andere ist eine Art Kohlpalme, (Cabbage tree) x) welche fast nicht vom Kokosbaume zu unterscheiden ist, ausser, daß sie einen dickern Stamm hat, und die Blätter nicht so eben, glatt und steif sind, als an jenem. Ihr Kohl ist drey bis vier Fuß lang, auf dem Gipfel sind die Blätter, und unterhalb kommt die Frucht hervor, die kaum zween Zoll lang ist, einer länglichen Kokosnuß gleich sieht, und einen unschmackhaften, zähen (tenacious, glebrichten?) Kern hat; die Einwohner nennen sie Neeooẟoola, oder rothe Kokosnuß, weil sie bey der Zeitigung eine röthliche Farbe annimmt. Die dritte Sorte, welche Ongo Ongo genennt wird, kömmt ungleich öfter vor, und wird gewöhnlich um die Fiatookas gepflanzt. Ihre gewöhnliche Höhe ist fünf, zuweilen, aber sehr selten, acht Fuß. Sie trägt eine Menge eyrunder, zusammengedrückter ungenießbarer Nüße, die unmittelbar am Stamme zwischen den Blättern wachsen, und ungefähr von der Größe eines Reinettenapfels sind. Hier giebt es auch vortreffliches, von den Eingebohrnen in großer Menge

u) Corypha umbraculifera. *Linn.* Schirmpalme. Hort. Malab. T. IV. p. 1 — 12. **W.**

x) Areca. *Linn.*

gebautes Zuckerrohr; Flaschenkürbisse (gourds) y)
Bambusrohr, Kurkuma oder Gilbwurz
(tumeric) z) und eine Art Feigen von der Größe
einer kleinen Kirsche, die man hier Matte a)
nennt, und ob sie gleich wild wachsen, doch zuweilen gegessen werden. Das Verzeichnis der hier
ohne Cultur fortkommenden einheimischen Gewächse
würde zu weitläuftig werden, wenn wir es hier ein-
schalten wollten. Außer dem Pemphis decaspermum
(acidula) (Nägelkraut)·der *Mallococca* (oder den
Haarbeeren) b) der Maba c) und andern von
Herrn Doctor Forster beschriebenen d) neuen Ge-
schlechtern, haben wir noch einige wenige andere
hier gefunden, die ihm wahrscheinlich die Verschiedenheit der Jahreszeit und sein kurzer Aufenthalt
auf dieser Insel nicht konnten bemerken lassen. Der
unsrige war ungleich länger, und dennoch haben wir
vielleicht nicht den vierten Theil der hiesigen Bäume
und Gewächse in Blüthe gesehen, eine Sache, die
zu Bestimmung der verschiedenen Gattungen doch
unumgänglich nothwendig ist.

Außer den Schweinen haben wir sonst keine
vierfüßige Thiere hier angetroffen, als etliche wenige

y) Cucurbita lagenaria. *Linn.*

z) Amomum Curcuma. *Linn.*

a) Ficus tinctoria. *Forst.*

b) Malococca crenata. *Forst.* 39. Grewia Mallococca M. S. V. c) Maba major. *Forst.* W.

d) S. Seine Characteres Generum Plantarum.
Lond. 1776.

Ratten und einige Hunde; letztere sind aber nicht einheimisch, sondern zum Theil von uns im Jahr 1773, zum Theil aus Seejee, einer benachbarten Insel, hieher gebracht worden.

Eine große Art Hünergeflügels ist nunmehr hier einheimisch geworden.

Unter den Vögeln giebt es hier Papageyen, die etwas kleiner sind als die gemeinen grauen e), mit mattgrünen Rücken und Flügeln und bläulichem Schwanze, das übrige ist ruß= oder chocolatebraun; ferner sehr schön gelbgrüne Parkiten, die nicht größer als ein Sperling sind, mit himmelblauem Scheitel, rothem Halse und Bauche. Endlich noch eine Art, von der Größe einer Taube; Scheitel und Schenkel sind blau, der untere Theil des Kopfs und die Kehle, so wie ein Theil des Bauches ist karmosin= roth, das Uebrige aber von überausschönem Grüne.

Man trift hier Nachteulen an, die ungefähr von der Größe unserer gemeinen Art sind, aber un= gleich schöneres Gefieder haben; eben dieselbe Gat= tung von Ruckucken, wie wir sie auf Palmer= stons=Eiland gesehen hatten; Eisvögel von der Größe eines Krammetsvogels, grünlichblauer Farbe, mit einem weißen Ring um dem Hals; und einen schmutzig grünen Vogel, der viel ähnli= ches von einer Drossel, sowohl in Ansehung der Gestalt als der Größe hat, und an der Wurzel des Schnabels mit zwey gelben Bartläppchen versehen ist. Er ist der einzige Singvogel, den wir hier be=

e) Psittacus erithacus. *Linn.*

merkt haben, dagegen scheint er durch seine starken, melodischen Töne, womit er Morgens und Abends, besonders bey Veränderung des Wetters, die Wälder erfüllt, alles wieder einzubringen, was die andern unterlassen.

Die übrigen Landvögel sind eine Art Rallen, von der Größe einer Taube, grau gescheckt, mit rostrothem Halse; und eine andere schwarze Art von der Größe einer Lerche, mit rothen Augen; große violette Wasserhühner (Coots) r) mit rothen kahlen Platten; zweyerley Arten von Fliegenstechern; eine ganz kleine Schwalbe und drey Arten von Tauben. Die eine scheint Hrn. Sonnerat's *Ramier Cuivre* zu seyn. g) Die andere ist nur halb so groß als eine gemeine Taube, auf dem Rücken und den Flügeln hellgrün, und hat eine rothe Stirn; Die dritte ist ein wenig kleiner, purpurfarbig braun, und unterhalb weißlich.

Von Wasservögeln und Seevögeln giebt es hier jene Gattung von Enten, obwohlen nur selten, die wir auf Annamooca angetroffen haben; blaue und weiße Reiher; Tropiker oder Strohschweife; gemeine Noddies, (Pinsel); weiße Seeschwalben (terns); eine neue bleyfärbige Gattung, mit einer schwarzen Haube; einen kleinen bläulichen Brachvogel (Curlew); und einen großen gelbgefleckten Regenpfeifer (Plower).

f) Fulica Porphyrio. *Linn.*

g) S. dessen Voyage à la nouvelle Guinee. Tab. CII.

Auſſer den obenerwähnten groſſen Fledermäu-
ſen, haben wir auch einige von der gemeinen Gattung angetroffen.

Die einzig hier wahrgenommenen ſchädlichen
oder widrigen Thiere, aus den Ordnungen der
Amphibien mit Füſſen und ohne Füſſe, oder unter
den Inſecten, ſind: Waſſerſchlangen, die etwa
drey Fuß lang ſind, ſchwarz und weiß auf einander folgende Ringe haben, und ſich öfters am
Ufer aufhalten; einige Scorpionen, und Viel-
füſſe (Centipedes) h). Hier waren auch einige
ſchöne, grüne Leguane (Guanoes) i); eine andere
braune und gefleckte Eidechſe, deren Länge ungefähr einen Schuh betragen mochte, und noch zweyerley kleinere Sorten. Von den andern Inſecten
trafen wir einige ſehr ſchöne Nacht- und Tag-
Schmetterlinge, groſſe Spinnen, u. d. m. an,
die in allem, an die vierzig verſchiedene Arten ausmachten.

Die See iſt hier ungemein reich an Fiſchen,
aber man findet bey weitem nicht die Mannigfaltigkeit
der Gattungen, die man erwarten möchte. Die gemein-
ſten ſind die Meeräſchen (Mullets) k) einige Arten
Papageyfiſche l), Silberfiſche (Silverfish) m);

h) Julus? Scolopendra? *Linn.*

i) Lacerta Iguana. *Linn.* Kamm-Eidechſe.

k) Mugil imberbis? *Linn.*

l) Coriphoena. *Linn.*

m) Argentina? Zeus Gallus? Linn.

Flebermäu-
meinen Gat-

n schädlichen
dnungen der
, oder unter
en, die etwa
ß auf einan-
öfters am
, und Viel-
auch einige
, eine andere
Länge unge-
noch zweyen-
ern Insecten
- und Tag-
u. d. m. au,
ie Arten aus-

an Fischen,
nnigfaltigkeit
Die gemein-
einige Arten
lverfish) m);

idechse.

Alteweiber (Old Wives) n); schön gefleckte Schol-
len (Soles) o), Lederjacken p), Braun- oder
Bonetfische (Bonnetos) q) und spanische Makrelen (Albicores) r). Außer den Aalen, wie wir
sie an den Palmersto'ns-Eilanden angetroffen
haben, sahen wir auch einige Hayfische, Rochen,
Pfeifenfische s), eine Art Hechte (pike) und einige
sonderbare Seeteufel oder Froschfische t).

Die vielen Riffe und Scheeren an der Nordseite der Insel, sind der Aufenthalt einer unzähligen
Menge verschiedener Schaalthiere, worunter viele
in Europa in hohem Werthe sind. Hieher gehört
z. B. der ächte sogenannte pohlnische Hammer u)
wovon wir aber kein ganzes Exemplar haben bekommen können; eine sehr große gezähnte Auster
und verschiedene andere seltne Austerarten; Pana-
ma-Datteln x), Tutenschnecken y), eine Art
großer Gienmuscheln (gigantic cockle) z) die man
auch in Ostindien antrift, Perlen-Austern, und

n) Mit diesem Namen belegen die Engländer nicht
nur eine Art von Hornfisch, den Balistes Ve-
tula, sondern auch die Meerschleye, Labrus
Tinca. Linn. W.

o) Pleuronectes Solea. Linn. p) Ostraceon
tuberculatus? Linn. q) Scomber Pelamis. Linn.
r) Scomber Thynnus. Linn. s) Fistularia
tabacaria. Linn. t) Lophius piscatorius. Linn.
u) Ostrea Malleus. Linn. x) Voluta
porphyria? Linn. y) Conus. Linn. z) Chama
gigas. Linn. W.

Zweyter Th. L

viele andere Schaalgewürme, worunter, meines Da-
fürhaltens , verschiedene bisher dem sorgsamsten
Forscher in diesem Zweige der Naturgeschichte unbekannt geblieben seyn werden. Auch giebt es hier
mancherley Gattungen von Meer-Igeln, verschiedene Seesterne, und eine beträchtliche Menge
Korallarten, worunter besonders zwo rothe merkwürdig sind, davon die eine sich in sehr feine Aeste
verbreitet a), die andere aber röhrenförmig ist b).
Grabben und Krebse findet man hier von verschiedenen Sorten und in großer Menge. Noch
sahen wir einige Meerschwämme, die Seelunge
oder den Seehaasen c) und einige Seeblasen
(Holothuriae) u. dergl.

a) Isis nobilis. *Linn.* b) Tubipora musica. *Linn.*
Tubipora purpurea ? *Pallas.* c) Laplysia
(Aplysia) leporina. *Linn.* **W.**

Neuntes Kapitel.

Eine große Feyerlichkeit, Natche genannt, zu Ehren des Königs Sohns. — Beschreibung der
Processionen und übrigen Ceremonien, am ersten
Tag. — Wie man die Nacht in des Königs Hause
zubrachte. — Fortsetzung der Feyerlichkeit am
folgenden Tag. — Gedanken über dieses Fest. —
Abreise von Tongataboo, und Ankunft in
Eooa. — Nachricht von dieser Insel und unsern
dortigen Beschäftigungen.

Wir waren nunmehr seegelfertig, aber bey dem
aus östlichen Strichen wehenden Winde durften wir
es nicht wagen, durch die engen Kanäle mit der
Fluth zu steuern, da sie des Morgens vor Anbruch
des Tags, und des Abends, lange nach unterge-
hender Sonne eintrat. Stellte sich anders kein
günstiger Wind ein, so mußten wir wenigstens noch
ein Paar Tage warten, bis der Ablauf des Meers
bey hellem Tage geschah.

Ich benutzte diesen Verzug, um einer öffentlichen Feyerlichkeit beyzuwohnen, wozu uns der König bey unserm letzten Besuche eingeladen hatte,
und welche auf den 8ten vor sich gehen sollte. Er
und alle Vornehmen, verließen aus dieser Ursache
bereits am 7ten unsere Nachbarschaft und verfügten
sich nach Mooa, allwo das Fest sollte veranstaltet
werden. Am nächsten Morgen folgte ihm ein grosser Theil von uns nach. Wir hatten bereits von
Poulaho vernommen, daß sein Sohn und Erbe
nunmehr zu gewissen Vorrechten sollte eingeweihet

Sonntag
am 6ten.

Montag
den 7ten.

Dienstag
den 8ten.

L 2

werden; zu diesen gehörte auch die Ehre, von
nun an mit seinem Vater essen zu dürfen, welche
ihm bisher nicht zu Theil werden konnte.

Wir kamen gegen acht Uhr zu Mooa an, und
fanden den König, und, vor ihm her, einen ansehnlichen Kreis seines Gefolges in einer so ungeräu-
migen und dabey unsaubern Verzäunung sitzen, daß
ich mich wunderte, dergleichen in solch einer Gegend anzutreffen. Man war gerade mit Zubereitung einer Schaale Rava, ihrer gewöhnlichen Mor-
genarbeit, begriffen; da wir aber keine Liebhaber
dieses Getränkes waren, so giengen wir weiter, um
einige unserer Bekannten zu besuchen; zugleich aber
auf die verschiedenen Anstalten der Feyerlichkeit Acht
zu geben, die nunmehr bald ihren Anfang nehmen
sollte. Gegen zehen Uhr fieng das Volk an, sich
auf einem großen Platze, vor dem Malaee, oder
dem ansehnlichen Hause zu versammeln, worein man
uns bey unserer ersten Landung geführt hatte. Am
Ende eines Weges, der zu diesem Platze führt,
standen einige Eingebohrne mit Speeren und Keulen, und recitirten, oder sangen kurze Sätze, in
einem traurigen Tone, der Kummer und sehnliches
Rufen anzudeuten schien. Dies dauerte etwa eine
Stunde; da unterdessen eine Menge anderer den
Weg hinab kamen, die alle eine Yamswurzel in der
Mitte einer Stange angebunden hatten und Stange und Wurzel vor die bewaffneten Eingebohrnen
hinlegten, die dabey immer ihre Gesänge fortsetzten.
Bald darauf kam der König nebst dem Prinzen;

Ehre, von
rfen, welche
te.
voa an, und
einen ansehn-
so ungeräu-
ng sitzen, daß
ch einer Co
mit Zuberei-
nlichen Mor-
eine Liebhab-
ir weiter, um
zugleich aber
erlichkeit Ach-
nfang nehmen
Volk an, so
Nalaee, oder
, worein man
t hatte. An
Plaße führt,
ren und Keu-
rze Säße, in
und sehnliches
erte etwa ein
e anderer den
swurzel in der
ken und Stan-
Eingebohrnen
nge fortseßten
dem Prinzen;

Sie seßten sich auf dem Plaße nieder, und verlangten, daß auch wir uns neben ihnen niederlassen,
dabey aber die Hüte abnehmen, und unsere Haare
losbinden möchten. Die Yamsträger, die unterdessen auf den Plaß gekommen waren, nahmen
nunmehr, je zwey und zwey Mann, die Stangen mit
der daran gebundenen Wurzel, auf die Schulter,
und nachdem sie sich in kleine Rotten, jede zu zwölf
Mann, getheilt hatten, giengen sie mit schnellen
Schritten queer über den Plaß. Jede dieser Rotten ward nicht nur von einem der Männer angeführt, die mit einer Keule und einem Speere bewafnet waren, sondern sie hatte noch rechter Hand
eine Bedeckung von Leuten, mit allerley Waffen.
Den Zug, der ungefähr aus zwey hundert und funfzig Personen bestand, beschloß ein Mann, der eine
lebendige Taube an einer Stange trug.

Ich ließ Poulaho durch den Omai fragen,
wohin diese Yamswurzeln mit so vieler Feyerlichkeit
getragen würden. Da er aber keine Lust bezeigte,
die Frage zu beantworten, so giengen unserer zween
oder drey, ohne Zweifel zu seinem grossen Verdrusse,
dem Zuge nach. Wir sahen, daß alles vor dem
Morai oder Fiatooka a) eines Hauses hielt, das
auf einem Hügel stand, der kaum eine Viertelmeile
von dem ersten Versammlungsplaße entfernt war.
Hier wurden die Yamswurzeln niedergelegt, und
Bündel daraus gemacht; zu welchem Ende, konn-

a) Dies ist der Begräbnißplaß, den Hr. Anderson
oben S. 140. beschrieben hat.

ten wir nicht erfahren. Da wir nur allzuwohl
merkten, daß unsere Gegenwart sie in Verlegenheit
setzte, so kehrten wir wieder zu Poulaho zurück,
der uns zu verstehen gab, daß wir jetzt unbedenk-
lich spazieren gehen könnten, indem eine Zeit
lang nichts mehr vorgenommen würde. Um jedoch
nichts von der Ceremonie zu verlieren, verliefen wir
uns nicht weit; und als wir wieder zu dem Könige
kamen, verlangte er von mir, ich möchte den Matrosen, die uns hieher gebracht hatten, befehlen, in
ihrem Boote zu bleiben, weil in kurzer Zeit alles
taboo seyn würde, so daß wenn einer von meinen
Leuten, oder selbst der ihrigen einer, es wagen sollte,
sich sehen zu lassen, man ihn mit Keulen zu Boden
schlagen, ja so gar matte d. i. umbringen würde.
Bey dieser Gelegenheit sagte er uns, daß auch wir
bey der eigentlichen Feyerlichkeit nicht zugegen seyn
dürften; man würde uns aber an einen Platz führen, wo wir alles recht gut sehen sollten. Seinem
Vorgeben nach, war die Ursache warum wir nicht
zugelassen werden könnten, unsere Bekleidung, indem man bey diesem Feste bis unter die Brust entblößt, mit unbedecktem Haupte und losgebundenen
Haaren erscheinen müsse. Omai war sogleich bereit, sich zu diesem Allen zu bequemen, und fieng
wirklich an sich auszukleiden, allein man machte andere Schwierigkeiten, so daß er so gut wie wir
ausgeschlossen wurde.

Dieses Verbot war mir durchaus nicht anständig;
ich suchte daher, mich unbemerkt zu entfernen, und

auf eine oder die andre Art zu sehen, was man vorneh=
men würde. Ich fand überhaupt, daß außer den
Personen, welche zu dieser Feyerlichkeit ausstaffirt
waren, sich sonst fast kein Einwohner sehen ließ. Jene
hatten, zum Theil, etwa vier Schuh lange Stangen
in der Hand, an denen unten zwey bis drey, et=
wa fingersdicke, sechs Zoll lange Stückchen Holz
angebunden waren. Diese Männer waren auf dem
Wege nach dem erstgedachten Morai begriffen.
Ich gieng ihnen nach; sie setzten sich verschiedene
male dawider, und riefen mir alle taboo entgegen;
aber ich kehrte mich nicht daran, sondern gieng im=
mer fort, bis ich den Morai und die vor demsel=
ben niedergelassene Versammlung vor Augen hatte.
Hier forderte man nun sehr ernstlich von mir, zu=
rückzugehen, und da ich nicht wissen konnte, was
meine Weigerung für Folgen haben würde, so gab
ich nach. Ich hatte bemerkt, daß die Stangen=
träger vor dem Morai, welches ich lieber einen
Tempel nennen möchte, vorbey gegangen waren,
und vermuthete aus diesem Umstand, daß jenseits
desselben noch etwas vorgehen müsse, was sich der
Mühe verlohne, mit angesehen zu werden. Ich nahm
mir also vor, durch einen Umweg dahin zu gelangen;
allein drey Eingebohrne merkten so sehr auf alle mei=
ne Bewegungen, daß ich meinen Vorsatz aufgab,
und, um ihrer los zu werden, wieder in das Malaee
zurückkehrte, wo ich den König verlassen hatte.
Hier schlich ich mich zum zweytenmal weg; aber die
nämlichen drey Kerle standen mir schon wieder im

Wege, und ich konnte nicht anders schließen, als
daß sie aufgestellt waren, auf meine Tritte und
Schritte Acht zu geben. Ich bekümmerte mich indessen wenig um ihre Reden und Bewegungen, und
gieng so lange fort, bis ich des Königs vornehmsten
Fiatooka oder Morai, den ich oben beschrieben
habe b), zu Gesicht bekam. Vor demselben saßen
eine Menge Insulaner, und zwar eben dieselben die
ich kurz zuvor, bey jenem Morai hatte vorüber
gehen sehen, der von diesem nicht weit entlegen war.
Ich wurde gewahr, daß ich alle Bewegungen dieser Versammlung von des Königs Plantage aus
sehen könnte; ich gieng also dahin, und meine Beobachter schienen hierüber sehr vergnügt zu seyn.

So bald ich daselbst angelangt war, erzählte
ich den Herren von meiner Schiffs-Gesellschaft, die
mich begleitet hatten, was ich gesehen hatte, und
wir nahmen einen bequemen Platz ein, wo wir das
Uebrige beobachten konnten. Die Versammlung
am Fiatooka wurde von Zeit zu Zeit noch zahlreicher; endlich standen sie alle auf, und giengen in
Procession paarweise, nämlich, je zween und zween
hinter einander. Jedes Paar hatte allemal eine der
vorhin erwähnten Stangen auf den Schultern. Man
hatte uns gesagt, daß die kleinen daran gebundenen
Stückchen Holz Yams wären; vermuthlich sollten
es Sinnbilder dieser Wurzeln seyn. Der Hinter-
mann von jedem Paare legte gemeiniglich eine Hand
mitten an die Stange, gleichsam als wenn sie ohne

b) S. S. 127.

diese Stütze zu schwach für das daran hängende Gewicht wäre, unter welchem beide, gleich unter einer schweren Bürde, gekrümmt einhergiengen. Der Zug bestand aus hundert und acht Paaren, meistentheils, wo nicht durchgehends, Personen von Stand. Sie kamen ganz nahe an die Verzäunung, hinter welcher wir standen, so daß wir sie alle sehr genau beobachten konnten.

Wir blieben so lange, bis sie alle vorbeygegangen waren, und kehrten sodann wieder in Poulaho's Haus zurück. Er gieng eben heraus, erlaubte uns aber nicht, ihn zu begleiten, sondern man führte uns sogleich an die uns angewiesene Stelle, hinter einer Verzäunung, unweit des Vorplatzes am Siatooka, wo man heute Morgens die Yamswurzeln niedergelegt hatte. Da wir nicht die einzigen waren, denen es versagt war, bey dieser Feyerlichkeit öffentlich zu erscheinen, dagegen aber als eine Gunst ansehen mußten, hinter den Wänden der Scene zusehen zu dürfen, so bekamen wir bald große Gesellschaft; und ich bemerkte, daß alle übrige diesen Platz umgebende Verzäunungen dicht mit Menschen angefüllt waren. Indessen schien man alle erdenkliche Vorkehr getroffen zu haben, so wenig wie möglich davon sehen zu lassen; denn es wurden nicht nur diesen Morgen alle Zäune ausgebessert; sondern man hatte sie auch an manchen Stellen so ungewöhnlich hoch gemacht, daß der größte Mann nicht drüber hinsehen konnte. Um dieser Vorsicht auf unserer Station zu begegnen, nahmen wir uns die Freyheit, mit unsern Messern

**IMAGE EVALUATION
TEST TARGET (MT-3)**

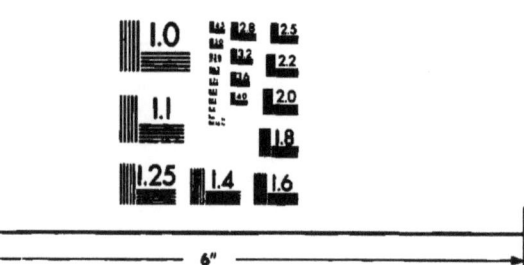

6"

Photographic
Sciences
Corporation

23 WEST MAIN STREET
WEBSTER, N.Y. 14580
(716) 872-4503

Löcher in das Geflechte zu schneiden; und sahen
nun ganz deutlich, was außerhalb vorgieng.

Bey unsrer Ankunft auf diesen Posten, saßen
bereits zwey bis dreyhundert Personen auf dem Rasen, nahe am Ende des Wegs, der zu dem Vorplatze
des Morai führte; und diese Anzahl wurde nach
und nach immer größer. Endlich kamen noch etliche
wenige Männer mit kleinen Stangen und Zweigen,
oder Blättern von Kokosnußbäumen; und so wie sie
erschienen, setzte sich ein alter Mann in den Weg,
und hielt, mit dem Gesichte gegen sie gekehrt, eine
lange Rede in sehr ernstem Tone. Hierauf begab er
sich zurück, die Männer aber giengen bis auf die
Mitte des Platzes, und errichteten einen kleinen
Schirm aus den mitgebrachten Materialien. Nachdem sie mit dieser Arbeit fertig waren, hockten sie
sich alle einen Augenblick vor demselben nieder, standen dann wieder auf und verfügten sich zu der übrigen Versammlung. Bald darauf kam Poulaho's
Sohn, nebst vier oder fünf Personen, welche vor
ihm her giengen, und setzte sich mit ihnen ein wenig
seitwärts, oder eigentlich hinter dem Schirm. Nach
diesem erschienen zwölf bis vierzehen Frauenspersonen
von Rang; sie giengen Paarweise, mit gemachem
Schritt, und jedes Paar hatte ein schmales, zwo bis
drey Ellen langes Stück weißen Zeuges von einer
Hand zur andern ausgespannt. Sie näherten sich
dem Prinzen, hockten sich vor ihm nieder, wickel-
ten ihm einige Stücken von dem mitgebrachten Zeug

um den Leib, stunden sodann wieder auf, und gien,
gen in eben der Ordnung an einem nicht weit von
des Prinzen linker Seite entfernten Platz, wo sie
sich niedersetzten. Bald darauf erschien auch Poulaho; vor welchem vier Personen Paarweise ein-
hertraten. Er setzte sich ungefähr zwanzig Schritte
weit von seinem Sohne und zwar zu dessen linker
Hand nieder. Der Prinz verließ nunmehr seinen
ersten Platz, und begab sich nebst seinem Gefolge
unter den Schirm. Nun ließ sich eine beträchtliche
Anzahl Insulaner, vor diesem königlichen Baldachin,
auf dem Grase nieder. Der Prinz saß so, daß er
dem Volke das Gesicht, und den Rücken dem Morai
zukehrte. So bald dieses geschehen war, sah man
mitten aus dem zahlreichen Haufen, drey Rotten —
jede von zehen bis zwölf Mann — kurz auf einander
hervorkommen, die sehr schnell nach der entgegengesetzten Seite des Platzes liefen, sich daselbst einige
Augenblicke lang niedersetzten, sodann aber auf
gleiche Weise an ihren vorigen Platz zurückkehrten.
Auf sie folgten zween Männer, die einen kleinen
grünen Zweig in der Hand hatten. Sie näherten sich
dem Prinzen, hockten oder setzten sich im Gehen
dreymal, einige Secunden lang, nieder, neigten
im Setzen ihre Zweige gegen einander, und giengen
auf eben dieselbe Weise wieder zurück. Bald darauf
wurde diese Ceremonie von ein Paar andern
wiederholt.

Nunmehr rückte die große Procession näher, die
ich schon vor so geraumer Zeit vom andern Morai

hatte abmarſchiren ſehen, und welche daher einen
ſehr großen Umweg muß gemacht haben. So wie
ſie den Vorplatz betraten, wandten ſie ſich nach der
rechten Seite des Schirms, warfen ſich auf den
Raſen nieder, legten ihre ſcheinbare ſchwere Bürde,
die erwähnten Stangen, ab, und kehrten ſämmtlich
ihre Geſichter gegen den Prinzen. Sie ſtunden ſodann auf, und kehrten auf eben dieſe Art wieder
zurück, wobey ſie mit ſehr ernſthaftem Weſen ihre
Hände vor ſich hin zuſammen legten, und ſich längs
der Vorderſeite des Platzes niederſetzten. Während
der Zeit dieſe zahlreiche Verſammlung aufmar-
ſchirte und die Stangen niederlegte, wiederholten
drey Männer, die bey dem Prinzen unter dem
Schirme ſaßen, gewiſſe einzelne Sentenzen, in
einem traurigen Tone. Hierauf erfolgte eine kurze,
aber tiefe Stille; ſodann fieng ein Mann, der an
der Spitze des Vorhofs ſaß, eine Rede oder ein
Gebeth an, unter welchem er zuweilen auf die in
Proceſſion hergebrachten Stangen zugieng, und
allemal eine davon entzwey brach. Nachdem dieſes geſchehen war, trennten ſich die, ſo vor dem
Schirme geſeſſen waren, und bildeten eine Gaſſe,
durch welche der Prinz mit ſeinem Gefolge hinweg
gieng, worauf ſich die Verſammlung auseinander
begab.

Einige von meinen Herren Gefährten, hatten
nunmehr genug geſehen, und giengen auf die Schiffe
zurück; ich blieb aber nebſt zween oder drey der
Hrn. Offizier in Moea, um das Ende dieſer

Feyerlichkeit, welche erst am folgenden Tag vorüber
seyn sollte, noch abzuwarten, weil ich keine Gelegenheit unbenußt wollte vorbeygehen lassen, mich,
über die gottesdienstliche oder politische Einrichtung
dieses Volkes, so viel als möglich, zu unterrichten.
Da die kleinen Stangen die man in Procession auf
den Vorplaß gebracht hatte, auf der Erde liegen
geblieben waren, gieng ich hin, sie zu untersuchen,
so bald sich das Volk zerstreuet hatte. Ich fand,
wie bereits oben gedacht worden, daß zwey oder
drey Stückchen Holz in der Mitte dieser Stangen
eingebunden waren. So wiederholt uns auch die
in der Verzäunung neben uns stehenden Einwohner
versicherten, daß es Yams wären, und so geneigt
einige meiner Herren Gefährten waren, ihnen hierinnen mehr zu trauen, als ihren eigenen Augen; so
konnte ich doch nicht so sehr auf meine Sinnen Verzicht thun, sie für Yams zu halten, und es ist sehr
begreiflich, daß es nur Symbole dieser Wurzeln
vorstellen sollten.

Gegen sieben Uhr ward unsere Abendmahlzeit
aufgetragen. Sie bestand aus Fischen und Yamswurzeln, und wenn wir es nicht verbethen hätten,
so wäre noch hiezu ein großes Schwein, welches der
König deswegen hergegeben hatte, geschlachtet worden. Er speiste mit uns. Unser mit Wasser ver-
mischter Branntwein schmeckte ihm so wohl, daß er
eine tüchtige Portion damit zu Bette brachte. Wir
brachten die Nacht mit ihm und einigen seines Ge-
folgs in einem Hause zu.

Des Morgens, gegen ein oder zwey Uhr, er-
wachten sie, plauderten eine Stunde mit einander,
und schliefen wieder ein. Mit Anbruch des Tages
standen sie alle auf, und giengen, ich weiß nicht
wohin. Nur Poulaho blieb, und bald darauf
kam eine der Frauenspersonen, die ihn gewöhnlich
begleiten, und fragte wo er läge. Da ich ihr ihn
gezeigt hatte, setzte sie sich unverzüglich neben ihm
hin, und nahm eben dieselbe Operation mit ihm
vor, welche Hr. Anderson an Futtafaihe hatte
vornehmen sehen; sie klopfte ihm nämlich mit geballten Fäusten ganz sanft auf die Schenkel. Anstatt aber, seinen Schlaf zu verlängern, hatte diese
Operation eine der Absicht entgegen gesetzte Wirkung;
Poulaho blieb munter, aber er stand nicht auf.

Ich und Omai giengen nun aus, um dem
Prinzen, der gestern sehr bald von uns weggegangen war, einen Besuch abzustatten. Er wohnte
nicht bey dem Könige, sondern hatte nicht weit von
seines Vaters Hause eine eigene oder wenigstens ihm
angewiesene Wohnung. Wir fanden ihn mit einigen Knaben oder Jünglingen seines Alters, die in
einem Kreise um ihn her saßen. Hinter ihm saß
ein alter Mann und eine alte Frau, deren Aufsicht
er vermuthlich übergeben war. Sonst waren noch
andere Männer und Weiber zugegen, die auf verschiedene Weise beschäftiget waren, und zu des Prinzen Hofstaate gehörten.

Von hier aus kehrten wir wieder zum König zurück, welcher unterdessen aufgestanden war, und

wey Uhr, er
mit einander,
uch des Tages
ich weiß nicht
bald darauf
n gewöhnlich
Da ich ihr ihn
lich neben ihm
tion mit ihm
tafaihe hatte
imlich mit ge
chenkel. An
n, hatte diese
zte Wirkung;
nicht auf.
s, um dem
ns weggegan
Er wohnte
nicht weit von
enigstens ihm
ihn mit eini
lters, die in
nter ihm saß
eren Aufsicht
t waren noch
die auf ver
zu des Prin

m König zu
n war, und

schon eine zahlreiche Versammlung, mehrentheils alter Männer, vor sich her hatte. Mittlerweile man eine große Schaale Kava zubereitete, trug man ein gebackenes Schwein und rauchend heiße Yamswurzeln auf. Da diese Leute, besonders die Kava-Trinker, des Morgens wenig essen, so fiel der größte Theil der Gerichte uns zu, und unsern Bootsleuten waren sie sehr willkommen. Nachher gieng ich wieder aus, und besuchte verschiedene andere Große, die alle ihren Morgentrank entweder zu sich nahmen, oder schon zu sich genommen hatten. Als ich wieder zum Könige zurückkehrte, fand ich ihn nicht in seinem Hause, sondern in einer kleinen, abgelegenen Hütte schlafend, wobey ihm zwo Weiber auf die Schenkel klopften.

Gegen eilf Uhr erwachte er, und nun wurden ihm Fische und Yams vorgesetzt, die, ihrem Geschmack nach, in Kokosmilch schienen gestooft zu seyn. Hievon aß er eine starke Portion und legte sich darauf abermals nieder. Ich verließ ihn, um dem Prinzen ein Geschenk von Zeug, Glaskorallen und andern Artikeln zu überbringen, die ich in dieser Absicht vom Schiffe mit hieher genommen hatte. Der Zeug war hinreichend, ihn vollständig damit zu bekleiden, und er bediente sich dessen auf der Stelle. Stolz auf seinen Anzug, begab er sich zuerst zu seinem Vater, um sich darinn sehen zu lassen, sodann führte er mich zu seiner Mutter, bey welcher sich zehen bis zwölf Frauenspersonen von sehr ehrwürdigem Ansehen befanden. Hier zog der Prinz andere Kleidung an, und schenkte mir zwey Stücke Zeug von innländischer Manufactur. Da es nunmehr schon über Mittag war, so kehrte ich wieder in des Königs Residenz zurück, um, wie ich versprochen hatte, mich zum Essen einzufinden. Verschiedene unserer Herren, die diesen Morgen wieder von den Schiffen herüber gekommen waren, wurden gleichfalls zur Mahlzeit eingeladen, die in zwey Schweinen und Yamswurzeln bestand. Ich weckte den noch schlafenden Monarchen, und bat ihn, an den für uns aufgetragenen Gerichten Theil zu nehmen. Man brachte ihm unterdessen, zwo Meeräschen und einige Muscheln, die blos für ihm zugerichtet zu seyn schienen. Er ließ sie aber zu unsern Speisen setzen, nahm bey uns Platz und aß mit großem Appetit.

Nach Tische hörten wir, die Ceremonie würde nun bald wieder ihren Anfang nehmen, und man bat uns ernstlich, ja nicht auszugehen. Allein ich war vest entschlossen, nicht hinter der Scene stehen zu bleiben, sondern mich, wo möglich, unter die Acteurs zu mischen. Ich entfernte mich zu dem Ende ganz unvermerkt aus der Plantage, um nach dem Morai zu gehen, wo der Schauplatz sollte eröffnet werden. Unterwegs wurde ich von allen, die mir begegneten, verschiedenemal erinnert, zurück zukehren; ich achtete aber nicht darauf, und so ließen sie mich weiter gehen. Als ich bey dem Marai ankam, fand ich eine Anzahl Männer an einem Theil des Platzes, und zwar zu beiden Seiten des dahin führenden Weges sitzen; auf der entgegengesetzten

Seite ſaßen einige, und in der Mitte des Platzes
zween Männer, die das Geſicht gegen den Morai
gekehrt hatten. Als ich mich in der Mitte derer
befand, die ſich an beiden Seiten des Wegs niedergelaſſen hatten, verlangten ſie, daß ich mich gleichfalls ſetzen ſollte, welches ich auch ſogleich that.
An dem Orte wo ich ſaß, lag eine Menge kleiner
Bündel, oder zuſammen gewickelte Kokosblätter,
die an Stäbe beveſtigt waren, und die Form einer
Tragbahre hatten. Alles was ich auf mein Befragen hierüber zur Antwort erhielt, war, daß ſie
Taboo wären. Unſere Geſellſchaft wurde immer
zahlreicher, weil faſt jedermann von derſelben Seite
herkam. Von Zeit zu Zeit kehrte ſich einer der
Sitzenden gegen die Ankommenden, und hielt eine
kurze Rede, worinnen das Wort Arekee, d. i.
König, öfters vorkam. Einer derſelben brachte hiebey etwas vor, welches bey dem ganzen Haufen
ein lautes, herzliches Lachen erregte, andere dieſer
Redner ſprachen mit vielem Beyfalle. Man hatte
mich ſchon mehrmalen erinnert, daß es nun Zeit
ſey, mich hinweg zu begeben; als ſie aber ſahen,
daß ich unbeweglich ſitzen blieb, ſo ſchien es, als
ob ſie mit einander zu Rath giengen, was hiebey
zu thun wäre, und begehrten ſodann, daß ich meine
Schultern auf ihre Art entblößen ſollte. Als ich
mich hiezu willig finden ließ, machte ſie meine
Gegenwart nicht länger verlegen.

Zweyter Th.   M

Ich ſaß eine ganze Stunde, ohne daß etwas anders, als was wir bereits angezeigt haben, vorgefallen wäre. Endlich kam der Prinz, mit den Weibern und dem Könige, in eben der Ordnung, wie ſie Tags zuvor angekommen waren. Als ſich der Prinz, nach ſeines Vaters Ankunft, unter dem Schirm geſetzt hatte, kamen zween Männer, wovon jeder eine Matte trug, und unter dem Gehen einige Sätze wiederholte, gegen den Prinzen, und hiengen ihm die Matten um. Nunmehr fieng das verſammelte Volk an, ſich in Bewegung zu ſetzen. Zuerſt liefen drey Rotten vorwärts und wieder rückwärts über den Platz, wie am vorigen Tage. Bald darauf hielten die beiden Männer, welche mitten in dem Vorplatze ſaßen, eine kurze Rede oder Gebeth: ſodann ſprang die ganze Reihengruppe, worunter ich mich befand, auf einmal auf, und ſetzte ſich vor dem Schirm, unter welchem der Prinz, mit drey bis vier Perſonen, ſaß. Ich mußte mich nunmehr zum Theil der Leitung eines aus der Geſellſchaft überlaſſen, der ſich meiner ſehr angelegentlich annahm. Durch ſeine Vermittlung kam ich auf einen Platz, wo mir nichts von allem, was vorfiel hätte entgehen können, wenn es erlaubt geweſen wäre, Gebrauch von meinen Augen zu machen. Aber ſo war es durchaus nöthig, ſie niederzuſchlagen, und wie ein verſchämtes Mädchen vor mir hinzublicken.

Eine kleine Weile darauf kam der Zug, wie Tags vorher, auf den Platz. Je zween und zween

Männer trugen eine Stange auf ihren Schultern, um deren Mitte ein Kokosblatt gewickelt war, und welche sie auf eben die Art, wie am vorhergehenden Tage, ablegten. Diesem ersten Zuge folgte ein zwey-ter. Alle trugen aus Palmenblättern geflochtene Körbe, wie sie hier zu Verwahrung der Lebens-mittel gebraucht werden. Zuletzt kam ein dritter Zug, der verschiedene am Ende einer gabelförmigen Stange angebundene kleine Fische brachte. Die Körbe wurden auf einen alten Mann zu getragen, der, außerhalb dem Schirme, dem Prinzen zur Rechten saß, und, meines Erachtens, der Ober-priester war. Er nahm jeden Korb in seine Hand, redete etwas darüber, oder sprach ein kurzes Ge-beth, setzte ihn nieder, verlangte den folgenden, und so allmälig alle gebrachten Körbe, über welche er eben dieselben Worte aussprach. Die Fische über-reichte man, einen nach dem andern, in der Ordnung wie man sie trug, sammt den gabelförmigen Stangen, zween Männern, die linkerhand saßen, und bishie-her grüne Zweige in der Hand hatten. Sie legten den ersten Fisch zu ihrer Rechten, den andern zur Linken. Als man aber den dritten überreichte, fuhr ein hinter ihnen sitzender Mann, von rüstigem An-sehen, mit seinen Arm heraus und grif zugleich mit ihnen nach dem Fisch. Auf diese Weise machten sie sich alle nachher gebrachten Fische streitig. Da aber hier zwo Hände gegen eine waren, und die vornen sitzenden bequemer zulangen konnten als der hintere,

M 2

so bekam dieser nur Stücke; denn er ließ seine Beute
lieber in Trümmer gehen, als daß er sie hätte sollen
fahren lassen. Blieb ihm etwas, so warf er es hinter
sich weg. Die andern legten das Ihrige rechts und
links zu ihren Seiten. Zuletzt — ich weiß nicht, war
es Zufall oder Absicht? — bekam der Mann, der
hinten saß, einen ganzen Fisch, ehe noch einer seiner
Vormänner denselben auch nur berührt hatte, und
nun hörte man im Kreise ein zwar leises, aber allgemeines Mareeai, welches so viel bedeutet, als
sehr gut, sehr brav gemacht. Es schien, als
ob es nunmehr dem Mann an dem genüge, was er
gethan, oder was man von ihm erwartet hatte, denn
er blieb bey den übrigen wenigen Fischen, die man
brachte, ganz ruhig. — Fische, Körbe, so wie die
Stangen des ersten Zugs, wurden alle sitzend,
oder in einer ähnlichen Stellung überreicht, oder
niedergelegt.

Auf diese letzte Procession folgten einige Reden
oder Gebethe von verschiedenen Personen. Sodann
gab man ein Zeichen, worauf wir alle auffsprangen,
einige Schritte linkerhand liefen, und uns wieder
setzten, jedoch so, daß wir dem Prinzen und seiner
kleinen bey ihm gebliebenen Gesellschaft den Rücken
zukehrten. Man verbot mir, mich umzusehen, aber
ich achtete nicht darauf, und sah mich um, wie jenes
Weib. Hier erblickte ich den Prinzen, mit dem
Gesichte gegen den Morai gekehrt, konnte aber,
wegen der noch fortdauernden letzten Bewegung der
Menge, nichts mehr von ihm zu sehen bekommen, noch

ß feine Beute
fie hätte follen
rf er es hinter
ige rechts und
eiß nicht, war
Mann, der
ch einer feiner
rt hatte, und
ifes, aber all
bedeutet, als
Es fchien, als
mige, was er
tet hatte, denn
hen, die man
e, fo wie die
alle fitzend,
erreicht, oder

einige Reden
en. Sodann
auffpraugen,
b uns wieder
zen und feiner
ft den Rücken
nzufehen, aber
um, wie jenes
zen, mit dem
konnte aber,
Bewegung der
kommen, noch

von dem was eigentlich vorgieng. Nachher hörte ich,
daß man gerade um diefe Zeit dem Könige und feinem
Sohne ein Stück gebratene Yamswurzel gebracht
habe, und daß dies der Zeitpunkt gewefen fey, wo
der Prinz der hohen Ehre fähig geworden wäre, mit
feinem Vater zu fpeifen, welches ihm bishieher nicht
erlaubt gewefen fey. Dies war um fo wahrfchein-
licher, da man uns bereits diefen Umftand der Ceremonie vorausgefagt hatte, und wir fchon mehrmalen bemerkt hatten, daß das Volk dem Monarchen
den Rücken zukehren mußte, fo oft er Speife zu
fich nahm.

Es dauerte nicht lange, fo wendeten wir uns
wieder mit dem Geficht gegen den Prinzen, und
bildeten einen halben Kreis um ihn her, fo, daß
zwifchen uns und ihm ein großer offener Raum übrig
blieb. Nun kamen einige Männer, die paarweife
große Stangen auf den Schultern trugen, auf uns
zu. Sie machten ein Gefumme, welches faft wie
Singen herauskam, winkten im Herannahen mit
den Händen, und als fie dicht an uns gekommen waren, thaten fie, als ob fie fchnell giengen, ob fie
gleich keinen Schritt weiter kamen. Bald hernach
fprangen drey bis vier Männer mit großen Stäben
in der Hand aus dem Haufen hervor, und rannten
auf jene zu, die fogleich ihre Stangen von den Schultern abwarfen und davon liefen. Nun machten fich
diefe über die Stangen her, fchlugen mit aller Macht
darauf los, und kehrten wieder an ihre Stelle.
Im Hinweglaufen gaben die Stangenträger das

beym Ringen gewöhnliche Ausforderungszeichen,
und nicht lange darauf trat aus eben dieser Seite eine
Anzahl rüstiger Bursche hervor, welche die Ausforderung wiederholten. Fast in eben dem Augenblicke
trat dieser Truppe eine andere jenseits entgegen, und
nachdem beide etliche Minuten lang auf dem Plaße
parabirt hatten, gieng jede wieder an den Plaß zurück, wo sie hergekommen war. Nun wurde eine
halbe Stunde lang gerungen, und mit Fäusten ge-
kämpft, und da dies vorüber war, sezten sich ein
Paar Männer vor dem Prinzen nieder, und hielten
Reden, die, wenn ich mich nicht irre, ganz allein
an ihn gerichtet waren. Die ganze Feyerlichkeit hatte
nunmehr ein Ende, und die Versammlung gieng
auseinander.

Nun machte ich mich an die bey der Ceremonie
gebrauchten Körbe, um zu sehen, was darinn befindlich seyn möchte, da es mir bey dem allgemeinen
Taboo nicht erlaubt war, meine Neugier eher zu
befriedigen. Ich fand sie leer, welches sie nun, nach
geendeter Feyerlichkeit, im eigentlichsten Verstande
waren, und was für mancherley Artikel sie auch
enthalten sollten, so muß dies, so wie alles andere,
was man in Procession herumgetragen hat, nur
auf eine bildliche Art verstanden werden.

Wir gaben uns alle ersinnliche Mühe, zu erfahren, nicht nur was diese Feyerlichkeit, die man
Natche nennt, überhaupt zu bedeuten habe, sondern auch was für besondere Begriff die Eingebohrnen mit so mancherley Umständen derselben ver-

rungszeichen,
ser Seite eine
die Ausforde-
n Augenblicke
ntgegen, und
uf dem Plaße
den Plaß zu
n wurde eine
Fäusten ge-
zten sich ein
, und hielten
, ganz allein
rlichkeit hatte
mlung gieng

r Ceremonie
is darinn be-
allgemeinen
ugier eher zu
sie nun, nach
n Verstande
kel sie auch
alles andere,
en hat, nur
.

he, zu erfah-
it, die man
habe, son-
die Einge-
erselben ver-

bänden. Allein wir bekamen weiter keinen andern
Bescheid, als Ihr Taboo, ein Wort, welches sie,
wie bereits erwähnt worden, bey mehr als einer
Gelegenheit gebrauchen. Da indessen der Prinz hiebey augenscheinlich die Hauptperson war, und uns,
zehen Tage vor dem Feste des Natche, der König
bereits gesagt hatte, daß das Volk ihm und seinem
Sohne Yamswurzeln bringen würde, die sie mit
einander essen sollten; da er sogar sich in einige Umstände der Ceremonie eingelassen hatte: so machten
wir aus dem, was man uns sagte, verbunden mit
dem, was wir gesehen hatten, den Schluß, daß
man den Prinzen, als unmittelbaren Thronfolger und
Erben der königlichen Würde, eine Art von Hul-
digungseid leistete, und feyerlich versprach, ihm beyzustehen, und es ihm nie an den hier bildlich vorgestellten
Artickeln fehlen zu lassen. Dies wird um so wahrscheinlicher, da alle Vornehmen, die wir jemals
auf der Insel gesehen hatten, bey dieser oder jener
Procession waren. Dem sey wie ihm wolle, so ist
doch gewiß, daß der ganze Vorgang etwas Geheim-
nißvolles hatte; und daß selbst die Religion hieran
keinen geringen Antheil haben mochte, beweist nicht
nur der Ort, wo die Handlung vorgieng, sondern
auch die Art und Weise, wie man sich dabey betrug.
Noch bey keiner Gelegenheit hatte man etwas gegen
unsere Bekleidung oder unser äußerliches Benehmen
einzuwenden; jetzt mußten wir uns bis auf den halben Leib entblößen, die ungebundenen Haare um
die Schultern fliegen lassen, mit kreutzweis überein-

ander gelegten Füſſen, zuweilen in demüthigſter
Stellung, mit niedergeſchlagenen Augen und gefal-
tenen Händen, gleich der ganzen Verſammlung, die
dies alles auf das ſtrengſte beobachtete, daſitzen.
Hiezu kommt noch, daß außer den Vornehmſten
und erſten der Eingebohrnen, und den Perſonen die
bey der Feyerlichkeit zu thun hatten, ſonſt jedermann
davon ausgeſchloſſen war; lauter Beweiſe, daß ſie
bey dieſer Gelegenheit unter unmittelbarer Aufſicht
eines allerhöchſten Weſens zu ſtehen glaubten.

Dieſes Natche muß alſo, nach dem was wir davon geſagt haben, blos als etwas figürliches angeſehen
werden. Denn die geringe Anzahl Yamswurzeln,
die wir den erſten Tag ſahen, konnte keine allgemeine Contribution bedeuten, zumal da man uns zu
verſtehen gab, daß es ein dem Otooa, oder der
Gottheit, gewidmeter Antheil geweſen ſey. Man
ſagte uns übrigens, daß ungefähr in drey Monaten
ein noch weit wichtigeres und größeres Feſt in eben
der Abſicht ſollte gefeyert werden, bey welcher Gelegenheit dem Oberhaupte nicht nur Tongataboo,
ſondern auch Hapaee, Vavaoo und alle übrigen
Inſeln Tribut bringen würden, und daß, zu mehrerer
furchtbarfeyerlichen Beſtättigung alles deſſen, zehen
aus dem gemeinen Volke genommene Menſchen geopfert werden ſollten. Wahrhaftig, ein ſchreckliches
Feſt! und zugleich ein trauriges Beyſpiel, des
mächtigen Einfluſſes der Unwiſſenheit und des finſtern
Aberglaubens auf eine der gutmüthigſten und menſch-
lichſten Nationen der Erde. Als wir uns nach

der Ursache dieses barbarischen Gebrauchs erkundigten, sagte man uns blos, daß dies als ein wesentliches Stück zu dem Natche gehöre, und die Gottheit ihren König unfehlbar umbringen würde, wenn
man es unterlassen wollte.

Es war schon spät am Tage, als die Versammlung sich trennte, und da wir ziemlich weit von unsern
Schiffen waren, und einen sehr mißlichen Weg vor
uns hatten, so eilten wir, von Mooa weg zu kommen. Als ich von Poulaho Abschied nahm, bat
er mich, noch bis folgenden Tag hier zu bleiben und
einer Begräbnißfeyer beyzuwohnen. Es war vor
kurzem Mareewagee's Gemahlin, die Schwieger-
mutter des Königs, gestorben, und man hatte, des
Natche wegen, ihren Leichnam beyseite geschaft und
in einen Kahn gebracht, der in der Lagune lag.
Poulaho versprach, so bald er ihr würde die letzte
Pflicht geleistet haben, mit mir nach Looa zu gehen;
im Falle ich aber nicht so lange warten könnte,
wollte er nachkommen. Ich erfuhr zu gleicher Zeit,
daß durch den Tod dieser Frau die meisten Oberhäupter abgehalten wurden, uns auf diese Insel zu
begleiten, wo sie alle Besitzungen zu haben schienen.
Hätte uns gerade damals nicht die Fluth begünstigt,
um uns durch die engen Kanäle in die See zu bringen, so wäre ich gerne geblieben, um auch diese
Ceremonie mit anzusehen. Aber auch der Wind,
der seit einigen Tagen sehr ungestüm gewesen war,
wurde nun gemäßigter und beständig, und hätten wir
diese Zeit nicht benutzt, so wären wir vielleicht ge-

nöthiget gewesen, noch vierzehen Tage länger zu bleiben. Ein anderer Beweggrund der für die Abreise
entschied, war, daß diese Beerdigungsfeyer fünf
ganzer Tage dauern sollte, welches uns bey der Lage
der Schiffe, die uns nicht gestattete, in See zu stechen,
wenn wir nur wollten, allzuviele Zeit weggenommen
hätte. Ich versprach indessen dem König, im Fall
wir nicht unter Seegel gehen sollten, ihn am folgenden Tage noch einmal zu besuchen. Wir nahmen
darauf Abschied von ihm, und ruderten unsern
Schiffen zu, auf denen wir Abends um acht Uhr
anlangten.

Ich hatte vergessen zu sagen, daß Omai, eben
sowohl wie ich, bey der Feyerlichkeit des andern
Tages gewesen war, nur daß wir nicht an einem
Platze standen, und ich von ihm nichts wußte als
bis beynahe alles vorüber war. Er erzählte mir
nachher, daß sobald der König gemerkt habe, daß
ich mich aus der Plantage geschlichen hätte, mir verschiedene Leute nachgeschickt worden seyen, die mich
hatten zurückruffen sollen; aber vermuthlich ließ man
diese Bothen nicht an den Platz, wo ich mich befand, denn ich bekam keinen zu sehen. Endlich
hinterbrachte man dem König, daß ich nach Landessitte ausgekleidet wäre, worauf er dem Omai sagte, er könne auch hingehen, wenn er sich zu den
nöthigen Formalitäten bequemen wollte. Omai
hatte um so weniger etwas dagegen einzuwenden, da
man nichts von ihm forderte, was nicht den Gebräuchen seines eigenen Vaterlandes vollkommen gemäs

gewesen wäre. Man versah ihn zu dem Ende mit einer schicklichen Kleidung, und er erschien bey dem Feste, wie ein eingebohrner Insulaner. Vermuthlich wollte man uns anfänglich den Zugang nicht gestatten, weil man befürchtete, wir würden uns zu dem erforderlichen Ceremoniel nicht verstehen wollen.

1777.
Julius.

Während ich dem Natche in Mooa beywohnte, brachte man die Pferde, einen Stier und eine Kuh nebst den Ziegen dahin, weil ich dafür hielt, sie würden hier unter den Augen der Oberhäupter besser daran seyn, als an einem Platze, der gleich nach unserer Abreise wieder vollkommen verlassen seyn mußte. Nebst diesen Thieren hinterließen wir unsern Freunden auch einen jungen Eber, und drey junge Schweine von englischer Rasse, nach welchen sie ein ausserordentliches Verlangen bezeugten, vermuthlich in der Hoffnung, ihre kleinere Rasse dadurch um vieles zu verbessern. Feenou bekam auch noch ein Paar Kaninchen, ein Männchen und ein Weibchen, die sich wirklich noch vor unserer Abreise vermehrt hatten. Sollte das Rindvieh hier fortkommen, wie ich nicht zweifle, so ist dies ein sehr wichtiges Geschenk für diese Eilande, und da besonders Tongataboo ein schönes, ebenes Land ist, so wird man sich der Pferde mit Nutzen bedienen können.

Am 10ten, des Morgens um acht Uhr, lichteten wir die Anker und steuerten bey einem stäten Südostwinde durch den Kanal, zwischen den kleinen In-

Donnerstag
den 10ten.

seln Makkahaa und Monooafai, der ungleich breiter ist als jener zwischen letzt genannter Insel und Pangimodoo. Die Fluth kam uns trefflich zu statten, bis wir dem Kanal gegenüber waren, der in die Lagune führt, wo die östliche Fluth der westlichen begegnete. Dies, verbunden mit dem Zugang in die Lagune und den vor derselben liegenden vielen Untiefen, verursachte sehr starke kurze Wellenstöße nebst Wirbeln, und unsere Lage war um so gefährlicher, da das Wasser im Kanale tiefer war, als ein Ankertau, und man sonst keine Ankerstelle finden konnte, als dicht an den Klippen, wo wir vierzig bis fünf und vierzig Faden Wasser auf einem schwärzlichen Sandboden fanden, und auch hier würde ein Schiff verschiedenen Wirbeln ausgesetzt seyn. Dies änderte mein Vorhaben: so wie wir zwischen den engen Kanälen hindurch seyn würden, zu ankern, und wieder an Land zu gehen, um die Begräbnißfeyer mit anzusehen; und ich wollte nunmehr lieber darauf Verzicht thun, als die Schiffe in einer so mißlichen Lage verlassen. Wir fuhren immer fort, zwischen den beiden Fluthen windwärts hin und her zusteuern, ohne darum einen Finger breit weiter gekommen zu seyn, bis ungefähr höchste Fluth war, da wir dann, durch ein glückliches Ohngefähr, in ihre östliche Ströhmung geriethen. Nunmehr hofften wir, auf eine starke Ebbe, die uns sehr zu statten gekommen wäre; aber sie war so schwach, daß wir sie zu einer andern Zeit, gar nicht bemerkt hätten. Wir nahmen hieraus ab, daß das meiste Wasser, welches

i, der ungleich
unter Insel und
uns trefflich zu
iber waren, der
Fluth der west...
mit dem Zugang
n liegenden vie...
e kurze Wellen...
e war um so ge...
e tiefer war, als
Ankerstelle finden
wo wir vierzig
f einem schwärz...
hier würde ein
...tzt seyn. Die...
ir zwischen den
zu ankern, und
Begräbnißfeyer
hr lieber daraus
...er so mißlichen
fort, zwischen
...d her zusteuern,
...r gekommen zu
..., da wir dann,
n ihre östliche
offten wir, auf
...gekommen wä...
...ir sie zu einer
n. Wir nah...
...asser, welches

in die Lagune geht, von Nordwesten kömmt, und denselben Weg wieder hinaus nimmt. Ungefähr um fünf Uhr, Nachmittags, legte ich mich unter der Küste von Tongataboo, in fünf und vierzig Klaftern Wasser, vor Anker, weil es nicht möglich war, vor eintretender Nacht die hohe See zu gewinnen. Wir lagen ungefähr zwo Cabeltaulängen c) vom Riffe entfernt, welches sich längs dieses Theils der Insel hinzieht. Die Discovery ließ hinter uns den Anker fallen, aber ehe er noch gefaßt hatte, wurde sie von der Bank abgetrieben, und konnte diese vor Mitternacht nicht wieder erreichen.

Wir blieben in dieser Station bis andern Tags um eilf Uhr, da wir die Anker lichteten und gegen Osten ab und zusteuerten. Aber es war schon zehn Uhr in der Nacht, ehe wir die Ostspitze der Insel vorbeygeschifft hatten, und unsern Lauf nach Middleburg oder, wie es die Einwohner nennen, nach Eooa richten konnten. Hier ankerten wir am andern Morgen, um acht Uhr, in vierzig Faden Wasser, auf einen mit Korallfelsen überstreueten Sandboden. Die beiden Ende der Insel erstreckten sich von Nord, 40° Ost, gegen Süd, 22° West. Das hohe Land von Eooa lag uns Süd, 45° Ost, und Tongataboo, von Nord, 70° West, bis Nord 19° West. Wir waren etwa eine halbe Meile vom Strande, und ungefähr auf eben dem Platze, wo ich mich im Jahr 1773. vor Anker gelegt, und welchen ich die englische Rheede genannt hatte.

c) Zweyhundert und vierzig Klaftern.

Freytag
den 11ten.

Sonnabend
den 12ten.

Wir hatten kaum 'geankert, so kam Taoofa,
das Oberhaupt der Insel, nebst mehreren Eingebohrnen, zu uns an Bord. Alles bezeugte große
Freude über unsere Ankunft. Dieser Taoofa war
mein Tayo (Freund), während meines hiesigen
Aufenthaltes im Jahr 1773, also waren wir einander nicht unbekannt. Ich gieng bald mit ihm an
Land, mich nach frischem Wasser umzusehen, welches eigentlich der Hauptbeweggrund gewesen war,
der mich nach Eooa brachte. Man hatte mir in
Tongataboo gesagt, daß sich hier ein Bach von
den Hügeln in die See ergösse, allein ich sah gegenwärtig nichts davon. Man führte mich zuerst an
eine halbsalzige Quelle, die in der kleinen Bucht,
wo wir landeten, zwischen den Standpunkten der
Ebbe und Fluth, unter den Felsen lag, wo es wohl
keinem Menschen eingefallen wäre, gutes Wasser zu
suchen. Bey alle dem mag dieses gar nicht übel
seyn, wenn es möglich wäre, es zu schöpfen, ehe
sich die Fluth damit vermischt. Als unsere guten
Freunde sahen, daß uns dieses nicht anstand, führten
sie uns weiter landeinwärts, wo wir in einer tiefen Fel-
senspalte recht gutes Wasser antrafen, welches mit
Aufwand einiger Zeit und Mühe, durch Rinnen und
Röhren von Pisangstämmen und Blättern, bis an
das Ufer hätte geleitet werden können. Ich hielt
aber für rathsamer, mich noch mit dem Vorrathe,
den die Schiffe in Tongataboo eingenommen hatten zu behelfen, als mich in ein so weitläuftiges und
verdrüßliches Geschäft einzulassen.

Ehe ich wieder an Bord zurückkehrte, suchte ich
mit den Eingebohrnen einen Tauschhandel um Schweine und Yams zu errichten. Von erstern konnten
wir nur wenige bekommen, von den letztern aber die
Menge. Ich ließ den Widder und die beiden
Mutterschaafe, vom Vorgebirge der guten Hoffnung,
auf die Insel bringen, und empfahl sie dem Taoofa,
der sich auf dieses Zutrauen etwas zu gut zu thun
schien. Es war vielleicht ein Glück, daß Mareewagee dieses ihm zuerst zugedachte Geschenk ver-
schmähet hatte, denn auf Looa gab es bishieher
noch keine Hunde, wie in Tongataboo, die der
Schaafzucht hätten hinderlich werden können.

Die Insel hatte von unserm Ankerplatze aus, ein
ganz anderes Ansehen als die, so wir erst kürzlich verlassen hatten, und sie stellte eine überaus reizende
Landschaft vor. Sie ist sogar höher als alle, die
uns seit unserer Abreise von Neu-Seeland vorgekommen sind, (Kao ausgenommen, welches aber
nur als eine einzige ungeheure Felsenmasse anzusehen
ist.) Ihr höchster Theil ist beynahe ganz flach, und
von da an wird sie unvermerkt abschlüssig bis an das
Ufer. Die übrigen Inseln dieser Gruppe sind schnur-
ebenes Land, von dem man nichts als die Bäume
sieht, die es bedecken. Hier erhebt sich vor dem Auge,
durch sanfte Aufstuffung des Erdreichs, eine aus-
gebreitete Oberfläche, wo in ungleichen Entfernungen
und in schönster Regellosigkeit, Bäumegruppen,
Haine und grüne Matten unter einander abwechseln.
Näher am Strande ist alles mit mancherley Bäu-

men beschattet, zwischen welche die Einwohner ihre
Wohnungen aufgeschlagen haben; und unserem
Ankerplaße zur Rechten war einer der größten Kokos,
palmen Wälder, die wir noch je gesehen hatten.

Am 13ten, Nachmittags, erstieg ich, in Ge,
sellschaft einiger Herren, den gleichfalls etwas rech,
ter Hand von unsern Schiffen vor uns liegenden,
erhabensten Theil der Insel, um die ganze Gegend
zu übersehen. Ungefähr auf dem halben Wege ka,
men wir durch ein tiefes Thal, dessen Boden und
Seiten ganz aus harten Korallfelsen bestanden, und
dennoch mit Bäumen bedeckt waren. Wir befanden
uns zwey bis dreyhundert Fuß über der Meeres,
fläche, und doch sahen wir auch hier im Korall eben
die ausgebohrten Höhlen und Ungleichheiten, die
man gewöhnlich an dieser Felsart in den Gegenden
antrift, wo sie der Ebbe und Fluth ausgesetzt ist.
Sogar fanden wir dieses Korall, bis wir an die
Gipfel der höchsten Hügel kamen, und eben so merk,
würdig ist es, daß diese Koppen meistentheils aus
einem gelblichen, weichen Sandsteine bestanden.
Das Erdreich war fast durchgehends ein röthlicher
Thon, der an manchen Orten sehr tief zu seyn schien.
Auf dem höchsten Theil der Insel fanden wir einen
runden, oben ganz flachen Hügel, der auf einer
Mauer von Korallsteinen ruhete, die nicht anders,
als mit unsäglicher Mühe auf eine so beträchtliche
Höhe müssen geschaft worden seyn. Unsere Weg,
weiser sagten uns, daß man diesen Hügel auf Be,
fehl ihres Oberhauptes aufgeführt habe, und sich

öfters daselbst versammle um Kava zu trinken. Sie nannten ihn Etchee, unter welcher Benennung, man uns auch, wie bereits gedacht worden, ein ähnliches Gebäude, in Tongataboo bezeichnete. Nur etliche Schritte weiter, fanden wir eine Quelle vortreflichen Wassers, und, ungefähr eine Meile tiefer, einen Bach, der bey starkem Regen sich bis in die See erstrecken soll. Auch in verschiedenen kleinen Höhlen trafen wir Wasser an, und ohne Zweifel würde man bey einigem Nachgraben noch weit mehreres finden.

Auf dieser erstiegenen Anhöhe konnten wir, bis auf einen Theil der Süderspitze die ganze Insel übersehen. Die Süd-Ostseite, von welcher die höchsten Hügel, auf denen wir uns befanden, nicht weit abliegen, erhebt sich gleich vom Ufer an mit großen Ungleichheiten; so daß alle Ebenen und Wiesen, deren einige von großem Umfange sind, an der Nord-Westseite liegen, wo sie bey der beständigen Abwechslung von Gebüschen, Wäldchen und Pflanzungen, dem Auge überall den schönsten Anblick gewähren. Indem ich mich an dieser entzückenden Aussicht ergötzte, konnte ich mich unmöglich des süßen Gedankens erwehren, daß vielleicht ein künftiger Seefahrer von eben dem Standpunkte aus, diese schönen Auen mit Heerden nützlicher Thiere wird überstreuet sehen, die diese Inseln englischen Schiffen werden zu verdanken haben, und daß, ohne alle andere Rücksicht, dies einige Geschenk hinreichend

Zweyter Th.   N

ist, der Nachwelt zu beweisen, daß unsere Reisen für das allgemeine Beste der Menschheit nicht ganz fruchtlos gewesen sind. — Außer den Pflanzen, die diese Insel mit den nahegelegenen Eilanden gemein hat, fanden wir auch eine Gattung *Acrostichum* d) (Steinfarrn), eine *Melastoma* e) (Stachelbeerbaum) und Farrnbäume, nebst andern Farrnkräutern und Gewächsen, die weiter abwärts nicht mehr häufig vorkommen.

Wir hörten von unsern Wegweisern, daß alle, oder wenigstens die meisten Ländereyen der Insel den vornehmsten Oberhäuptern von Tongataboo gehörten, und daß die Einwohner nur Lehnleute oder Vasallen davon wären. Annamooka ausgenommen, wo einige Oberhäupter beynahe ganz unumschränkt zu herrschen scheinen, mag dieses auch der Fall bey den übrigen umhergelegenen Inseln seyn. Omai, der sowohl bey Seenou, als dem Volke sehr in Gunsten stand, wurde durch das Anerbiethen, Oberhaupt der Insel zu werden, in Versuchung geführt, und würde vielleicht gerne die Bedingung, hier zu bleiben, eingegangen haben, wenn ich meine Einwilligung dazu gegeben hätte. Ich gestehe, daß ich nicht für diesen Plan war, ob ich gleich mir nicht eigentlich sagen konnte, daß er es in seinem Vaterlande besser treffen würde.

d) Acrostichum dichotomum? A. aureum? *Linn.* Forst. prod. Nro. 415. 416.

e) Melastoma Malabathrica? M. glabra? *Linn.* Forst. prod. Nro. 193. 194. **W.**

nſere Reiſen
:it nicht ganz
Pflanzen, die
unden gemein
oſtichum d)
Stachelbeer:
idern Farrn:
abwärts nicht

rn, daß alle,
t der Inſel den
garaboo ge:
Lehnleute oder
Ka ausgenom:
je ganz unum:
dieſes auch der
n Inſeln ſeyn.
als dem Volle
is Anerbiethen,
Verſuchung ge:
ple Bedingung:
wenn ich meine
Ich geſtehe, daß
gleich mir nicht
ſeinem Vater:

aureum? *Linn.*

glabra? *Linn.*

W.

Als ich von meiner kleinen Landreiſe zurück kam, erfuhr ich, daß eine Rotte Eingebohrner, auf unſerem Handelsplatze, einem ihrer eigenen Lands: leute, ehe ſich die unſeren ins Mittel legen konnten, mit einer Keule, die Hirnſchale verwundet, oder wie einige wollten, ganz eingeſchlagen, auch ein Schenkelknochen zerſchmettert hätten. Der Ge: mißhandelte habe, beym Hinwegtragen in die nächſte Wohnung, kein Zeichen des Lebens von ſich gegeben; nachher aber ſey er doch etwas wieder zu ſich gekommen. Ich fragte nach der Urſache dieſes ſo ſtrengen Verfahrens, und erfuhr, daß man ihn bey einer Frauensperſon, die taboo geweſen wäre, in unſchicklicher Stellung angetroffen habe, und daß für diesmal taboo ſo viel bedeute: die Frau habe einem Mann von höherem Range, als der Lieb: haber war, zugehört. Wir ſahen hieraus auf was Art dieſes Volk dergleichen Untreue beſtraft; der Geringe fühlte die ganze Laſt der Züchtigung und die Mitſchuldige ſoll nur mit einigen leichten Strei: chen davon gekommen ſeyn.

Am nächſten Morgen, ſteckte ich in die Pflan: zung des Oberhaupts eine Ananas-Krone, legte Melonenkerne und anderes Geſäme. Ich wurde in dieſem Vorſatze und der Hoffnung des guten Er: folgs um ſo mehr beſtättiget, da man uns heute Mittags eine Schüſſel Rüben auftrug, die Producte eben derſelben Saamkörner waren, welche ich bey meiner letztern Reiſe hier zurückgelaſſen hatte.

N 2

Montag
den 14ten.

1777.
Julius.

Dienſtag
den 15ten.

Mittwoch
den 16ten.

Ich hatte mir vorgenommen, am 15ten unter Seegel zu gehen; allein Taoofa ſetzte ſo ſehr in mich, noch ein Paar Tage zu bleiben, und das mir beſtimmte Geſchenk abzuwarten, daß ich theils aus dieſer Urſache, theils, weil ich täglich der Ankunft einiger Bekannten aus Tongataboo entgegen ſah, mich bereden ließ und meine Abreiſe verſchob.

Tags darauf bekam ich auch das vom Oberhaupte mir zugedachte Geſchenk. Es beſtand aus zween kleinen Haufen Yamswurzeln und andern Früchten, die man vielleicht als eine Art von Contribution, wie auf den andern Inſeln, mochte eingetrieben haben. Bey dieſer Gelegenheit waren die mehreſten Einwohner der Inſel auf dem Platze verſammelt, und es ergieng uns hier, wie es uns bei dem Gedränge ihrer Nachbaren gegangen war: wir hatten alle Mühe zu verhindern, daß ſie nicht weg nahmen, was ihnen nur unter die Hände kam. Uebrigens ſuchte man uns mit Klopffechten, Ring und Fauſtkämpfen zu unterhalten, und bey letztern erſchienen ſowohl Männer als Weiber. Dieſe Schauſpiele ſollten mit einem Bomai oder nächtlichen Tanze beſchloſſen werden; allein ein gewiſſer Vorfall machte, daß er entweder ganz unterblieb, oder daß wir nicht dabey zugegen ſeyn konnten. Es wurde nämlich einer meiner Leute, der eine Strecke landeinwärts ſpazieren gegangen war, von zwanzig bis dreyßig Eingebohrnen umringt, die ihn zu Boden ſchlugen und alle Kleider vom Leibe abnahmen. So bald ich die Sache erfuhr, bemächtigte ich mich

am 15ten unter
setzte so sehr in
:n, und das mir
aß ich theils aus
lich der Ankunft
00 entgegen sah,
: verschob.

das vom Obra
Es bestand aus
eln und andern
ne Art von Eon
eln, mochte ein
zenheit waren die
f dem Platze vor
, wie es uns ber
gangen war: wo
aß sie nicht weg
die Hände kam
ffechten, Rings
und bey letzten
Weiber. Diese
mai oder nächst
llein ein gewisse
ganz unterblich
on konnten. Es
der eine Strecke
var, von zwanzig
die ihn zu Boden
abnahmen. So
ddchtigte ich mich

zweener Kähne und eines großen Schweines, und forderte von Taoofa, daß er nicht nur die Kleider wiederschaffen, sondern mir auch die Schuldigen ausliefern sollte. Er schien über diesen Vorfall sehr bestürzt zu seyn, und traf sogleich alle nöthigen Maasregeln, mir Genugthuung zu verschaffen. Selbst die versammelten Eingebohrnen erschracken anfänglich so sehr darüber, daß die meisten die Flucht nahmen; als sie aber sahen, daß ich diese Beleidigung nicht weiter zu rächen suchte, kamen sie wieder. Es dauerte nicht lange, so wurde einer der Thäter ausgeliefert, und das Hemb mit einem Paar langen Beinkleidern zurück gebracht. Da die übrige geraubte Waare, bey eintretender Nacht, noch nicht ersetzt war, so mußte ich ohne dieselbe an Bord gehen, indem die See so außerordentlich hoch gieng, daß es schon bey Tag äußerst mißlich war, die Boote aus der Einbucht zu bringen, geschweige erst im Finstern!

Am 17ten gieng ich wieder an Land, wobey ich mich mit einem Gegengeschenke für den Taoofa versehen hatte. Da es noch frühe am Tage war, so sahen wir nur wenig Leute am Strande, und diese wenigen schienen nicht ohne Furcht zu seyn. Als ich sie aber durch den Omai versichern ließ, sie hätten von uns nichts übels zu besorgen, und als ich, zum Beweis dieser guten Gesinnungen, die in Beschlag genommenen Kähe zurückgab, und zugleich den ausgelieferten Eingebohrnen auf freyem Fuß setzte: so nahmen sie ihre gewöhnliche Munterkeit wieder an.

Donnerstag
den 17ten.

Sie schloſſen alsdann einen anſehnlichen Kreis um
uns her, in welchem das Oberhaupt und alle Vor‐
nehmen der Inſel ihre Plätze einnahmen. Nun
brachte man die noch rückſtändigen Kleidungsſtücke;
da man ſie aber dem Manne mit Gewalt vom Lei‐
be geriſſen hatte, ſo waren ſie nicht mehr werth,
an Bord genommen zu werden. Taoofa theilte
mein Geſchenk mit drey oder vier andern Häuptern,
und behielt für ſich nur einen Theil deſſelben. Es
überſtieg ihrer aller Erwartung ſo ſehr, daß einer
der Obern, ein ehrwürdiger alter Mann, zu mir
ſagte, ſie wären deſſen nicht werth, da ich nur ſo
wenig von ihnen empfangen hätte, und noch dazu
einer meiner Leute von den ihrigen ſo übel behandelt
worden wäre. Ich blieb bey ihnen, bis ſie ihren
Napf mit Kava ausgeleert hatten, bezahlte das
Tags vorher weggenommene Schwein, und gieng
mit Taoofa und einem von Poulaho's Bedienten
an Bord. Dieſem gab ich ein großes Stück rohes
Eiſen, um ſolches ſeinem Herrn, als ein Merkmal
meiner Achtung und Freundſchaft, zum Abſchieds‐
geſchenke zuzuſtellen; wirklich war es auch das Nütz‐
lichſte was ich ihm geben konnte.

Bald darauf hoben wir die Anker, und giengen
bey einem gelinden Süd‐Oſtwinde in See. Taoofa,
und die wenigen Eingebohrnen, die noch an Bord
waren, verließen uns. Beym Ankerlichten fanden
wir, daß das Cabeltau von den Klippen ſehr be‐
ſchädiget war. Der Boden dieſer Rheede iſt
alſo nicht ganz zuverläſſig. Auch waren wir hier

einer überaus hohen Deinung aus Süd-Westen ausgesetzt.

Wir hatten kaum in See gestochen, so bemerkten wir ein Seegelcanot, welches von Tongataboo kam, und in die kleine Bucht einlief, vor welcher wir vor Anker gelegen hatten. Einige Stunden hernach erreichte uns ein kleiner mit vier Mann besetzter Kahn. Wir hatten nur sehr leichten Wind, und waren also noch nicht weit vom Lande entfernt. Diese Leute sagten uns, das Seegelcanot, welches wir von Tongataboo hätten ankommen gesehen, hätte Befehle an die Einwohner von Eooa gebracht, uns mit einer gewissen Anzahl Schweine zu versorgen, und da sowohl der König als die übrigen Häupter binnen zween Tagen selbst bey uns seyn würden, so würden wir wohl thun, in unsere alte Station zurück zukehren. Ich hatte zwar keine Ursache an der Zuverlässigkeit dieser Nachricht zu zweifeln, da wirklich zwey Insulaner in dem Seegelcanote von Tongataboo herkamen, und jene blos in der Absicht auf uns zugerudert waren, uns davon Nachricht zu geben; allein, da wir uns einmal in offener See befanden, so schienen mir diese Beweggründe nicht hinreichend, wieder umkehren zu lassen, zumal da wir noch Vorrath an frischen Lebensmitteln genug hatten, um, wahrscheinlicher Weise, bis nach Otaheite damit auszulangen. Außer Taoofa's Geschenke, hatten wir in Eooa gegen kleine Nägel eine ansehnliche Menge Yamswurzeln eingetauscht, auch unser lebendiger Vorrath an Schweinen, bekam hier einen beträchtlichen Zuwachs, und er würde noch stärker ausgefallen seyn, wenn die Oberhäupter von Tongataboo bey uns gewesen wären, die größtentheils Herren und Eigenthümer dieser Insel sind. Als die Insulaner sahen daß es Nacht werden wollte, und wir nicht zu bereden waren, zurückzukehren, verließen sie uns, und mit ihnen ein Paar andere Kähne, die uns mit etlichen Kokosnüssen und Pompelmusen gefolgt waren, und sie für alles was 'e nur bekommen konnten feilboten. So groß ist dieser Völker Habsucht nach unseren Waaren, daß sie den Schiffen bis in die hohe See nachfolgen, um den Tauschhandel bis auf den letzten Augenblick fortzusetzen.

Zehntes Kapitel.

Vortheile unseres Aufenthalts in den Freundschaftlichen-Inseln. — Vorzüglichste Handlungs-
waaren. — Erfrischungen, auf die man daselbst
zählen kann. — Anzahl der Inseln, mit ihren
Benennungen. — Keppel's-und Boscawens-
Inseln gehören noch dazu. — Nachricht von
Vavaoo — Hamoa — und Feejee. — Reisen
der Eingebohrnen in ihren Kähnen. — Schwierigkeiten, sich genaue Nachricht zu verschaffen. —
Beschreibung der Einwohner beiderley Geschlech-
tes. — Ihre Farbe. — Krankheiten. — Allgemeine Gemüthsart. — Haarputz. — Punkturen
ihrer Haut. — Kleidung und Zierrathen. —
Persönliche Reinlichkeit.

So verließen wir denn die Freundschaftlichen-
Inseln und ihre Einwohner, nachdem wir an die
drey Monate lang unter ihnen verweilet, und diese
ganze Zeit hindurch mit den Eingebohrnen in herz-
licher Freundschaft gelebet hatten. Es setzte freylich hie und da kleine Zwistigkeiten, die ihrer Neigung zum Stehlen, und nur allzuoft der Nachlässigkeit unserer eigenen Leute beyzumessen waren: Doch,
da ich mir alle ersinnliche Mühe gab, dienliche
Maasregeln zu nehmen, so zogen sie nie üble Folgen nach sich; und ich bin überzeugt, daß wenige
an Bord beider Schiffe waren, die unsere hiesigen
Freunde nicht gerührt verlassen hätten. Wir hatten übrigens unsere Zeit bey ihnen nicht verlohren,
denn wir hatten nicht nur den Vortheil, daß wir sehr

wenig von unserm Schiffsvorrathe verbrauchten und
größtentheils von den Producten der Insel lebten;
sondern auch so viele Erfrischungen mit hinwegnah=
men, daß wir gar wohl damit bis auf den nächsten
Ankerplatz auslangen konnten. Es war mir übrigens
kein gerings Vergnügen, durch Zurücklassung oben=
gedachter nützlichen Thierarten, diesem guten Volke
einige wesentliche Dienste geleistet zu haben, und
daß sich diejenigen, die ich für Otaheite bestimmte,
auf den Weiden von Tongataboo erfrischen und
erholen konnten. — Zu diesen Vortheilen kommt
noch, daß wir durch unser Anlegen an diesen Ge=
genden, in der Hauptsache nichts versäumt haben;
denn — wie bereis angemerkt worden — die Jahreszeit
nach der nördlichen Halbkugel gehen, war schon vor=
über, ehe ich mich entschlossen hatte, meinen Lauf
nach diesen Inseln zu richten.

Außer den näheren Vortheilen, die durch mei=
nen Besuch sowohl den Eingebohrnen der Freund=
schaftlichen=Inseln, als uns selbst zugegangen
sind, werden nicht nur dereinst europäische See=
fahrer, die allenfalls unsern Lauf halten würden,
von der nähern geographischen Kenntniß, die ich
von diesem Theile des stillen Oceans erlangt habe,
allen dienlichen Gebrauch machen, sondern der
philosophische Leser selbst, der die menschliche Natur
unter neuen Gesichtspunkten zu sehen wünscht,
dem treue Thatsätze, über körperliche Verschieden=
heit, Gebräuche, Kunstfleiß, Religion, Verfassung
und Sprache uncivilisirter Menschengattungen, in

entfernten, oder unlängſt entdeckten Weltgegenden,
als ſo viele Gegenſtände des Nachdenkens willkommen ſind, — wird vielleicht in den Nachrichten, die
ich in Anſehung der Einwohner dieſes Archipelagus
mitzutheilen im Stande bin, wo nicht Belehrung
doch wenigſtens Unterhaltung finden. Ehe ich in
meiner Erzählung fortfahre, will ich noch einige
allgemeine Bemerkungen, die ich über jene Gegenſtände geſammelt habe, mit aller Treue mittheilen.

Wir fanden, daß, im Ganzen genommen, Ei-
ſengeräthe die beſte Handelswaare auf allen dieſen
Inſeln iſt. Am geſuchteſten ſind Beile und Aexte;
Nägel von der größten Sorte bis zu zehen Stüber
das Tauſend; Raſpeln, Feilen und Meſſer. Rothes
Tuch, weiſſe und bunte Leinwand, Spiegel und
Glaskorallen ſind gleichfalls in Werth. Von letztern werden die blauen allen andern vorgezogen, hingegen die weiſſen am wenigſten geachtet. Für eine
Schnur großer blauer Glaskorallen, konnten wir
allemal ein Schwein bekommen. Da indeſſen dergleichen Artickel blos zum Zierrathe gehören, ſo
können ſie zu einer Zeit viel, zu einer andern wenig
oder gar nichts gelten. Bey unſerer erſten Landung auf Annamooka wollte man uns kaum
Früchte dafür geben. Als aber Feenou kam, und
dieſer vornehme Mann ſie in Mode brachte, ſtie-
gen ſie auf einmal zu dem vorhingedachten hohen
Preiße.

Mit den obenerwähnten Artickeln, kann man
alle Erfriſchungen und Erzeugniſſe, die dieſe Eilande

liefern, eintauschen, nämlich: Schweine, Geflügel, Fische, Yamswurzeln, Brodfrucht, Pisange, Kokosnüsse, Zuckerrohr; kurz, alles was man auf Otaheite oder den übrigen Societäts-Inseln bekommen kann. Die Yams der Freundschafts-Inseln sind vortreflich, und wenn sie vollkommen zeitig sind, halten sie sehr gut zu See. Das Schweinfleisch, die Brodfrucht, und die Pisange sind hier nicht zu verachten, indessen kommen sie denen von Otaheite und andern benachbarten Inseln nicht bey.

Gutes Wasser, dieses auf langen Seereisen so wichtige Bedürfniß, ist in diesen Inseln sehr selten. Man findet zwar auf allen etwas Wasser, aber es ist entweder für Schiffe nicht hinreichend, oder nur in entlegenen, oder sonst unbequemen Gegenden zu bekommen. Da indessen diese Inseln sonst so vielerley guten Vorrath und besonders Kokosnüsse a) darbieten, so muß man es in Ansehung dieses Punkts so genau nicht nehmen, und in diesem Falle werden auch die Schiffe nicht ganz Mangel daran leiden. Als wir nach unserer Rückkehr von Hapaee, bey

a) Eine ausgewachsene Kokosnuß, deren Schale noch weich ist, giebt so viel Saft oder sogenannte Kokosmilch, daß sich 2 Personen daran satt trinken können. Auch aus den Blumenkolben des Baums wird, wie aus der Weinpalme, (Borassus flabelliformis. L.) ein sehr guter Wein bereitet, der sogar angenehmer ist als der Saft aus den Nüssen. W.

Kotoo vor Anker lagen, hörten wir von einigen
Einwohnern von Kao, daß an der Südweſtſeite
der Inſel, ſich ein Bach von den Bergen herab in
die See ergieße. Dieſe Seite liegt Toofoa, einem
andern Eilande gegenüber, deſſen wir bereits oben
gedachten, und welches ſowohl ſeiner Höhe als des
beträchtlichen Vulcans wegen merkwürdig iſt, der,
ſo lange wir in der Gegend waren, ſehr heftig
brannte. Vielleicht iſt dieſe Anzeige des ſüſſen Waſ⸗
ſerbachs auf Kao künftigen Seefahrern nicht ganz
gleichgültig, beſonders da ſich zugleich an dieſem
Theil der Küſte eine gute Ankerſtelle befinden ſoll.
Der ſchwarze Stein, aus welchem die Eingebohrnen
der Freundſchaftlichen⸗Inſeln ihre Beile und
andere Werkzeuge bereiten, ſoll ein Product der
Inſel Toofoa ſeyn.

Unter der Benennung der Freundſchaftlichen⸗
Inſeln, müſſen nicht nur die auch von mir beſuch⸗
ten Hapaee⸗Eilande, ſondern auch alle, ungefähr
unter dem nämlichen Meridian, nordwärts entdeck⸗
te, nebſt einigen andern, bishieher noch von keinem
Europäer geſehenen Inſeln verſtanden werden. Sie
ſtehen unter Tongataboo, welches zwar nicht die
größte, aber die vornehmſte dieſer Inſeln, und der
Sitz der Regierung iſt.

Den Nachrichten zufolge, die man uns hier
mittheilte, muß dieſer Archipelagus von ſehr großem
Umfange ſeyn. Die Einwohner rechneten uns über
hundert und funfzig ſeiner Inſeln her, und damit
ſie in der Anzahl nicht irre würden, ſo bezeichneten

sie jede mit einem Stückchen von einem Blatte.
Hr. Anderson sammelte sogar mit seiner ihm eigenen Sorgfalt und Gedult alle ihre Namen. Funfzehen darunter sollen hoch oder bergigt seyn, wie
Toofoa und Looa, und fünf und dreyßig von
großem Umfange. Von letztern sind auf dieser Reise nur drey besucht worden, nämlich Hapaee, —
welches die Eingebohrnen nur für eine Insel rechnen —, Tongataboo und Looa. Ueber die
Größe der zwen und dreißig noch unbesuchten Inseln
können wir nichts zuverläßiges sagen. Gewiß ist es
daß sie beträchtlicher seyn müssen, als Annamooka,
welches von den Insulanern, die uns hierüber einige
Anleitung gaben, unter die kleinern Eilande gerech-
net wurde, von welchen letztern vermuthlich viele
blos Bänke und Holme ohne Einwohner seyn mögen.
Ein und sechzig dieser Inseln haben auf der Charte,
die ich von den Freundschafts-Inseln gefertiget
habe, so wie auf dem Risse von dem Haven von
Tongataboo, ihren gehörigen Platz und Namen,
wohin ich den Leser verweise. Künftigen Seefahrern
ist es aber vorbehalten, die genaue Lage und Größe
der andern hundert in dieser Nachbarschaft vorhan-
denen Inseln, in die Charten des stillen Oceans ein-
zutragen, da wir nicht Gelegenheit hatten, solche
selbst zu besuchen, und deren Existenz wir nur auf
Treue und Glauben unserer gedachten Freunde annehmen müssen. Nachstehendes Verzeichniß ist nach
ihrer Anleitung niedergeschrieben worden, und kann
bey weiterer Untersuchung zu Grund gelegt werden.

Namen der Freundschaftlichen und einiger ihnen
nahe gelegenen Inseln, wie sie uns von den Einwohnern von Annamooka, Hapaee und Tongataboo sind angegeben worden b):

Komooefeeva,	Noogoofaeeou,	Novababoo,
Kollalona,	Koreemou,	Golabbe,
Felongaboonga,	Failemaia,	Vagaeetoo,
Kovereetoa,	Koweeka,	Gewakka,
Fonogooeatta,	Konookoonama,	Goofoo,
Mobooanoogoo-	Kooonoogoo,	Mafanna,
noogoo,	Geenageena,	Kolloooa,
Tongooa,	Kowourogoheefo,	Tabanna,
Koooa,	Kottejeea,	Motooha,
Fonooa eeka,	Kokabba,	Eeoakabba,
Vavaoo,	Boloa,	Toofanaetollo,
Kolao,	Toofagga,	Toofanaelaa,
Fafeene,	Eoogoobahanga,	Kogoopoloo,
Tavonga,	Taoola,	Havaeeeeke,
Kobakeemotoo,	Maneeneeta,	Tootooeela,
Kongahoonoho,	Fonooaooma,	Manooka,
Komalla,	Fonooonneonne,	Lefhainga,
Konoababoo,	Wegaffa,	Pappataia,
Konnetalle,	Fooamotoo,	Loubatta,
Komongoraffa,	Fonooalaiee,	Oloo,
Kotoolooa,	Tattahoi,	Takounove,
Kologobeele,	Latte,	Kopaoo,

b) Die Inseln, welchen die Eingebohrnen einen
großen Umfang beylegten, sind durch Schwabacher
Schrifft unterschieden.

1777.
Julius.

Kollokolahee,	Neuafo,	Rovooeea,
Matageesala,	Seejee,	Rongaireekee,
Mallajee,	Oowaia,	Tafeedoowaia,
Mallalahee,	Rongaiarahoi,	Hamoa,
Gonoogoolaiee,	Rotooboo,	Neeootaboo-
Toonabai,	Romotte,	taboo,
Konnevy.	Romoarra,	Sotoona,
Konnevao,	Rolaiva,	Vytooboo,
Moggoboo,	Rofoona,	Lotooma,
Looamoggo,	Ronnagillelai-	Toggelzo,
	voo,	Talava.

Ich zweifle nicht im geringſten, daß die von Taſman entdeckten und von ihm ſo genannten Prinz Williams-Inſeln, mit in dieſer Liſte begriffen ſind. Da wir an Hapaee vor Anker lagen, ſagte uns ein Eingebohrner, es läge, drey oder vier Tagreiſen weit gegen Nord-Weſten, eine Gruppe von mehr als vierzig Inſeln. Dieſe Lage kömmt ſehr wohl mit der überein, welche Taſman, in den Nachrichten von ſeiner Reiſe, den Prinz-Williams-Inſeln angewieſen hat. c)

Wir haben auch gute Gründe zu vermuthen, daß Keppels- und Boſcawens-Eiland, zwo In-

c) Taſman ſah achtzehen bis zwanzig dieſer kleinen
Inſeln, die alle mit Sandbänken, Untiefen, und
Klippen umgeben waren. Sie werden in einigen
Charten auch Heemskirks-Bänke genennt.
S. Dalrymple's Collection of Voyages to the South
Pacific Ocean, Vol. II. p. 83. auch Campbell's
Ausgabe von Harris's Voyages I. p. 325.

feln, welche Capitain Wallis im Jahr 1765 ent-
deckte, unter obigem Verzeichniſſe begriffen ſind.
Und daß ſie den hieſigen Inſulanern nicht nur bekannt ſind, ſondern auch mit ihnen unter eben demſelben Oberherrn ſtehen, ſcheinen nachfolgende Um-
ſtände zu entſcheiden. Als ich einſtmals Poulaho,
den König, fragte, auf welche Art den Einwohnern
von Tongataboo das Eiſen bekannt geworden
wäre, und woher ſie das kleine eiſerne Inſtrument
bekommen hätten, welches ich auf meiner erſten
Reiſe bey ihnen geſehen hatte, antwortete er mir,
ſie hätten es aus einer Inſel erhalten, die er Neeootabootaboo nannte. Ich fragte ihn weiter, ob
ihm wohl nicht bekannt ſey, wie die Einwohner von
Neeootabootaboo zu dieſem Stück Eiſen gekommen wären. Auch hierüber wußte er vollkommen
Beſcheid. Er ſagte nämlich, ein Inſulaner hätte
an ein Schiff, welches dahin gekommen ſey, für
fünf Nägel eine Streitkolbe verkauft, und dieſe
fünf Nägel wären darauf nach Tongataboo geſchickt worden. Er ſetzte hinzu, dies ſey das erſte
Eiſen geweſen, welches ihnen je zu Geſicht gekommen wäre. Was alſo Tasman von dieſem
Metall hier zurück ließ, mußte damals ſchon längſt
verbraucht und vergeſſen geweſen ſeyn. Ich erkundigte mich auf das genaueſte nach der Lage, Größe
und Geſtalt dieſer Inſel; dabey verlangte ich zu
wiſſen, wenn das Schiff dahin gekommen, wie
lange es daſelbſt geblieben und ob es allein oder

Zweyter Th.   O

in Gesellschaft mehrerer Schiffe gewesen sey. Das wesentlichste dieser Umstände schien ihm sehr frisch im Gedächtniß zu seyn; er sagte mir nämlich, es wäre nur ein einzelnes Schiff gewesen, welches nicht einmal hier vor Anker gelegen, sondern, nachdem es ein Boot hätte landen lassen, die Insel verlassen habe. Nach einigen Nebenumständen, die er erzählte, muß auch dieses Schiff nur erst vor einigen Jahren hier gewesen seyn. Ferner erfuhr ich von ihm, daß dort eigentlich zwo Inseln ganz dicht an einander lägen, auf denen er selbst gewesen sey. Nach seiner Beschreibung, ist die eine hoch und zugespitzt, wie Rao, und heißt Rootahee; die andere aber, nämlich Neeootabootaboo, wo das Boot des Schiffes gelandet hatte, soll ungleich niedriger seyn. Imgleichen belehrte er mich, daß die Eingebohrnen beider Eilande und die von Tongataboo einerley Völkerschaft wären, daß sie ihre Kähne auf einerley Art baueten, daß ihre Inseln Schweine und Geflügel, und überhaupt eben dieselben Produkte des Pflanzenreichs hervorbrächten. Nach allen diesen Umständen kann das bezeichnete Schiff kein anderes als der Dolphin gewesen seyn, da in neuern Zeiten, vor meinem ersten Besuche auf den Freundschaftlichen-Eilanden, unseres Wissens, kein einzelnes europäisches Schiff an einer Insel in diesem Theile des stillen Meeres vorbey gekommen ist. d)

d) Man sehe in Hawkesworth's Collection, — Capitain Wallis's Voyage etc, Vol. L. p. 492-494.
(deut.

n fen. Das
m fehr frifch
nämlich, es
welches nicht
rn, nachdem
Infel verlaffen
die er erzähl
r einigen Jah
r ich von ihm,
cht an einander

Nach feiner
zugefpitzt, wie
ere aber, näm
oot des Schif
er feyn. Im
Eingebohrne
taboo einerle
ne auf einerle
weine und Ge
Produkte des
ach allen diefen
iff kein anderes
in neuern Zei
f den Freund
iffens, kein ein
Infel in diefem
mmen ift. d)

Collection,
! L. p. 492-494
(deut.

Die beträchtlichften der umliegenden Infeln, von denen wir jetzt ziemlich ausführlich fprechen hörten, find: Hamoa, Vavaoo, und Seejee, und man befchrieb fie uns alle größer als Tongataboo. Sie find, fo viel uns bekannt ift, noch von keinem Europäer gefehen worden. Tafman hat zwar in feiner Charte, ungefähr in der Lage, wo ich Vavaoo vermuthe, nämlich unter dem 19° füdlicher Breite, eine Infel; allein fie ift dafelbft nur als ein fehr kleines Eiland angezeigt, da doch Vavaoo, nach dem einhelligen Zeugniffe aller unferer Freunde von Tongataboo, an Größe ihre eigene Infel übertrift, und hohe Berge hat. e) Ich würde fie

(deut. Ausgabe 1. B. S. 268-270.) Capitain Wallis nennt hier beide Infeln hohes Land; daß aber die eine höher als die andere feyn müffe, erhellt daraus, daß er von ihr fagt, fie habe die Geftalt eines Zuckerhutes, welches vollkommen auf Kao paßt. Vergleicht man übrigens Poulahos Angabe mit Capit. Wallis Nachrichten, fo bleibt kein Zweifel übrig, daß Bofcawens-Eiland unfer Kootahee, und Keppels-Eiland unfer Meeootabootaboo fey. Letzteres ift im obigem Verzeichniße als eine große Infel angegeben. Der Lefer, der bereits mit der Verfchiedenheit unferer Rechtfchreibung bey fremden, von Eingebohrnen ausgefprochenen Wörtern und Namen bekannt ift, wird nicht zweifeln, daß Poulaho's Kootahee, und das in der Lifte angeführte Kottejees, eine und diefelbe Infel fey.

e) Weder Dalrymple noch Campbell, die Tafmans Reife herausgegeben haben, erwähnen,

D 2   daß

gewiß besucht, und damals, von Hapaee aus, mit Feenou dahin gegangen seyn, wenn dieser mich nicht durch sein Vorgeben, es sey nur ein unbedeutendes Eiland ohne Haven, davon abgehalten hätte. Poulaho, der König, versicherte mich nachher, daß es eine große Insel sey, und daß sie nicht nur alle Produkte, die man in Tongataboo fände, hervorbringe, sondern daß sie noch überdem verschiedene Bäche frischen Wassers und einen eben so guten Haven, wie die Hauptinsel, habe. Er erboth sich, mich dahin zu begleiten, wenn ich sie besuchen wollte, und setzte noch hinzu, ich dürfte ihn umbr... wenn ich nicht alles so fände, wie er mir es beschrieben habe. Ich zweifelte keineswegs an der Wahrheit seiner Versicherungen und wurde vielmehr überführt, daß mich Feenou nur irgend einer ihm näher angehenden Absicht wegen, hintergehen wollte.

Hamoa, welches ebenfalls unter dem Gebiethe von Tongataboo steht, liegt zwo Tagreisen weit nord-westwärts von Vavaoo. Man beschrieb sie mir als die größte aller Inseln dieser Gegend, wo gutes Wasser, Häven, und alle Erfrischungen, die wir in andern dieser Inseln angetroffen hatten, in

daß er in dieser Gegend eine Insel gesehen habe. Die Charte auf die Capitain Cook verweist, wird vermuthlich diejenige seyn, die sich in Hrn. Dalrymple's Collection of Voyages etc. befindet, worauf Tasmans Curslinie sehr genau angedeutet ist, und wo, in angezeigter Lage, verschiedene kleine Inselchen angezeigt sind.

Ueberfluß zu finden wären. Hier hält auch Poulaho öfters sein Hoflager; wie es denn überhaupt
scheint, daß diese Insel mit ihren Einwohnern bey
den Tongatabooesern in großer Achtung stehe.
Man sagte mir z. B. daß verschiedene Gesänge und
Tänze, womit man uns unterhalten hatte, ursprüng-
lich von dorther gekommen wären; auch zeigte man
uns einige Häuser die ganz nach Art der Häuser in
Hamoa sollen gebauet seyn. Hr. Anderson, der
sein unabläßliches Augenmerk auf die Sprache und
Mundarten der uns vorkommenden Völkerschaften richtete, sammelte folgende drey hamoaische
Wörter :

Tamolao f), ein Oberhaupt, oder ein vornehmer Mann.

Tamaety, eine vornehme Frau.

Solle, ein gemeiner Mann.

f) Wir haben in einigen vorhergehenden Anmerkungen, aus den *Lettres édifiantes et curieuses*, auffallende Beyspiele der Aehnlichkeit zwischen den
Gebräuchen der Einwohner der Carolinen-Eilande, und denen der so unermeßlich weit davon
entlegenen Insulaner im südlichen stillen Meere angeführt. Der hieraus gezogenen Folgerung, daß
vermuthlich alle diese Inseln von einer Nation
oder einem Volksstamme bevölkert worden sind,
könnte man vielleicht entgegen setzen, daß, vermöge der allgemeinen Grundgesetze der menschlichen Natur, die zu allen Zeiten und unter allen
Himmelsgegenden immer dieselben sind, eine gewisse Gleichförmigkeit der Gebräuche auch unter

den

Seejee soll, nach dem Berichte der Eingebohrnen, nordwestwärts gen Westen, drey Tagreisen weit von Tongataboo entlegen seyn. Man beschrieb es uns als eine hohe, aber überaus fruchtbare Insel, die mit Schweinen, Hunden, Geflügel und allerley Arten von Früchten und Wurzeln, die die übrigen Eilande hervorbringen, überflüssig versehen seyn soll. Auch sie ist größer als Tongataboo,

den entferntesten Völkern statt haben müsse, ohne daß man deßwegen auf eine andere gemeinschaftliche Quelle zurückzugehen habe. Daß dieser Einwurf auf gegenwärtigen Fall nicht passe, wird der Leser einsehen, wenn er folgende Begriffe von einander trennen wird. Gebräuche, die in den allgemeinen Bedürfnissen des Menschengeschlechts gegründet, und in dem Kreise der menschlichen Fähigkeit, ihnen abzuhelfen, eingeschränkt sind, müssen ganz natürlich unter allen Nationen große Aehnlichkeit haben, ohne daß man deswegen sagen kann, eine habe sie von der andern, oder sonst von einem gemeinschaftlichen Volksstamme erhalten; weil die menschliche Erfindsamkeit fast überall dieselbe ist, der Mittel aber, besondere natürliche Bedürfnisse zu befriedigen, zumal in gleich uncultivirten Ländern, nur wenige sind. So mögen noch so entfernte Stämme, wie z. B. die Kamtschadalen und Brasilianer ihr Feuer auf einerley Weise, nämlich durch zwey gegen einander geriebene Stücke Holz anmachen: wir werden darum nicht auf die Vermuthung gerathen, daß eine Nation diese Methode von der andern gelernt oder aus einer andern gemeinschaftlichen Quelle überkom

und stehet nicht, wie die andern Inseln dieses Archipelagus, unter dem Gebiethe dieser letztern. Keejee
und *Tongataboo* sind vielmehr fast immer mit
einander in Kriege verwickelt und es scheint aus verschiedenen Umständen, daß die Einwohner dieser
Insel vor jenen Respect haben. Wir haben gesehen, daß die von *Tongataboo* das Gefühl ihres
geringeren Werths gegen die Keejeeaner durch

kommen habe. Ganz anders verhält es sich aber
in Ansehung gewisser Gebräuche, deren Ursprung
unmöglich in den allgemeinen Grundgesetzen der
menschlichen Natur, sondern lediglich in den un-
endlich verschiedenen Local-Einfällen oder der
Nationalsitte einzelner Völker zu suchen ist. Von
dieser Art sind offenbar jene Gebräuche, die wir
bey den Insulanern der *Nordsee*, wie bey denen
des südlichen stillen *Meeres*, als Beyspiele einer
auffallenden Aehnlichkeit und als Gründe für ihre
gemeinschaftliche Abkunft angeführt haben. Denn
wenn die Eingebohrnen von *Mangeea* und die der
Neu-Philippinen, zum Zeichen ihrer Ehrerbietung, einer Person die Hand nehmen und sich
damit das Gesicht reiben, so ist wohl eher zu
glauben, daß sie diese Sitte in einer Schule gelernt haben, als daß sie die Natur darauf gebracht
habe. Sollten diese Gründe für einerley Abkunft
dieser und jener Insulaner den Zweifler nicht befriedigen, so wird er doch schwerlich mit einem
andern, dieser Meynung sehr günstigen Falle zu
recht kommen, der sich nicht auf die Aehnlichkeit
der Gebräuche, sondern auf die unläugbare und
entscheidende Verwandschaft der Sprache gründet.
Wir

Beugung ihres Körpers ausdrückten, wobey sie das
Gesicht mit ihren Händen bedeckten. Man darf sich
aber über diese ihre Furcht nicht wundern, denn,
aller Beschreibung nach, wissen die Einwohner von
Seejee nicht nur sehr geschickt mit Bogen und
Schleudern umzugehen, sondern sie sollen auch noch,
wie die Neu-Seeländer, dem gräulichen Brauche,
ihre in der Schlacht gebliebenen Feinde zu fressen,
ergeben seyn. Wir wurden überzeugt, daß dies
keine einseitige Beschuldigung war; denn wir trafen
in Tongataboo etliche Einwohner von Seejee an,
die, auf unser Befragen, die Sache gar nicht
läugneten.

Da ich hier abermals Gelegenheit habe, von
Cannibalen zu reden; so möchte ich doch diejenigen,
welche den Mangel an anderer Speise als die erste

Wir haben oben gesehen, daß in Hamoa, einer
der Freundschaftlichen-Inseln, Tamoloa|ein
Oberhaupt bedeutet; wer in den *Lettres édifiantes
et curieuses* nachsehen will, wird finden, daß die
Einwohner der Carolinen-Eilande ihre Befehlshaber eben so nennen. Wir haben bereits, in
einigen Anmerkungen, Stellen aus des Pater
Cantova Nachrichten von diesen Inseln ausge-
hoben, wo dieser Tamolen auf wenigen Seiten
wenigstens zwölf mal gedacht wird. Ich will hier
nur eine entscheidende Stelle einrücken: "L'auto-
rité du Gouvernement se partage entre plusieurs
familles nobles dont les Chefs s'appellent *Tamoles*.
Il y a outre cela dans chaque Province un prin-
cipal *Tamole*, auquel les autres sont soumis. „
Lettres édifiantes et curieuses, Tom. XV. p. 312.

Urſache des Menſchenfreſſens angeben, fragen, was
wohl die Seejeeaner bewegen konnte, bey allem
Ueberfluſſe an Lebensmitteln, ſich noch immer von
dem Fleiſche ihrer eigenen Gattung zu nähren.—
In Tongataboo wird dieſer Brauch ſehr verab-
ſcheuet und die dortigen Einwohner ſuchen blos aus
Furcht mit ihren wilden Nachbarn von Seeje in
gutem Vernehmen zu ſtehen. Zuweilen wagen ſie
es doch, ſich mit ihnen, und zwar auf ihren eigenen
Grund und Boden, in kleine Scharmizel einzulaſſen,
um rothe Federn zu erbeuten, die dort ſehr häufig
ſollen gefunden werden, und, wie wir ſchon geſagt
haben, bey allen unſern Freundſchaftlichen-In-
ſulanern in ſehr hohem Werthe ſtehen. Haben
beide Inſeln Friede, ſo ſcheint der Tauſchhandel
unter ihnen ſehr ſtark betrieben zu werden. Indeſſen
iſt es wahrſcheinlich, daß ſie noch nicht gar lange
mit einander bekannt ſind; denn ſonſt würde man
in Tongataboo und den umliegenden Inſeln eher
Hunde gehabt haben, deren es in Seejee eine große
Menge giebt, und die im Jahre 1773, als ich
Tongataboo zum erſtenmal beſuchte, noch nicht
daſelbſt eingeführt waren. Die Einwohner von
Seejee, die wir hier antrafen, waren um eine ganze
Schattirung dunkler von Farbe, als die Einwohner der Freundſchaftlichen-Inſeln, im Ganzen
genommen. Einer derſelben hatte das linke Ohr
gſchlitzt, und das Läppchen daran war ſo gedehnt,
daß es beynahe bis an die Schulter herunter hieng;
eine Mode, die ich ſchon auf meiner zwoten Reiſe,

auf mehrern Südseeinseln bemerkt hatte. Mir
kam es vor, als wenn man den Leuten von Seejee
hier mit ganz besonderer Achtung begegnete, welches
vielleicht eben so wohl der vorzüglichen Geschicklichkeit ihrer Nation, als ihrer Macht und furchtbaren
Art, ihre Kriege zu führen, mag zugeschrieben werden.
Nach verschiedenen Proben ihres Kunstfleißes, die
man uns zeigte, zu urtheilen, scheinen sie in diesem
Stücke die Einwohner von Tongataboo zu übertreffen. Ihre Streitkolben und Speere waren mit
meisterhaftem Schnitzwerke versehen, ihre Zeuge und
Matten überaus zierlich gewürfelt und gescheckt, und
selbst an ihren irdenen Töpfen und einigen andern
Geräthschaften blickte eine vorzüglich geschickte Be-
arbeitung hervor.

Ich habe schon erwähnt, daß Seejee und Tongataboo drey Tagreisen weit von einander entlegen
seyn sollen. Man weiß hier auf keine andere Art
die Entfernung einer Insel von der andern zu berechnen, als nach der Zeit die man braucht, in
einem Kahne von einer zur andern zu kommen.
Um dieses genauer zu bestimmen, oder wenigstens
zu finden, wie weit diese Kähne, in einer gegebenen
Zeit, bey gemäßigtem Winde seegeln können, begab
ich mich an Bord eines der Seegelcanote, und fand
mittelst einiger Versuche mit der Logleine, daß es
bey einer leichten Kühlung, und dem Seegel hart am
Winde, in einer Stunde sieben Knoten, oder sieben
kleine Meilen zurücklegte. Ich schloß hieraus, daß
die Einwohner, im Durchschnitte, bey den hier

t hatte. Mit
uten von Seejee
segnete, welches
ven Geschicklich-
und furchtbaren
hrieben werden.
Kunstfleises, die
ten sie in diesem
taboo zu über-
recre waren mit
, ihre Zeuge und
id gescheckt, und
einigen andern
h geschickte Be-

ejee und Ton-
nander entlegen
ine andere Art
r andern zu be-
n braucht, in
n zu kommen.
der wenigstens
iner gegebenen
können, begab
note, und fand
zleine, daß es
Seegel hart am
en, oder sieben
g hieraus, daß
bey den hier

gewöhnlichen Winden, sieben oder acht dieser Meilen in einer Stunde machen können. Hiebey muß
angemerkt werden, daß sie die Länge eines Tages
nicht zu vier und zwanzig Stunden rechnen, und
unter Tagreisen nichts anders verstehen, als den
Zeitraum von Morgen bis Abend, oder höchstens
von zehen bis zwölf Stunden, und daß wenn von zwo
Tagreisen die Rede ist, sie vom Morgen des ersten
Tages bis zum Abend des andern unter Seegel gewesen sind. Bey dieser Fahrt richten sie sich bey
Tag nach der Sonne, und bey Nacht nach den Sternen. Kommen diese nicht zum Vorschein, so halten
sie sich an die Richtung, nach welcher Wind und
Wogen gegen ihre Fahrzeuge kommen. Drehen
sich diese noch während der Dunkelheit — welches
innerhalb der Grenzen des Passatwindes selten anders
als bey Nachtzeit geschicht — so wissen sie nicht mehr,
wie sie daran sind, sie verfehlen den Haven, den
sie suchten, und man hört nichts mehr von ihnen.
Indessen zeigt uns die Geschichte von Omai's
Landsleuten, die nach Wateeoo getrieben wurden,
daß nicht alle Verschlagene zu Grund gehen.

Unter allen Häven und Ankerstellen, die ich an
diesen Eilanden angetroffen habe, ist der Haven von
Tongataboo unstreitig der beste, denn er ist sicher,
geräumig und hat einen vortreflichen Ankergrund.
Die Gefahr, in welcher wir uns bey dem Einlaufen
an der Nordseite befanden, wird künftigen Schiffs-
comandanten zur Warnung dienen, diesen Kanal
mit keinem schweren Schiffe zu befahren, da ohne-

hin der, durch welchen wir ausgelaufen sind, ungleich
bequemer und sicherer ist. Will man den östlichen
einschlagen, so muß man gegen die nordöstliche
Spitze der Insel anlegen, sich dabey längs der nördlichen Küste halten, und die kleinen Inseln an
Steuerbord (rechter Hand) liegen lassen, bis man
auf die Höhe der Ostspitze, am Eingang der Lagune gekommen ist. Sodann wendet man sich längs
des Riffs der kleinen Inseln, und kommt in dieser
Richtung zwischen Makkahaa und Manooafai,
oder die vierte und fünfte Insel, die man gleich
auf der Höhe der Westspitze der Lagune erblickt.
Oder man kann auch zwischen die dritte und vierte Insel, nämlich zwischen Pangimodoo und
Monooafai hinseegeln, wiewohl dieser Kanal ungleich schmäler ist als jener. In beiden ist Ebbe
und Fluth sehr stark. Die Fluth kömmt, wie ich
bereits gedacht habe, von Nordwesten, welchen
Weg auch die Ebbe nimmt. — Doch hievon an
einem andern Orte. — Ist man durch einen oder den
andern dieser Kanäle hindurch, so darf man gerade
gegen die Küste von Tongataboo steuern, und
sich sodann zwischen dieser Insel und Pangimodoo,
vor einer Kreeke, die in die Lagune führt vor
Anker legen. Die Boote können mit halber Fluth
in die Lagune kommen.

Wenn Tongataboo den bequemsten Haven
hat, so giebt Annamooka dagegen das beste Wasser, wiewohl dieses beste im Grund nicht einmal
gut kann genennt werden. Wollte man indessen

en find, ungleich
in den östlichen
die nordöstliche
längs der nörd-
nen Inseln an-
assen, bis man
ingang der La-
t man sich längs
ommt in dieser
Manooafai,
die man gleich
gune erblickt.
ritte und vier-
simoboo und
eser Kanal un-
eiden ist Ebbe
mmt, wie ich
sten, welchen
ch hievon an
einen oder den
f man gerade
steuern, und
ngimoboo,
te führt vor
halber Fluth

msten Haven
s beste Was-
nicht einmal
nan indessen

nahe am Teiche Gruben graben, so würde man
wenigstens ganz leibliches finden. Diese Insel liegt
beynahe in der Mitte der ganzen Gruppe und hat
also, in Ansehung der Erfrischungen, die sie aus allen
übrigen Inseln ziehen kann, die vortheilhafteste
Lage. Außer der Rheede, in der wir vor Anker
waren, und dem Haven, innerhalb der Südwest-
Spitze, befindet sich noch vor der östlichen Sand-
bucht, an der Nordseite der Insel, eine Kreeke im
Riffe, in welcher zwey bis drey Schiffe bequem
und sicher liegen können, wenn Vordertheil und
Hintertheil mit Ankern oder Kabeln an den Felsen
vestgelegt werden.

Ich habe die Hapaee-Inseln bereits beschrieben, und will nur hinzufügen, daß sie sich von
Südwest gen Süden, nach Nordost gen Norden,
ungefähr neunzehn Meilen weit erstrecken. Ihr
nördliches Ende liegt im 19° 39' südlicher Breite,
und in 33' östlicher Länge von Annamooka.
Zwischen dieser und Hapaee liegen eine Menge
kleiner Eilande, Sandbänke und Brecher, so daß,
um nach Hapaee zu kommen, kein sicherer Weg ist,
als der, den ich genommen habe, oder wenn man, nach
Maasgabe der Lage des Schiffs, nordwärts herum
seegelt. Lefooga, auf dessen Höhe wir ankerten,
ist die fruchtbarste der Hapaee-Inseln, folglich
auch am meisten bewohnt. Längs ihrer Nordseite
ist eine Ankerstelle; es wird aber nöthig seyn, den
Boden vorher wohl zu untersuchen, ehe man die
Anker fallen läßt; denn wenn auch das Senkbley

feinen Sand mit herauf bringt, so giebt es doch
hie und da scharfe Korallenklippen, an denen die
Kabeltaue in kurzer Zeit entzwey gerieben werden. –

Mehrere hier unterlassene geographische Nach¬
richten über diese Inseln, findet man in dem Tage¬
buche meiner letzteren Reise. g) Ich verweise mei¬
ne Leser sowohl hierüber, als über die Einwohner
dieser Eilande, ihre Gebräuche, Sitten und Kün¬
ste h) um so zuversichtlicher dahin, da ich auf die¬
ser Reise keine Veranlassung gefunden habe, mein
damals gefällten Urtheile zu widerrufen. Gegen¬
wärtig werde ich mich nur auf solche anziehende Ge¬
genstände einschränken, die entweder in meinem vo¬
rigen Reiseberichte nicht zu finden, oder darinnen
theils unvollkommen, theils unricht' beschrieben
worden sind, — oder auf solche, ! Erläute¬
rung mancher Stellen, in Ansehung unseres Ver¬
kehrs mit den Eingebohrnen, dienlich seyn können.

Da ich mich an die drey Monate lang in dieser Insel¬
gruppe aufgehalten habe, so wird man von mir er¬
warten, daß ich im Stande sey, alle hierüber noch
obwaltende Schwierigkeit zu heben, und eine ziem¬
lich umständliche Beschreibung von den Gebräuchen,
Meynungen und der sowohl gottesdienstlichen als
bürgerlichen Verfassung der Einwohner zu liefern;
zumal da wir eine Person an Bord hatten, die nicht

g) S. Cook's Voyage, Vol. I. p. 211. 213.

h) Ebendaselbst. p. 213. 225. (Hrn. Forsters Reise
u. d. W. 1. Th. S. 315—360. 2te Th. S. 127—
158. W.)

nur ihre, sondern auch unsere Sprache verstand, und
daher vielleicht für den besten Dolmetscher möchte
angesehen werden. Allein dem armen Omai fehlte
es an allen übrigen hiezu nöthigen Eigenschaften.
Es hielt erstaunlich schwer, über Gegenstände, die
nicht unmittelbar vor Augen lagen, durch bloßes
Nachfragen, eine nur halb passende Antwort zu
erhalten, ohne in tausenderley Mißverstand zu fallen,
welchem Omai noch mehr als wir selbst ausgesetzt
war. Da er nicht die geringste Neugierde hatte,
so gab er sich auch nicht die Mühe, für sich selbst
über dieses oder jenes Beobachtungen anzustellen.
Und war er auch zuweilen bey Laune, uns über gewisse Dinge Auskunft zu geben, so waren seine Begriffe so eingeschränkt, vielleicht öfters von den unsrigen so sehr verschieden, daß seine Erklärungen uns
mehr verwirrten als belehrten. Hiezu kommt noch,
daß sich unter den Eingebohrnen gar selten Jemand
fand, der Geschick und guten Willen genug gehabt
hätte, uns über dieses oder jenes Bescheid zu geben.
Ja, wir bemerkten, daß es den meisten höchst lästig
war, sich auf Fragen einzulassen, die, ihrer Meynung nach, blos für die Langeweile geschahen.
Selbst unser Lagerplatz in Tongataboo — wo wir
uns am längsten aufhielten — war in dieser Rücksicht nichts weniger als vortheilhaft, denn in der
ganzen Gegend wohnte sonst niemand, als Fischer.
Alle die uns besuchten, oder von uns besucht wurden, machten sich bey dieser Gelegenheit Feyertage.
Wir hatten also nur wenig Gelegenheit, der

Eingebohrnen gewöhnliches Thun und Lassen, oder ihre häusliche Lebensweise zu beobachten. Unter diesen Umständen wird man mir nicht zur Last legen, wenn ich über verschiedene Gegenstände nicht mehr befriedigende Nachrichten gesammlet habe. Einige meiner Herren Reisegefährten haben, durch sorgfältige Beobachtung, diese Lücken auszufüllen gesucht; vorzüglich aber habe ich Hrn. Anderson die in diesem und folgenden Kapitel eingerückten Bemerkungen zu verdanken. Alles was Religion und Sprache dieser Völker betrift, ist ganz von ihm; auch in andern Dingen, wo seine Anmerkungen mit den meinigen übereinstimmen, habe ich mich fast mehrentheils seiner eigenen Worte bedient.

Die Eingebohrnen der Freundschaftlichen Inseln übersteigen selten die gewöhnliche Größe — ob gleich verschiedene unter ihnen über sechs englische Fuß maaßen. Sie sind stark und wohl gebaut, besonders an den Schenkeln. Sie haben fast durchgängig breite Schultern, und sollte sich auch der muskelreiche Körper der Mannspersonen — der eine Folge ihrer Arbeitsamkeit und Thätigkeit zu seyn scheint — mehr mit dem Begriff der Stärke als der Schönheit vertragen; so kann man doch viele unter ihnen vollkommen schön nennen. Ihre Gesichtszüge sind sehr verschieden, und es sollte schwer halten, hierüber allgemein übereinstimmende Merkmale anzugeben, es müßte denn eine ziemlich fleischichte Nasenspitze seyn, die wir fast durchgehends bey ihnen bemerkt haben; ich sage fast durchgehends, denn

nb Laſſen, oder
achten. Unter
t zur Laſt legen,
inde nicht mehr
habe. Einige
, durch ſorgfäl,
ufüllen geſucht;
rſon die in die-
n Bemerkungen
n und Sprache
ihm; auch in
kungen mit den
mich faſt mehr
nt.
ndſchaftlichen-
nliche Größe —
er ſechs engliſche
wohl gebaut,
haben faſt durch-
te ſich auch der
onen — der eine
ätigkeit zu ſeyn
Stärke als der
doch viele unter
Ihre Geſichts-
ollte ſchwer hal-
ende Merkmale
nlich fleiſchichte
hends bey ihnen
achends, denn

wir trafen auch viele ſogenannte römiſche Naſen, und eine Menge ganz europäiſcher Geſichter an. Sie haben gute Augen und gute Zähne; nur ſind letztere nicht ſo weiß und wohlgereihet, als gewöhnlicher Weiſe, die Zähne anderer Indianer, die dagegen ungemein aufgeworfene Lippen haben, die man aber unter dieſen Inſulanern nur ſelten antrift.

Die Frauensperſonen unterſcheiden ſich von den Männern mehr durch die minder ſtarken, veſten und fleiſchichten Formen des Körpers, als durch ihre Geſichtsbildung. Wir haben zwar hie und da ſehr feine und ſanfte Züge unter ihnen wahrgenommen, die nicht allein das allgemeine Kennzeichen ihres Geſchlechts wären, ſondern auch gerechte Anſprüche auf Schönheit und Ausdruck machen konnten; aber dieſe Ausnahmen ſind hier ungleich ſeltener als in andern Ländern, und iſt dieſes faſt das einige, was an den hieſigen Inſulanerinnen könnte ausgeſetzt werden; denn ihr ganzer übrige Körper iſt wohl proportionirt, und manche darunter ſind wahre Muſter des ſchönſten weiblichen Gliederbaues. Was übrigens das hieſige Frauenzimmer beſonders auszeichnet, iſt die ungemeine Kleinheit oder Niedlichkeit ihrer Finger, die den ſchönſten europäiſchen Fingern den Vorzug ſtreitig machen würden.

Im Ganzen genommen, ſind die Eingebohrnen von etwas dunklerer Schattirung als kupferbraun, doch giebt es viele, beiderley Geſchlechts, die vollkommen olivengrün, und Weiber, die von noch

Zweyter Th.   P

hellerer Farbe sind.   Dieses letztere mag vielleicht
daher kommen, daß sie der Sonne weniger ausgesetzt waren; so wie, bey den Vornehmern des Landes,
die Anlage zum Dickwerden die Folge ihrer müßigern
Lebensart zu seyn scheint.   Bey diesen letztern findet
man auch häufig eine weiche und reine Haut, da
sie bey dem gemeinen Volke nicht nur mehrentheils
dunkler, sondern auch, besonders an den unbeklei-
deten Theilen, etwas rauh ist, welches letztere wahrscheinlich von einer Krankheit der Haut herkommen
mag.   Wir sahen in Hapaee einen Mann und einen Knaben, und in Annamooka ein Kind, von
vollkommen weisser Farbe.   Dergleichen Ausnahmen, welche auch bey allen schwarzen Nationen angetroffen werden, sind aber mehr als eine Krankheit, als Spielarten der Natur anzusehen. i)

Uebrigens findet man wenig natürliche Gebre-
chen oder Mißgestalten unter ihnen, zwey oder drey
ausgenommen, die einwärts gekrümmte Beine hatten, auch etliche die wegen eines Fehlers am Horn-
häutchen blind waren.   Auch von verschiedenen an-

i) Auch dieses bestättigt, daß die americanischen Al-
   binos, Dondos, oder weissen Mohren, die ostin-
   dischen Kakerlacken, die weissen Negern bey
   Darien rc. rc. nicht einmal Spielarten, sondern,
   wie sich Hr. Professor Blumenbach ausdrückt,
   Patienten sind, deren Geschichte mehr in die
   Pathologie als in die Naturgeschichte gehört.
   S Handbuch der N. G. S. 61. und seine vortreff.
   Abhandlung de generis humani varietate na-
   tiva etc. 8. Göttingen. 1776. W.

dern Krankheiten sind sie nicht befreyet, unter welchen die gemeinste, und wenigstens bey der Hälfte
der Einwohner eingerissene, eine Art von Flechte
oder Zittermaal (impetigo) ist, die überall auf der
Haut weisse geschlängelte Schuppen hinterläßt.
Von mehrerer Bedeutung ist eine andere hier ebenfalls häufige Krankheit, welche sich an allen Theilen
des Leibes durch große mit einem dicken, weissen
Rande umgebene Geschwüre äussert, die eine dünne, helle Materie von sich geben.   Einige dieser
Geschwüre, besonders die im Gesichte, schienen sehr
giftiger Art zu seyn, und waren überaus eckelhaft
anzusehen; indessen bemerkten wir einige Insulaner,
die daran geheilt, andere die der Heilung nahe waren, dabey aber entweder die Nase oder einen Theil
derselben eingebüßt hatten.   Da wir unwidersprech-
liche Beweise haben, k) und die Einwohner selbst gestehen, daß diese eckelhafte Krankheit schon vor
Ankunft der Engländer unter ihnen eingerissen gewesen war, so kann sie doch, aller Aehnlichkeit der
Symptomen ungeachtet, keine Wirkung der veneri-
schen Seuche seyn; man müßte denn den sonst sehr
wünschenswerthen Fall annehmen, daß dieses Uebel

k) Capt. Cook fand bey seiner Landung in Annamooka, im Jahr 1773, eine Person, die mit dieser
Krankheit behaftet war. S. Cap. Cook's Voyage,
Vol. II. p. 20. (Auch Hr. Forster fand auf
Tasmans Middelburgh einige dieser Aussätzigen
beiderley Geschlechts. S. dessen R. u. b. W.
1. Thl. S. 331. W.)

nicht durch unsere Leute im Jahr 1773 zuerst hie.
hergekommen sey. Unstreitig ist es, daß es num:
mehr hier nur allzubekannt ist, denn wir waren nicht
lange angekommen, als schon einige unserer Leute
davon angesteckt waren, und ich sah, leider! nur
allzuwohl, daß alle meine Sorgfalt, und alle bey
meinem ersten Besuche auf diesen Inseln genommenen Maasregeln, die Mittheilung dieser fürchter-
lichen Seuche bey den Eingebohrnen zu verhindern,
vergeblich gewesen waren. Das sonderbarste bey
der Sache ist, daß man hier diese Krankheit nicht
sonderlich zu achten scheint. Wir sahen auch hier
ihre sonst so gewöhnlichen zerstöhrenden Wirkungen
nicht, und mag vielleicht das Klima sowohl als die
Lebensart der Insulaner die Bösartigkeit derselben
um vieles geschwächet haben. Noch giebt es hier
ein Paar andere ziemlich gewöhnliche Krankheiten;
die eine ist ein nicht schmerzhaftes, vestes Geschwul-
len an Armen und Beinen, wodurch sie der ganzen
Länge nach, zu einer ungeheuern Dicke aufgetrieben
werden, die andere eine ähnliche Geschwulst der
Hoden, die manchmal größer als ein Paar Fäuste
werden. Dieses abgerechnet, kann man die hiesigen
Einwohner in aller andern Rücksicht sehr gesunde
Leute nennen. Wir haben während unseres Aufenthaltes keinen Menschen gesehen, der irgend einer
Krankheit wegen, hatte zu Hause bleiben müssen.
Ihre allgemeine Stärke und Gewandtheit entsprach
vielmehr vollkommen ihrem muskelreichen Ansehen,
und sie wußten diese und jene, sowohl bey ihren ge-

73 zuerst hie-
daß es nun-
ir waren nicht
unserer Leute
, leider! nur
und alle bey
Inseln genom-
dieser fürchten
zu verhindern,
nderbarste bey
krankheit nich
ihen auch hia
in Wirkungen
sowohl als die
gkeit derselba
giebt es hia
Krankheiten;
tes Geschwu
sie der ganze
e aufgetriebn
Geschwulst der
Paar Fäuste
an die hiesigen
sehr gesunde
seres Aufent-
irgend einer
eiben müssen.
heit entsprach
hen Ansehen,
bey ihren ge-

wöhnlichen Verrichtungen, als bey ihren Lustbarkeiten auf eine Art zu gebrauchen, die hinlänglich zu
erkennen gab, daß sie noch nicht durch jene zahllose
Menge von Uebeln und Beschwerden geschwächt
sind, die gemeinhin Folgen der Trägheit oder einer
der Natur nicht angemessenen Lebensart zu seyn
pflegen.

Unter die persönlichen Vorzüge dieser Leute gehört auch ihr ungemein guter Anstand im Gehen,
und ihr vester Tritt. Beides ist in ihren Augen etwas so natürliches und unentbehrliches, daß sie über
nichts so sehr lachten, als wenn sie uns öfters über
Baumwurzeln, oder sonst auf ungleichem Boden
stolpern sahen.

In ihren Gesichtszügen ist ein ganz besonderer
Ausdruck von Sanftheit und Güte, die sie in so
reicher Maaße besitzen. Da ist auch nicht eine Spur
jener wilden Unfreundlichkeit zu entdecken, die andere
noch rohe Völker auszeichnet. Ihr Gesicht ist so
ruhig, sie haben ihre Gemüthsbewegungen so in ihrer Gewalt, und ihr ganzes Betragen zeigt etwas
so gesetztes, daß man denken sollte, sie wären von
Jugend auf unter den strengsten Einschränkungen
gestanden. Bey alle dem sind sie offen, fröhlich und
gutmüthig. Nur in Gegenwart ihrer Oberhäupter
nehmen sie eine gewisse ernste, feyerliche Mine an,
die mehrentheils in ein steifes ungeschicktes Wesen
übergeht, und ihnen einen Anstrich von Schüchtern-
heit und Zurückhaltung giebt.

Die zuvorkommende Freundlichkeit, mit der sie
alle, die zu ihnen gekommen sind, aufgenommen
haben, zeugt hinlänglich von ihrer friedfertigen Gemüthsart. Anstatt die Fremden öffentlich oder heimlich anzufallen, wie es die meisten andern Insulaner
dieser Gewässer thun, oder sich sonst feindseelig gegen
sie zu betragen, suchten sie vielmehr, nach Art der
meisten civilisirten Völker, mit ihren Gästen durch
Tauschhandel in Verkehr zu treten, welches das einzige
Mittel ist, alle Nationen unter einander auf eine gewisse Art in Freundschaft zu verbinden. Sie verstehen sich so vollkommen auf diesen Handel — den
sie Fukkatou nannten — daß wir anfänglich glaubten, sie hätten sich diese Geschicklichkeit durch häu-
figes Verkehr mit den benachbarten Inseln erworben. Man versicherte uns aber nachher, daß sie
wenig oder gar keine Geschäfte dieser Art machen,
außer mit Seejee, aus welcher Insel sie die rothen
Federn und noch einige wenige andere oben erwähnte Waaren bekommen. Es giebt vielleicht
keine Nation in der Welt, die im Handel und Wan-
del mehr Redlichkeit und weniger Mißtrauen zeigt,
als diese. Wir durften ihnen ohne Bedenken er-
lauben, unsere Waaren zu untersuchen, und sie von
einer Hand zur andern gehen zu lassen; wir bekamen
sie allemal wieder, und auch sie setzten in diesem Fall
gleiches Vertrauen in uns. Gereuete einem Theil
der Kauf, so gab der andere die Waare willig und
freundlich zurück. — Mit einem Worte, diese Leute
schienen viele der vortreflichsten und der Menschheit

zur Ehre gereichenden Eigenschaften zu besitzen: als
Fleiß, Freymüthigkeit, Beharrlichkeit, Leutseeligkeit — und vielleicht noch manche andere Tugenden,
die wir in der kurzen Zeit unseres Aufenthaltes nicht
alle wahrzunehmen Gelegenheit hatten.

Der einzige Fehler, den wir an ihnen bemerkten, der einzige, der ihren Charakter verunziert, ist
der Hang zum Stehlen, dem Junge und Alte von
beiderley Geschlecht, in einem sehr hohen Grade ergeben sind. Wir müssen indessen bemerken, daß
dieses Anstössige in ihrem Betragen lediglich gegen
uns Statt zu haben schien, und daß ich Ursache
hatte zu glauben, daß unter ihnen selbst, im Ganzen, die Diebstähle nicht häufiger, vielleicht noch
seltener sind, als in andern Ländern, wo ehrenlose
Streiche einzelner Nichtswürdigen uns keinesweges
berechtigen, über ein ganzes Volk, ohne Ausnahme
ungünstig zu urtheilen. Auch ist diese Schwachheit
der armen Einwohner der Südseeinseln um so mehr
zu entschuldigen, da der glänzende Anblick so vieler
neuen und reizenden Gegenstände mit einer Macht
auf sie wirkte, der sie unmöglich widerstehen konnten.
Unter civilisirten und aufgeklärten Nationen wird,
mit allem Recht, der Diebstal als ein Zeichen eines
völlig sittlich verdorbenen Menschen angesehen, der,
entweder aus Geiz, alle bekannte Regeln des Rechts
verachtet, oder durch Ausschweifung und Lüderlich-
keit in Dürftigkeit verfällt, und die rechtmäßigen
Mittel ihr vorzubeugen verabsäumt. Auf den
freundschaftlichen und andern von uns besuchten

Inseln aber, können die von den Eingebohrnen an unsern mitgebrachten Waaren verübten Diebereyen wohl nicht aus dergleichen strafbaren Beweggründen hergeleitet werden, sondern vielmehr aus einem unwiderstehlichen Reiß, aus ihrer Neugierde, und dem Verlangen, Dinge zu besitzen, von denen sie vorher keine Begriffe hatten, und die Leuten zugehörten, die von ihnen so sehr verschieden waren. Wäre der Fall möglich, daß Menschen unter uns erschienen, die unserem Urtheile nach, so sehr über uns erhaben wären, als wir es, ihrer Meynung nach, über sie gewesen sind; wer weiß, ob das natürliche Gefühl von Recht und Billigkeit bey vielen mächtig genug gewesen wäre, sie von gleichen Vergehungen zurückzuhalten! Daß ich übrigens die wahren Beweggründe, welche die Eingebohrnen zum Stehlen verleiteten, angegeben habe, erhellt daraus, daß sie ohne Ausnahme alles entwendeten, was ihnen nur zu Gesicht kam, ehe es noch möglich war, zu überlegen, wozu sie eigentlich den Raub gebrauchen könnten: da unter uns wohl niemand seinen ehrlichen Namen daran wagen oder sich einer Strafe aussetzen würde, ohne vor der Hand zu wissen, was er aus dem Gestohlenen für Nutzen ziehen könnte. Dem sey wie ihm wolle; so unangenehm auch für Fremde diese Neigung der Eingebohrnen ist, und so viele Verdrüßlichkeiten sie veranlasset: so gab sie uns doch den stärksten Beweis von der ungemeinen Schärfe ihres Verstandes. Ihre kleinen Mausereyen verübten sie mit ganz besonderer Geschicklichkeit; bey

den großen Coups giengen sie nach einem wohl ange-
legten und der Wichtigkeit der Sache angemessenen
Plane zu Werke. Ein auffallendes Beyspiel von
der letztern Art war ihr Versuch bey lichtem, hellen
Tage einen Anker von der Discovery zu stehlen,
wovon wir weiter oben geredet haben.

Ihr Haar ist überhaupt gerade, dicht gewachsen
und stark; doch findet man auch buschichtes und
krauses unter ihnen. Der natürlichen Farbe nach, ist
es meines Erachtens, ohne Ausnahme schwarz; aber
die meisten Mannspersonen, auch einige Weiber
hatten es braun, purpurroth, auch zuweilen orange-
gelb gefärbt. Die erste Farbe bereiten sie aus einer
Art Mörtel von gebranntem Korall, den sie mit
Wasser vermengen; die andere aus geraspeltem röth-
lichen Holze, welches sie gleichfalls durch Wasser
zu einen Teig machen; zu der dritten nehmen sie
vermuthlich die Gilbwurz.

Als ich zum erstenmale diese Insel besuchte, kam
es mir vor, als wenn sowohl die Männer, als die
Weiber ihre Haare kurz abgeschnitten trügen; bey
unserm letztern Aufenthalte aber sahen wir hierinnen
so viele Ausnahmen, und so mancherley seltsame
Phantasieen, daß es schwer zu bestimmen ist, was
eigentlich die allgemeine Mode sey. Bey einigen
war es an einer Seite des Kopfs ganz abgeschnitten,
an der andern aber lang gelassen, bey andern war
nur ein Theil abgestutzt, vielleicht abgeschoren; einige
hatten es bis auf eine einzelne Locke, die sie gemeiniglich an einer Seite stehen ließen, völlig abgenom-

men ; noch andere ließen es in seiner ganzen Länge
wachsen, ohne das geringste daran zu verstümmeln. —
Die Frauenspersonen trugen es meistentheils kurz,
so wie die Männer ihre Bärte. Beide nehmen die
Haare unter den Achseln weg. Von ihrer Art, das
Haar abzuschneiden haben wir weiter oben geredet. —
Die Mannspersonen sind von der Mitte des Bauchs
an, bis gegen die Hälfte der Schenkel hinab, mit
einer dunkelblauen Farbe bezeichnet. Sie bedienen
sich hiezu eines breiten, beinernen, feingezähnten
Instrumentes, welches sie in die färbende Materie,
die sie aus dem Safte des Dooedooe-Baumes 1)
bereiten, eintauchen, mit einem Stückchen Holz in
die Haut schlagen und auf solche Weise unverlösch-
liche Punkturen zustandbringen. Mit dieser Art
von Rostral ziehen sie Streifen und Figuren auf die
Haut, die sich bey manchen, sowohl in Ansehung
der Verschiedenheit, als der Anlage, sehr wohl aus-
nehmen. Die Weibspersonen haben nur einige kleine
Linien oder punktirte Flecken am innern Theile der
Hand. — Ihre Könige sind, um sich zu unterscheiden, nicht an diese Mode gebunden, haben auch nicht
nöthig, sich mit jenen blutrinnstigen Trauermahlen zu
bezeichnen, von denen an einem andern Orte Mel-
dung geschehen soll.

Die Mannspersonen sind alle beschnitten, oder
es ist vielmehr vom Obertheile der Vorhaut ein

1) Vielleicht ist dieses der **Tutui** der Otaheitier, oder
Mehlbaum, Aleurites triloba. *Forst.* S. Bemerkungen ꝛc. S. 388. **W.**

Stück dergestalt weggeschnitten, daß die Eichel gar
nicht mehr bedeckt werden kann.   Bey dieser
Operation haben sie, ihrem Vorgeben nach, blos
Reinlichkeit zur Absicht.

Die Kleidung der Männer und Weiber ist hier
einerley.   Sie besteht aus einem Stück Zeug,
manchmal, wiewohl seltener, aus einem Stück
Matte, die ungefähr zwo englische Ellen breit und
dritthalb Ellen, oder wenigstens so lang sind, daß
sie ein und ein halbes mal um den Leib gehen, um
welchen sie mit einem Gürtel oder einer Schnur vestgemacht werden.   Vorne ist dieses Gewand doppelt,
und reicht, wie ein Unterrock (petticoat) bis an die
Hälfte der Beine.   Der obere Theil über dem Gürtel ist in Falten gelegt, so daß er, entfaltet, hinlänglich wäre, die Schultern zu bedecken, welches
aber selten geschieht.   Die Form dieser Tracht haben
hier alle Stände mit einander gemein, nur daß sich
die Vornehmern großer Stücke Zeuges und feinerer
Matten bedienen.   Die gemeinen Leute begnügen
sich mit kleinen Stücken und haben öfters nur Decken
von Pflanzenblättern, oder sie winden das Maro,
ein schmales Stück Zeug oder Matte, gleich einer
Scherfe, um den Unterleib und zwischen die Schenkel
hindurch.   Doch sieht man dieses nur an Mannspersonen.   Bey ihren großen Haivas, oder Lustbarkeiten, haben sie besonders hiezu gehörige Klei-
dungen, die zwar, der Form nach, nicht verschieden,
aber mit rothen Federn gezieret sind, und nach Maasgabe der daran angebrachten Menge für mehr oder

weniger prächtig gehalten werden. Ich habe nicht
erfahren können, bey welchen Gelegenheiten sich die
Oberhäupter ihrer rothen Federmützen bedienen. —
Sowohl Männer als Weiber tragen zu Zeiten kleine
Kopfschirme gegen die Sonne, die aus verschiedenen
Materialien verfertiget werden.

Nicht nur die Kleidung sondern auch die Zierrathen haben beide Geschlechte mit einander gemein.
Unter diesen sind besonders die Halsgehänge von
Pandangfrüchten und allerley wohlriechenden
Blumen — die sie mit dem allgemeinen Namen Ka-
hulla belegen — die gewöhnlichsten. Andere bestehen aus kleinen angereiheten Muscheln oder Schne-
cken, aus Flügel- oder Schenkelknochen von Vögeln, aus Hayfischzähnen und andern Dingen, die
sie bis über die Brust herab hängen lassen. Auf
diese Weise tragen sie auch schön polirte einzelne Pe-
lenmuscheln, und von eben dieser Materie am Obertheile des Arms einen zierlich gegrabenen Ring.
An den Fingern haben sie Ringe von Schild-
patt, auch ganze Ketten davon an der Handwurzel.
Sie durchbohren ihre Ohrläppchen (meistens aber
nur das eine) zweymal, und stecken kleine walzenförmige, etwa drey Zoll lange elfenbeinerne Stäbchen, oder auch kleine eben so lange, mit einer gelben Farbe angefüllte Schilfröhrchen hindurch, so
daß sie zu einem Loche hinein und zum andern wieder
heraus gehen. Die Farbe scheint feingepulverte
Gilbwurz zu seyn, womit sich die hiesigen Weiber über und über zu bestreichen pflegen, so wie

unsere Damen trockenes Roth auf die Wangen legen.

Sie halten auf nichts so sehr, als auf Reinlichkeit; daher baden sie sich auch sehr oft in ihren Teichen m), von denen sie sonst keinen andern Gebrauch zu machen scheinen. Das Wasser fast aller dieser Teiche hat einen unausstehlichen Geruch, und doch ziehen sie es dem Seewasser vor, weil sie dafür halten, dieses greiffe seiner Salzigkeit wegen die Haut an. Sind sie ja genöthigt, sich in der See zu baden, so haben sie meistentheils etliche Kokosnußschaalenvoll anderes Wasser bey der Hand, und lassen sich dieses über den Leib schütten, um jenes wieder abzuspühlen. Aus eben diesem Grunde halten sie so viel auf Kokosnußöl, wovon sie nicht nur eine große Menge über Kopf und Schultern gießen, sondern auch, in kleinern Portionen, damit den ganzen Leib recht tapfer zu überreiben pflegen. Wer diese Operation nicht selbst gesehen hat, wird sich schwerlich vorstellen, wie sehr die Haut dadurch gewinnt. Der gemeine Mann kann freylich von diesem Oele nur selten Gebrauch machen, daher hat er auch eine ungleich rauhere Haut als die Vornehmen.

m) Abermals eine Aehnlichkeit mit den Einwohnern der Carolinen-Eilande. "Ils sont accoutumés à se baigner trois fois le jour, le matin, à midi, et sur le soir. „ *Lettres édifiantes et curieuses,* Tom. XV. p. 314.

Eilftes Kapitel.

Verrichtungen der Weiber auf den Freundschafts-
Inseln. — Verrichtungen der Männer. — Feld-
bau. — Bauart ihrer Häuser. — Ihre Werk-
zeuge. — Schnüre und Fischergeräthschaft. —
Musicalische Instrumente. — Waffen. — Nah-
rungsmittel und Art zu kochen. — Zeitvertreibe. —
Heyrathen. — Trauerceremonien. — Gotthei-
ten. — Begriffe von der Seele und einem zu-
künftigen Zustande. — Gottesdienstliche Oerter. —
Regierungsform. — Art und Weise, dem Könige
Ehrerbietung zu bezeugen. — Nachrichten von der
Königlichen Familie. — Bemerkungen über ihre
Sprache und Verzeichniß einiger Wörter. —
Nautische und andere Beobachtungen.

1777.
Julius.

Das häusliche Leben der Insulaner ist weder mit
so mühseeliger Arbeit verknüpft, daß es ihnen zur
Last werde, noch so unthätig, daß es in Trägheit oder Erschlaffung ausarte, sondern es hält
zwischen beiden ein glückliches Mittel. Die Natur
hat so wohlthätig für sie gesorgt, daß das erstere nicht Statt haben kann, und vor das andere
schützt sie ihr Temperament. Bey dieser günstigen Vereinigung der Umstände bieten sich hier
nöthige Arbeit und Erholung so glücklich die Hände,
daß sie, bey dieser, nie durch den Gedanken beun-
ruhiget werden, es sey nun Zeit wieder zu jener zurück
zu kehren, und nicht eher nöthig haben, ihre Ergötzun-
gen zu verlassen, als bis sie ihrer überdrüssig geworden sind.

Die Weibspersonen haben hier keine schweren Arbeiten zu verrichten, und sie können ihnen allen zu Hause vorstehen. Die Verfertigung der Zeuge ist ganz ihrer Sorge überlassen. Da ich ihre Verfahrungsart bereits beschrieben habe, so will ich nur noch hizufügen, daß sie in Ansehung der Feinheit verschiedene Sorten haben. Die gröbere, von welcher die größten Stücke gemacht werden, hat kein aufgedrucktes Muster, die feineren aber sind gestreift, gewürfelt oder nach andern Patronen mit verschiedenen Farben gedruckt. Wie diese Farben aufgetragen werden, kann ich nicht sagen, da ich nie Gelegenheit hatte, diese Sorte machen zu sehen. Alle diese Zeuge lassen zwar eine Zeitlang kein Wasser durch, aber die am meisten geglättet sind, widerstehen der Nässe am längsten.

Eine andere fast eben so wichtige Manufactur, der sich blos die Weiber unterziehen, sind die Matten, die an Gewebe und Zierlichkeit alles übertreffen, was ich von dieser Art sonst irgendwo gesehen habe; sie sind sogar den otaheitischen Matten vorzuziehen, und ist auch auf jener Insel ein sehr vortheilhafter Handel damit zu treiben. Von diesen Matten haben sie sieben bis acht Sorten, die sie theils zur Kleidung gebrauchen, theils darauf sich schlafen legen; andere dienen blos zur Zierde. Die letztern werden aus den zähen, membranosen Theilen des Pisang=Stammes gemacht, die zu Kleidungsstücken aber aus dem

Pandang a) den sie zu diesem Entzweck besonders anbauen, und sehr darauf sehen, daß er nicht in einen Stamm aufschieße. Die gröbere Sorte, worauf sie schlafen, kommt von dem Evarra-Baume b). Sonst verfertigen noch die Frauens-personen allerley kleine Nebenarbeiten, als Käm-me — und deren in großer Menge — kleine, wie die Matten, aus Pisang- oder Pandang-Baste geflochtene Körbe, auch andere, wozu sie die faserichte Hülse der Kokosnüsse nehmen, und sie entweder ganz glatt lassen oder mit kleinen muschelartigen Knöpfchen durchweben. Alle diese Dinge sind so fleißig, so zierlich gearbeitet und in allen ihren Thei-len so geschmackvoll angeordnet, daß ein Fremder beides ihre Gedult und Geschicklichkeit bewundern muß.

Man kann sich leicht vorstellen, daß die Arbeiten der Männer weit mühesamer und von größerem Um-fange seyn müssen, als die der Weiber. Sie bestel-len das Feld, bauen die Häuser und Kähne, und alles, was zur Fischerey und Schiffahrt gehört, ist ihrer Sorge überlassen c). Da ihre Nahrung

a) Pandanus odoratissima. *Linn.* Athrodactylis spino-sa. *Forst.* b) Auch dieser Evarra (E-Hwara) ist nach Hrn. Forster, der Pandanus odora-tissima. *Linn.* S. Bemerkungen ic. S. 381. W.

c) Pater Cantrava's Nachrichten von den Beschäf-tigungen der Insulaner und Insulanerinnen auf den Carolinen-Eilanden kommen abermals mit dem überein, was Capt. Cook von den Einwohnern

der

mehrentheils in Wurzeln und Früchten bestehet, so
erfordert der Anbau derselben ihre beständige Aufmerksamkeit; auch lassen sie sich diesen Theil des
Feldbaues so angelegen seyn, daß sie ihn zu aller,
unter diesen Umständen möglichen Vollkommenheit
gebracht haben. Von ihren weitläuftigen Pisang-
Pflanzungen haben wir schon Erwähnung gethan;
eben so beträchtlich sind auch ihre Yams-Felder;
beide Artikel verhalten sich zu ihren übrigen Producten
wie zehen gegen eins. Beym Aufpflanzen derselben
graben sie kleine Löcher in die Erde, um sie hinein
zu stecken, und nehmen rings umher das Gras weg,
welches in dieser heissen Gegend gar bald verdirbt
und zu einer guten Düngerde vermodert. Die
Werkzeuge, die sie hiezu gebrauchen, und Hooo
genennt werden, sind bloße Pfähle oder Stöcke,
deren Länge, nach Maasgabe der ausgegrabenen Tiefe, verschieden ist. Sie sind an einem Ende flach,
und scharf; an den größern ist ein kurzes Queer-
holz angebracht, worauf sie den Fuß setzen, um sie
desto bequemer in den Boden zu treiben. Ob gleich
diese Spathen nicht über zwey bis vier Zoll breit

    der Freundschaftlichen-Inseln sagt. "La
    principale occupation des hommes, heißt es dort,
    est de construire des barques, de pêcher et de
    cultiver la terre. L'affaire des femmes est de
    faire la cuisine, de mettre en oeuvre une espèce
    de plante sauvage et un arbre pour en faire de
    la toile." *Lettres édifiantes et curieuses*, Tom. XV.
    p. 313.

find, so graben sie doch viele Morgen Landes damit
um. Bey dem Setzen und Legen der Pisangpflanzen
und Yams gehen sie mit so großer Regelmäßigkeit
zu Werk, daß man, in allen Standpunkten, nach der
Schnur gezogene Reihen erblickt.

Die Kokosnuß = und Brodfrucht = Bäume
sind dagegen ohne besondere Ordnung gesetzt, auch
scheint es nicht, daß man sich viel mehr um ihre
Wartung bekümmere, wenn sie eine gewisse Höhe
erreicht haben. Eben dieses gilt auch von einem
andern ansehnlichen Baume, der eine Menge großer,
rundlicher, flacher Nüsse trägt, die man hier Leefe d)
nennt, auch von einem kleinern Baume, mit einer
ovalrunden, zwey Zoll langen Nuß, die zwey bis
drey zähe, unschmackhafte, dreyeckigte Kerne hat.
Diese Bäume, die hier Mabba genannt werden,
sieht man häufig um die Häuser gepflanzt e).

Das Kappe f) wird regelmäßig gepflanzt und
nimmt große Strecken ein. Die Mawhahas
aber stehen wie die Jeejee g) mit den Yamswur=
zeln unter andern Gewächsen, welche letztere ich

d) Inocarpus edulis. *Forst.* Pl. esc. p. 50. Eifi.

e) Maba maior. *Forst.* Pl. esc. p. 21.

f) Arum macrorhizon. *Linn.* Forst. Pl. escul. p. 59.
Große Aronwurz, auf otaheitisch, Appe.

g) Die Mawhaha = und Jeejee = Wurzeln sind noch
nicht bestimmt, S. Forst. Pl. esc. p. 61. Viel=
leicht ist die letztere die Tihi der Otaheiter, oder
die Dracaena terminalis. *Linn.* S. Forst. Pl.
esc. p. 64. W.

Landes damit
Pisangpflanzen
Regelmäßigkeit
kten, nach der
ucht-Bäume
g gesetzt, auch
mehr um ihre
gewisse Höhe
ich von einem
Menge großer,
hier Leese d)
me, mit einer
die zwey bis
te Kerne hat,
nannt werden,
lanzt e).
gepflanzt und
Mawhahas
Yamswur-
che letztere ich
p. 50. Eiß.
p. 21.
Pl. escul. p. 59.
Appe.
rzeln sind noch
p. 61. Viel-
raheiter, oder
S. Forst. Pl.

öfters zwischen den Pisang-Stämmen in gewöhnlichen Distanzen angetroffen habe. Das Zuckerrohr wächst meistentheils in kleinen Stellen ganz dicht an einander. Der Papier-Maulbeerbaum, woraus die hiesigen Zeuge verfertiget werden, sind zwar in keiner besondern Ordnung, aber sehr geräumig aus einander gesetzt, und werden, durch Abbrechen der seitwärts ausbrechenden Blätter und Sproßen, rein gehalten. Außer diesen weiß ich sonst keine Gewächse, welche die Einwohner dieser Inseln, ihrer Manufacturen wegen anbaueten, als die Pandangs, die sie gemeiniglich in einer Reihe und ganz dicht an einander um ihre übrigen Plantagen herum setzen. In diesem cultivirten Zustande halten sie solche auch von den andern Pandangs so verschieden, daß sie ihnen einen ganz andern Namen beylegen h); ein Beweis, daß ihnen die große Veränderung, die durch die Cultur mit den Pflanzen vorgeht, nicht unbekannt geblieben ist.

Man muß sich billig verwundern, daß ein Volk, welches bey so vielen andern Gelegenheiten Geschmack und Scharfsinn verräth, in der Anlage seiner Häuser so weit zurück ist; ich sage in der Anlage, denn an der Ausführung selbst ist wenig auszusetzen. Die Wohnungen des gemeinen Mannes sind enge, armselige Hütten, die kaum hinreichend sind, ihn vor

h) Es scheint aus dem oben angeführten, daß sie den wilden Pandang, woraus sie die gröbern Matten bereiten, Evarra nennen. W.

Q 2

Wind und Wetter zu schützen. Die der Vorneh=
mern sind geräumiger und bequemer, aber bey wei=
tem nicht, was man erwarten sollte. Ein Haus von
mittlerer Größe ist etwa dreyßig Fuß lang, zwanzig
Fuß breit, und zwölf Fuß hoch, und im Grunde nichts
als ein mit Blättern oder Schilf gedecktes Dach,
das auf Pfosten, und übrigens sehr geschickt auf ein=
ander gesetzten Queerbalken ruht. Der Fusboden
ist durch aufgeschüttete und wohl geebente Erde et=
was erhöht, mit starken dichten Matten belegt,
und wird überaus rein gehalten. Die meisten die=
ser Wohnuugen sind an der Wetterseite, andere auch
über zwey Drittel ihres Umfangs gleichfalls mit
starken Matten, oder einem Geflechte von Ko=
kospalmen = Zweigen versehen, welches von der
Dachträufe bis an die Erde von einer Ecke zur
andern geht, und die Stelle einer Wand vertritt.
Eine dicke, starke etwa dritthalb oder drey Schuh
breite Matte, die, gleich einem Feuerschirme, in einen
Halbkreis gebogen und dergestalt aufgest. It wird, daß
ihre beiden Enden eine Seite der Wohnung berüh=
ren, schließt den Raum ein, in welchem Herr und
Frau vom Hause schlafen. Die Frau hält sich auch
den größten Theil des Tags darinnen auf. Die
übrigen Hausgenossen liegen auf der Erde, wo es
einem jeden beliebt, doch so, daß die unverheirathe=
ten Manns = und Frauens = Personen von einander
getrennt sind. Ist die Familie stark, so sind kleine
Hütten an den Häusern, worinnen sich bey Nacht
die Dienstboten aufhalten, und man beobachtet hier,

so gut als irgendwo, eine gewisse wohlanständige Ab=
sonderung. Sie haben einige Matten worauf sie
schlafen: aber eben dieselben Stücken Zeuges, wor=
ein sie bey Tag gekleidet waren, dienen ihnen des
Nachts zu Decken. Ihr übriges Hausgeräthe be=
steht aus einem oder ein Paar Näpfen, worinnen
sie ihren Kava = Trank bereiten, aus etlichen Kürbis=
flaschen und Kokosnußschaalen, und einigen Sche=
meln, die ihnen statt der Kopfpolster dienen,
und allenfalls einem höhern Stuhl, worauf sich das
Haupt der Familie, oder der Herr vom Hause zu
setzen pflegt.

Ich wüßte keine wahrscheinlichere Ursache anzu=
geben, warum diese Insulaner bey dem Baue ihrer
Häuser so wenig auf Zierde sehen, als die, daß sie
sich gerne in freyer Luft aufhalten. Im Grunde
machen sie auch keinen andern Gebrauch von ihren
Wohnungen, als darinnen zu schlafen und sich vor
übler Witterung zu schützen. Denn sie essen sogar
nur selten darinnen. Die geringere Klasse von Ein=
wohnern, die ihre meiste Zeit im Gefolge und Dien=
ste der Oberhäupter und Großen zubringen, brau=
chen ohnehin ihre Hütten zu nichts anders, als zur
Ruhe oder zu einem Obdache.

Was sie bey ihrem Häuserbaue verabsäumen,
bringen sie auf einer andern Seite wieder ein, näm=
lich durch ihre ausnehmende Sorgfalt und Geschick=
lichkeit, die sie — wenn ich so reden darf — auf die
nautische Architectur verwenden. Ueber die Art und
Weise ihre Kähne zu zimmern, und sich ihrer in

See zu bedienen, beruffe ich mich auf das, was ich in dem Berichte meiner vorigen Reise darüber gesagt habe i).

Die einigen Werkzeuge, der sie sich bey dem Bau ihrer Fahrzeuge bedienen, sind eine Art kleiner Aexte, oder vielmehr starker Hobel von einem glatten schwarzen Steine, der häufig in Toofoa gefunden wird; Bohrer von Hayfischzähnen mit kleinen hölzernen Griffen, und Raspeln von einer rauhen Fischhaut, die über ein flaches an einer Seite dünneres Stück Holz gespannt, und gleichfalls mit einem Griffe oder Stiele versehen sind. Da ihnen diese Kähne so viele Zeit und so unsägliche Mühe kosten, und mit Recht als ihre vollkommensten Kunstwerke angesehen werden müssen, so darf man sich nicht wundern, wenn sie solche sehr in Acht nehmen. Sie bauen sie nicht nur unter Schupfen, sondern bewahren sie auch darunter auf, wenn sie fertig sind; und wenn sie sie von der See ans Land ziehen, bedecken sie mit Kokosblättern das Verdeck, damit es durch die Sonnenhitze keinen Schaden leide.

Der nur erwähnten Werkzeuge bedienen sie sich auch bey ihren andern Arbeiten; einige Muschelschaalen ausgenommen, die sie bey Verfertigung ihrer Waffen, statt der Messer — sonst aber nur

---

i) S. Cook's Voyage, Vol. I. p. 215. 216. Man sehe, des Vergleichs wegen, Pater Cantova's Nachrichten von den Carolinen-Eilanden. *Lettres édifiantes et curieuses.* Tom. XV. p. 286.

selten — gebrauchen, da ihre übrigen Handarbeiten mehrentheils nur Fischergeräthe und Seilwerk sind.

Die Seile und Schnüre machen sie aus den Fasern der Kokosnuß, die zwar nicht über neun bis zehen Zoll lang sind, die sie aber ungefähr eines Federkieles dick, und so lang zu flechten wissen, als sie nur wollen. Sie wickeln sie sodann zu Knäulen auf, und verfertigen durch Zusammendrehen mehrer dieser Schnüre, Seile von verschiedener Stärke daraus. Die Angelschnüre sind so stark und gleich gedreht, als nur immer die unsrigen, und sehen ihnen auch in allen Stücken ähnlich. Ihr übriges Fischergeräthe besteht aus großen und kleinen Angeln. Diese sind ganz von Perlenmutter, jene aber nur auf den Rücken damit belegt. An beiden Sorten ist die Spitze von Schildkrot; bey den kleineren ganz eben, bey den größern aber gezackt. Sie fangen Boneten k) und Thunfische l) mit den letztern. Sie binden nämlich den Angel an ein zwölf bis vierzehen Schuh langes Bambusrohr mit einer Schnur von gleicher Länge; Das Rohr wird sodann durch ein am Hintertheile des Kahns, zu dem Ende eingefügtes, gekerbtes Stück Holz vestgemacht, so daß das fortgehende Boot, auf dem Wasser, Leine und Angel nach sich zieht, die weiter keinen andern Köder haben, als einen kleinen Büschel flachsartiger Substanz, die ganz nahe an der Spitze angebracht ist. Sonst haben sie noch eine Menge Fischergarne und

k) Scomber Pelamis. *Linn.*
l) Scomber Thynnus. *Linn.* **W.**

Netze, die öfters ausnehmend fein gestrickt sind. Sie bedienen sich derselben zur Ebbezeit in den Tümpfeln der Riffe.

Unter ihre übrigen Handarbeiten gehören besonders Rohrpfeifen, Flöten, Waffen, und Stühle oder Schemel, die sie beym Schlafen unter den Kopf legen. Die Rohrpfeifen bestehen aus acht, neun oder zehen parallel an einander gefügten Röhren, die aber in keinem regelmäßigen Verhältniße abnehmen, denn zuweilen ist die längste in der Mitte, und oft sind ihrer mehrere von einerley Größe, so daß ich keine gesehen habe, aus welchen mehr als sechs verschiedene Töne heraus zu bringen sind, und es wird wohl schwerlich etwas darauf gespielt werden können, das in unsern Ohren für Musik gelten könnte m). Die Flöte ist der Schoß von einem Bambusrohre, der an beiden Enden geschlossen, und ohnweit dieser Enden mit zwey, und in der Mitte mit vier Löchern, je zwey und zwey, versehen ist. Wenn man darauf spielt, macht man nur von einem Loche an den Enden und von zweyen in der Mitte Gebrauch. Mit dem Daumen der linken Hand hält man das linke Nasenloch zu, und mit dem rechten wird in die eine äußerste Oeffnung geblasen. Der Mittelfinger der linken Hand wird an das oberste linke Loch und der Zeigefinger der rechten auf dem untern

m) Eine Abbildung dieser Rohrpfeifen befindet sich in Capt. Cook's Voyage, Vol. I, p. 221, Pl, XXI (S. Forsters R, u, d, W, I. B, S, 343, Tab, VIII, W.)

rechten Loche angebracht. Obgleich das ganze Spiel
nur aus drey Noten bestehet, so wissen die Insulaner
doch damit eine zwar einfache aber angenehme Musik
herauszubringen, die mehr Abwechslung hat, als man
von einem so unvollständigen Instrumente erwarten
sollte. Da sie an eine Melodie von so wenig Tönen
gewohnt sind, so ist es kein Wunder, daß sie an
unserer tonreichern und verwickeltern Musik keinen
Geschmack fanden, ja daß ihnen eine noch ärmlichere,
wie die ihrige, ganz wohl gefiel, und sie den beiden
jungen Seeländern, die wir an Bord hatten, gerne
zuhörten, deren Gesang mehr ein Angeben starker
Töne, als melodischer Ausdruck war.

Die Waffen, die sie verfertigen, sind verschiedene Arten von Streitkolben, auf deren Verzierung sie vorzüglich viel Zeit wenden, Speere und
Wurfspieße. Sie haben auch Bögen und Pfeile,
die sie nicht sowohl im Kriege, als vielmehr zum
Zeitvertreibe, besonders zum Vögelschießen gebrauchen. Ihre Kopfschemel sind an die zwey Fuß lang,
vier bis fünf Zoll hoch und vier Zoll breit; in der
Mitte sind sie unterwärts gebogen, haben vier starke, unten abgerundete Füße, und sind von schwar-
zem oder braunem Holze aus dem Ganzen gearbeitet, schön geglättet und mit Elfenbein eingelegt.
Auf diese Weise garniren sie auch die zierlich ge-
schnitzten Griffe ihrer Fliegenwedel, und machen
sich kleine aus Bein geschnittene Figuren von Menschen, Vögeln und andern Dingen, die ihnen viele

250

1777.
Julius.

Mühe kosten müssen, da sie hiezu keine andere Ju-
strumente, als Hayfischzähne haben.

Yamswurzeln, Pisangfrüchte und Kokosnüsse
machen den größten Theil ihrer Nahrungsmittel aus
dem Pflanzenreiche aus; aus dem Thierreiche,
Schweine, Federvieh, Fische und allerley Arten
von Schaalthieren. Die niedere Klasse der Einwohner ißt sogar Ratten. Im Ganzen genommen,
sind nach Maasgabe der Jahreszeiten, Yams, Pisang
und Brodfrucht, nebst einigen Muscheln, ihre eigentliche Nahrung, denn Schweine, Hühner und Schildkröten sind nur gelegenheitliche, besondere Schüsseln für die Häupter oder Vornehmen. Die Zwi-
schenzeiten, wo es keine eßbare Pflanzenproducte
giebt, müssen zuweilen beträchtlich seyn, weil sie
eine Art Brod aus Pisangfrucht bereiten, die sie
noch unreif in die Erde legen und darinn gähren
lassen, sodann wieder heraus nehmen und kleine
runde Laibe daraus machen, die aber so sauer und
elend schmecken, daß sie selbst gestanden, unser
schon etwas schimmlichtes Brod sey viel besser.

Ihre Speisen werden meistentheils gestooft oder
gebacken, wie in Otaheite; dabey wissen sie allerley Gerichte aus verschiedenen Früchten zu machen,
die selbst die mehresten unserer Reisegefährten recht
schmackhaft fanden. Ich habe nicht bemerkt, daß
an ihren Speisen eine Art von Brühe gewesen wäre, noch daß sie zu ihren Gerichten etwas anders
als Wasser oder Kokossaft getrunken hätten, denn
Kava ist nur ihr Morgentrank. Ich muß geste-

hen, daß es sowohl bey ihrer Kocherey als bey ihrer
Art zu speisen eben nicht sehr reinlich zugeht. Die
mehresten legen ihre Speisen auf das nächste Blatt,
so ihnen unter die Hände kömmt, es mag auch noch
so schmutzig seyn; nur für die Oberhäupter werden
die Gerichte auf frischen Pisangblättern aufgetragen. Der König wurde gemeiniglich beym Essen
von drey oder vier Personen bedient, wovon die
eine das Fleisch oder den Fisch in große Stücke,
eine andere aber in kleine Mundbissen zerschnitt.
Die andern standen mit Kokosnüssen, oder dem,
was er sonst brauchte, bey der Hand. Was wir
ein gesellschaftliches Gastmahl mehrerer Personen an
einem Tische und bey einer Schüssel nennen, habe
ich hier nicht gesehen. Alle Speisen werden, ohne
Unterschied, nach Maasgabe der Anzahl der Spei-
senden, in große Portionen, und diese wieder in kleinere getheilt, so daß selten mehr als drey Personen
mit einander essen. Das Frauenzimmer wird von
den Mahlzeiten der Männer nicht ausgeschlossen;
doch finden hier gewisse Rangordnungen statt, nach
welchen nicht jeder mit dem andern essen oder trinken kann. Bey dem Könige fängt diese ausschlie-
ßende Etiquette an; ich kann aber nicht sagen, wo
sie aufhört.

Sie haben, wie es scheint, keine bestimmte
Essenszeit. Es kann aber seyn, daß sie durch uns,
und durch die beständige Aufmerksamkeit auf ihre
Gäste, aus ihrer gewöhnlichen häuslichen Ordnung
gebracht worden sind. So viel wir gesehen haben,

trinken des Morgens die Vornehmen Kava, die
andern essen etwa ein Stück Yamswurzel, aber,
durch die Bank, nehmen alle Nachmittags etwas
Speise zu sich. Auch scheint es hier sehr gewöhnlich zu seyn, mitten in der Nacht zu essen; und da
sie sich dadurch um etwas Ruhe bringen, so schlafen sie zuweilen am Tage. Sie legen sich nieder,
so bald es finster wird, stehen aber mit der Mor-
gendemmerung wieder auf. n)

Sie sind sehr gesellschaftlich, und es geschieht
oft, daß manche Häuser leer sind, weil die Be-
wohner sich in einem andern Hause, oder auf einem
bequemen Platze in der Nachbarschaft versammeln,
wo sie sich, mit Gesprächen oder andern Ergötzun-
gen, die Zeit vertreiben. Ihre Privatlustbarkeiten
sind vorzüglich Singen, Tanzen und Musik, welche letztere meistens durch Frauenspersonen gemacht
wird. Ein Singconcert von zwo oder drey Weibern, die gewisse Noten und Täcte mit Fingerschnal-
zen begleiten, heißt in ihrer Sprache Oobai; besteht es aber aus mehreren, so theilen sie sich in
kleine Gruppen; jede Gruppe singt nach einem andern Schlüssel, und es entsteht daraus eine wirklich
angenehme Musik. Dieses Concert nennen sie Heeva
oder Haiva. Ihrem Flötenspiele wissen sie ebenfalls,
durch Instrumente von verschiedener Länge, Abwechs-

n) **Cantova** sagt von seinen Insulanern: "Ils pren-
nent leur repos dés que le soleil est couché et
ils se levent avec l'aurore.„ *Lettres édifiantes et
curieuses.* Tom. XV. p. 314.

lung zu verschaffen. Ihre Privattänze sind von
den öffentlichen wenig verschieden. Die Tänze der
Männer — wenn sie anders diese Benennung ver-
dienen, da die Füsse so wenig dabey zu thun haben —
unterscheiden sich auch dadurch von den unsrigen,
daß eine Menge Bewegungen mit der Hand vorkommen, von denen wir nichts wissen, übrigens
aber werden sie mit so viel Leichtigkeit und Anmuth
ausgeführt, daß man sie weder beschreiben, noch
sich eine Vorstellung davon machen kann, wenn man
sie nicht gesehen hat. Ich halte auch für überflüssig, über diesen Punkt noch mehr zu sagen, als in
den bereits vorhergehenden Beschreibungen der Lustbarkeiten, die man, uns zu Ehren, auf diesen Inseln
angestellt hat, gesagt worden ist. o)

o) Vergleicht man sowohl die vorhergehenden Beschreibungen der in Hapaee und Tongataboo
angestellten Lustbarkeiten, als die in diesem Ab-
schnitte angezeigten Erholungsspiele der Freund-
schafts-Eiländer, mit dem, was wir aus den
Briefen der Jesuiten, in einer der vorigen Anmerkungen (S. 44.) angeführt haben, so wird
die auf eine so auffallende Aehnlichkeit der Gebräuche gebaute Hypothese eines gemeinschaftlichen Ursprungs immer gegründeter. Die Verwandschaft der Sprache ist durch das Beyspiel der
vollkommen gleichen Benennung der Oberhäupter,
sowohl in den Carolinen-Eilanden, als derer
auf den Freundschafts-Inseln, gezeigt worden.
Zu dieser beynahe entscheidenden Probe können
wir, aus dem wenigen, was P. Cantova von der
Mund-

1777.
Julius.

Ob die Ehen hier durch feyerliche Verträge dauer=
haft gemacht werden, können wir nicht mit Zuver=
läſſigkeit beſtimmen; ſo viel iſt gewiß, daß der ge=
meine Mann ſich nur mit einer Frau begnügt; die
Oberhäupter haben dac gen gewöhnlich mehrere
Weiber p), obgleich, wie verſchiedene unſerer Herren

Mundart der Inſulaner in dem nördlichen ſtillen
Meere aufbehalten hat, noch eine andere beyzu=
fügen. Er fährt in der oben eingerückten Stelle
folgendermaaſſen fort: Cet amuſement s'appelle
en leur langue: *tanger iſaiſil*, qui veut dire: *plainte
des femmes.,,* (*Lettres édifiantes et curieuſes*, T.
XV. p. 315.) — Nun erſehen wir aus Hrn. An=
derſons unten eingeſchaltetem Wörterverzeichniſſe,
daß bey den Einwohnern von Tongataboo: Kläg=
licher Geſang der Weiber (mournful ſong
of the Women) *) — welches die Einwohner
der

*) Von Geſang ſteht in Hrn. Anderſons Ver=
zeichniſſe, unter dem Worte Tangee, nichts; es
ſcheint aber, daß der Herausgeber, bey ſeiner
Anmerkung, eine Stelle aus Hrn. G. Forſters
Obſervations made during a Voyage etc. vor
Augen gehabt hat, wo es heißt: "Auf den neuen
"Karolinen-Inſeln nennt man den klagenden Ge=
"ſang, der ein Zeitvertreib der Weiber iſt, Tong=
"her = ifaiſil, und eben das würde der Neuſeelän=
"der

p) Cantova ſagt von ſeinen Karolinen=Eiländern:
La pluralité des femmes eſt non ſeulement per=
miſe à tous ces Inſulaires, elle eſt encore une
marque d' honneur et de diſtinction. Le *Tamole*
de l'isle de *Huogoleu* en a neuf. ,, *Lettres édifiantes
et curieuſes*, Tom. XV. p. 314.

wollen bemerkt haben, eigentlich nur eine als Frau
vom Hause angesehen wird.

Beym erſten Anblick ſollte man glauben, man
ſetze hier keinen hohen Werth auf weibliche Keuſch-
heit, und wir dachten, man würde viele Beyſpiele
verletzter ehelichen Treue unter ihnen finden; aber
wir thaten ihnen Unrecht; ich erinnere mich nicht,
während unſeres Aufenthaltes von einem einzigen
Exempel gehört zu haben q), und ſelbſt unverhei-
rathete Frauensperſonen der höhern Klaſſen ſind mit

> der Carolinen-Inſeln durch Tenger ifaiſl aus-
> drücken — Tangee Vefaine heißt.
>
> Sollte, der unbedeutenden Abweichung wegen,
> Jemand gegen dieſe Evidenz die Augen verſchlieſſen,
> ſo bedenke er, daß lange Abſonderung und ſo man-
> cherley andere Umſtände bey Völkern einerley Ur-
> ſprungs, ungleich ſtärkere Abänderungen der Mund-
> art und Ausſprache hervorgebracht haben, als beyde
> obige Fälle darbieten. Wir ſehen ſogar aus Herrn
> Anderſons Wörterverzeichniſſe, daß, in den ſo
> ſehr unter einander verwandten Societäts- und
> Freundſchafts-Inſeln, dieſes Tangee und Ve-
> faine verſchieden ausgeſprochen wird Tangee
> lautet in Otaheite, Taae, und Vefaine, Wa-
> heine.

> „der oder der Einwohner der freundſchaftlichen In-
> „ſeln mit Tanghi-fefenie ausdrücken. „ Be-
> merkungen auf ſ. R. u. d. W. S. 347. W.)

q) Auch die Einwohner der Carolinen ſollen viel
auf eheliche Treue halten. "Ils ont horreur de
l'aduitere, comme d'un grand péché.„ *Lettres
édifiantes et curienſes.* T. XV. p. 308.

ihren Gunſtbezeugungen nichts weniger als freygebig. Es fehlte zwar nicht an andern, die weniger ſpröde waren, und es gab, nach Verhältniß der Volks: menge, deren hier mehr als in andern Ländern: aber es ſchien, daß die meiſten, wo nicht alle, zu der nie: drigſten Klaſſe gehörten. Diejenigen die ſich mit unſern Leuten einließen, waren vollends offenbar lüderliche Dirnen.

Der ſtärkſte Beweis, den dieſes Volk von einem ſehr gefühlreichen Herzen giebt, iſt ihr Leidweſen um ihre Toden. Sie äuſſern es nicht durch Worte, ſondern durch die That r). Auſſer dem oben ange: führten Tooge und den eingebrannten Kreiſen und Narben an den Backenknochen, ſchlagen ſie mit Steinen gegen ihre Zähne, ſchneiden ſich mit Hay: fiſch: Zähnen Wunden in den Kopf, daß das Blut ſtrohmweiſe hervorquillt, ſtechen ſich mit ihren Spieſ: ſen in die Schenkel, in die Seiten unter den Ach: ſeln, und durch die Backen in den Mund. Eine ſo ſtrenge Diſciplin ſetzt entweder einen äuſſerſt hohen Grad des Gefühls und der Liebe voraus, oder großen Aberglauben; denn ich will gar nicht in Abrede ſeyn, daß ietzterer Theil daran habe, zumal da dergleichen heftige Aeußerungen öfters ſo allgemein ſind, daß es unmöglich iſt, daß die Perſon, um welche man Leid trägt, allen Trauernden hat bekannt ſeyn kön: nen, wie, zum Beyſpiel, den Einwohnern von Ton: gataboo, ein Oberhaupt von Vavaoo, bey deſſ...

r) Man ſehe wie auch jene Inſulaner ihre Verſtorb...nen betrauern. Lettres édiſ. et cur. Tom. XV. p. 308.

Tode wir sie Trauerceremonien vornehmen sahen,
und andere Fälle me'r, die während unserem Auf=
enthalte vorgekommen sind. Man muß hieben er=
innern, daß jene schmerzhafteren Operationen, die
sie an sich vornehmen, nur bey dem Tode ihrer
nächsten Blutsfreunde statt haben. Die Verstorbe=
nen werden in Matten und Stücken Zeuges einge=
wickelt, und ungefähr auf unsere Weise begraben.
Die Siatookas scheinen sich blos die Oberhäupter
als Begräbnißplätze zugeeignet zu haben; für das
gemeine Volk ist hiezu kein eigener Platz vorhanden s).
Von den Trauergebräuchen, die gleich nach der B=
erdigung vorgenommen werden, kann ich nichts ge=
wisses sagen; daß aber, außer der allgemeinen
Trauer, die eine geraume Zeit dauert, noch etwas
vorgehen müsse, konnten wir daraus schließen, weil
man uns erzählte, auf das Leichenbegängniß der Frau
des Mareewagee, wovon wir oben geredet haben,
folgten noch fünftägige Ceremonien, bey welchen sich
alle Vornehmen der Inseln einfinden und ihrer ge=
denken müßten.

s) Von den Insulanern auf den Carolinen heißt es
   in Cantova's Berichte: "Lorsqu'il meurt quelque personne d'un rang distingué, ou qui leur
   est chere par d'autres endroits, ses obséques
   se font avec pompe. Il y en a qui renferment
   le corps du défunt dans un petit édifice de pierre,
   qu'ils gardent en-dedans de leurs maisons, d'autres
   les enterrent loin de leurs habitations. *Lettres
   édifiantes et curieuses.* Tom. XV. p. 308. 309.

Zweyter Th.   R

Aus dieser langen, allgemeinen Trauer läßt sich abnehmen, daß sie den Tod für ein sehr großes Uebel halten. Ein sonderbarer Brauch, der ihrer Meynung nach, diesem Uebel vorbeugen soll, beweist es noch mehr. Bey meinem ersten Besuch auf diesen Inseln sah ich, daß viele Einwohner einen oder beide kleine Finger abgeschnitten hatten. Ich konnte damals hinter die eigentliche Ursache dieser Verstümmelung nicht kommen t). Jetzt erfuhren wir, daß sie diese Operation vornehmen, wenn sie von einer schweren, gefährlichen Krankheit befallen werden, weil sie glauben, die Gottheit begnüge sich mit dem freywilligen Opfer ihres kleinen Fingers, und lasse sie bald wieder gesund werden. Diese Verstümmlung geschieht mit einer steinernen Axt. Wir haben, unter zehen Insulanern, kaum einen gesehen, dem nicht an einer oder an beiden Händen dieser Finger fehlte u). Es ist dieses ein unangeneh-

t) S. Cook's Voyage, Vol. I. p. 222.

u) Capt. King merkt hiebey an, daß geringere Personen sich auch dann den kleinen Finger abnehmen, wenn die Oberhäupter, denen sie angehören, krank werden. Anmerk. der Urschrift.

Auf diese Art läßt sich die große Anzahl der Verstümmelten eher begreiffen, weil bey dieser Gelegenheit mehrere Hände um ihre Finger kommen müssen. Sollten aber neun Zehntel dieser Insulaner dergleichen Merkmale einer eigenen gefährlichen Krankheit an sich tragen, wie oben behauptet wird; so widerspräche diese Beobachtung dem,

mer Anblick, besonders wenn der Finger so knapp
abgenommen wird, daß ein Stück des Handknochens
mit darauf geht.

Die äusserste Strenge, mit der sie sich bey einigen ihrer Trauerceremonien, oder Religionsgebräu-
chen behandeln, sollte auf den Gedanken führen, es
geschähe, um sich desto sicherere Ansprüche auf eine
Glückseeligkeit jenseits des Grabes zu erwerben;
allein ihr Augenmerk geht hieben mehr auf das Zeit-
liche, und sie scheinen nicht zu begreifen, wie in
diesem Leben zu Schulden gebrachte Vergehungen
in einem zukünftigen sollten bestraft werden. Dagegen glauben sie an wohlverdiente Strafen auf
Erden, und bedienen sich aller ersinnlichen Mittel,
sich ihre Gottheiten geneigt zu machen. Das höch-

dem, was S. 228. von der gesunden Natur und
den seltenen Krankheiten der Eingebohrnen gesagt
worden ist, und was sich ohnehin bey Menschen
in ihrer Lage, bey so einfacher Nahrung und
Lebensweise — voraussetzen läßt.
Uebrigens herrscht dieser sonderbare Gebrauch nicht
in den Freundschaftlichen-Inseln allein. Die
Tscharos, die Guaranos, und andere Völker
des mittäglichen Theils von America, auch einige
Horden in Californien, im nördlichen Theile, und
sogar die Caffern in Africa schnitten, und schneiden sich zum Theil noch Glieder von ihren Fingern.
Die Amputation geschieht aber nur bey dem Tode
ihrer Gatten und Verwandten. S. Recherches
philosophiques sur les Americains. Tom. II.
p. 225—228. Edit. de Berlin. W.

R 2

ſte Weſen, welches die meiſten Dinge hervorge-
bracht hat, nennen ſie **Kallafootonga**, und ſagen, es ſey weiblichen Geſchlechts; es wohne im
Himmel, gebiete über Donner, Wind und Regen,
und über alle Veränderungen des Wetters. Sie
halten dafür, wenn es auf ſie zürne, ſo verdorre-
ten alle Früchte der Erde, der Blitz verſenge ihre
Habe; — ſie, und ihre Schweine und andere Thiere
erkrankten, oder ſtürben; wenn aber dieſer Zorn be-
ſänftiget ſey, ſo käme alles wieder in ſeine natürliche Ordnung. Es ſcheint, daß ſie hiebey ihren Be-
mühungen, die beleidigte Gottheit zu verſöhnen, ſehr
große Wirkung zuſchreiben. Sie nehmen auch
noch viele andere Gottheiten an, die aber alle ihrer
Kallafootonga untergeordnet ſind. Sie gedachten unter andern des **Toofooa-Boolootoo**, des
Gottes der Wolken und des Nebels, des **Tallett-
boo**, und verſchiedener andern, die im Himmel wohnen. Die vornehmſte und mächtigſte Gottheit, die
über das Meer und ſeine Erzeugniſſe herrſcht, nennen ſie **Futtafaihe**, oder, wie ſie es auch zuweilen ausſprechen, **Footafooa**, und iſt männlichen
Geſchlechts. Seine Frau heißt **Fykava-Fajeea**.
Sowohl zur See als im Himmel ſind noch verſchiedene untergeordnete Mächte, als **Vahaafo-
nooa, Tareeava, Mattaba, Evaroo** und andere mehr. Dieſe Götterlehre erſtreckt ſich aber
nicht durchgehends auf alle Inſeln dieſer Gruppe,
denn z. B. der höchſte der Götter wird auf den
Hapaee-Inſeln Alo Alo genannt, und in andern

giebt es deren zwey bis drey von verschiedenen Namen. Uebrigens sind ihre Vorstellungen von der
Macht und den Eigenschaften dieser Wesen sehr ab-
geschmackt, und sie glauben, nach dem Tode bekümmerten sie sich nichts mehr um sie.

Sonst haben sie über die Immaterialität und Un-
sterblichkeit der Seele ziemlich richtige Begriffe.
Sie nennen sie Leben, Grundstof des Lebens, oder
— welches ihrer Vorstellungskraft gemäser ist —
eine Otooa oder Gottheit, ein unsichtbares Wesen.
Sie sagen, die Seelen der Oberhäupter trennten
sich zugleich mit dem Ableben von dem Körper, und
kämen an einen Ort, Namens Boolootoo, dessen
Oberhaupt, oder Gott Gooleho heisse. Es scheint,
daß sie sich unter diesem Gooleho den Tod als eine
Person vorstellen, denn sie sagten verschiedene male
zu uns: "Ihr, und die Männer von Seejee, seyd
ebenfalls Gooleho's Macht und Herrschaft unter-
worfen." (Daß sie uns und die Männer von
Seejee in eine Klasse setzten, war ein wahres Compliment, ein Geständniß, wie sehr sie uns über sie
erhaben hielten.) Nach ihrer Mythologie ist Gooleho's Land der allgemeine Sammelplatz aller Verstorbenen, und noch von keinem Menschen gesehen
worden; aber doch wollen sie wissen, daß es westwärts von Seejee liege, daß diejenigen, die einmal
dahin gekommen wären, ewig lebten, oder, wie
sie sich ausdrückten, nicht mehr stürben, sondern
dort alle vortrefliche Producte ihres Landes genössen,
womit dieser Aufenthalt der Unsterblichen in über-

schwenglicher Fülle versehen sey. Mit den Seelen des gemeinen Mannes geht, nach ihren Begriffen, eine Art von Wanderung vor; oder sie werden von einem Vogel Namens Loata gefressen, der sich zu dem Ende auf den Gräbern aufhält.

Ich getraue mir zu behaupten, daß sie keinem Gemächte ihrer Hände, noch sonst einem sichtbaren Theile der Schöpfung göttliche Ehre erweisen. Auch opfern sie ihren Gottheiten keine Schweine, Hunde oder Früchte, wie es in Otaheite geschieht, es müßte denn auf eine sinnbildliche Weise geschehen, — denn in ihren Morais war keine Spur davon zu sehen —; daß sie ihnen aber wirkliche Menschenopfer darbringen, kann, meines Erachtens nicht in Zweifel gezogen werden. Ihre Morai oder Siatooka — denn sie bedienen sich beider Wörter, doch mehrentheils des letztern — sind, wie in Otaheite und vielen andern Ländern, zugleich Begräbnißplätze und Oerter, wo sie ihren Gottesdienst verrichten. Einige dienen gleichwohl bles zu Grabstätten, und waren ungleich kleiner und in allem Betracht unansehnlicher als die andern.

Von ihrer Regierungsform kennen wir nur die Aussenseiten, und können höchstens so viel sagen, daß die unter ihnen bemerkte Subordination viel Aehnliches von dem Feudalsysteme unserer Voreltern in Europa hat. Uebrigens müssen' wir, in Ansehung ihrer Unterabtheilungen, der sie constituirenden Glieder und Theile, ihrer Verhältnisse unter einander, und der Art ihrer Verbindung zu

einem gemeinschaftlichen Staatskörper 2c. unsere
gänzliche Unwissenheit bekennen. Man sagte uns
zwar, daß des Königs Gewalt unumschränkt sey,
und daß er über das Leben und Eigenthum seiner
Unterthanen zu gebiethen habe; allein einige Vorfälle, die wir zu bemerken Gelegenheit hatten, schienen mehr gegen die Begriffe einer despotischen Regierungsform, als für dieselben zu seyn. Marce-
wagee, der alte Toobou und Feenou handelten
alle als kleine souveraine Herren und widersetzten
sich häufig den Maasregeln des Königs, der sich
sogar öfters darüber beklagte. Der Monarch hatte
nicht einmal einen so glänzenden Hofstaat, als die beiden ersten, welche die mächtigsten Häupter dieser
Inseln waren, und denen nur Feenou, Marce-
wagee's Sohn, zunächst an Ansehen gleich kam.
Allein so unabhängig auch die Großen überhaupt von
des Königs unbedingter Gewalt seyn mögen, so
sahen wir doch Beyspiele genug, daß das Eigenthum und die persönliche Sicherheit der niedern
Klasse des Volks blos der Willkühr seiner Befehlshaber oder Herren unterworffen ist.

Tongataboo ist in viele Bezirke getheilt, wovon man uns wenigstens dreyßig Namen gesagt hat.
Jedes hat sein eigenes Oberhaupt, oder einen Befehlshaber, der die vorkommenden Streitigkeiten
beylegt, und in seinem Gebiete Recht und Gerechtigkeit handhabet. Wie weit sich aber ihre Gewalt erstreckt, oder in welchem Verhältnisse ihre Strafen
mit den Verbrechen stehen, konnten wir nicht zuver-

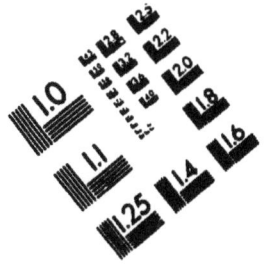

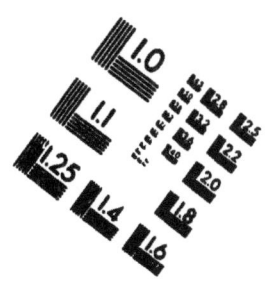

IMAGE EVALUATION
TEST TARGET (MT-3)

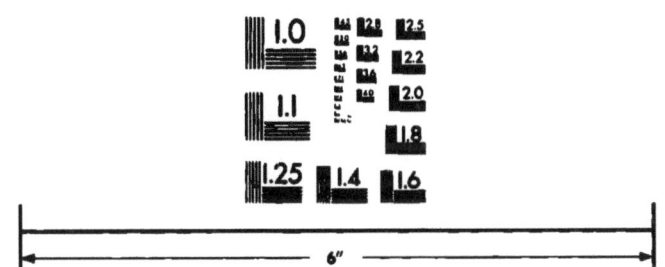

6"

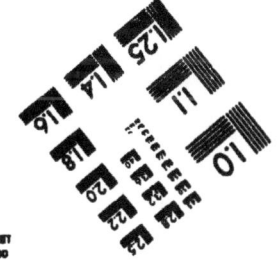

Photographic
Sciences
Corporation

23 WEST MAIN STREET
WEBSTER, N.Y. 14580
(716) 872-4503

läffig erfahren. Die meiſten dieſer Oberhäupter
haben Ländereyen auf andern Inſeln, woher ſie
große Zufuhr erhalten; wenigſtens findet dies in An
ſehung des Königes ſtatt, der zu gewiſſen Zeiten
allerley Producte von ſeinen entfernten Domainen
in Tongataboo bezieht, welches nicht nur ſeine
Hauptreſidenz, ſondern beynahe der gewöhnliche
Aufenthalt aller Vornehmen dieſer Inſeln iſt. Aus
dieſer Urſache nennen es auch die Einwohner von
Tongataboo im gemeinem Leben: Land der
Herrn, die übrigen untergeordneten Eilande aber:
Land der Diener.

Der gemeine Mann giebt allen Oberhäuptern
nicht nur den Titel: Herren der Erde, ſondern
auch Herren der Sonne und des Himmels. Des
Königs Familie führt den Namen Futtafaihe, nach
oben gedachtem Gotte dieſes Namens, den ſie vermuthlich als ihren Schußpatron anſehen, und der
vielleicht ihr gemeiner Anherr iſt. Des Königs be-
ſonderer irrdiſcher Titel iſt unterdeſſen nur ſchlecht-
weg Tooee Tonga.

Sie betragen ſich in Gegenwart ihrer Großen,
und beſonders vor dem Könige, mit einer bewun-
dernswürdigen Wohlanſtändigkeit. So bald ſich
dieſer niederläßt, es ſey in, oder auſſer einem Hauſe,
ſo ſetzten ſich alle, die ihn begleiten ſogleich in einen
Halbkreis vor ihm nieder, doch ſo, daß immer noch
ein ziemlicher Raum zwiſchen ihm und ihnen bleibt,
in welchem ſich niemand ohne ein beſonderes Geſchäft hineinwagt. So darf auch, ohne ſeine Er-

laubniß oder Befehl, niemand weder hinter ihm
noch neben ihm Platz nehmen oder vorbeygehen, und
die bey uns gemachte Ausnahme war ein Beweis der
großen Ehrerbietung die man uns bezeugte. Hat
Jemand dem Könige etwas zu sagen, so tritt er
näher, setzt sich vor ihm nieder, und macht seinen
Vortrag in wenigen Worten. So bald er seine
Antwort erhalten hat, kehrt er wieder in den Kreis
zurück. Redet aber der König eine Person aus der
Versammlung an, so antwortet diese von ihrem
Sitze aus; sie müßte denn einen Auftrag bekommen,
in welchem Falle sie aufsteht und sich vor dem Könige
mit untergeschlagenen Beinen niedersetzt. Die Insulaner sind so sehr an diese Positur gewöhnt, daß
ihnen jede andere beschwerlich ist x). Stehend mit
dem Könige zu sprechen, würde hier zu Land als ein
Zeichen einer eben so großen Ungeschliffenheit angesehen werden, als wenn bey uns jemand sitzend,
mit dem Hute auf dem Kopf, einen Höhern anre-
den wollte, der mit entblößtem Haupte vor ihm stände.

Es wird nicht leicht eine der gesittetesten Nation
es diesem Volke in der guten Ordnung zuvorthun,
die es bey allen Gelegenheiten zeigt, in der Bereitwilligkeit, mit der es seinen Obern gehorcht, in der
Einigkeit, die unter allen Ständen herrscht, und sie

---

x) Capitain King merkt hier an, daß dieses Unterschlagen der Beine nur bey den Mannspersonen
üblich sey, das Frauenzimmer aber habe, beym
Sitzen, die Beine ein wenig nach einer Seite
liegen.

Julius.

zu einem Körper verbindet, der nur von einer Seele belebet, von einerley Grundsätzen geleitet zu seyn scheint. Dieses zeigt sich besonders bey den sehr oft vorkommenden Fällen, wenn die Oberhäupter einer versammelten Menge etwas vorzutragen haben. Während der ganzen Rede herrscht eine Stille und Aufmerksamkeit, die man selbst in unsern ehrwürdigsten Versammlungen, bey Berathschlagung über die wichtigsten und ernsthaftesten Angelegenheiten nicht wahrnimmt. Von welcher Beschaffenheit auch der Inhalt der Rede war, so haben wir doch nie gesehen, daß einer oder der andere der Anwesenden das geringste Zeichen des Mißvergnügens geäußert oder Neigung bezeigt hätte, gegen die Verfügungen der hiezu berechtigten Person Einwendungen zu machen. Ja, diese ungeschriebenen Gesetze werden hier für so unverbrüchlich angesehen, daß ein Oberhaupt es nicht glauben wollte, als man ihm sagte, ein Eingebohrner habe gewissen Befehlen zuwider gehandelt, da es doch fast unmöglich war, daß der arme Schuldige sie schon konnte erfahren haben y).

Wenn auch einige der mächtigsten Oberhäupter, in Ansehung eigenthümlicher Besitzungen, es mit dem Könige aufnehmen könnten, so müssen sie doch in Ansehung des Rangs und gewisser Zeichen der

y) Cantova sagt von dem unbedingten Gehorsam der Carolinen Eiländer gegen ihre Tamolen. "Ils reçoivent ses ordres avec le plus profond respect; ses paroles sont autant d'oracles qu'on révère." *Lettres édifiantes et curieuses.* Tom. XV. p. 312.

der Ehrfurcht, die die gesammte Nation dem Mon=
archen bezeugt, demselben sehr weit nachstehen.
Der König darf, vermöge eines der Majestät an=
klebenden Vorrechts, nicht wie seine Unterthanen
punktirt, noch beschnitten seyn. Wenn er ausgeht,
müssen sich alle, die ihm begegnen, so lange nieder=
setzen, bis er vorbey gegangen ist. Niemand darf
sich über seinem Haupte aufhalten; alles muß sich
vielmehr unter seine Füsse beugen. Es giebt wohl
kein äußerliches Zeichen einer tiefern Unterwürfigkeit,
als hier die Niedern gegen ihre Regenten oder andere
Große der Inseln zu Tage legen. Es wirft sich
nämlich die Person die der andern ihre Ehrerbiethung
bezeugen will, vor dieser nieder, und schmiegt den
Kopf unter ihre Fußsohlen. Sitzt diese, so ist der
Fuß so gelegt, daß die andere ganz leicht dazu kom=
men kann, wo sie ihn dann mit der untern und
obern Seite der Finger beider Hände sanft klopft,
oder berührt, darauf wieder aufsteht und abtritt.
Es scheint, als ob der König es niemand abschlagen
könne, diese Art von Huldigung, die Moe Moea
genannt wird, anzunehmen. Denn es geschah sehr
oft, daß es manchem aus dem Volke einfiel, diese
Ceremonie an ihm vorzunehmen, wenn er im Gehen
war; da er dann allemal stillstehen und den Fuß so
lange hinterwärts halten mußte, bis jener vorüber war.
Einem so dicken, unbeholfenen Mann, wie Poulaho
war, mußte solches äußerst lästig fallen; auch habe
ich ihn mehrmalen bey aller seiner Schwerfälligkeit
laufen gesehen, um den Leuten aus dem Wege zu

kommen, oder einen schicklichen Platz zu erreichen,
wo er sich zu dem Ende niederseten konnte. Die
Hände dessen, der auf solche Art die Füsse eines
Oberhauptes berührt, sind auf einige Zeit, bey gewissen Fällen unbrauchbar; denn er darf sie an keine
Art von Speisen bringen, bis er sie gewaschen hat.
In einem Lande, wo das Wasser so selten ist, scheint
dieses Verbot mit einiger Ungemächlichkeit verbunden
zu seyn; allein die Einwohner wissen sich leicht zu
helfen: sie reiben sich nämlich die Finger mit dem
Stück der ersten der besten saftigen Pflanze, die sie
hier zu Land überall haben können; und die Reini-
gung ist so gültig, als ob sie sich mit Wasser gewaschen
hätten. Ehe dieses geschehen, heißen die Hände
Taboo Rema. Taboo ist mit dem Begriffe einer
unter einem Verbote stehenden Sache verknüpft;
Rema bedeutet die Hand.

Das Taboo, in welches man durch erwiesene
Ehrerbietung gerathen ist, kann auf solche Art ganz
leicht wieder gehoben werden. In andern Fällen
aber muß diese Enthaltung nothwendig eine geraume Zeit fortgesetzt werden. Wir haben verschiedene
Frauenspersonen gesehen, die Taboo Rema waren, denen eine Zeitlang die Speisen in den Mund
gesteckt werden mußten. Ist diese Zeit vorüber,
so wäscht sich die in dieser Art von Bann begriffene
Person in einem der hiesigen Bäder, nämlich in
einem schmutzigen Sumpfe halbsalzigen Wassers,
gehet darauf zum Könige, und nachdem sie ihm auf
die gewöhnliche Art ihren Gehorsam bezeugt hat,

nimmt sie einen seiner Füsse und drückt ihn an ihre
Brust, Schultern und übrigen Theile des Leibes. Er
umarmt sie sodann auf jeder Schulter, und nunmehr kehrt sie vollkommen rein zurück. Ich weiß
nicht, ob es allemal erforderlich ist, in diesen Fällen zum Könige zu gehen. Ist es aber wirklich nöthig, wie Omai behauptete, so mag dieses eine
der Ursachen seyn, warum der König fast beständig
von einer Insel zur andern reiset. Ich habe ihn
zwey bis dreymale, und den Feenou einmal an einer
seiner eigenen Weiber, diese Ceremonie verrichten
gesehen. Da Omai gerade nicht zugegen war, wie
letzteres geschah, so konnte ich nicht fragen, was
hiezu Anlaß gegeben habe.

Ich habe schon öfters gesagt, daß Taboo ein
Wort von weitläuftiger Bedeutung sey. So werden die Menschenopfer Tangata taboo genannt.
Taboo heissen alle Speisen, die man nicht essen,
alle Dinge von denen man keinen Gebrauch machen
darf. Man sagte uns, wenn der König zufälliger
Weise in das Haus eines seiner Unterthanen käme,
so würde es Taboo, und der Eigenthümer könne
es nicht mehr bewohnen. Aus dieser Ursache sollen
auch überall, wo der König hinreisen mag, gewisse
zu seinem Empfang bestimmte Häuser seyn. Auch
ein gewisses Departement heißt Taboo, über welches gegenwärtig der alte Toobou gesetzt war. Wenn
Omai anders die Sache recht verstanden hat, so
besteht es in der Aufsicht über alle Landesproducte;
und] der darüber bestellte Befehlshaber hat mit sei-

nen Beygeordneten nicht nur dafür zu sorgen, daß
ein jeder Einwohner ein gewisses Stück Land baue
und anpflanze, sondern er bestimmt auch, was für
Erzeugnisse gegessen werden sollen, oder nicht. Durch
diese weise Einrichtung wird aller Hungersnoth vor-
gebeugt, eine hinreichende Anzahl von Grundstücken wird mit Früchten des Landes bebaut, und
die erzielten Producte vor unnöthiger Verschwendung gesichert.

Nach einer eben so klugen Einrichtung in ihrer
Staatsverfassung, haben sie eine Art Polizeybeam-
ten; welchen Posten während unseres Aufenthaltes
Feenou bekleidete. Er besteht darinn, alle Vergehungen sowohl gegen den Staat, als gegen einzelne Personen zu bestrafen. Feenou war zugleich
oberster Feldherr und hatte die Krieger anzuführen,
im Falle sie zum Dienste aufgefordert werden. Dieser Fall soll, nach allgemeiner Aussage, sehr selten
vorkommen. Der König gab sich oft die Mühe,
uns Feenou's aufhabendes Amt begreiflich zu machen. Er sagte uns unter andern, wenn er selbst
ein böser Mann werden sollte, so würde ihn Feenou
umbringen. Ich begriff von dem, was er mir über
den Ausdruck: böser Mann sagte, so viel, daß
wenn er nicht den Gesetzen oder den eingeführten
Gebräuchen gemäs regieren sollte, Feenou von den
übrigen Häuptern, oder dem ganzen Volke den
Auftrag erhalten würde, ihn tödten zu lassen. Ein
Souverain, den man auf solche Art zu Verant-
wortung ziehen, und des Mißbrauchs seiner Macht

u sorgen, daß
tück Land baue
auch, was für
r nicht. Durch
ngersnoth vor-
von Grund-
bebaut, und
r Verschwen-

tung in ihrer
Polizeybeam-
Aufenthaltes
n, alle Ver-
als gegen ein-
war zugleich
r anzuführen,
werden. Die-
, sehr selten
die Mühe,
iflich zu ma-
enn er selbst
ihn Seenou
s er mir über
so viel, daß
eingeführten
iou von den
Volke den
assen. Ein
zu Verant-
iner Macht

wegen bestrafen kann, darf also auf keine Weise ein
Despot genennt werden.

Wenn man die vielen Inseln bedenkt, die diesen kleinen Staat ausmachen, und die Entfernung,
in welcher ihrer viele von dem Sitze der Regierung
liegen; so sollte man glauben, es müßten sich öfters
Fälle ereignen, wo eine oder die andere versuchte,
das Joch abzuschütteln, und sich unabhängig zu
machen. Allein man versicherte uns, daß dies nie
geschähe. Eine der Ursachen, weswegen die Regierung keine innerlichen Unruhen zu befürchten hat,
mag wohl diese seyn, daß, wie wir bereits gesagt
haben, alle mächtigen Oberhäupter in Tongataboo wohnen. Uebrigens weiß sie sich, in Ansehung der Abhängigkeit der andern Inseln, durch die
Schleunigkeit ihrer Maasregeln sicher zu setzen.
Denn sollte irgendwo ein unruhiger Kopf sich bey
dem Volke in Credit setzen, und solches aufwiegeln
wollen: so würde Feenou oder wer sonst seine
Stelle bekleidete, unverzüglich abgeordret werden,
um ihn hinrichten zu lassen. Auf diese Weise wird
aller Aufruhr gleichsam in der Wiege erstickt.

Unter den Oberhäuptern, oder denen die mit
dieser Benennug belegt werden, scheint es eben so
viele Rangordnungen und Classen zu geben, als bey
uns. Indessen sind verhältnißmäßig nur wenige
eigentliche Territorial-Herrn eines großen Bezirk
Landes. Die übrigen gehen — wenn wir so reden
dürffen — mit ihren Besitzungen von jenen unmittelbar Freyen zu Lehen. Man sagte mir, daß wenn

ein Eigenthumsherr sterbe, alle seine hinterlassene Habe dem König heimfalle, der sie aber gemeiniglich dem ältesten Sohn des Verstorbenen schenke, doch mit der Bedingung, daß er die übrigen Kinder zu versorgen habe. Hier ist es nicht, wie in Otaheite gewöhnlich, daß der Sohn von dem Augenblick seiner Geburth an, in des Vaters Vorrechte und Würden trete, sondern es geschieht erst nach des Vaters Ableben. Die Regierungsform, ist also nicht allein monarchisch, sondern die Krone auch erblich.

Die Ordnung der Thronfolge ist seit langer Zeit nicht unterbrochen worden, und wir können aus einem besondern Umstande abnehmen, daß die Futta= faihe wenigstens hundert und fünf und dreyßig Jahre in gerader Linie regiert haben. (Poulaho ist ein bloser Beyname, um den König von den übrigen der Familie zu unterscheiden.) Als wir uns erkundigten, ob sie nie etwas von Tasmans hieher gekommenen Schiffen hätten reden gehört, fanden wir, daß diese Geschichte wirklich von ihren Vor= eltern bis auf sie gekommen war, und zwar mit einer Genauigkeit der Umstände, die der Zuverläs= sigkeit mündlicher Ueberlieferungen zu Statten käme. Sie beschrieben die zwey Schiffe ungefähr nach der Größe und Gestalt der unsrigen; sie nann= ten den Platz, wo sie vor Anker lagen; sie sagten, sie hätten sich nur wenige Tage hier aufgehalten, und wären, von dieser Station aus, nach Annamooka gesegelt. Da wir sie weiter befragten, wie lange

dieses wohl seyn möge, nannten sie uns Futtafaihe, der damals König war, ingleichen alle seine Nach= folger bis auf den **Poulaho,** der seit dieser Periode schon der fünfte König ist, da der erste bey Ankunft der Schiffe bereits ein alter Mann gewesen seyn soll z).

Nach dem, was bis hieher von dem jetzigen Könige gesagt worden ist, wäre ganz natürlich zu vermuthen, daß er die höchste Person in allen diesen Inseln sey. Wir fanden aber zu unserer großen Verwunderung, daß **Latooliboloo,** (den man mir schon bey meinem ersten Besuche in **Tonga=** **taboo** als König angegeben hatte) und drey Frauens= personen, in gewissem Betrachte, dem Rang nach, noch über **Poulaho** erhaben waren. Auf unsere Frage, wer denn diese vornehmen Personen, (die den Titel und Namen **Tammaha** a) führen) wären, sagte man uns: Der letzte König, **Poulaho's** Vater, habe eine ältere, ihm an Rang ganz gleiche Schwester gehabt, welche von einem Gemahle, der aus der Insel Feejee hergekommen sey, einen Sohn

z) **Tasmans** Schiffe waren im Jahr 1642. im stillen Meere. **W.**

a) Wir dürfen wohl dem Leser nicht sagen, daß **Tamoloa,** welches in der Mundart von **Hamoa,** einer der Carolinen, ein Oberhaupt bedeutet, und **Tammaha,** durch Veränderung eines einzigen Buchstabens — dessen Laut sehr unmerkbar ist— zu einem Worte wird.

Zweyter Th. S

und zwo Töchter gebohren habe. Diese drey Personen, nebst der Mutter, behaupteten den Rang noch über Futtafaihe, dem Könige. So sehr wir uns auch Mühe gaben, die Ursache des sonderbaren Vorranges der Tammahao zu erfahren, so wußte man uns, außer dem Stammbaume, keine andere anzugeben. Die Mutter und eine Tochter, Namens Tooeela-Kaipa leben in Vavaoo; Latoolibooloo, der Sohn, und Moungoula-Kaipa, die andere Tochter, halten sich in Tongataboo auf. Letztere ist eben dieselbe Frau, von der ich oben sagte, daß sie am 21sten Junius bey mir zu Mittags gespeißt habe, bey welcher Gelegenheit wir das erstemal ihren höhern Rang über den König entdeckten, weil er in ihrer Gegenwart nichts aß, da sie solches zu thun sich kein Bedenken machte, ja sogar das gewöhnliche Fußberühren von ihm annahm. Wir haben aber nie bemerkt, daß der König gegen Latoolibooloo diese Etiquette beobachtet hätte, wohl aber, daß er aufhörte zu essen und die Speisen bey Seite schaffen ließ, so bald jener in eben dasselbe Haus kam. Latoolibooloo maßte sich zwar das Recht an, von dem gemeinen Mann zu nehmen, was ihm beliebte, sollte es auch dem Könige gehören; aber bey der Feyerlichkeit, die man Natche nennt, unterschied er sich auf keine Weise von den übrigen Vornehmen. Seine Landsleute hielten ihn für verrückt im Kopfe, und viele seiner Handlungen schienen dieses Urtheil zu bestättigen. Man zeigte mir auf Eooa einen großen Strich Landes, der ihm gehör-

te, wo ich auch feinen Sohn gefehen habe, der
noch ein Kind war, dem man aber ſchon ſeines
Vaters Titel beylegte. Kein Prinz des gröſten
europäiſchen Fürſten könnte mehr verzärtelt, mehr
geliebkoſet werden, als dieſer kleine Tammalya.

Die Sprache auf den Freundſchaftlichen-
Inſeln hat mit der neuſeeländiſchen, mit der auf
Wateeoo und Mangeea, folglich auch mit der
otaheitiſchen Sprache, und der Mundart der
übrigen Societäts - Inſeln die genaueſte Verwandſchaft. Sie hat auch viele Wörter, derer ſich
die Einwohner der Cocosinſeln bedienen, wie aus
dem Wörterverzeichniſſe zu erſehen iſt, welches
Le Maire und Schouten dort geſammelt haben b).

b) Dieſes Wörterverzeichniß befindet ſich am Ende
des 2ten Bandes von Dalrymple's Collection of
Voyages. In Taſmans Reiſe wird erzählt, daß
ſich ſeine Leute dieſes Wörterbuchs hätten bedienen wollen, um mit den Einwohnern in Tongataboo — ſeinem Amſterdam — zu reden, daß
aber keiner den andern verſtanden habe. Man
ſieht hieraus, wie behutſam man ſeyn muß, über
Verwandſchaft oder Nichtverwandſchaft der Sprachen verſchiedener Inſeln, nach Aeußerungen ſo
flüchtiger Beſucher zu urtheilen, als es Taſman
und ſeine Nachfolger in den Inſeln des ſtillen
Meeres geweſen ſind. Denn es wird wohl kein
Menſch behaupten können, daß die Einwohner der
Cocos-Inſel und die Tongatabooeſer einander
nicht

S 2

Die Aussprache ist freylich in vielen Fällen sehr merklich von der neuseeländischen und otaheitischen
verschieden, allein eine große Anzahl Wörter sind
entweder vollkommen eben dieselben, oder sie weichen so wenig von einander ab, daß ihr gemein-
schaftlicher Ursprung unmöglich zu verkennen ist.
Die Sprache ist für die Begriffe dieses Volks wort-
reich genug. Sie ist nicht nur in der Unterredung
wohlklingend, sondern wir haben auch bey verschiedenen Gelegenheiten wahrgenommen, daß sie me-
lodisch ist, und sich sowohl im Gesang als im Re-
citativ sehr gut ausnimmt. Ihre Elemente sind
nicht zahlreich, wenn wir anders bey unserer geringen
Kenntniß darüber urtheilen können. Einige ihrer
Regeln kommen mit den Regeln mehrerer bekannten
Sprachen überein. Wir konnten z. B. verschiedene
Grade der Comparation, so wie sie im lateinischen
vorkommen, ganz leicht unterscheiden, aber nichts von
einer Beugung der Nennwörter und Zeitwörter.

Wir hatten Gelegenheit einige hundert Wörter
zu sammeln, unter welchen sich auch die Zahlen bis
auf Hunderttausend befinden. Weiter wollten sie,
oder konnten sie nicht zählen. Denn wenn sie bis
dahin gekommen waren, bedienten sie sich gemeiniglich eines Wortes, welches eine unbestimmte

nicht verstehen. Auch einige Wörter aus der
Sprache auf Horns-Eiland, welches auch Tasman entdeckt hat, stimmten vollkommen mit der
Mundart auf Tongataboo überein. S. Dalrymple, am angezeigten Orte.

Menge bedeutete. Wir haben hier zur Probe einige
Wörter aus unserem größerem Verzeichniße einge=
rückt, und die damit übereinkommenden otaheitischen
Wörter, von gleicher Bedeutung, gegen über gesetzt.
Man wird auf diese Art durch den Augenschein über=
führt werden, daß es blos Mundarten einer Spra=
che sind, zugleich aber die Buchstaben bemerken,
durch deren Einschaltung, Auslassung oder Verän=
derung, die Abweichung beider Dialecte entstanden
ist.

Ich muß indessen gedenken, daß bey diesen ge=
sammelten Wörtern manche beträchtliche Fehler mit
unterlaufen müssen. Die Begriffe derer, von de=
nen wir die Worte lernten, waren so sehr von den
unsrigen verschieden, daß es unendliche Mühe ko=
stete, ihnen nur den Gegenstand unserer Nachfrage
deutlich anzugeben; und kamen wir auch endlich da=
mit zu Stand: was war in Ansehung einer ganz
fremden Sprache von einem Lehrmeister zu erwar=
ten, der kein Wort von denen verstand, die seinem
Schüler bekannt waren? Nächst diesen Hinderniß=
sen entstand eine andere reiche Quelle des Irrthums,
durch die Schwierigkeit, den eigentlichen Laut eines
noch nie gehörten Wortes aus dem Munde von Per=
sonen aufzufassen, deren Aussprache gemeiniglich
so undeutlich war, daß, wenn zwey von uns ein
Wort, welches uns ein und derselbe Insulaner vor=
sagte, nachschrieben, wir selten einerley Vokal ge=
braucht hatten. Sogar bey den Consonanten gien=
gen wir häufig von einander ab, die doch weniger

1777. zwehdeutig sind. Noch mehr, die Erfahrung lehrte
Julius. uns, daß wir öfters in die seltsamsten Entstellun-
gen der gemeinsten Wörter gerathen waren, es sey
nun daß die Eingebohrnen unsere Aussprache nach-
ahmen wollten, oder daß wir sie nicht verstanden
hatten. Wir bedienten uns z. B. durchgehends des
Wortes Cheeto, wenn wir einen Dieb nennen
wollten, da doch in der Sprache von Tongataboo
das eigentliche Wort gänzlich von jenem verschieden
ist. Dieser Irrthum entstand aus einem frühern
Mißverstande in Neuseeland. Dort heißt, wie auf
den freundschaftlichen Inseln, ein Dieb Aaeehaa;
wir verstanden aber Teete, und gebrauchten dieses
Wort sowohl in Neuseeland, als auch nachher in
Tongataboo. Die Einwohner dieser Insel die
uns in allem, so gut sie konnten, nachzusprechen suchten, fabricirten daraus das Wort Cheeto, und wir
nahmen es nachher, durch eine fortgesetzte Verwir-
rung, als ein ursprüngliches Wort ihrer Mundart
auf. Nachstehendes Verzeichniß hat man so correct,
als möglich, zu machen gesucht.

	Freundschaftl. Inseln.	Otaheitisch.
Die Sonne,	Elaa,	Eraa.
Feuer,	Eafoi,	Eahoi.
Donner,	Satoore,	Pateere.
Regen,	Ooha,	Eooa.
Wind,	Matangee,	Mataee.
Warm,	Mafanna,	Mahanna.
Wolken,	Ao,	Eao.
Sand,	Sonooa,	Senooa.

Waſſer,	Avy,	Evy.
Schlaf,	Mohe,	Moe.
Ein Mann,	Tangata,	Taata.
Eine Frau,	Vefaine,	Waheine.
Ein junges Mädchen,	Taheine,	Toonea.
Ein Diener, oder eine Perſon von niederm Stande,	Tooa,	Toutou, oder Teou.
Die Dämmerung, oder Anbruch des Tages,	Aho,	Aou.
Das Haar,	Sooroo,	Eroroo.
Die Zunge,	Elelo,	Erero.
Das Ohr,	Tareenga,	Tareea.
Der Bart,	Roomoo,	Ooma.
Die See,	Tahee,	Tace.
Ein Boot oder ein Kahn,	Watta,	Evaa.
Schwarz,	Oole,	Ere.
Roth,	Goola,	Oora, oora.
Eine Lanze oder Speer,	Tao,	Tao.
Eines der Eltern,	Motooa,	Madooa.
Was iſt das?	Rohaeea?	Yahaeea?
Veſthalten,	Amou,	Mou.
Weinen oder klagen,	Horo,	Horoee.
Aufſtehen,	Etoo,	Atoo.
Klagen oder Thränen vergieſſen,	Tangee,	Tace.
Eſſen oder käuen,	Ety,	Ey.
Ja,	Ai,	Ai.

	Freundschaftl. Inseln.	Otaheitisch.
Stein,	Kaee,	Aee.
Du,	Koe,	Oe.
Ich,	Ou,	Wou.
Zehen,	Ongofooroo,	Ahooroo.

Ehe ich diese Inseln und ihre Einwohner gänzlich verlasse, will ich noch einige astronomische und
nautische Beobachtungen, die ich während meinem
Hierseyn anzustellen Gelegenheit hatte, hinzufügen.

Zuerst muß ich erinnern, daß der Unterschied der
Länge zwischen Annamooka und Tongataboo um
etwas geringer ist, als ich ihn in der Charte und
dem Tagbuche meiner letztern Reise angegeben habe.
Dieser Irrthum war um so leichter möglich, da wir
die, auf jeder Insel einzeln erhaltenen Resultate damals nicht unter einander vergleichen, und eine Länge
durch die andere berichtigen konnten. Gegenwärtig
aber ist die Entfernung zwischen beiden mit einer
Genauigkeit bestimmt worden, bey der fast unmöglich ein Fehler statt finden kann, wie aus nachstehen-
der Tabelle zu ersehen ist:

Die Breite des Platzes, wo in
   Tongataboo die Stern-
   warte stand, war nach der
   mittlern Zahl verschiedener
   Beobachtungen   —   21° 8′ 19″ südl.
Die Länge desselben, durch ein
   Medium von hundert und
   ein und dreyßig Mondsbeobachtungen, wobey wenig-

ftens taufend Diſtanzen zwiſchen Mond, Sonne und
Sternen genommen wur-
den, war — — 184° 55′ 18″ öſtl.
Der Unterſcheid der Länge zwiſchen jener Sternwarte und
der in Annamooka betrug
nach dem Zeithalter — 0 16 0
Mithin war die Länge von Annamooka — — 185 11 18 öſtl.
Nach dem Zeithalter betrug
ſie , zufolge ſeiner täglichen
Bewegung,

von { Greenwich aus 186 12 27
{ Neu-Seeland 184 37 0
Die Breite der Inſel war 20 15 0

Es iſt hiebey zu erinnern, daß die Sternwarte
in Tongataboo faſt in der Mitte der Nordſeite
der Inſel, und in Annamooka an der Weſtſeite
dieſes Eilandes errichtet war.

Es fand ſich am 1ſten Julius, Mittags, daß
die Längenuhr, nach der mittlern Zeit von Greenwich, zurückblieb = 12 U. 34ᵐ 33″, 2; daß ſie
mithin damals nach mittler Zeit täglich 1,ᴳ 783
verlohr. Nach dieſem täglichen Verluſte werden
wir künftig die durch den Zeithalter gefundene Länge
berechnen, und man kann nunmehr 184° 55′ 18″,
oder 12 St. 19ᵐ 41,ᴳ 2, öſtlich von Greenwich,
für die wahre Länge von Tongataboo annehmen.

Nach der mittlern Zahl mehrer Beobachtungen, war die Neigung der Südspitze der Magnetnadel

zu {
Lefooga, einer der
Hapaee-Inseln — 36° 55'
Tongataboo — 39 1¼

Die Abweichung der Nadel betrug zu Annamooka, an Bord — — 8 30 3½'' östl.

Vor Anker, auf der Höhe von Kotoo, zwischen Annamooka und Hapaee, — 8 12 29½

Vor Anker, auf der Höhe von Lefooga — 10 11 40

Zu Tongataboo an Bord, 9 44 5½

Ebendaselbst, am Ufer 10 12 58

Ich weiß keine Ursache anzugeben, warum die Abweichung vor Annamooka, und in der Nachbarschaft der Insel um so vieles geringer ist, als an den beiden andern Plätzen. Nur so viel kann ich sagen, daß bey den Beobachtungen kein Fehler vorgegangen ist, und daß ich selbst dafürhalte, daß sie größer seyn sollte, als obige Erfahrung angiebt, da wir sie nord- süd- ost- und westwärts der Insel beträchtlicher befunden haben. Aber es sind uns wohl noch größere Ungleichheiten, als diese, bey einer und eben derselben Nadel vorgekommen, und würde ich dieses Umstands nicht gedenken, wenn ich nicht daraus den Schluß zu machen berechtiget wäre, daß die Ursache dieser verschiedenen Abweichung, sie sey

r Beobachtungen,
r Magnetnadel

5° 55'
) 1½

30 3½'' östl.

12 29⅔'

11 40
44 5½
12 58

n, warum die
n der Nachbar=
jer ist, als an
) viel kann ich
in Fehler vor=
rhalte, daß sie
ig angiebt, da
der Insel be=
sind uns wohl
bey einer und
und würde ich
ich nicht dar=
t wäre, daß
ung, sie sey

übrigens welche sie wolle, in dem Orte und nicht in den Nadeln zu suchen sey c). Hr. Bayly fand eben diesen und zwar einen noch größern Unterschied.

Die Ebbe und Fluth ist an diesen Inseln be= trächtlicher, als an allen in diesem Ocean, inner= halb der Wendekreise, von mir entdeckten Ländern. Zu Annamooka ist zu Zeiten des Voll= und Neumondes gegen sechs Uhr hoch Wasser, und die Höhe zwischen Ebbe und Fluth beträgt in senk= rechter Linie etwas mehr, als sechs Fuß. Im Haven von Tongataboo ist, bey vollem und neuen Lichte, um sechs Uhr, 50 Minuten Fluth, und das Wasser steigt und fällt vier Fuß, neun Zoll; beym ersten und letzten Viertel aber, drey Fuß sechs Zoll. In den Kanälen zwischen den In= seln, die in diesem Haven liegen, ist fast eine und eine halbe Fluth; nämlich Ebbe und Fluth dauern hier ungefähr drey Stunden länger, als am Strande. Blos in diesen Kanälen und in einigen andern Stellen, nahe an den Ufern, ist die Ströhmung des Wassers merklich; ich kann also die eigentliche Richtung der Fluth nur zum Theil muthmaßen. In der Rheede von Anna= mooka kommt sie von West= Süd= West, und die Ebbe von Ost= Nord= Ost. Im Haven von Annamooka ströhmt sie von Nordwesten her, gehet sehr schnell durch die zwey engen Kanäle an jeder Seite von Hoolaiva, und treibt in

c) S. S. 75. des ersten Bandes. W.

1777.

Julius.

die Lagune. Die Ebbe nimmt eben diesen Weg wieder zurück, und zwar mit noch größerer Hef= tigkeit. Der nordwestlichen Fluth kommt am Eingange der Lagune eine andere von Osten ent= gegen, allein sie ist, wie ich bereits erwähnt habe, nicht sonderlich beträchtlich.

Geschichte
einer
Entdeckungsreise
nach
der Südsee.

Drittes Buch.

Aufenthalt in Otaheite und den Societäts-
Inseln, und Fortsetzung der Reise nach
der Küste von Nord-America.

Erstes Kapitel.

Beobachtung einer Mondsfinsterniß. — Entdeckung
der Insel Tooubouai. — Ihre Lage, Umfang und
Ansicht. — Verkehr mit ihren Einwohnern. —
Beschreibung ihrer Person, ihres Anzugs und
ihrer Kähne. — Ankunft in der Bay Oheitepeha, in Otaheite. — Omai's Aufnahme und
unvorsichtiges Betragen. — Nachricht von spanischen Schiffen, die zweymal diese Insel besucht
haben. — Zusammenkunft mit dem Oberhaupte
des Bezirks. — Von Olla, oder dem Gott zu
Bolabola. — Ein wahnsinniger Prophet. —
Ankunft in der Matavai-Bay.

Nachdem wir nunmehr, wie oben gemeldet a), die
freundschaftlichen Inseln verlassen haben, ist es
nöthig, von dem weiteren Verfolge unserer Reise

1777.

Julius.

a) S. das Ende des 9ten Kapitels, des II. Buchs.

Donnerſtag
den 17ten.

Freytag
den 18ten.

Sonnabend
den 19ten.
Sonntag
den 20ſten.

Nachricht zu geben. Am 17ten Julius, Abends um acht Uhr, lag uns Laoo, drey bis vier See-meilen weit in Nordoſt gen Nord. Der Wind war nun in Oſten, und wehte in einer friſchen Kühlung. Ich ſteuerte mit demſelben bis halb ſieben Uhr des andern Morgens nach Süden, als aus eben dieſer Richtung mit einem male ein plötzlicher Windſtoß das Schiff rückwärts ergriff, und das Schönfahr-Seegel, mit den Bramſeegeln zerriß, ehe wir ſie anders ſetzen konnten.

Der Wind ſtand am 19ten und 20ſten zwiſchen Süd-Weſt und Süd-Oſten, nachher drehete er ſich nach Oſten, Nordoſt und Norden. In der Nacht zwiſchen dem 20ſten und 21ſten beobachteten wir eine Mondsfinſterniß. Wir befanden uns im 20° 57′½ ſüdlicher Breite.

Scheinbare Zeit, Vormittag.

		St. M. S.	
Der Anfang war			
nach Hn. King's Beobacht.	um	0 32 50	mittlere
Hn. Bligh's	—	0 33 25	Länge
meiner eigenen	—	0 33 35	186° 57′½
Das Ende war			
nach Hn. King's Beobacht.	um	1 44 56	mittl. Länge 186° 28′½
Hn. Bligh's	—	1 44 6	n. d. Zeithl.
meiner eigenen	—	1 44 56	186 58½.

Das Schiff befand ſich des Morgens um 8 Uhr 56ᵐ· in der oben angezeigten Länge und Breite, als wir Sonnenhöhe nahmen, um die ſcheinbare Zeit zu beſtimmen. Zu Anfang der Finſterniß ſtand der Mond im Zenith. Größerer Bequemlichkeit wegen

nahmen wir Spiegel=Sextanten, um das zurück=
geworfene Bild in eine schicklichere Höhe herab zu
bringen. Eben dieses thaten wir auch am Ende,
Hrn. King ausgenommen, der sich eines Nacht=
Telescops bediente. Ob zwar der größte Unterschied
unserer Beobachtungen nicht mehr als funfzig Se=
cunden beträgt, so bin ich doch der Meynung, daß,
bey Bestimmung des Ein= und Austrittes des Schat=
tens, zween Beobachter um mehr als noch einmal
soviel von einander abweichen würden. Und wenn
ich hier die Secunden angezeigt habe, so geschah es
wahrhaftig nicht, um auf eine so große Schärfe
Ansprüche zu machen; die oben angezeigten Secun=
den entstanden erst, als wir die, durch die Längenuhr
angegebene Zeit auf die scheinbare Zeit reducirten,
die wir des Morgens gefunden hatten.

Ich setzte meinen Lauf gegen Ost=Süd=Osten,
mit dem Winde aus Nord=Ost und Nord, fort,
ohne daß etwas bemerkenswerthes vorgefallen wäre,
bis am 29sten, wo wir einen plötzlichen und sehr hef=
tigen Windstoß aus Norden bekamen. Wir giengen
mit Unter= und Stagsegeln, und hatten die Mars=
segel einfach eingereeft. Zwey der letztern giengen
in Stücken und nur mit genauer Noth konnten die
übrigen gerettet werden. Bald nachdem sich der
Wind gelegt hatte, sahen wir, daß sich auf der Dis=
covery Lichter hin und her bewegten, woraus wir
schlossen, daß sie Schaden gelitten habe; am folgen=
den Morgen nahmen wir auch wahr, daß sie ihre
Großbramstenge eingebüßt hatte. Wind und Wet=

ter blieben an diesem Tage sehr unbeständig, bis ungefähr gegen Mittag, wo der Himmel heiter wurde, und der Wind sich immer in den Strichen zwischen Nord und Westen hielt. Wir befanden uns gegenwärtig im 28° 6′ südlicher Breite, und unsere östliche Länge war 198° 23′. Hier sahen wir einige Pintados b) oder Landzeiger; es waren die ersten Vögel die uns, seit dem wir das Land verlassen hatten, wieder zu Gesicht kamen.

Den 31sten gab mir Capitain Clerke ein Zeichen, daß er mit mir sprechen wollte. Er ließ mir durch das zurückgekommene Boot, welches ich an Bord seines Schiffs geschickt hatte, sagen, daß man so eben an dem obern Theile seines großen Mastes einen so starken Riß entdeckt habe, daß es gefährlich sey, eine neue Stenge aufzusetzen; er sähe sich also genöthiget, an ihrer Stelle sich mit etwas leichterm zu behelfen. Er ließ mir ferner melden, daß er seine Großbramraa verlohren habe, und weder eine an Bord habe, noch eine Sparre, aus der er sich eine neue könne machen lassen. Ich schickte ihm eine Ober-Blindraa von der Resolution, die vor der Hand diesen Schaden ersetzte; Tags darauf richtete er eine Nothstenge auf, versah sie mit einem Vor-Marsseegel, und war wieder im Stande, der Resolution zu folgen.

Der Wind blieb jetzt beständig am westlichen Bord; er hielt sich nämlich von Nord, rund um West, gegen Süden, und wir steuerten gegen Ost-

b) Procellaria capensis. Linn.

eftändig, bis un-
nel heiter wurde,
trichen zwischen
inden uns gegen-
und unsere öft-
ähen wir einige
waren die erften
Land verlaffen

Clerke ein Zei-
e. Er ließ mir
welches ich an
fagen, daß man
großen Maftes
aß es gefährlich
er fähe sich also
vas leichterm zu
n, daß er feine
nd weder eine
aus der er sich
schickte ihm eine
n, die vor der
darauf richtete
it einem Vor-
tande, der Re-

am weftlichen
rd, rund um
ten gegen Oft-

Nord-Oft und Nord-Oft, ohne irgend einen merkwürdigen Vorfall, bis auf den 8ten Auguft, wo wir
Morgens um eilf Uhr, neun oder zehen Seemeilen
weit, in Nord-Nord-Oft, Land erblickten. Anfänglich
zeigten sich abgesonderte Hügel, die eben so viele kleine
Inseln zu seyn schienen, als wir aber näher kamen, fanden wir, daß sie alle zusammenhiengen und nur ein
Eiland ausmachten. Ich steuerte mit einem schönen
Südoft-gen Süd-Winde gerade darauf zu, und
um halb sieben Uhr, Nachmittags, erstreckte es sich,
in einer Entfernung von drey oder vier Seemeilen,
von Nord gen Oft gegen Nord-Nord-Oft ⅓ Oft.

Die Nacht wurde mit Ab- und Zusteuern hingebracht. Am andern Morgen, mit Tagesanbruch
richtete ich meinen Lauf Nordweft, oder gegen die
Leeseite der Insel. Indem wir um ihren südlichen
oder südweftlichen Theil herumfuhren, sahen wir,
daß sie überall mit einem Riffe von Korallfelsen umgeben war, welches sich in manchen Gegenden eine
ganze Meile weit in die See erstreckte, und woran
sich die Wellen in hohen Brandungen brachen.
Südwärts dieser Insel wollten einige mehr Land
erblicken, da es aber windwärts war, so blieb die
Sache unentschieden. Als wir der Insel näher kamen, sahen wir an verschiedenen Theilen der Küste,
am Gestade, Menschen hin und her laufen, und
bald darauf, als wir die Leeseite erreicht hatten,
sahen wir zween Kähne in die See stoßen, worein

1777.

Auguft.

Freytag den 8ten.

Sonnabend den 9ten.

Zweyter Th.   T

sich ihrer zwölf oder mehr setzten, und auf uns zu ruderten.

Ich ließ jetzt einige Seegel schürzen, um sowohl den Kähnen Zeit zu lassen, uns näher zu kommen, als auch, einer Ankerstelle wegen, sondiren zu lassen. Ungefähr eine halbe Meile vom Riffe, fanden wir zwischen vierzig und fünf und dreyßig Faden Wasser auf einem Boden feinen Sandes. Näher hin war der Grund mit Korallenfelsen überstreuet. Da uns die Kähne bis auf einen Pistolenschuß weit, nahe gekommen waren, hielten sie stille. Omai mußte, wie es bey diesen Fällen gewöhnlich war, alle seine Beredsamkeit anwenden, die Insulaner zu bewegen, an die Schiffe zu kommen, aber kein Zureden vermochte, ihnen Zutrauen einzuflößen. Sie zeigten, mit einer gewissen Hastigkeit, mit ihren Rudern nach dem Ufer, und ruften uns zu, dorthin zu kommen. Einige ihrer Landsleute am Gestade hielten etwas Weisses in der Hand, welches wir auch für eine Einladung hielten. Wir hätten uns auch sehr wohl zu ihnen hinbegeben können, da nicht nur ausserhalb des Riffs gute Ankerstellen, sondern auch in dem Riffe eine Oeffnung war, durch welche die Kähne herausgekommen waren, wo wir keine Brandungen wahrnahmen, und innerhalb welcher sich Wassers genug, wo nicht für die Schiffe, doch für die Boote befand. Allein ich hielt nicht für rathsam, den Vortheil eines so günstigen Windes aus den Händen zu lassen, um eine Insel zu untersuchen, die, allem Anschein nach, von weniger

Bedeutung war. Da wir noch keinen Mangel an
Erfrischungen hatten, und es noch dahin stand, ob
wir hier welche bekommen würden; da ich beson‹
ders, wider alles Vermuthen, so lange in meinem
Laufe nach den Societäts-Inseln aufgehalten wurde:
so war ich nun vest entschlossen, alle mögliche Gele‹
genheit des Aufschubes zu vermeiden. Nach eini‹
gen wiederholten, aber vergeblichen Versuchen, die
Eingebohrnen an unsere Schiffsseiten zu bringen,
setzte ich daher meinen Lauf, und zwar gegen Norden
fort, und verließ sie, nachdem ich sie um den
Namen ihrer Insel befragt hatte, die sie Toobouai
nannten.

Sie liegt im 23° 25' südlicher Breite, und im
210° 37' östlicher Länge. Das Riff abgerechnet,
mag ihre größte Länge, in einer Richtung, nicht über
fünf oder sechs Meilen betragen. An der Nord‹
westseite erscheint das Riff als abgesonderte Klippen,
zwischen welchen sich die See am Strande zu bre‹
chen scheint. So klein auch die Insel ist, so hat
sie doch Berge von beträchtlicher Höhe. Am Fuße
dieser Berge sind schmale Ebenen, die rings um sie
hergehen, und wieder mit einem Rande von weissem
Sand umgeben sind. Einige steile, felsichte Stellen
ausgenommen, sind sie mit Gras oder andern Kräu‹
tern bewachsen, und auf ihrem Gipfel sieht man
hie und da zerstreute Bäumegruppen. In den Thä‹
lern hingegen sind häufigere Pflanzungen, und der
flache Rand ist mit hohen, starken Bäumen von

T 2

292

August.

verschiedenen Gattungen bedeckt, wovon wir aber nichts, als einige Kokos= und Etoa= oder Keulen= bäume c) unterscheiden konnten. Von den Leuten in den Kähnen hörten wir, daß die Insel mit Schweinen und Hühnern versehen sey, und alle Früchte und Wurzeln hervorbringe, welche man auf den andern Inseln, in diesem Theile des stillen Meeres, antrift.

Wir bemerkten aus den Gesprächen der Leute, die zu uns gekommen waren, daß die Sprache der Einwohner von Toobouai vollkommen die otaheitische war, ein Beweis, daß sie zu eben dem Stamme gehören. Die Männer in den Kähnen, waren starke Leute, von kupferbrauner Farbe, mit schlichtem, schwarzen Haare, welches einige auf dem Scheitel in einen Schopf zusammen gebunden hatten, andere aber auf die Schultern herabfallen ließen. Sie hatten etwas runde, volle Gesichter, deren Bildung mehrentheils etwas flach schien, und in ihrem Blicke war ein gewisser Ausdruck von angebohrner Wildheit. Sie hatten sonst keine Bedeckung, als einen schmalen Streifen Zeug, der um den Leib geschlagen und zwischen die Schenkel gezogen war. Einige aber von denen, die wir am Strande sahen, wo sich an die hundert Personen mochten versammelt haben, waren ganz in weißen Zeug gekleidet. Von denen, die in den Kähnen waren, trugen einige Perlenmuscheln, als Halsgehänge. Einer blies beständig auf einer grossen

c) Casuarina equisetifolia. *Linn.*

Kinkhorn-Schnecke, woran ein, beynahe zwey Fuß
langes Rohr befestiget war. Anfangs blies er immer in dem nämlichen Tone; nachher aber machte
er das Instrument beynahe musikalisch und brachte
zwey bis drey Töne heraus, die er beständig mit
gleicher Stärke wiederholte. Ich kann nicht sagen,
was diese Schneckentrompete anzeigen sollte, aber
ich habe nie bemerkt, daß sie ein Zeichen des Friedens gewesen ist.

Ihre Kähne mochten ungefähr dreyßig Fuß lang
seyn, und ragten zwey Fuß hoch über die Wasserfläche
hervor. Das Vordertheil gieng etwas vorwärts
und hatte einen Queer-Einschnitt, der vermuthlich
den Rachen eines Thiers vorstellen sollte. Das
Hintertheil erhob sich mit einer schwachen Krümmung
zwey bis drey Fuß hoch, und wurde nach und nach
immer schmäler. Es war überall, so wie der obere
Theil der Seitenplanken, mit Schnitzwerke geziert.
Das übrige der Seitendielen, die senkrecht in die
Höhe standen, war mit flachen, weissen Muscheln
ganz artig eingelegt, die concentrische Halbcirkel
bildeten, deren Bogen oben zu stehen kam. In
dem einen Kahne waren sieben, in dem andern acht
Mann, und sie wurden mit kleinen Rudern regiert,
deren Schaufeln beynahe rund waren. Jeder Kahn
hatte einen ziemlich langen Ausleger; und beide
ruderten öfters mit den entgegen gesetzten Seiten, wo
keiner war, so nahe an einander, daß es nur ein
Kahn, mit zwey Auslegern zu seyn schien. Gelegenheitlich dreheten sich die Ruderer mit dem Gesichte

294

1777.
Auguſt.

Dienſtag
den 12ten.

nach dem Hintertheile und ruderten in dieſer Rich‐
tung fort, ohne den Kahn umgewandt zu haben.
Als ſie ſahen, daß wir entſchloſſen waren, ſie zu
verlaſſen, ſtanden ſie alle in ihren Kähnen auf, und
wiederholten einige Worte, mit gleicher und lauter
Stimme. Ob ſie Freundſchaft oder Feindſchaft
dadurch zu erkennen geben wollten, können wir
nicht ſagen. Gewiß iſt es, daß ſie keine Waffen
bey ſich hatten, auch entdeckten wir durch unſere
Ferngläſer keine an denen, die am Ufer waren.

Nachdem wir dieſe Inſel verlaſſen hatten, deren
Entdeckung vielleicht künftigen Seefahrern nützlich
werden kann, ſteuerte ich bey einem friſchen Oſt gen
Südwinde nordwärts, bis ich am 12ten, mit An‐
bruch des Tages, die Inſel Maitea erblickte. Bald
hernach kam auch Otaheite zum Vorſchein, wel‐
che ſich um Mittag von Südweſt gen Weſt bis zu
Weſt‐Nord‐Weſt erſtreckte. Die Spitze von
Oheitepeha lag ungefähr vier Seemeilen weit in
Weſten. Ich ſteuerte gegen dieſe Bay, in der Ab‐
ſicht daſelbſt zu ankern, und ſoviel Erfriſchungen
einzunehmen, als ich auf dem ſüdöſtlichen Theile
der Inſel bekommen konnte, ehe ich nach Matavai
hinunter ſeegelte, in welcher Station ich aus der
Nachbarſchaft die meiſte Proviſion zu machen hoffte.
Bis zwey Uhr Nachmittags hatten wir immer noch
friſchen öſtlichen Wind, als wir aber ungefähr noch
eine Seemeile weit von der Bay waren, erſtarb er
auf einmal, und wir bekamen dagegen abwechſelnd
ſchwache leichte Lüfte aus allen Strichen, und Wind‐

stillen. Dies dauerte ungefähr zwo Stunden; worauf plötzliche Windstösse aus Osten, mit Regen folgten, die uns bald vor die Bay brachten. Hier aber kam uns ein Landwind entgegen, und wir gaben uns vergebliche Mühe, ihm entgegen zu arbeiten, und einen Ankerplatz zu gewinnen; so daß wir endlich, gegen neun Uhr, genöthigt waren, wieder in geraume See zu gehen, und für die Nacht ab und zu zulaviren.

Sobald wir uns der Insel näherten, kamen etliche Kähne, deren jeder zwey bis drey Mann enthielt, vom Lande an das Schiff. Weil es nur gemeine Leute waren, so bekümmerte sich Omai wenig um sie, und sie bekümmerten sich nicht viel um ihn. Es schien sogar, als wenn sie ihn nicht einmal für ihren Landsmann erkennten, ob sie gleich eine Zeitlang mit ihm sprachen. Endlich kam ein Oberhaupt, Namens Ootee, den ich schon vorher gekannt hatte, und Omai's Schwager, der von ungefähr an diesem Theile der Insel war, nebst drey oder vier andern Personen, die den Omai gar wohl kannten, als er sich mit Capitain Furneaux einschifte, an Bord. Diese Zusammenkunft war nichts weniger als rührend und zärtlich. Es herrschte vielmehr auf beiden Seiten eine gewisse Kälte, bis Omai, der seinen Bruder hinunter in die Kajüte geführt hatte, den Schubkasten öffnete, worinn er seine rothen Federn aufgehoben hatte, und ihm einige davon schenkte. Kaum erfuhren dies die übrigen Eingebohrnen auf dem Verdecke, so gewannen die Sachen eine ganz andere Gestalt, und Ootee, der vorher kaum mit dem Omai sprechen wollte, bat ihn nun, daß er sein Tayo (Freund) seyn, und mit ihm Namen wechseln möchte. Omai nahm diese Ehre an; und zu Bestättigung dieser Freundschaft, machte er dem Ootee ein Geschenk von rothen Federn, der dagegen ans Land schickte, und ein Schwein holen ließ. Wir alle sahen nur zu deutlich, daß es ihnen nicht um den Mann, sondern um seine Waare zu thun war; und hätte er seinen Schatz an rothen Federn nicht sehen lassen, so steht es sehr dahin, ob man ihm eine Kokosnuß würde geschenkt haben. So verhielt sich's mit Omai's erster Bewillkommung nach seiner Rückkehr zu seinen Landsleuten. Ich gestehe, daß ich mir sie nie viel anders vorstellte; indessen hoffte ich, bey den kostbaren Geschenken, womit ihn seine freygebigen Bekanntschaften in England überhäuft hatten, könnte es ihm nicht an Mitteln fehlen, ein Mann von Bedeutung zu werden, dem selbst Personen vom ersten Rang in dem Bezirke der Societäts-Inseln, mit Achtung begegnen, ja sogar die Cour machen würden. Es wäre auch geschehen, wenn er sich nur gewissermaassen vorsichtig betragen hätte. Aber leider! achtete er nicht auf die so oft wiederholten wohlmeynenden Warnungen seiner Freunde, sondern ließ sich von jedem listigen Schalk, der etwas von seinen Seltenheiten aufs Korn gefaßt hatte, zum besten haben.

Wir hörten von den Eingebohrnen, die den Tag über zu uns gekommen waren, daß seit meinem letztern Besuch auf dieser Insel, im Jahr 1774 zwey

Schiffe, zu zwey verschiedenen Malen in der Ohei=
tepeha=Bay gelegen, und einige Thiere von der
nämlichen Art, wie wir sie an Bord hatten, hier=
gelassen hätten. Da wir uns genauer erkundigten,
waren es nur Schweine, Hunde, Ziegen, ein Bulle
und das Männchen von einem Thiere, welches wir
aus der unvollkommenen Beschreibung dieser Leute
unmöglich errathen konnten. Sie sagten, die Schif=
fe wären von einem Orte hergekommen, der Reema
hieße. Wir vermutheten, daß es Lima, die
Hauptstadt von Peru, seyn müsse, und daß die frem=
den Gäste Spanier gewesen wären. Man erzähl=
te uns weiter, daß diese Fremden, während ihres
ersten Aufenthaltes, ein Haus gebauet, und vier
Personen zurückgelassen hätten, nämlich zwey Prie=
ster, einen Jungen, oder Aufwärter, und noch
einen vierten, Namens Mateema, von welchem
man gegenwärtig noch oft redete d); dagegen hät=
ten sie, als die Schiffe abgeseegelt wären, vier
der Eingebohrnen mitgenommen. Ungefähr zehen
Monate darauf, wären sie das andere mal hier ge=
wesen, hätten aber nur zwey der Insulaner wieder
zurückgebracht, weil die beiden andern in Lima ge=
storben wären. Bey ihrem zweyten Besuche hätten
sie sich nicht lange hier aufgehalten, und ihre Leute

---

d) Nach Hrn. Ellis, nannten die Einwohner diesen
Spanier Marrimo, und schilderten ihn als einen
sehr vernünftigen jungen Mann, für welchem sie
viele Achtung gehabt hätten. S. Zuverlässige
Nachricht von Cook's 3ter Reise ꝛc. S. 69. W.

wieder mit ſich zurückgenommen; das Haus aber,
welches ſie erbauet hätten, wäre noch vorhanden.

Omai's Freunde hatten nunmehr die wichtige
Neuigkeit, daß es auf unſern Schiffen rothe Federn
gebe, am Lande verbreitet. Kaum war es auch
andern Morgens Tag, ſo umringten uns ſchon eine
Menge mit Leuten angefüllte Kähne, die Schweine
und Früchte zu Markt brachten. Anfangs war es
etwas leichtes, für etwa ſo viel Federn, als man
von einer Meiſe bekommen konnte, ein Schwein
von vierzig bis funfzig Pfund zu kaufen; allein, da
faſt jedermann auf den Schiffen etwas von dieſer
koſtbaren Waare beſaß, ſo fiel der Preis noch vor
Nachts um mehr als fünfhundert Procent. Demungeachtet, blieb der Profit auf unſerer Seite,
und die rothen Federn blieben immer in höherem
Preiſe, als alle unſere andern Artikel. Dann und
wann gab es einen Eingebohrnen, der ſein Schwein
nicht anders als gegen eine Axt vertauſchen wollte;
Nägel aber, Glaskorallen und andere Kleinigkeiten,
die bey meinen vorigen Beſuchen, ſo viele Liebhaber
fanden, waren gegenwärtig ſo gering geſchätzt, daß
man ſie kaum des Anſehens würdigte.

Da wir den ganzen Morgen nur ſehr wenig
Wind hatten, ſo war es ſchon neun Uhr, ehe wir
in der Bay vor Anker kommen konnten. Nun geſchah es mit zwey Buganckern. Nicht lange hernach
kam Omais Schweſter an Bord, um ihren Bruder zu bewillkommen. Dies geſchah dann mit einem
Ausdruck von Zärtlichkeit und Rührung, die beider

Herzen Ehre machte, und leichter gedacht, als be-
ſchrieben werden kann.

Nach dieſem gefühlvollen Auftritte gieng ich mit
dem Omai ans Land, um einen Inſulaner zu beſuchen, den mir mein Freund als einen ganz außerordentlichen Mann beſchrieb, und ihn ſogar den Gott
von Bolabola nannte. Wir fanden ihn unter einer kleinen Sonnen- oder Wetterdecke, wie ſie auf
den großen Kanoten gewöhnlich ſind. Er war ſchon
bey Jahren, und hatte den Gebrauch ſeiner Glieder
dergeſtalt verlohren, daß man ihn auf einer Tragbahre von einem Orte zum andern bringen mußte.
Einige nannten ihn Olla oder Orra, nach dem
Namen des Gottes von Bolabola; eigentlich
aber hieß er Etary. Nach dem, was mir Omai
über dieſen Mann geſagt hatte, vermuthete ich, man
würde ihm eine Art göttlicher Ehre erweiſen; aber,
einige junge Piſangſtämme ausgenommen, die vor
ihm und auf der Wetterdecke lagen, unter der er
ſaß, bemerkte ich nichts, woran man ihn von den
übrigen Oberhäuptern hätte unterſcheiden können.
Omai überreichte ihm einen Strauß von rothen
Federn, den er an das Ende eines kleinen Stabes
gebunden hatte, und beſprach ſich einige Minuten
mit ihm, über gleichgültige Dinge, als ſeine Aufmerkſamkeit mit einem Male auf eine alte Frau gerichtet ward, die ſeiner Mutter Schweſter war,
ehe er ſichs verſah, zu ſeinen Füſſen lag, und ſie mit
Freudenthränen benetzte.

Ich ließ ihn bey der guten Alten, mitten unter
einem, rings um ihn her versammelten Haufen Volks,
um das Haus zu besehen, welches die neuerlich hier
gewesenen Fremden sollten erbauet haben. Es stand
nicht gar weit vom Sandgestade. Das Holzwerk
schien mir bereits zugehauen, und zum Aufstellen
bereit, hieher gebracht worden zu seyn, denn alle
Planken waren numerirt. Es war in zwey kleine
Zimmer abgetheilt. Im hinderen war ein Bettge-
stelle, ein Tisch, eine Bank, einige alte Hüte, und
andere Kleinigkeiten, welches alles die Eingebohrnen
auf das sorgfältigste zu verwahren schienen, und sogar über das Haus noch eine Schoppe gebauet hatten, damit es vom Wetter keinen Schaden leiden
möge. Rings umher hatte es kleine Oeffnungen,
oder Luftlöcher; vielleicht sollten sie auch dazu dienen,
im Fall der Noth, mit Musketen daraus zu feuern.
Nicht weit vom Eingange stand ein hölzernes Kreuz,
auf dessen Queerholze die Worte: Christus vincit,
und auf dessen senkrecht stehendem Theile: Caro-
lus III. imperat. 1774. eingeschnitten waren. Es
war heraus deutlich zu ersehen, daß wir richtig geurtheilt hatten, und daß die beiden Schiffe spanische Schiffe gewesen waren. Um das Andenken der
vorigen Besuche der Engländer auf dieser Insel
zu erhalten, ließ ich auf die andere Seite folgendes
setzen:

Georgius tertius Rex,
Annis 1767,
1769, 1773, 1774, et 1777.

Die Eingebohrnen zeigten uns, nahe am Fuße
des Kreutzes, das Grab des Commodors beyder
Schiffe, der während ihrer erſten Station in der
Bay geſtorben war. Nach der Ausſprache der Inſulaner lautete ſein Name, Oreede.

Was auch die Spanier bey ihrer Landung auf
dieſer Inſel für Abſichten mögen gehabt haben, ſo
ſchien es, daß es ihnen ſehr darum mußte zu thun
geweſen ſeyn, ſich bey den Eingebohrnen in Gunſt
zu ſetzen. Dagegen gedenken auch dieſe, bey jeder
Gelegenheit, ihrer mit Merkmalen der größten
Hochſchätzung und Verehrung. e)

Außer dem ſonderbaren Manne von Bolabola, deſſen ich oben erwähnte, begegnete ich ſonſt
keinem der vornehmſten Oberhäupter. Waheiadooa, der Souverain von Tiaraboo — wie dieſ-

e) Hr. Ellis ſagt bey dieſer Gelegenheit, das auf,
ſerliche Betragen der Spanier habe vieles zu dieſer Verehrung beygetragen; es wäre z. B. faſt
keinem Eingebohrnen erlaubt geweſen, in die große
Kajüte zu gehen, und keine weibliche Perſon hätte
ſich unterſtehen dürfen, an Bord zu kommen. Der
Befehlshaber wäre nie ohne ein großes Gefolge an
Land gegangen, welches, bey dem Vorzuge, welchen ſie in feinen Scharlachtüchern vor den Engländern gehabt hätten, ynd der feyerlichen Miene,
die ſie überall anzunehmen wußten, die Einwohner verblendet habe, welche ſie aus dieſer Urſache
für eine Art noch höherer Weſen als die Engländer angeſehen hätten. Zuverläßige Nachrichten ꝛc. S. 72. W.

ser Theil der Insel genannt wird — f) war dießmal nicht hier. Ich fand auch nachher, daß es
nicht derselbe Waheiadooa war, den ich bey meinem letzten Hierseyn hatte kennen gelernt, sondern
sein Bruder, ein junger Mensch von etwa zehen
Jahren, der ungefähr zwanzig Monate vor unserer
Ankunft, seinem verstorbenen Bruder in der Regierung gefolgt war. Wir erfuhren auch, daß die
berühmte Oberea g) gestorben sey, Otoo aber
und unsere übrigen Freunde wären noch am Leben.

Als ich von dem spanischen Hause und Kreuze
zurückkam, fand ich den Omai in einer Rede begriffen, die er an die versammelte Menge hielt.
Ich hatte alle Mühe, ihn von hier weg- und an
Bord zu bringen, wo ich ein wichtiges Geschäfte
vorhatte. Da ich wußte, daß uns Otaheite und
die benachbarten Inseln im größten Uerfluß mit Kokosnüssen versehen konnten, deren Saft in jedem
Fall alles künstliche Getränke ersetzt, so hätte ich
gerne gesehen, wenn meine Leute dazu zu bringen
gewesen wären, sich ihrer ausgesetzten Portion
Branntwein mit Wasser, so lange wir hier bli-

f) Otaheite besteht, wie bekannt, aus zwo Halbinseln, davon die größere O'poureonou, (L'O-
   breonu nach Hrn. Forster) oder Otaheite-nue,
   d. i. Groß-Otaheite, die kleinere aber Tiaraboo, oder Otaheite-erre, d. i. Klein-Ota-
   heite genennt wird. W.

g) Fürstin, oder Königin von Otaheite. S. Hawkesworth's Geschichte der englischen Seereisen ꝛc.
   Edition in 4to. 1. Thl. S. 246. u. folg. W.

— f) war dieß,
achher, daß es
den ich bey mei-
lernt, sondern
von etwa zehen
nate vor unserer
der in der Re-
n auch, daß die
, Otoo aber
och am Leben.
se und Kreuße
einer Rede be-
e Menge hielt.
r weg, und an
tiges Geschäfte
Otaheite und
erfluß mit Ko-
Saft in jedem
t, so hätte ich
azu zu bringen
sezten Portion
wir hier bli-

aus zwo Halb-
eonou, (L'O-
Otaheite nur,
re aber Tiara-
Klein-Ota-

e. S. Haw-
n Seereisen rc.
u. folg. W.

ben, zu begeben. Hätte ich ihnen ein so beliebtes Getränk ohne angeführte triftige Gründe auf einmal entziehen wollen, so wäre ein allgemeines Murren zu befürchten gewesen. Ich hielt also für zweckmäßig, die ganze Schiffsmannschaft zusammenkommen zu lassen, und ihnen allen, sowohl die Absicht der Reise, als den ganzen Umfang unserer weiteren Unternehmungen bekannt zu machen. Um ihnen hiezu guten Muth und Beharrlichkeit einzuflößen, nannte ich die Belohnungen, welche das Parlament denen Unterthanen Sr. Majestät versprochen habe, die zuerst einen Zusammenhang des atlantischen Meeres mit dem stillen Meere, auf der nöblichen Halbkugel, es sey in welcher Richtung es wolle, entdecken, auch denenjenigen, die zuerst bis über den 89sten Grad, nördlicher Breite, hinaus dringen würden. Ich sagte ihnen, ich zweifelte im geringsten nicht an ihrer Breitwilligkeit, mit mir alles mögliche zu versuchen, was uns in Stand sezen könnte, auf eine oder beide Belohnungen Ansprüche zu machen. Um, wo möglich, unsern Entzweck desto sicherer zu erreichen, würde es vor allen Dingen nöthig seyn, die äußerste Sparsamkeit in Vertheilung unserer Vorräthe und besonders der Mundprovisionen zu beobachten, da keine Wahrscheinlichkeit vorhanden sey, sie, nach unserer Abreise von diesen Inseln, irgendwo ergänzen zu können. Ich gab ihnen hiebey noch den wichtigen Umstand zu überlegen, daß unsere Reise wenigstens ein Jahr länger dauern müßte, als wir anfänglich vermuthet hätten,

304

1777.
August.

weil wir um die Gelegenheit gekommen wären, noch in diesem Sommer hohe nördliche Breiten zu erreichen. Ich führte ihnen zu Gemüthe, was für mancherley Hindernissen und Schwierigkeiten wir noch ausgesetzt seyn könnten, und wie hart es für sie seyn müßte, wenn ich in die verdrüßliche Nothwendigkeit gesetzt würde, ihnen, unter einem kalten und rauhen Himmelsstriche, irgend etwas von ihren gewöhnlichen Mundportionen abzubrechen. Alles dieses vorausgesetzt, gäbe ich ihnen zu erwägen, ob es nicht besser wäre, in Zeiten klug zu seyn, und bey einem so großen Ueberflusse an vortreflichem Kokosnußsaft, lieber jetzt auf eine Zeitlang ihren Grog h) zu entbehren, als Gefahr zu laufen, gerade zu der Zeit kein geistiges Getränk zu haben, wenn ihnen dergleichen Herzstärkung am nöthigsten seyn würde; ich wollte jedoch die Entscheidung vollkommen ihrer eigenen Wahl überlassen.

Ich fand zu meinem großen Vergnügen, daß man sich nicht einen Augenblick über diesen Antrag bedachte, sondern ihn vielmehr ohne die mindeste Widerrede sogleich genehmigte. Capitain Clerke that, auf meine Veranlassen, seinen Leuten den nämlichen Vorschlag, und er wurde mit gleicher Bereitwilligkeit angenommen. Nunmehr ließen wir der Mannschaft keinen Grog mehr reichen, außer Sonnabends Abends, wo sie eine ganze Portion bekamen,

h) Grog ist der Name des oben erwähnten Schiffsgetränkes, welches aus Branntwein und Wasser besteht. W.

um die Gesundheit ihrer Freundinnen in England
zu trinken, die sie sonst bey den hübschen Otaheitischen Mädchen gänzlich würden vergessen haben.

Am folgenden Morgen nahmen wir einige nöthige
Verrichtungen vor. Wir sahen nach den Provisionen im großen und im Vorder-Raume; zogen
die Tonnen mit Rind- und Schweinfleisch, ingleichen die Kohlen aus dem Kiel-Raume und legten
Ballast an die Stelle. Die Kalfaterer mußten Anstalt zu der so äußerst nöthigen Ausbesserung des
Schiffs machen, denn es drang, auf der Fahrt von
den Freundschafts-Inseln hieher, ungemein viel
Wasser durch die Lecke. Ich ließ auch den Stier,
die Kühe, die Pferde und Schaafe an Land bringen,
wo sie grasen konnten, und bestellte ein Paar Leute
über sie, weil ich auf diesem Theile der Insel keine
davon zurück lassen wollte.

Die ganzen zween folgenden Tage hörte es fast
nicht auf zu regnen. Dem ungeachtet kamen Eingebohrne von allen Orten und Enden her zu uns.
Die Nachricht von unserer Ankunft hatte sich schnell
verbreitet, und Waheiadooa hatte sie schon erfahren, ob er gleich ziemlich weit entfernt war. Ein
Oberhaupt, Namens Etorea, unter dessen Vor-
mundschaft er stand, brachte mir am 16ten, Vormittags, in seinem Namen, zwey Schweine zum
Geschenke, mit der Versicherung, daß er Tags
darauf selbst kommen und uns besuchen würde.
Dies geschah auch; denn am 17ten des Morgens

Zweyter Th.   U

ließ er mir durch einen Boten wiſſen, daß er ange
kommen ſey, und mich bitten, zu ihm ans Land zu
kommen.   Omai und ich ſchickten uns alſo an,
ihm einen ſtandesmäſigen Beſuch zu machen.   Omai
erſchien hiebey in einem Anzuge, — wobey ihm eini
ge ſeiner Freunde hülfreiche Hand leiſteten, — der
nicht engliſch, nicht otaheitiſch, auch nicht die
Tracht von Tongataboo oder von ſonſt einer Ge
gend der Welt war, ſondern das ſeltſamſte Gemiſch
von allem, was er hatte.

So bald wir, jeder in ſeiner Art, aufs beſte
gekleidet, ans Land geſtiegen waren, gingen wir
zuerſt zu dem Etary, der uns ſodann auf ſeiner
Tragvahre in ein großes Haus begleitete, wo er ſich
niederſetzte.   Wir nahmen zu ſeinen Seiten Platz,
worauf ich ein Stück tangatabooiſches Zeug vor
uns aufbreiten ließ, und die Geſchenke, die ich aus
zutheilen gedachte, darauf legte.   Nun kam das
junge Oberhaupt, von ſeiner Mutter und vielen an
dern Großen begleitet, und ſetzte ſich mit ſeinem
Gefolge, an das andere Ende des Zeuges, uns
gegenüber.   Ein Inſulaner, der neben mir
hielt ſodann in kurzen abgebrochenen Sätzen eine
Rede, die ihm zum Theil von denen, die um ihn
waren, eingeſagt wurde.   Ein anderer, welcher
gegenüber bey dem jungen Fürſten ſaß, beantwor
tete ſie.   Nun ſprach Etary, und nach ihm Omai,
und beiden wurde von eben dieſer Seite her geant
wortet.   Der Innhalt der Reden betraf lediglich
meine Ankunft und meine Verbindungen mit den

fen, daß er ange
ihm ans Land zu
ten uns also an,
u machen. Omai
— woben ihm ein
leifteten, — der
, auch nicht die
n sonst einer Ge
eltfamste Gemisch

Art, aufs beste
en, ...ngen wir
oann auf seiner
itete, wo er sich
n Seiten Platz,
isches Zeug vor
nke, die ich aus
Nun kam das
: und vielen an
sich mit seinem
Zeuges, uns
neben mi:
n Sätze
n, die um ihn
erer, welcher
iß, beantwor
h ihm Omai,
lte her geant
etraf königlich
ngen m:. den

Insulanern. Die Person, welche zuletzt gesprochen
hatte, sagte unter andern, die Männer von Rec-
ma (die Spanier) hätten von ihner verlangt, im
Fall ich noch einmal auf diese Insel kommen sollte,
mich nicht mehr in die Oheitepeha-Bay zu lassen,
weil dieser Haven nunmehr ihnen gehöre. Man
sey aber ihrer Seits so weit entfernt, auf dieses Au-
sinnen Rücksicht zu nehmen, daß man ihn vielmehr
bevollmächtiget habe, mir andurch die Provinz Tiaraboo, mit allem was sie enthalte, förmlich zu
übergeben. — Man sieht hieraus, daß diese Leute
eine Art von Politik kennen, und sich ganz gut in
Zeit und Umstände zu finden wissen. Endlich erinnerte man das junge Oberhaupt, auf mich zuzuge-
hen, und mich zu umarmen, und dieser neue Bund
wurde durch Verwechslung unserer Namen versiegelt.
Nach geendeter Ceremonie begleitete er mich mit
seinen Freunden an Bord und speißte mit mir.

Omai hatte ein Maro i) aus rothen und
gelben Federn verfertiget, um Otoo, dem Könige
der ganzen Insel, ein Geschenk damit zu machen.
In dem Lande, wo wir uns befanden, war es wirk-
lich ein Geschenk von ausserordentlichem Werthe.
Ich rieth ihm, so sehr ich nur konnte, es vor der
Hand ja nicht sehen zu lassen, sondern auf dem
Schiffe zu behalten, bis sich eine Gelegenheit fände,

i) Eine schmahle, lange Binde. S. oben S. 285.
und weiter unten. W.

es dem Otoo selbst zu überreichen. Aber er setzte in die Ehrlichkeit und Treue seiner Landsleute viel zu viel Vertrauen, als daß er meinem Rath gefolgt hätte. Kein Zureden half, er mußte es bey dieser Gelegenheit mit ans Land nehmen, und gab es dem Waheiadooa, der es als einen Zusatz zu dem königlichen Maro dem Otoo überschicken sollte. Omai glaubte, sich auf diese Weise zwey Ober= häupter verbindlich zu machen, und er beleidigte viel= mehr eines, an dessen Gunst ihm am meisten gelegen war, ohne deßwegen von dem andern einige Be= lohnung zu erhalten. Was ich vorausgesehen hatte, geschah. Waheiadooa behielt das Maro für sich, und schickte dem Könige nur ein kleines Stück von diesen Federn, welches nicht den zwanzigsten Theil jenes kostbaren Geschenkes ausmachte.

Donnerstag den 19ten.

Den 19ten erhielt ich von diesem jungen Ober= haupte, zehen bis zwölf Schweine, eine Menge Früchte, und einige Stücke Zeug. Abends ließ ich allerley Feuerwerke abbrennen, die bey der zahl= reichen Versammlung, Erstaunen und Entzücken erregten.

Heute fanden einige unserer Herren auf ihren Spaziergängen ein Gebäude, welches sie für eine römisch katholische Kapelle hielten. Sie beschrieben den Altar, und alles, was sonst einen dergleichen gottesdienstlichen Ort bezeichnet, so umständlich, daß die Sache beynahe keinen Zweifel mehr unterwor= fen war. Da sie aber zugleich erzählten, es hät= ten zween Männer, welchen die Aufsicht über dieses

Gebäude anvertrauet wäre, sie nicht wollen hinein=
gehen laſſen, ſo dachte ich, ſie hätten ſich vielleicht
geirrt, und war neugierig genug, die Sache ſelbſt
in Augenſchein zu nehmen. Hier fand ſich nun, daß
die vermeynte Kapelle ein Toopapaoo k) war, in
welchem der Leichnam des verſtorbenen Waheia=
dooa, gleich auf einem Parabebette, lag. Dieſes
Gerüſte ſtand in einem ziemlich geräumigen, mit
einem niedern Stackwerke umgebenen Hauſe, war
überaus nett gearbeitet, und ſah den kleinen Wetter=
ſchirmen auf den otaheitiſchen großen Kähnen
gleich, wofern es nicht anfänglich ſelbſt dazu gedient
hat. Es war mit Zeugen und Matten von allerley
Farbe bedeckt und umhangen, und nahm ſich ſehr
artig aus. Was ſich aber unter den übrigen Ver=
zierungen ganz beſonders auszeichnete, war ein vier
bis fünf Ellen (Yards) langes Stück Scharlachtuch,
welches vermuthlich die Spanier hier gelaſſen hatten.
Dieſes Tuch und einige Federnſträuße, die unſere
Herren für ſeidene Quaſten mögen angeſehen haben,

k) Die Otaheitier ꝛc. haben eigentlich zweyerley
 Orte zu Beyſetzung der Verſtorbenen, der eine iſt
 eine Art von Schupfen, wo man den Leichnam
 verfaulen läßt; der andere ein eingeſchloſſener
 Platz, in welchem ſteinerne Denkmale errichtet
 ſind, und wo die Gebeine nachmals begraben
 werden. Die Schupfen werden Tupapow, die
 ummauerten Begräbniß=Plätze Morai genannt.
 S. Hawkesworths Geſchichte der engl. See=
 reiſen, Edit. in 4. II. B. S. 231. W.

brachte sie auf die Vorstellung einer Kapelle, und was noch an der Aehnlichkeit fehlte, ersetzte ihre Einbildungskraft. Hätten sie nicht vorher gehört, daß unlängst Spanier auf der Insel gewesen wären, dieser sonderbare Vergleich wäre ihnen gewiß nicht eingefallen. Es kam mir vor, als wenn man täglich kleine Opfer von Früchten und Wurzeln in dieses Heiligthum legte, denn verschiedene davon waren ganz frisch. Sie lagen auf einem Whatta, oder Altare, der außerhalb des Stackwerkes war, in welches wir aber nicht hineingehen durften. Zween Männer hielten sich hier Tag und Nacht beständig auf, theils diesen Ort zu bewachen, theils, wie ich vermuthe, die Zeuge von dem Toopapaoo zu gewissen Zeiten abzunehmen, und wieder daran aufzuhängen; — Denn, als ich an den Ort gekommen war, lagen die Zeuge und was sonst dazugehörte zusammengerollt, auf mein Bitten aber, hiengen die beiden Männer alles an Ort und Stelle, nachdem sie vorher reine, weisse Kleider angezogen hatten. Sie sagten mir, es sey nun zwanzig Monate, daß das Oberhaupt gestorben sey.

Nachdem ich einen frischen Vorrath an Wasser eingenommen und alles andere Nothwendige besorgt

hatte, ließ ich am 22sten das Vieh und die Schaafe von der Weide wieder an Bord bringen, und machte mich seegelfertig.

Während daß man am 23sten des Morgens die Anker hob, gieng ich mit dem Omai ans Land, um von dem jungen Oberhaupte Abschied zu nehmen.

Wir waren nicht lange bey ihm, so kam einer von den Schwärmern, die man hier zu Lande Eatooas nennt, weil man sich einbildet, sie wären von dem Geiste einer Gottheit besessen. Dieser hatte ganz das Ansehen eines Menschen, der nicht wohl bey Sinnen ist. Sein Anzug bestand aus sonst nichts als einer Menge Pisangblätter, die er um den Unterleib gewunden hatte. Er sprach mit einer leisen, quieckenden Stimme, und für mich wenigstens ganz unverständlich. Omai sagte mir aber, er verstehe ihn vollkommen, denn der Mann habe den jungen Maheiadooa so eben abgerathen, mit mir nach Matavai zu gehen, welches er, meines Wissens, weder Willens war, noch weßhalb ich ihm je einen Vorschlag gethan hatte. Er prophezeihete, die Schiffe würden heute nicht nach Matavai kommen; es hatte auch allen Anschein dazu, denn es regte sich kein Lüftchen. Gleichwohl traf diesmal seine Prophezeihung nicht ein. Als er so im Zuge war zu weissagen, fiel auf einmal ein heftiger Regen, so daß Jedermann unter ein Obdach zu kommen suchte; nur er allein schien sich nicht daran zu kehren, sondern quieckte noch eine halbe Stunde lange bey uns fort, worauf er sich hinweg begab. Niemand achtete auf sein Geschwätze, ja manche lachten über ihn. Ich fragte das Oberhaupt, ob der Mann ein Earee, oder ein Toutou (ein Vornehmer oder ein gemeiner Mann) wäre, und man antwortete mir, er sey ein Taata eno, ein schlechter Kerl (bad man). Bey alle dem, und so wenig man sich auch sonst aus diesem wahnwitzigen Propheten zu machen schien, so hat doch der Aberglaube über die Vernunft der Einge bohrnen so sehr die Oberhand, daß sie vest über zeugt sind, diese Leute seyen vom Geiste des Etooa besessen. Omai, der in allem, was sie betrift, vollkommen unterrichtet ist, sagte, daß sie während dem Paroxismus keinen Menschen, selbst ihre ver trautesten Freunde nicht kennten, und daß öfter die Begüterten unter ihnen, alles was sie besäßen, verschenkten, wenn es ihnen ihre guten Freunde nicht aus den Händen räumten. Kämen sie wieder zu sich, so fragten sie nach eben denselben Diengen, die sie kurz zuvor weggegeben hätten, und erinnerten sich an nichts, was während des Anfalls vorge gangen wäre.

So bald ich wieder an Bord gekommen war, und sich so eben ein leichter Ostwind erhoben hatte, gieng ich wieder unter Seegel, und richtete meinen Lauf nach der Matavai-Bay 1), wo wir uns noch vor Nachts vor Anker legten. Die Discovery kam

erst am andern Morgen nach, so daß die Prophe zeihung wenigstens zur Hälfte in Erfüllung gieng.

1) S. den Grundriß dieser Bay in Hawkesworth's Sammlung ꝛc. II. B. S. 248. der Urschr.

Zweytes Kapitel.

Zusammenkunft mit Otoo, dem Könige der Insel. — Omai's unvorsichtiges Betragen. — Verrichtungen am Lande. — Die europäischen Thiere werden an Land gesetzt. — Von einem Eingebohrnen der in Lima gewesen ist. — Nachrichten von dem Insulaner Oedidee. — Aufstand in Eimeo. — In einer Versammlung der Oberhäupter wird Krieg mit jener Insel beschlossen. — Menschenopfer wegen dieser Unternehmung. — Beschreibung der Ceremonien, am großen Morai, wo dieses Opfer vorgieng. — Andere barbarische Gebräuche dieses Volks.

Ungefähr um neun Uhr, des Morgens, kam Otoo, der König der ganzen Insel, mit einem zahlreichen Gefolge, in vielen Kähnen von Oparre, seiner Residenz, hier an. Er landete an der Matavai-Spitze und schickte sogleich an Bord um mich einladen zu lassen. Ich gieng also in Begleitung des Omai und verschiedener Officier ans Land, wo sich bereits eine erstaunliche Menge Volks versammelt hatte. In der Mitte befand sich der König, mit seinem Vater, seinen zween Brüdern und drey Schwestern. Ich gieng zuerst auf ihm zu, und grüßte ihn; Omai, der mir folgte, kniete vor ihm nieder, und umarmte seine Füße; er hatte zu dieser Aufwartung seine besten Kleider angezogen, und betrug sich überhaupt ungemein ehrerbietig und bescheiden: aber bey alle dem, schien man wenig auf ihn zu achten; vielleicht war bey diesem kalten Empfang

1777.
August.

etwas Neid mit im Spiele. — Er überreichte dem
Könige ein großes Stück rother Federn und zwey
bis drey Ellen (Yards) Goldstoff zum Geschenke;
ich gab ihm einen ganzen Anzug von feiner Leinwand,
einen Hut mit einer goldenen Tresse, einiges Hand-
werkszeug, und was hier mehr werth war, als alle
andere Artikel, eine Menge rother Federn, und eine
der rothen Feder-Mützen, die wir auf den Freundschafts-Inseln bekommen hatten.

So bald sich der Schwarm, den dieser Besuch
veranlaßte, verlaufen hatte, begleitete mich Otoo
mit der ganzen königlichen Familie an Bord. Verschiedene Kähne folgten ihm, die so reichlich mit allen Arten von hiesigen Nahrungsmitteln beladen
waren, daß die Mannschaft beider Schiffe acht Tage
lang davon hätte leben können. Es war ein, mir
bestimmtes Geschenk, an welchem jede Person der
Familie Theil hatte, oder Theil zu haben vorgab; jede
bekam also von mir ein Gegengeschenk, worauf es
im Grund angesehen war. Bald hernach kam die
Mutter des Königs an Bord, die bey der ersten
Zusammenkunft nicht zugegegen war, und hatte
einen ansehnlichen Vorrath von Lebensmitteln und
Zeug bey sich, welche sie unter mich und den
Omai vertheilte. Omai, den seine Landsleute
anfänglich kaum zu bemerken schienen, ward nun, da
seine Schätze ruchtbar wurden, ein Mann, um
dessen Freundschaft man sich bewarb. Ich that mein
möglichstes, ihn in diesem Ansehen zu erhalten, denn
meine Absicht war, ihn bey dem Otoo unterzu-

bringen. Da ich übrigens Willens war, alle meine europäischen Thiere auf dieser Insel zu lassen, so glaubte ich, er würde die beste Anweisung geben können, wie man sie zu warten habe, und auf welche Art man sie nutzen könne. Ich sahe übrigens ein, daß er in einer entfernten Insel immer mehr gelten würde, als in seiner eigenen, und es hätte auch nicht fehlen können, wenn nicht der arme Mensch alle meine Ermahnungen vergessen, und sich so unvorsichtig betragen hätte, daß er gar bald, nicht nur bey dem Otoo, sondern auch bey den angesehenen Personen in Otaheite alle Gunst und Freundschaft verlieren mußte. Er befand sich nirgends lieber, als in der Gesellschaft von Landstreichern und Fremdlingen, die keine andere Absichten hatten, als ihm um das Seinige zu bringen, und hätte ich mich nicht ins Mittel geschlagen, so würden sie ihm auch kein Stück gelassen haben, das sich verlohnt hätte, von der Insel mit hinweg genommen zu werden. Es war auf solche Art ganz natürlich, daß er es bey den vornehmsten Oberhäuptern der Insel verderben mußte, da sie von keinem Menschen auf beiden Schiffen, so kostbare Geschenke erhalten konnten, als Omai unter seine Spiesgesellen, aus dem niedrigsten Pöbel, austheilte.

So bald wir Mittags abgespeißt hatten, begleiteten unserer etliche den König nach Oparre; wir nahmen zugleich das Geflügel mit, welches für die Insel bestimmt war, nämlich ein Paar Pfauen, Hahn und Henne (die mir Lord Besborough weni-

ge Tage vor meiner Abreiſe von London zu dem
Ende überſchickt hatte), einen Truthahn mit der
Henne, einen Gänſerich und drey Gänſe, und einen
Antrach mit vier Enten. Alles dieſes überließ ich
dem Otoo in Oparee, und wir hatten das Vergnügen, noch vor unſerer Abreiſe von Otaheite, zu
ſehen, daß die Gänſe und Enten zu brüten anfiengen. Von europäiſchen Thieren fanden ſich bereits
hier vor: ein Gänſerich, der nämliche, den, nach
Ausſage der Eingebohrnen, Capitain Wallis vor
zehen Jahren der Oberea geſchenkt hatte, einige
Ziegen, und der ſpaniſche Stier, der an einen
Baum nahe an des Otoo Hauſe gebunden war.
Ich habe nicht leicht ein ſchöneres Thier dieſer Art
geſehen; er gehörte jetzt dem Et   und wurde
von Oheitepeha hieher gebracht, um nach Bolabola eingeſchifft zu werden, ob es mir zwar unbe-
greiflich iſt, wie die Eingebohrnen auf ihren Kähnen
mit einem ſolchen Thiere werden zurecht kommen
können. Da die Spanier nicht zugleich Kühe für
ihn hier gelaſſen hatten, ſo wäre es, ohne unſere
Ankunft, ſehr gleichgültig geweſen, wer ſein Herr
geworden wäre, weil er nicht den geringſten Nutzen
von ihm hätte ziehen können. Die Eingebohrnen
ſagten uns zwar, die Spanier hätten Kühe an Bord
gehabt, und ſie wieder mitgenommen; ich kann es
aber nicht glauben, ſondern vermuthe vielmehr, daß
ſie auf der Reiſe von Lima hieher, daraufgegangen
ſind. Am folgenden Tage ſchlukte ich die drey Kühe,
ſo ich an Bord hatte, zu dieſem Stier. Meinen

London zu dem
truthahn mit der
Gänse, und einen
ieses überließ ich
hatten das Ver-
on Otaheite, zu
zu brüten anfien-
anden sich bereits
lche, den, nach
ain Wallis vor
ft hatte, einige
, der an einem
gebunden war.
Thier dieser Art
· und wurde
'm nach Bola-
mir zwar unbe-
if ihren Kähnen
zurecht kommen
gleich Kühe für
s, ohne unsere
, wer sein Herr
ingsten Nutzen
Eingebohrnen
Kühe an Bord
1; ich kann es
vielmehr, daß
araufgegangen
die drey Kühe,
er. Meinen

Stier aber, das Pferd mit der Stute und die Schaafe ließ ich zu Matavai ans Land bringen.

Da ich auf solche Art diese Passagiere abgesetzt
hatte, fand ich mich einer schweren Bürde entledigt.
Man kann sich unmöglich alle die Sorge und Be-
schwerde vorstellen, die mit einem so weiten Transport einer lebendigen Schiffsladung, in so ferne Gegenden verknüpft ist. Dagegen bin ich aber nunmehr für alle sorgenvolle Stunden, die ich bis zu
Ausführung dieses untergeordneten Gegenstandes
meiner Reise hingebracht habe, reichlich durch den
Gedanken belohnt, so glücklich gewesen zu seyn,
Sr. Majestät menschenfreundliche Absichten zu erfüllen, und zwo schätzbaren Völkerschaften der Erde
einen bis hieher entbehrten Zuwachs an so nützlichen
Thieren verschaft zu haben.

Da ich mir vorgenommen hatte, einige Zeit in
Otaheite zuzubringen, so ließ ich die zwo Sternwarten an der Spitze Matavai errichten, und da-
neben zwey Gezelte, theils für die Wache, theils
für andere Mannschaft aufschlagen, die ich verschiedener Verrichtungen wegen, am Lande zu lassen für
nöthig fand. Ich übergab das Commando in dieser Station Hrn. King, der zugleich Beobachtungen
zu Bestimmung des Gangs der Längenuhren, und
anderer Gegenstände anstellen sollte. Während unseres ganzen Aufenthaltes war die Mannschaft beider
Schiffe, mit unumgänglicher Arbeit beschäftiget.
Der Discovery großer Mast wurde ans Land gebracht und wieder in vollkommen guten Stand ge-

setzt, die Seegel und Wasserfässer ausgebessert, die Schiffe kalfatert, und überall im Tau= und Tackel= werke nachgesehen und nachgeholfen. Wir unter= suchten auch unsere Fässer mit Zwieback, und fan= den, zu unserer großen Freude, daß nur sehr wenig daran verdorben war.

Den 26sten ließ ich ein Stück Land zu einem Garten umarbeiten und bepflanzte es mit allerley Artikeln, um die sich vielleicht die Einwohner wenig bekümmern werden. Einige Melonen, die Kar= toffeln und ein Paar Ananaspflanzen waren schon vor meiner Abreise vortreflich fortgekommen. Ich hatte von den Freundschaftlichen Inseln einige Pompelmußbäume mitgenommen, diese ließ ich gleichfalls hier setzen, und zweifle gar nicht, daß sie gedeihen werden, wenn sie anders nicht durch all= zuvoreilige Neugierde in ihrem Wachsthum gehin= dert, oder wie es mit den von den Spaniern in Oheitepeha gepflanzten Weinstock gegangen ist, mit Gewalt verdorben werden. Es bekamen näm= lich einige Eingebohrne Lust, die erste Frucht davon zu kosten, da aber die Trauben noch sauer waren, so hielten sie solche für nicht viel besser als giftig, und beschlossen einmüthig, den Stock unter die Füße zu treten. Omai fand ihn von ungefähr in diesem Zustande, und hatte eine ungemeine Freude über seine Entdeckung; denn er war vollkommen über= zeugt, wenn er nur einmal Trauben hätte, so könnte er leicht Wein machen. Er schnitt also etliche Re= ben ab, um sie mit auf seine Insel zu nehmen.

Wir säuberten den noch übrigen Stock und hulfen
ihm auf, so gut wir konnten. Vermuthlich werden
nunmehr die Einwohner, durch Omai's Belehrung, klüger geworden seyn, und die Früchte reif
werden lassen, ehe sie wieder ein so hartes Urtheil
über den Stock fällen.

Wir waren noch nicht acht und vierzig Stunden
in der Matavai Bay vor Anker, so hatten uns
schon alle unsere alten Freunde und Bekannte besucht; deren Namen in dem Tagbuche meiner vorigen Reise verzeichnet sind. Da keiner mit leeren
Händen kam, so wußten wir nicht, was wir mit
alle dem Vorrathe an Lebensmitteln anfangen sollten. Wir hatten auch nicht zu befürchten, die Insel zu erschöpfen; denn wo wir hinsahen, zeigte
sich an allen Arten der Erfrischungen ein schwelgen-
der Ueberfluß.

Kurz nach unserer Ankunft besuchte uns einer
von den Eingebohrnen, den die Spanier nach
Lima mitgenommen hatten. In seinem Aeusserli-
chen hatte er nichts angenommen, was ihn von seinen übrigen Landsleuten unterscheiden konnte; doch
hatte er einige spanische Worte gemerkt, die er aber
sehr übel aussprach. Unter diesen kam am häufig-
sten: *Si Sennor* vor, und wenn ihm ein Fremder
vorgestellt wurde, so ermangelte er nicht, aufzuste-
hen und ihn anzureden, so gut er konnte.

Hier sahen wir auch den jungen Menschen, den
wir immer Oedidee nannten, dessen eigentlicher

Name aber Heete-Heete a) iſt. Ich hatte ihn
im Jahre 1773, von Ulietea mitgenommen, und
1777, wieder zurückgebracht, nachdem er mit uns
die Freundſchaftlichen Inſeln, Neuſeeland,
die Oſterinſel und die Marqueſas-Eilande be-
ſucht hatte, und ſieben Monate lang bey mir an
Bord geweſen war. Er bildete ſich ein, wenigſtens
eben ſo viel Lebensart zu beſitzen, als jener, der zu
Lima geweſen iſt, und er war mit ſeinem: *yes Sir*,
oder *if you pleaſe*, *Sir*, ſo fertig, als der andere
mit ſeinem: *ſi Sennor*. Heete-Heete iſt von Bolabola, und kam vor ungefähr drey Monaten
nach Otaheite, und ſo viel wir aus dem, was
man uns ſagte, abnehmen konnten, in keiner andern
Abſicht, als ſeine Neugier, oder — welches öfters
bey vornehmen Reiſenden der einige Zweck iſt —
eine andere herrſchende Leidenſchaft zu befriedigen.
Er zog indeſſen die Moden und die Tracht ſeiner
Landsleute der unſrigen vor. Ich gab ihm einige
Kleider, die mir die Admiralität ausdrücklich für
ihn zuſtellen ließ, (zu denen ich noch, als ein Geſchenk von mir, eine Kiſte mit Werkzeugen und
einige andere Waaren hinzufügte,) aber ein Paar
Tage darauf wollte er ſie nicht mehr anziehen. Ich
führe das Beyſpiel dieſes und des andern India-
ners, der in Lima war, als Beweiſe an, wie
ſtark der natürliche Hang des Menſchen iſt, zu den
durch Zufall unterbrochenen Gewohnheiten ſeiner

a) S. Hrn. Forſters Reiſe u. d. W. 1. Th.
S. 309. u. ſ. W.

Ich hatte ihn
enommen, und
dem er mit uns
Neuseeland,
s Eilande be-
ig bey mir an
ein, wenigstens
s jener, der zu
inem: yes Sir,
als der andere
ete ist von Bo-
drey Monaten
us dem, was
in keiner andern
welches öfters
e Zweck ist —
zu befriedigen.
e Tracht seiner
gab ihm einige
ausdrücklich für
b, als ein Ge-
Zerkzeugen und
aber ein Paar
anziehen. Ich
andern India-
weise an, wie
hen ist, zu den
hnheiten seiner
d. W. 1. Th.

früheren Jahre zurückzukehren, und es ist zu vermuthen, daß sogar **Omai,** der sich jetzt ganz nach
englischem Schnitte geformt hat, bald nach unsrer
Abreise, wie **Oedidee** und der andere, seine
Nationaltracht wieder annehmen wird.

Am 27sten Morgens, kam ein Mann von **Oheitepha** mit der Nachricht zu uns, daß in voriger
Nacht zwey spanische Schiffe in der Bay angekommen wären. Er zeigte uns zugleich ein Stück
grobes, blaues Tuch, welches er seinem Vorgeben
nach, auf einem dieser Schiffe bekommen habe, und
welches wirklich noch ganz neu zu seyn schien. Er
fügte hinzu, **Mateema** befinde sich an Bord des
einen, und sie hätten vor, in einem oder ein Paar
Tagen nach **Matavai** zu gehen. Er führte noch
einige Umstände an, die auf die vorhergehenden sehr
gut paßten, und der Sache einen solchen Anschein
von Gewißheit gaben, daß ich den Lieutenant **Williamson** in einem Boote abfertigte, **Oheitepeha-Bay** zu recognosciren, meiner Seits aber die
Schiffe in gehörigen Vertheidigungsstand setzte. Als
ich **Europa** verließ, war zwar zwischen **England**
und **Spanien** Friede; ich konnte aber nicht wissen,
ob die Scene sich unterdessen nicht verändert hatte.
Bey weiterer Nachfrage kam es uns aber vor, als
hätte uns der Kerl mit seiner Nachricht täuschen wollen; und wir wurden gänzlich davon überzeugt, als
Hr. **Williamson** andern Tags zurückkam. Er
rapportirte mir, daß er in **Oheitepeha** gewesen

Zweyter Th.   X

1777.

August.

Mittwoch
den 27sten.

Donnerstag
den 28sten.

sey, und keine Schiffe daselbst gesehen habe; es wären auch seit unserer Abreise keine da gewesen. Die
Eingebohrnen des Theils der Insel, auf welchem wir
uns befanden, sagten uns gleich anfangs, die ganze
Geschichte sey eine Erdichtung der Einwohner von
Tiaraboo (Klein Otaheite). Was diese aber darunter suchten, war uns noch ein Räthsel; es müßte
denn seyn, daß sie sich vorstellten, wir würden auf
diese Nachricht sogleich die Insel verlassen; und die
Einwohne- von Otaheite-Nooe (Groß Otaheite)
kämen auf diese Art um die Vortheile, die ein län-
gerer Aufenthalt unserer Schiffe ihnen verschaffen
müßte. Es ist bekannt, daß die Einwohner beider
Halbinseln, von jeher, unversöhnliche Feinde gewesen sind.

Seit unserer Ankunft in Matavai hatten wir
immer unbeständige Witterung, und mehr oder weniger Regen, bis zum 29sten, wo wir erst gleiche

Höhen nehmen, und den Gang der Zeithalter darnach beurtheilen konnten. Aus eben der Ursache
mußten wir auch öfters mit dem Kalfatern und andern nöthigen Reparaturen des Schiffs innehalten.

Am Abend desselben Tages liefen die Eingebohrnen auf einmal sowohl von den Schiffen, als von
unserm Lagerplatze am Ufer weg, ohne daß mir sogleich die Ursache dieser Flucht bekannt wurde. Wir
stellten uns aber vor, sie hätten vielleicht erfahren,
daß uns etwas gestohlen worden sey, und sich aus
Furcht vor der Strafe davon gemacht. Endlich
erfuhr ich auch, was vorgegangen war. Einer von

ten Unter-Chirurgen, war in das Innere des Landes gegangen, und nahm vier Beile mit, um Seltenheiten einzutauschen. Er ließ sich von einem Eingebohrnen die Beile nachtragen; dieser aber ersah
sich die Gelegenheit, und gieng mit seiner reichen
Bürde davon. Dies veranlaßte jene allgemeine
Flucht, die sogar der König mit seiner ganzen Familie genommen hatte. Ich gieng ihm zwey bis
drey Meilen nach, und hatte alle Mühe, ihn zum
Stehen zu bringen. Da ich mir übrigens vorgenommen hatte, nicht die mindesten Maasregeln
wegen Zurückgabe der Beile zu nehmen, sondern
meine Leute für ihre Nachläßigkeit selbst wollte büssen lassen, so brachte ich auch die Eingebohrnen
ohne große Schwierigkeit wieder zurück, und die allgemeine Ruhe ward wieder hergestellt.

Bishieher war die ganze Aufmerksamkeit des
Königs und seines Volks auf uns gerichtet; allein
am folgenden Morgen eröffnete sich eine neue Scene. Sonnabend
am 30sten.
Es kamen Abgeordnete von Eimeo, oder wie diese
Insel von den Eingebohrnen öfter genennt wird, von
Morea b), mit der Nachricht, daß das Volk daselbst die Waffen ergriffen habe, und Otoo's An-
hänger geschlagen und genöthigt worden seyen, sich
in die Gebirge zurückzuziehen. Die Uneinigkeiten
zwischen beiden Inseln waren schon im Jahre 1774

---

b) Nach Hrn. D. Forster, ist Morea ein Bezirk
   auf der Insel Eimeo. S. Observations etc.
   p. 217. (deutsche Ausgabe S. 193.)

entſtanden, wie ich in meiner zweyten Reiſebeſchrei-
bung erzählt habe, und ſcheinen bis hieher faſt beſtändig fortgedauert zu haben. Die furchtbare Ar-
made, die ich damals ſah und beſchrieb, c) war bald
nach meiner Abreiſe von Otaheite in See gegangen. Allein die Aufrührer in Eimeo hielten ſo
hartnäckigen Widerſtand, daß die Flotte unverrichteter Sache zurückkam, und nun mußte man ſich
aufs neue mit ihnen einlaſſen.

Die Botſchafter waren kaum angekommen, ſo
verſammelten ſich alle damals in Matavai befindlichen Oberhäupter in Otoo's Hauſe, wo ich eben
war, und man erzeigte mir die Ehre, mit in die
Rathsverſammlung gezogen zu werden. Einer der
Abgeordneten eröffnete in einer ziemlich langen Rede
den Gegenſtand der Berathſchlagung, wovon ich
außer dem allgemeinen Innhalt, nämlich der gegenwärtigen Lage der Sachen in Eimeo, und der
Nothwendigkeit, die Waffen zu ergreiffen, nur wenig verſtand. Dieſe Meynung wurde von einigen
beſtritten, die nicht dafür waren daß dieſſeits mit
Feindſeeligkeiten der Anfang gemacht würde. Dieſe
Verhandlungen geſchahen anfänglich in größter Ordnung, und es ſprach nie mehr als einer auf einmal.
Nach und nach wurde man aber lauter, und ich
befürchtete, unſere Verſammlung dürfte ſich endi-
gen wie ein pohlniſcher Reichstag. Allein die ſtrei-
tenden Groſſen wurden eben ſo leicht wieder kühl,
als ſie in Hitze geriethen, und die gute Ordnung

c) S. Cook's Voyage, Vol. I. p. 347. etc.

war bald wieder hergestellt. · Endlich behielt die
Parthey, die für den Krieg stimmte, die Oberhand,
und es wurde beschlossen, den Freunden in Eimeo
eine ansehnliche Kriegsmacht zu Hülfe zu schicken.
Dieser Entschluß hatte indessen nicht allgemeinen
Beyfall. Otoo schwieg während der ganzen Berathschlagung, nur sagte er dann und wann ein
Paar Worte zu den Sprechern. Diejenigen im
Rathe, die für den Krieg waren, forderten mich
auf, ihnen Beystand zu leisten, und die ganze Versammlung war begierig, auf welche Seite ich mich
schlagen würde. Man schickte nach dem Omai, der
meinen Dollmetscher abgeben sollte; da man ihn aber
nicht fand, war ich genöthigt, selbst zu sprechen.
Ich erklärte ihnen, so gut ich konnte, ich sey erst-
lich nicht hinlänglich von der Streitfrage unterrichtet, sodann hätten die Einwohner von Eimeo mir
nie etwas zu Leide gethan, mithin hielt ich mich
nicht für berechtiget, Feindseligkeiten gegen sie auszuüben. Mit dieser Erklärung waren sie zufrieden,
oder schienen es wenigstens zu seyn. Nun gieng
die Versammlung aus einander; Otoo bat mich
aber noch vorher, ihn Nachmittags zu besuchen,
und den Omai mitzubringen.

Wir warteten ihn, nebst noch einigen unserer
Herren, zu bestimmter Zeit auf. Er führte uns
zu seinem Vater, in dessen Gegenwart die Angelegenheiten von Eimeo wieder vorgenommen wurden. Ich hätte sehr gewünscht, ein Auskunftsmit-
tel zu einem gütlichen Vergleiche zu finden, und

326

1777.
Auguſt.

ſondirte deswegen bey dem alten Oberhaupte; aber er war taub gegen alle meine Vorſchläge, und nicht nur veſt entſchloſſen, die Waffen zu ergreifen, ſondern er wiederholte auch die, in der Verſammlung an mich gerichtete und bereits von mir abgeſchlagene Bitte, Otaheite beyzuſtehen. Ich fragte nach der Urſache des Kriegs, und erfuhr, daß, vor einigen Jahren ein Bruder des Waheiadooa, auf Veranlaſſung des Maheine, eines ſehr beliebten Oberhauptes in Eimeo, von Tiraboo aus, auf jene Inſel geſchickt worden ſey, um daſelbſt König zu werden. Es wäre aber derſelbe kaum acht Tage da geweſen, ſo hätte ihn Maheine umbringen laſſen, und ſich ſelbſt die Regierung gegen den Tierafaboonooe, ſeiner Schweſter Sohn, angemaßt, der durch jenes Tod rechtmäſiger Erbe geworden ſey, oder wenigſtens von den Otaheitern zum Nachfolger vählt worden wäre.

Towha, ein Verwandter des Otoo, und Oberhaupt des Bezirks Tettaha, ein Mann von großem Anſehen auf der ganzen Inſel, der im Jahr 1774 die Flotte gegen Eimeo commandirt hatte, befand ſich diesmal nicht zu Matavai, und war folglich nicht bey den Berathſchlagungen. Gleichwohl ſchienen ihm alle Verhandlungen bekannt zu ſeyn und er gieng bey der Sache raſcher zu Werke, als alle anderen Oberhäupter. Denn am 1ſten September, des Morgens, ließ er dem Otoo durch einen Abgeordneten wiſſen, er habe einen Menſche getödet, der dem Etooa ſollte geopfert werden, um den Bey-

1777.
September
Montag den
1ſten.

stand der Gottheit gegen Eimeo zu erbitten. Die
ses Opfer sollte am großen Morai in Attahooroo d) vor sich gehen, und Otoo's Gegenwart schien
bey dieser gottesdienstlichen Feyerlichkeit unumgänglich nöthig zu seyn.

Herr von Bougainville hatte schon behauptet,
daß die Menschenopfer einen Theil der gottesdienstlichen Verfassung dieser Insel ausmachten, und er
beruft sich diesfalls auf das eigene Geständniß des
Eingebohrnen, den er 'mit nach Frankrich genommen hatte. Ich hatte, während meines vorigen
Aufenthaltes in Otaheite, Veranlassung genug zu
ahnen, daß dieser Gebrauch, der sich übrigens mit
den Gesinnungen eines so gutmüthigen, menschenfreundlichen Volks nicht zu vertragen schien, wirklich hier Statt habe, und Omais Unterredungen bestättigen mich nur allzu sehr in dieser Vermuthung.
Indessen sind Thatsachen dieser Art so wunderbar,
daß immer noch einige Zweifel übrig bleiben, wenn
der Erzähler nicht selbst Augenzeuge von dem gewesen ist, was er vorgiebt von andern gehört zu
haben. Ich hielt gegenwärtiges Eräugniß für die
beste Gelegenheit, über diese Sache unläugbare Gewißheit zu verschaffen, und bat den Otoo um die
Erlaubniß, ihn zu begleiten, und die Feyerlichkeit mit
anzusehen. Er willigte sehr gerne darein, und wir
giengen unverzüglich, in Begleitung meines alten
Freundes Potatou, des Hrn. Andersons und

d) An der südwestlichen Spitze von Gros-Ota-
heite. W.

Hrn. Webbers auf meinem eigenen Boote in See;
Omai folgte uns in einem Kahne.

Unterwegs stiegen wir an einem kleinen Insel,
chen an Land, welches Tettaha gegenüber liegt, und
wo wir den Towha mit seinem Gefolge antrafen.
Die beiden Oberhäupter hatten sich nicht lange über
die gegenwärtigen Kriegsangelegenheiten besprochen,
so wandte sich Towha an mich, und verlangte mei,
nen Beystand. Als ich mich entschuldigte, schien er
böse zu werden, und fand es seltsam, daß ich nicht
gegen ihre Feinde streiten wollte, da ich mich doch
für einen Freund ihrer Insel ausgegeben hätte. Ehe
wir wieder abfuhren, gab er dem Otoo zwey oder
drey zusammen gebundene rothe Federn, und man
setzte einen magern, halb verhungerten Hund in ei,
nen Kahn, der uns nachfolgen sollte. Wir setzten
uns sodann wieder ein, und nahmen einen Priester
mit an Bord, der bey der Feyerlichkeit zugegen seyn
sollte.

Ungefähr Nachmittags um zwey Uhr stiegen wir
zu Attahooroo ans Land. Otoo verlangte, ich
möchte den Matrosen befehlen, im Boote zu bleiben;
Hr. Anderson, Hr. Webber und ich aber, möch,
ten die Hüte abnehmen, so bald wir an den Morai
kämen. Wir giengen sogleich dahin; eine Menge
Mannspersonen und einige Knaben folgten uns, aber
nicht eine einzige Frauensperson. Vier Priester,
mit ihren Dienern oder Gehülfen warteten schon auf
uns. Der Leichnam, oder das Opfer lag in einem
kleinen Nachen, der dem Morai gegen über, zum

Theil am Strande zum Theil im Wasser war. Zween
Priester mit einigen Gehülfen saßen bey dem Nachen,
die übrigen am Morai. Wir hielten ungefähr
zwanzig bis dreyßig Schritte von den Priestern.
Hier setzte sich Otoo nieder; wir aber und etliche
andere blieben neben ihm stehen. Der übrige große
Haufe hielt sich in einer noch größern Entfernung.

Die Ceremonien nahmen nunmehr ihren Anfang. Einer der Gehülfen der Priester brachte
einen jungen Pisangstamm, und legte ihn vor dem
Otoo nieder. Ein anderer näherte sich mit einem
kleinen Strauße von rothen Federn, die auf Kokos-
nußfasern gewickelt waren, womit er einen Fuß des
Königs berührte und sodann wieder zu den übrigen
Gehülfen zurückkehrte. Einer von den Priestern,
die am Morai denen am Strande gegen über saßen,
hielt nun ein langes Gebeth, und schickte von Zeit
zu Zeit junge Pisangbäume hinab ans Ufer, die sodann auf das Opfer gelegt wurden. Während dem
Gebethe, hielt ein Mann, der neben dem bethenden Priester stand, zwey Bündel in den Händen,
die wir für Zeug hielten. In dem einen befand sich,
wie wir nachher sahen, das königliche Maro, in
dem andern, wenn ich mich dieses Ausdrcks bedienen darf, die Bundeslade (ark) des Eatooa. Als
das Gebeth geendiget war, setzten sich die Priester
am Morai mit ihren Gehülfen zu denen, die am
Strande waren, und nahmen die beiden Bündel
mit sich. Hier fiengen sie wieder an zu bethen;
mittlerweile von Zeit zu Zeit ein Pisangbäumchen

1777.
September

nach dem andern von dem Opfer wegenommen wurde, welches zum Theil mit Kokosblättern und kleinen Zweigen überdeckt war. Man nahm es nunmehr aus dem Kahn und legte es auf den Strand,
so daß die Füsse gegen die See gekehrt waren. Die
Priester umringten es, theils sitzend, theils stehend,
und einer oder mehrere wiederholten ungefähr zehn
Minuten lang gewisse Sätze. Hierauf nahm man
die Blätter und Zweige von dem Leichnam weg, und
legte ihn in eine parallele Lage mit dem Strande.
Einer von den Priestern stellte sich jetzt zu den Füssen des Leichnams, und sprach ein langes Gebeth, in
welches von Zeit zu Zeit die andern mit einstimmten.
Hieben hatten sie alle rothe Federbüschel in der Hand.
Unter dem Bethen wurden dem Opfer einige Haare
und das linke Auge ausgerissen, beides in ein frisches
Blat eingewickelt, und dem Könige überreicht. Dieser rührte es aber nicht an, sondern gab dem Manne,
der es brachte, den rothen Federbüschel, den er von
Towha erhalten hatte. Dieser, sammt dem Haare
und dem Auge, ward den Priestern zurückgetragen,
und bald darauf schickte Otoo ihnen noch ein Feder-
stück, welches er mir diesen Morgen gegeben hatte,
um es in meiner Tasche aufzubewahren. Bey diesem Theil der Ceremonie ließ sich ein Eisvogel auf
den Bäumen hören e). Otoo wandte sich gegen

e) Die Einwohner dieser und der benachbarten Inseln, hegen, in Ansehung des Eisvogels, andere
auch in Ansehung des Reigers, eine abergläubische
Mey-

mich) und sagte: Dies ist der Eatooa, und schien
es für eine gute Vorbedeutung zu halten.

Man trug hierauf den Leichnam eine kleine
Strecke weiter, und legte ihn, mit dem Kopf gegen
den Morai gekehrt, unter einen Baum, neben
welchem drey breite dünne Stücken Holz von verschiedenem, aber nur groben Schnitzwerke, befestiget
waren. Die Bündel Zeuges wurden an einem Theil
des Morai, die rothen Federbüschel aber zu den
Füssen des Opfers niedergelegt. Die Priester stellten sich um dasselbe herum, und es ward auch uns
erlaubt, so weit hinzutreten, als wir wollten. Einer, der vermuthlich der Oberpriester war, saß
nicht weit davon, und sprach ungefähr eine Viertelstunde lang, wobey er öfters Stimme und Ton
veränderte, und verschiedene Geberden machte.
Denn, zuweilen schien er den todten Leichnam, an
welchen er sich immer richtete, auszuschelten, zuweilen legte er ihm Fragen vor, die, wenn ich nicht
irre, auch dahin giengen, ob es nicht recht gewesen sey, ihn zu tödten. Dann machte er verschiedene Forderungen an ihn, als wenn der Tode entweder durch eigene Macht, oder durch sein Ansehen
bey der Gottheit, ihrer aller Wünsche befriedigen
könnte. Unter andern verstand ich, daß er von
ihm verlangte, er sollte Einico, Maheine das
Oberhaupt, die Schweine, die Weiber und alles

Meynung, wegen künftigen Glücks und Unglücks.
S. Hawkesworth's Geschichte d. engl. Seereisen. II. B. S. 239. W.

was die Insel enthalte, in ihre Hände geben; —
denn dieß war der eigentliche Zweck dieses Opfers.—
Hierauf sang er mit zween andern beynahe eine halbe
Stunde lang, ein Gebeth, in einem kläglichen, traurigen Tone, und Patatou und verschiedene andere
stimmten in den Gesang. Unterdessen riß ein Priester noch einige Haare aus dem Kopfe des Leichnams, und legte sie auf einen der Bündel. Nach
diesem bethete der Oberpriester allein, wobey er die
Federn in der Hand hatte, die Towha mitgegeben
hatte. Als er damit fertig war, gab er sie einem
andern, der gleichfalls ein einzelnes Gebeth verrichtete. Sodann wurden alle Federn auf die Zeug-
bündel gelegt, und die Feyerlichkeit hatte auf dieser
Seite ein Ende.

Nunmehr brachte man den Leichnam auf den
sichtbarsten Theil des Morai, und zugleich die Federn, die beyden Bündel, und die Trommeln, die
aber nur ganz leise geschlagen wurden. Die Federn
und Bündel wurden gegen den Steinhaufen, der
Leichnam aber am Fuße desselben niedergelegt. Die
Priester setzten sich nun wieder umher, und fiengen
ihre Gebethe von neuem an. Mittlerweile gruben
ihre Gehülfen ein, zwey Fuß tiefes Loch, warfen
das unglückliche Schlachtopfer hinein, und über-
deckten es mit Erde und Steinen. Während daß
man es in das Grab legte, hörte man einen Jungen schreyen, und Omai sagte zu mir, dies sey
der Eatooa. Unterdessen hatte man ein Feuer an-
geschürt; und nun kam der vorhin erwähnte Hund

zum Vorschein, den man den Hals umdrehte, und erstickte. Hierauf wurden ihm die Haare abgesengt, die Eingeweide herausgenommen, ins Feuer geworfen und verbrennt. Herz, Leber und Nieren aber wurden nur einige Minuten lang auf heissen Steinen gebraten. Den Körper des Hundes beschmierte man mit seinem, in einer Kokosnuß-Schaale aufgefangenen und über dem Feuer eingetrockneten Blute, und brachte ihn sodann mit der Leber, dem Herz und den Nieren, den bethenden Priestern, die um das Grab herum saßen. Diese fuhren eine Zeitlang mit ihren Stoßgebethen über den Hund fort, und zween Männer schlugen dabey von Zeit zu Zeit sehr stark auf zwo Trommeln; auch schrie zu drey verschiedenen malen, wie vorhin ein Junge, und man sagte uns, dies geschehe, um den Eatoo einzuladen, sich das für ihn zubereitete Gastmahl wohl schmecken zu lassen. Sobald die Priester ihre Gebethe geendiget hatten, legte man den Körper des Hunds, mit dem Uebrigen, auf ein Watta, oder ein sechs Fuß hohes Gerüste, das ganz nahe war, und worauf die Ueberbleibsel von zwey andern Hunden und von zwey Ferkeln lagen, die man ohnlängst geopfert hatte. Der Geruch hievon war so unerträglich, daß wir uns in einer größern Entfernung hielten, als man von uns gefordert hätte. Denn sobald man das Opfer vom Strande gegen den Morai gebracht hatte, durften wir so nahe hinzutreten als es uns beliebte, und alle ernste Stille und Aufmerksamkeit der Zuschauer hatte nunmehr ein Ende.

1777.
September

Dienstag
den 2ten.

Als der Hund auf dem Watta lag, erhuben die Priester und ihre Gehülfen ein Geschrey, und für diesmal hatte die Ceremonie eine Ende. Es fieng nun an, Nacht zu werden; man führte uns in ein Haus, welches dem Potatou gehörte, und wo wir gut verpflegt und für die Nacht beherberget wurden. Man hatte uns gesagt, daß am folgenden Morgen die gottesdienstlichen Ceremonien wieder vorgenommen werden sollten; ich wollte also nicht von hier weggehen, bis ich alles gesehen hatte.

Da einige von uns nicht gerne etwas von dieser Feyerlichkeit übersehen hätten, so waren sie schon sehr früh auf dem gestrigen Platze; aber es war noch nichts zu sehen. Bald darauf aber wurde ein Ferkel geopfert und zu den andern auf das Watta gelegt. Ungefähr um acht Uhr nahm uns Otoo wieder mit an den Morai, wo schon die Priester und eine Menge Insulaner versammelt waren. Die zween Bündel lagen noch an dem Platze, wo wir sie Abends vorher gesehen hatten. Die beiden Trommeln standen vor dem Morai noch etwas näher als gestern, und innerhalb desselben waren die Priester. Otoo nahm zwischen den zwo Trommeln Platz, und verlangte, daß ich an ihm stehen bleiben sollte.

Die Ceremonie nahm, wie gewöhnlich, ihren Anfang damit, daß man einen jungen Pisangbaum dem Könige zu Füssen legte. Hierauf hielten die Priester ein Gebeth, wobey sie verschiedene rothe Federbüschel, und unter andern auch einer eine

Straussenfeder in den Händen hatten, die ich gleich
bey meiner Ankunft dem Otoo geschenkt, und
welche man nunmehr zu diesem Gebrauche einge-
weyht hatte. Als die Priester mit ihren Gebethen
fertig geworden waren, veränderten sie den Platz,
und stellten sich zwischen uns und dem Morai.
Einer derselben, der Tags vorher die vornehmste
Rolle gespielt hatte, verrichtete nunmehr ein anderes Gebeth, welches an eine halbe Stunde dauerte.
Unterdessen wurden die Federbüschel, einer nach dem
andern, auf die Lade des Etooa gelegt.

Eine kleine Weile hernach brachte man vier Ferkeln. Eines davon wurde auf der Stelle geschlachtet, die andern drey aber verwahrte man in einem
nahe dabey befindlichen Stalle, vermuthlich um sie bey
einem der nächsten Opfer in Vorrath zu haben. Nun
wurde einer von den Bündeln aufgebunden. Es
war der, worinnen sich, wie ich schon oben erwähnte, das Maro befand, mit welchem dieses Volk
seine Könige, beym Antritt ihrer Regierung, zugleich
mit allen Majestätsrechten bekleidet, und welche
man ungefähr mit unsern europäischen Insignien
vergleichen könnte. Man nahm es mit größter Be-
hutsamkeit aus dem Zeuge, worinnen es eingewickelt
war, und legte es seiner ganzen Länge nach auf
den Boden vor die Priester hin. Es ist eine
Binde oder ein Gürtel, dessen Länge funfzehen Fuß
(fünf englische Ellen) und dessen Breite einen Fuß
und ein Viertel betragen mag. Seiner Benennung nach, scheint es auf eben dieselbe Art angethan

zu werden, wie das gemeine Maro, oder die Binde von Zeug, welche der gemeine Mann um die Lenden trägt. Es war mit rothen, meistentheils aber
mit gelben Federn geziert, die von einer hieländischen
Taube genommen werden. An dem einen Ende
hatte es ein Gebräme von acht Lappen, jeden von
der Größe und Gestalt eines Hufeisens, um welche
schwarze Federn, gleich Franzen gesetzt waren. Das
andere Ende war gabelförmig und die Spitzen von
verschiedener Länge. Die Federn am Maro bildeten zwo Reihen viereckigter Abtheilungen, und
waren außerdem noch auf eine Art vertheilt, daß sich
das Ganze sehr wohl ausnahm. Man hatte sie anfänglich auf ein Stück Zeug von ihrer eigenen Manufactur befestigt oder geklebt, und hernach an das
obere Ende des Wimpels genähet, welchen Capitain Wallis, bey seiner ersten Landung in Matavai, hier am Ufer wehen ließ, und daselbst zurückgelassen hatte. Dies sagten uns die Eingebohrnen,
und wir hatten keine Ursache an der Sache zu zweifeln, da man ganz deutlich die Ueberbleibsel eines
englischen Wimpels daran erkennen konnte. Ungefähr sechs bis acht Zoll ins Gevierte hatte das Maro noch keine Verzierung von Federn, außer die
wenigen die Waheiadooa (im Namen des Omai)
geschickt hatte. Die Priester hielten bey diesem
Theil der Ceremonie ein langes Gebeth, und wenn
ich mich nicht irre, so nannte man es das Gebeth
des Maro. Als es zu Ende war, rollte man dieses Zeichen der königlichen Würde sorgfältig wieder

, ober die Bin» ann um die len» tischentheils aber »er hie.ändischen em einen Ende »en, jeden von »ns, um welche »t waren. Das die Spitzen von am Maro bil» »eilungen, und ertheilt, daß sich tan hatte sie an» » eigenen Manu» hernach an das » welchen Capi» »ung in Mata» »aselbst zurückge» Eingebohrnen, Sache zu zwei» »erbleibsel eines fonnte. Unge» hatte das Ma» ern, außer die »en des Omai) lten bey diesem »eth, und wenn »es das Gebeth » rollte man die» »rgfältig wieder	zusammen, wickelte es in den Zeug, und legte es wieder auf den Morai. Nunmehr öffnete man den andern Bündel, den ich vorher die Lade nannte, und zwar nur an einem Ende. Wir durften aber nicht so nahe treten, daß wir das Geheimnißreiche, was er verbarg, hätten untersuchen können. Man sagte uns nur, daß die Gottheit (Eatooa), der man jetzt ein Opfer gebracht habe, und die Ooro heisse, oder vielmehr das Sinnbild, welches sie vorstellte, darinnen enthalten sey. Dieses heilige Behältniß ist aus geflochtenen Fasern der Kokosnuß-Schale verfertiget, und hat ungefähr die Gestalt eines Zuckerhutes, nämlich das eine cirkelförmige Ende ist ungleich dicker als das andere. Man hatte uns schon mehrmalen dergleichen kegelförmige Geflechte, die etwas kleiner waren, zu kauffen gegeben, ohne uns vorher über ihren Gebrauch etwas bestimmtes gesagt zu haben. Nunmehr reinigte man das geschlachtete Ferkel, und nahm die Eingeweide heraus. Zufälliger Weise hatten einige davon noch jene zuckende Bewegung, die man öfters an verschiedenen Theilen eines getödteten Thieres wahrnimmt. Dies sahen die Zuschauer als eine sehr günstige Vorbedeutung für die Expedition an, deren glücklichen Ausgang ihnen diese Opfer verbürgen sollten. Nachdem man diese Eingeweide eine Zeitlang von Jedem, der nur wollte, hatte besehen lassen, trug man sie zu den Priestern, und legte sie vor sie nieder. Unterdessen

Zweyter Th.   P

1777.
September

daß einer aus ihrem Haufen bethete, wurden sie von einem andern genauer betrachtet, wobey er sie mit einem Stäbchen ganz behutsam umwandte. Als man sie hinlänglich untersucht hatte, wurden sie ins Feuer geworfen und zu Asche verbrannt. Der Körper des Ferkels, die Leber u. s. w. wurde auf das *Whatta*, zu dem, Tags zuvor geopferten Hunde gelegt, alle Federn, ausgenommen die Straussen=Feder, wurden zu dem *Eatooa* (Ooro) in die Lade gethan, und hiemit hatte die ganze Feyerlichkeit ein Ende.

Den ganzen Morgen lagen vier Doppelkanote, vor dem Opfer=Platze auf dem Strande. Sie hatten alle auf dem Vordertheile ein kleines flaches Gerüste, welches mit verschiedenen geheimnißvoll in einander geknüpften Palmenzweigen bedeckt war, und ebenfalls *Morai* genannt wurde. Auf einem jeden dieser See=*Morais* lagen Kokosnüsse, Pisange und Stücken Brodfrucht, Fische und andere Dinge. Man sagte uns, sie gehörten dem *Eatooa*, und würden die Flotte gegen *Eimeo* begleiten.

Der Unglückliche, welcher bey dieser Gelegenheit zum Schlachtopfer dienen mußte, schien ein Mann von mittlerem Alter zu seyn, und war ein *Toutou*, das ist, einer aus der niedrigsten Klasse des Volks. Aller Nachfrage ungeachtet, hörte ich nicht, daß die Wahl vorzüglich deswegen auf ihn gefallen sey, weil er irgend eines Verbrechens halber ohnehin den Tod verdient habe. Indessen soll so viel gewiß seyn, daß man zu diesen Opfern gemeiniglich entweder Personen nimmt, die dergleichen

wurden ſie von
oben er ſie mit
ndte. Als man
en ſie ins Feuer
Der Körper des
das Whatta,
nde gelegt, alle
n = Feder, wur=
nde gethan, und
in Ende.
Doppelkanote,
Strande. Sie
kleines flaches
: geheimnißvoll
n bedeckt war,
t. Auf einem
okosnuſſe, Pi=
che und andere
dem Eatooa,
begleiten.
ieſer Gelegen=
e , ſchien ein
und war ein
rigſten Klaſſe
net, hörte ich
oegen auf ihn
rbrechens hal=
Indeſſen ſoll
a Opfern ge=
le dergleichen

Verbrechen begangen haben, oder gewiſſe gemeine
und ſchlechte Kerle, deren es auf dieſen Inſeln genug
geben ſoll, die von einem Ort zum andern, von
einer Inſel zur andern herumziehen, ohne ſich irgend=
wo häußlich nieder zu laſſen, oder auf eine recht=
mäſige Weiſe ihr Brod zu erwerben. Ich hatte
Gelegenheit den Leichnam des armen Geopferten ge=
nau zu betrachten, und fand nur Kopf und Geſicht
blutig, und den rechten Schlaf größten Theils zer=
quetſcht, ſo daß die Art des Todes leicht daran zu
erkennen war. Man ſagte uns, der Mann ſey in
geheim mit einem Stein vor den Kopf geſchlagen
worden.

Die zu dieſem blutigen Gottesdienſte auserſeh=
nen Perſonen, wiſſen ihr Schickſaal nicht eher, als
bis ſie den Streich empfangen, der ihrem Leben ein
Ende macht. Wenn eines der vornehmſten Ober=
häupter, bey irgend einem beſonderen Vorfall, ein
Menſchenopfer für nothwendig erachtet, ſo wählt
er auch den Mann. Er ſchickt alsdann einige ſei=
ner treueſten Diener ab, welche ihn plötzlich überfal=
len, und ihn entweder mit einer Keule töden, oder
ſteinigen. Man meldet es darauf dem Könige, deſ=
ſen Gegenwart bey der darauf folgenden Feyerlich=
keit, unumgänglich nothwendig ſeyn ſoll. Wir ſahen
auch in der That, daß Otoo bey dieſer Gelegenheit
eine Hauptrolle ſpielte. Dieſe Feyerlichkeit wird
Poore=Eree, oder das Gebeth des Oberhaupts,
(Chief's - Prayer) das Schlachtopfer aber Taata=

Y 2

taboo, der gewidmete Mann, genannt. Dies ist der einzlge Fall, wo wir das Wort Taboo auf dieser Insel haben nennen gehört, und scheint es hier eben dieselbe geheimnißvolle Bedeutung wie auf Tonga (Tongataboo ꝛc.) zu haben, nur daß es auf letzterer Insel bey allen Gelegenheiten vorkommt, wo diese oder jene Sache nicht berührt oder gebraucht werden darf. In diesen Fällen aber bedient man sich in Otaheite des Wortes Raa, welches dort eben dieselbe weitläuftige Bedeutung hat.

Der Morai, wo das Opfer vorgieng, und welcher, wie die übrigen in diesen Eilanden, zugleich Opferplatz, Tempel und Begräbnißort ist, war der, in welchem allemal das höchste Oberhaupt der ganzen Insel, imgleichen seine Familie und noch andere Große, beygesetzt werden. Er ist von den übrigen Morais blos in Ansehung des Umfangs verschieden. Der vornehmste Theil desselben ist ein großer, länglicher, ungefähr zwölf bis vierzehen Fuß hoher Haufe, los auf einander gesetzter Steine, der nach oben zu schmäler wird, und auf jeder Seite einen viereckigten mit kleinen Steinen locker gepflasterten Vorplatz hat, unter welchem die Gebeine der Oberhäupter liegen. Nicht weit von der Stelle, wo an der Seeseite das Pflaster aufhört, ist der Opferplatz, welcher in einem beträchtlichen Umfange gleichfalls mit kleinen runden Steinen belegt ist. Hier steht eine große Bühne, oder Whatta, auf welcher die dargebrachten Früchte und Gewächse liegen. Die geschlachteten Thiere werden, wie wir

bereits oben gemeldet haben, auf ein kleineres Ge-
rüste gelegt; die Leichname der Geopferten aber, an
verschiedenen Stellen, unter das Pflaster begraben.
Man findet noch mancherley andere Denkmale der
Unwissenheit und des Aberglaubens an diesem Orte
zerstreuet. Zum Beyspiel, kleine hie und auf dem
Pflaster errichtete Steine, um welche zuweilen
Stückchen Zeug gebunden waren; dann andere die
man ganz mit Zeug bedeckt hatte. Auf der einen
Seite des Steinhaufens, dem großen Plaße gegen
über, stehen eine Menge ausgeschnißter Stückchen
Holz, in welchen sich zuweilen ihre Gottheiten aufhalten sollen, und welche folglich für sehr heilig angesehen werden f). Ein noch merkwürdigerer Ort,
als alle übrigen an diesem Morai, ist ein Steinhaufen, an dem einen Ende des großen Whatta,
vor welchem das Opfer dargebracht wurde, mit einer Art Plattforme an einer Seite, auf welche
die, in einigen Monathen nach der Beerdigung wieder ausgegrabenen Schädel aller geopferten Menschen gelegt werden. Gerade darüber stehen sehr
viele von jenen Stücken Holz, und auch hieher leg-

f) Das Schnißwerk der Stücken Holz, oder Pfähle
an den Morais stellt öfters menschliche Figuren,
männlichen und weiblichen Geschlechts vor, und
sind zuweilen funfzehen bis zwanzig dergleichen
Figuren über einander angebracht, welche Tihi
genannt werden, und die Wohnorte der abgeschie-
denen Geister, oder der untersten Gattung der
otaheitischen Gottheiten oder Genien seyn sollen.
S. Hrn. Forsters Bemerkungen ꝛc. S. 472. W.

te man, während der Ceremonie, das Maro, und den andern Bündel, den ich die Lade nannte, und in welcher der Gott Ooro enthalten seyn sollte. Diese Steinfläche könnte also, nach alle dem, ungefähr mit den Altären anderer Nationen verglichen werden.

Es ist nicht genug zu beklagen, daß noch in einem Theile der Erde ein Gebrauch statt haben soll, der nicht nur an sich selbst so abscheulich ist, sondern auch die ersten unverletzlichen Rechte der Menschheit, den uns allen angebohren Trieb der Selbsterhaltung mit Füssen tritt! Aber so sehr erstickt die Macht des Aberglaubens alles menschliche Gefühl, daß dieser schauervolle Gebrauch noch unter einem Volke herrscht, welches sich in so vielem andern Betracht über die rohen Sitten anderer Wilden emporgehoben hat. Noch betrübter ist es, daß dieser mit Blut befleckte Gottesdienst sich wahrscheinlicher Weise über alle so unermeßlich weit ausgestreuten Eilande des stillen Oceans verbreitet hat. Die große Aehnlichkeit der Gebräuche und der Sprache, die wir auf unsern vorigen Reisen zwischen den entferntesten Inseln zu bemerken Gelegenheit gehabt haben, lassen uns beynahe nicht zweifeln, daß sie auch in den wichtigern Punkten ihrer gottesdienstlichen Verfassung mit einander überein kommen werden. Wir sind wirklich überzeugt, — so viel nämlich höchst glaubwürdige Nachrichten überzeugen können, — daß noch gegenwärtig auf den Freundschafts-Inseln diese Menschenopfer Statt haben. Man wird sich aus der Beschreibung des Natche

von Tongataboo erinnern, daß man uns versicherte, bey nächster Fortsetzung dieser Feyerlichkeit
würden zehen aus dem gemeinen Volke genommene
Menschen geopfert werden, g) und man kann daraus urtheilen, in welch hohem Grade diese religiöse
Mordsucht in jenen Inseln herrscht. Wenn wir
gleich, nach dem was wir gesehen haben, annehmen müssen, daß in Otaheite, bey jedem Vorfalle nur eine Person geopfert wird, so ist es doch
nur allzuwahrscheinlich, daß diese Fälle oft genug
vorkommen können, um eine beträchtliche Menge
Menschen aufzureiben. Ich zählte an dem Morai
nicht weniger als neun und vierzig Schädel voriger
Schlachtopfer, und da sie noch keine sehr merkliche
Veränderung erlitten hatten, so konnte der Zeitraum nicht groß seyn, binnen welchem man diese
Menge Unglücklicher auf diesen Blutaltar gelegt
hatte.

Wäre irgend etwas vermögend, diesen Gebrauch weniger verabscheuungswürdig zu machen, so
möchte es vielleicht die Absicht seyn, das Volk mit
Ehrfurcht für die Gottheit zu erfüllen und ihm tiefe
Gefühle seiner Religion einzuflößen. Allein dies ist
hier so wenig der Fall, daß die, bey dieser Gelegenheit an dem Morai versammelte beträchtliche Menge während der Feyerlichkeit nichts von alle dem,
weder bey den Ceremonien, noch bey den Gebethen
blicken ließ. Omai kam zufälliger Weise auf den
Platz, da die Handlung schon angegangen war,

g) S. oben S. 184.

und nun drängte sich ein Haufe Zuschauer um ihn
her, die die ganze Zeit über nichts wichtigers vor,
hatten, als sich von ihm seine Abentheuer erzählen
zu lassen, und sie hörten ihm mit größter Aufmerksam,
keit zu, ohne im Geringsten auf die handelnden Prie,
ster Acht zu geben. Diese Priester selbst, nur den aus,
genommen, der vorzüglich mit den Gebethen be,
schäftiget war, betrugen sich bey weitem nicht mit
dem feyerlichen Anstande, der so nöthig ist, den
gottesdienstlichen Handlungen Nachdruck zu geben;
es sey nun, daß sie dergleichen Gegenstände gewohnt
waren, oder wenig Vertrauen zu der Wirksamkeit
ihrer heiligen Gebräuche hatten. Sie waren übri,
gens wie die andern Insulaner gekleidet; sie plau,
derten ohne alles Bedenken mit einander, und nahmen
nur dann eine gewisse äusserliche Würde an, wenn
sie ihr Ansehen nöthig hatten, um das Volk von
der Opferstätte zurückzuhalten, oder uns, als Frem,
den, Platz zu verschaffen. Die Fragen, die wir in
Ansehung dieser Feyerlichkeit an sie richteten, beant,
worteten sie ganz ohne Hehl. So erkundigten wir
uns, zum Beyspiel, über die eigentliche Absicht des
Opfers; und sie sagten, es sey ein alter Brauch,
der ihrem Gott wohlgefalle, weil er Vergnügen an
Opfern habe, oder mit andern Worten: weil er
gerne komme, davon äße, und ihnen sodann ihre
Bitten gewähre. Wir wendeten dagegen ein: dies
sey ja nicht möglich, da sie weder sähen, daß er da,
von esse, noch daß die Thiere so bald verzehrt wür,
den; und was die geopferten Menschen anlange, so

verhinderten sie ihn ja selbst, etwas davon zu genießen, da sie diese in die Erde gruben. Auf alles
dieses antworteten sie uns, der Gott komme in der
Nacht, jedoch ohne daß man ihn sehe; und esse nur
die Seele, oder den unkörperlichen Theil, der nach
ihrer Lehre, so lange auf dem Opferplatze bliebe,
bis der Leichnam des Schlachtopfers gänzlich ver-
weset sey.

Es wäre sehr zu wünschen, daß die armen Ge-
täuschten dieses, zu den unsichtbaren Gastmahlen
ihres Gottes erforderliche Morden ihrer Brüder,
dereinst mit eben dem Abscheu betrachten möchten, der
sie jetzt abhält, selbst Menschenfleisch zu essen; ob
wir gleich mit gutem Grunde vermuthen können, daß
sie ehemals Cannibalen gewesen sind. Man sagte
uns, es sey ein wesentliches Stück der Ceremonie,
daß der Priester dem Unglücklichen, der geopfert
wird, das linke Auge ausnehme. Dieses bringt er
sodann dem Könige, hält es ihm vor dem Mund,
und verlangt, daß er ihn öffnen soll. Anstatt es
aber hineinzustecken, nimmt er es wieder zurück.
Diesen Theil der Ceremonie nennen sie "Menschen
essen„ oder "Speise für das Oberhaupt.„
Ohne Zweifel sind dieses noch Ueberbleibsel aus der
Vorzeit, wo der Tode vielleicht bey dieser Gelegenheit wirklich aufgegessen wurde.

Doch dieses bey Seite, so ist nicht zu läugnen,
daß Menschenopfer nicht die einzigen barbarischen
Gewohnheiten sind, die bey diesem gutmüthigen,
menschenfreundlichen Volke angetroffen werden. Sie

schneiden nicht nur ihren, im Treffen erschlagenen Feinden die Kinnbacken aus, und tragen sie als Siegeszeichen bey sich, — sondern sie bringen auch die Leichname zum Theil als Opfer dar. Gleich nach einer gewonnenen Schlacht, sammeln sie alle Todte, die in ihre Hände gefallen sind, und schleppen sie nach dem Morai, wo sie mit mancherley Ceremonien eine Grube graben und sie alle, als eben so viele, den Göttern dargebrachte Gerichte einscharren, nur mit dem Unterschiede, daß die Schädel nicht mehr herausgenommen werden.

Ihre, in einer Schlacht gefallenen Oberhäupter werden auf eine andere Art beerdiget. Man erzählte uns, daß man Tootaha, den vorigen König, Tuburai-tamaide und einen andern Befehlshaber, welche sämmtlich in dem Treffen gegen die Einwohner von Tiaraboo geblieben wären, nach dem Morai von Attahooroo gebracht habe. Hier nahmen ihnen die Priester, vor dem großen Altare, die Eingeweide aus, und begruben sodann die Körper an drey verschiedenen Orten, die man uns zeigte, in den großen Steinhaufen, der den erhabensten oder sichtbarsten Theil des Morai ausmacht. Die in eben dieser Schlacht gebliebenen gemeinen Insulaner, verscharrte man in eine Grube am Fuße dieses Steinhaufens. Omai, der dabey zugegen war, sagte mir, daß dieses gleich Tags nach dem Treffen, mit vielem Pomp und Ceremonien, bey einem großen Zulaufe des Volks, geschehen und zugleich das Dankopfer für den Eatooa, wegen er-

haltenen Sieges gewesen sey.   Die Ueberwundenen
hätten sich unterdessen in die Gebirge geflüchtet, und
wären acht bis zehen Tage daselbst geblieben, bis
die Wuth der Sieger vorbey gewesen sey, und man
einen Vertrag geschlossen habe, kraft dessen Otoo
zum König der ganzen Insel erklärt worden sey.
Die Feyerlichkeit seiner Einkleidung in das Maro
gieng an eben diesem Morai vor, wobey alle
Große des Landes zugegen waren.

Drittes Kapitel.

Conferenz mit dem Towha. — Beschreibung der Heewaw. — Omai und Oedidee geben Gast mahle. — Feuerwerk. — Ein merkwürdiges Ge schenk an Zeug. — Art und Weise den Leichnam eines Oberhauptes aufzubewahren. — Noch ein Menschenopfer. — Ein Ritt. — Otoo's Sorg falt, uns mit Lebensmitteln zu versehen, und Diebstähle zu verhindern. — Geschenke an Thieren für ihn. — Etary und die Abgeordneten eines andern Oberhauptes haben Audienzen. — Lustge fechte zweyer Kriegskanote. — Seemacht dieser Insel. — Art Krieg zu führen.

1777.
September

Da wir nach diesem seltenen Auftritte, welchen ich im vorigen Kapitel mit aller Treue beschrieben habe, in Attahooroo nichts mehr zu thun hatten, so schiffte ich mich Nachmittags wieder ein, um nach Matavai zurückzukehren. Unterwegs besuchten wir den Towha, der auf dem kleinen Eilande, wo wir ihn Tags vorher angetroffen hatten, zurückgeblieben war. Er und Otoo besprachen sich eine Zeitlang über die gegenwärtige Lage der öffentlichen Ange legenheiten, und er drang sodann von neuem in mich, mich mit ihnen gegen Eimeo zu verbinden. Ich schlug es rund ab, und nun kam ich dadurch gänzlich um die Gunst dieses Oberhauptes.

Kurz ehe wir abführen, fragte er uns, ob die Feyerlichkeit, die wir mit angesehen hätten, unserer Erwartung entsprochen habe, was wir von ihrer Wirksamkeit halten, und ob wir in unserem Lande

auch dergleichen gottesdienſtliche Handlungen hätten? Wir hatten, ſo lange dieſe empörende Ceremonie vorgieng, das allertiefſte Stillſchweigen beobachtet; ſo wie ſie aber geendiget war, machten wir uns kein Bedenken, dem Otoo und allen, die ihn begleiteten, unſere Gedanken frey heraus zu ſagen, und ich verbarg auch in meinem Geſpräche mit dem Towha meinen Abſcheu dagegen nicht. Ich ſuchte ihn zu beweiſen, daß dieſer blutige Gebrauch nicht nur grauſam, ſondern höchſt unvernünftig ſey, und ſagte ihm, daß ein ſolches Opfer, wodurch ſie irriger Weiſe ihres Eatooa Gunſt zu erwerben gedächten, vielmehr das ſicherſte Mittel wäre, ihn gegen ihre Nation zu reitzen, und daß ich ſchon dieſes einzigen Umſtandes wegen, mir vorauszuſagen getrauete, daß ihre Unternehmung gegen den Maheine übel ablaufen werde. Dies war freylich etwas zu viel auf bloße Vermuthung gewagt, aber im Grunde lief ich nicht ſehr Gefahr, falſch geurtheilt zu haben. Denn ich hatte geſehen, daß in Anſehung dieſes Krieges drey Partheyen auf der Inſel waren; die eine war heftig dafür, die andere völlig gleichgültig dabey, die dritte hatte ſich öffentlich für Maheine und ſeine Sache erklärt. Bey dieſer Uneinigkeit in ihren Berathſchlagungen, war leicht vorauszuſehen, daß kein Operationsplan zu Grund gelegt werden konnte, der einen glücklichen Erfolg auch nur wahrſcheinlich gemacht hätte. Omai war bey dieſer Gelegenheit unſer Dollmetſcher, und er ſaug meine Gedanken über dieſes Opfer mit ſolcher

Wärme vor, daß Tawha äufferſt aufgebracht
ſeyn ſchien, beſonders als er ihm ſagte; wenn Er
England, wie hier, einen Menſchen umgebrac
hätte, ſo wäre er gehenkt worden, und es hä
ihn ſein hoher Rang nicht dagegen ſchützen könne
Hiebey rief er aus: Maino! Maino! (abſche
lich! abſcheulich!) und wollte weiter kein Wort h
ren. Während dieſer Verhandlung waren vie
Eingebohrne zugegen, hauptſächlich Towhas G
folg und Bedienten; ſie hörten mit größter Au
merkſamkeit zu, als Omai von der Strafe redet
welcher der vornehmſte Mann in England nie
entgehen könnte, wenn er den geringſten ſeiner B
dienten getödet hätte; und waren vermuthlic üb
dieſen Punkt mehr für die Engländer, als ihr Her

Nachdem wir Towha verlaſſen hatten, ſchi
ten wir nach Oparre, wo wir, auf Otoos dringe
des Bitten, die Nacht zubringen ſollten. Wir ſti
gen gegen Abend an Land, und hatten Gelegenhei
auf dem Wege nach des Königs Hauſe, anzuſehe
wie ſich die Einwohner mit ihren Privat-Heeva
beluſtigen. Wir trafen ihrer an die hundert in e
nem Hauſe ſitzend an. In ihrer Mitte waren zwe
Frauensperſonen, und hinter jeder ein alter Mann
die beyde ganz leiſe die Trommel ſchlugen, wo;
Weiber abſatzweiſe ſangen, und zwar weit ang
nehmer, als ich ſonſt bey dergleichen Ergötzunge
gehört hatte. Die Verſammlung horchte ſehr au
merkſam zu, und ſchien von dieſer Muſik in
hohem Grade begeiſtert zu ſeyn; daß ſie uns un

einmal bemerkten; auch die beyden Frauenzimmer
ließen sich durch uns nicht irre machen. Es war
schon finster, als wir in Otoo's Hause ankamen,
wo er uns ein öffentliches Heeva oder Schauspiel
gab, bey welchem seine drey Schwestern die Hauptrolle spielten. Dieses Schauspiel nennt man hier
Heeva-Raä, und ist von der Art, daß sonst niemand in das Haus oder auf den Vorplatz kommen
darf, wo es aufgeführt wird, wie denn dieses allemal der Fall ist, wenn die königlichen Schwestern
auftreten. Ihr Anzug war bey dieser Gelegenheit
wirklich mahlerisch und elegant, und sie machten ihre Sache ganz vortreflich, obgleich die komischen
Zwischenspiele, welche vier Männer zum besten gaben, der sehr zahlreichen Menge mehr Vergnügen
zu machen schienen.

Am folgenden Morgen, setzten wir wieder nach
Matavai aus, und ließen den König zu Oparre.
Seine Mutter, seine Schwester, und verschiedene
andere Frauenspersonen begleiteten mich an Bord
meines Schiffs, wohin uns Otoo auch bald nachfolgte.

So lange ich mit dem Otoo von den Schiffen abwesend war, hatten sie nur wenige Zufuhr
und wenig Besuche. So bald wir aber wieder zu-
rückkamen, ströhmten uns wieder beide zu.

Am 4ten, gab uns Omai auf dem Lande ein
vortrefliches Gastmahl, welches in Fischen, Geflügel, Schweinfleisch, und Pudding bestand. Nach
Tisch begleitet ich Otoo, der mit uns gespeißt hat-

te, wieder in seine Behausung, wo alle seine Be= dienten sehr beschäftiget waren, eine Anzahl Lebens= mittel für mich zu recht zu machen. Unter andern war ein grosses Schwein dabey, welches in meiner Gegenwart geschlachtet wurde. Die Eingeweide wurden in eilf Portionen getheilt, so, daß bey je= der, von allem etwas war. Diese Portionen theilte man unter die Bedienten aus, wovon einige ihren Antheil in eben den Ofen vergruben, wo das Schwein gebacken wurde, die andern aber den ih= rigen mit hinweg nahmen. Es war auch ein gros= ser Pudding dabey, den ich ganz zubereiten sah. Er bestand aus Brobfrucht, reifem Pisang, Ta= ro = oder Arouswurzel, Palm = oder Pandang= Nüssen, welche theils gerieben, oder geschabet, theils gestossen, jedes aber für sich besonders gebacken wurde. Hierauf goß man eine Menge, aus Kokos= nußkernen gepreßten Saft in eine große Mulde, oder hölzernes Gefäß, that die im Ofen erhitzten Sachen darunter, und legte einige heisse Steine hinein, damit alles gelinde aufkochen möchte. Drey bis vier Männer rührten die verschiedenen Ingre= dienzien mit Stäbchen um, bis sich alle mit einander vereiniget hatten, der Kokosnußsaft zu Oel gewor= den war, und die ganze Masse sich endlich wie ein Brey=Pudding verdickte. Diese Puddings sind manchmal vortreflich, und es werden wenige in England gemacht, die diesen gleichkommen. Konnte ich sie haben, so speißte ich nie zu Mittag ohne die= ses Gerichte, nur war es nicht immer zu bekommen.

Nachdem Otoos Schwein gebacken, und der beschriebene Pudding fertig war, wurde beides nebst
zwey lebendigen Schweinen, einer Anzahl Brodfrucht, und Kokosnüsse auf einem Kahne an Bord
meines Schiffs gebracht, wohin ich mit der ganzen
königlichen Familie bald nachfolgte.

Am folgenden Abend zerriß ein Hund einen jungen Widder, vom Vorgebirge d. g. Hoffnung
der auf dem Schiffe zur Welt kam, und mit größter Sorgfalt aufgezogen worden war.   Dergleichen
Vorfälle werden, nach Maasgabe der Lage, in der
man sich befindet, mehr oder weniger wichtig.   In
der meinigen war der Verlust dieses Widders ein
wahres Mißgeschick,   da es nur der einzige war,
den ich von dieser Art hatte, und ich so sehr gewünscht
hatte, diese Inseln mit einer so nützlichen Rasse zu
besetzen.   Nun blieb mir nur noch ein englischer
übrig.

Am 7ten, ließ, ich Abends, in Gegenwart einer
großen Menge, einige Feuerwerke anzünden.   Einige Zuschauer hatten ein ganz ausserordentliches Vergnügen daran, die meisten aber geriethen darüber
dergestalt in Furcht und Schrecken, daß wir alle
Mühe hatten sie zu bereden, beysammen zu bleiben,
und das Ende zu erwarten.   Den Beschluß machte ein sogenannter Pfauenschweif; alle Raketen
giengen auf einmal los, und in einem Augenblick
war die ganze Menge zerstreut. Die Entschloßensten
sogar nahmen schleunig die Flucht.

Zweyter Th.   Z

354

Am folgenden Tag speiste eine Gesellschaft der
unsrigen bey dem Oedidee, unserem alten Reisegefährten. Er bewirthete uns mit Fischen und
Schweinfleisch. Das Schwein wog an die dreyßig
Pfund, und es war in einer Stunde geschlachtet,
zugerichtet und aufgetragen. Wir hatten eben ab-
gespeist, als Otoo kam und fragte "ist dein Bauch
voll?" und als ich es bejahete sagte er "nun so
komm mit mir." Ich gieng nun mit ihm zu seinem Vater, wo ich verschiedene Leute antraf, die
ein paar Mädchen auf eine seltsame Art mit einer
ungeheuren Menge feinen Zeuges bekleideten. Jedes
Ende von den vielen Zeugstücken hielt man dem
Mädchen über dem Kopf, unterdessen man das
Uebrige unter den Achseln um den Leib wickelte;
nun ließ man die obern Enden herunter fallen, und
sie hiengen in Falten über die andern Enden
dergestalt bis zur Erde herab, daß das Ganze einen
Reifrock ähnlich sah. Man umwand endlich noch
die Außenseite mit verschiedenen andern Stücken
Zeug, von allerley Farbe, wodurch der ganze Pack
sich um ein beträchtliches vergrößerte, und, bey einem
Umfange von wenigstens fünf bis sechs englischen
Ellen, eine Last wurde, die die armen Mädchen
kaum tragen konnten. Jede behing man noch mit
zwey Taames, oder Brustschildern, welches dem
Ganzen ein reicheres und mahlerisches Ansehen gab.
In diesem Aufzuge brachte man sie mit einer Ladung
von Schweinen und Früchten, die mir Otoos
Vater nebst den Zeugen zum Geschenke bestimmt

hatte, an Bord des Schiffs. Man nennt hier
Perfonen beiderley Gefchlechts, in diefem Aufpuhe,
Atce, ich halte aber dafür, er komme nie vor, als
wenn anfehnliche Gefchenke an Zeugen gemacht werden; wenigftens hatte ich etwas dergleichen ffonft
bey keiner andern Gelegenheit gefehen, noch ein
folches Gefchenk erhalten. Nachher aber bekam fowohl Capitain Clerke als ich mehrere von diefer
Art. Tags darauf fchenkte mir Otoo fünf Schweine, nebft einigen Früchten, und jede feiner Schweftern, ein Schwein mit verfchiedenen Früchten.
Auch fehlte es fonft nicht an Lebensmitteln. Die
Eingebohrnen hatten feit zwey bis drey Tagen innerhalb des Riffs eine große Anzahl Makrelen in
Netzen gefangen, wovon fie einen Theil fowohl an
Bord, als in unfern Gezelten verkauften.

So fehr fich Otoo angelegen feyn ließ, unfere Bedürfniße durch Gefchenke über Gefchenke zu
befriedigen, fo fehr dachte er auch darauf, uns
durch eine Reihe von Luftbarkeiten zu unterhalten.
Als wir am 10ten, mit einigen der unfrigen hinab nach Oparre fuhren, ihn zu befuchen, ließ er,
uns zu Ehren, eine Art von Komedie aufführen.
Seine drey Schweftern waren die Schaufpielerin-
nen, und erfchienen in einem ganz neuen und ge-
fchmackvollem Anzuge, dergleichen wir bis hieher
noch auf keiner diefer Infeln angetroffen haben a).
Meine Abficht, bey diefer kleinen Fahrt nach

a) S. oben S. 354.

Z 2

Oparra, war aber eigentlich, einen einbalsamirten Leichnam zu besehen, den einige unserer Herren, von ungefähr, nicht weit von Otoos Residenz angetroffen hatten. Ich erkundigte mich darnach, und erfuhr, daß es der Leichnam des Tee, eines Oberhauptes war, den ich bey meinem letztern Besuche auf dieser Insel hatte kennen gelernt. Er lag in einem Toopapaoo, welches weit zierlicher als die gewöhnlichen gebauet, übrigens aber demjenigen vollkommen ähnlich war, so wie erst kürzlich in Oheitepeha gesehen hatten, und in welchem der ebenfalls einbalsamirte Leichnam des alten Waheiadooa beygesetzt war. Als wir an den Platz kamen, fanden wir den ganzen Körper in Zeuge eingehüllt, und noch unter dem Obdache, in dem Toopapaoo. Auf meine Bitte aber zog ihn der Mann, der dabey die Wache hatte, heraus, und legte ihn auf eine Art von Bahre, so daß wir ihn vollkommen gut betrachten konnten; aber innerhalb des Stackwerks, womit das Toopapaoo umzäunt war, durften wir nicht kommen. Nachdem nun der Leichnam auf diese Weise zur Schau ausgestellt war, behieng der Wächter den Ort mit Matten und Zeug und vertheilte sie so, daß sich das Ganze sehr gut ausnahm. Wir fanden, daß nicht nur der Körper noch ganz unversehrt war, sondern daß er auch zu unserer großen Verwunderung kaum anfieng, in Fäulniß überzugehen. Denn obgleich das hiesige Klima eines der heißesten ist, und Tee schon über vier Monate lang tod war, so gab er doch nicht den geringsten übeln Geruch

lnbalfamirten
er Herren, von
idenz angetrof-
nach, und er-
, eines Ober-
tern Befuche
t. Er lag in
ierlicher als die
er demjenigen
rzlich in Ohei-
em der ebenfalls
beiadooa bey-
nen, fanden wir
, und noch unter
Auf meine Bit-
ben die Wache
e Art von Bal-
betrachten konn-
ks, womit das
n wir nicht kom-
auf diese Weife
g der Wächter
vertheilte fie fo,
hm. Wir fan-
ganz unverfehrt
rer großen Ver-
niß überzugehen.
ines der heiffeften
te lang tod war,
ten übeln Geruch

von fich, auch bemerkten wir fonft keine Veränderung an ihm, als daß die mufculofen Theile und die
Augen etwas eingefchrumpft waren. Die Haare
und Nägel hatten nichts gelitten, und hielten noch
veft. Die Gelenke waren biegfam und fchlaff, wie
bey Leuten, die fchnell in Ohnmacht fallen. Dies
nahm Hr. Anderfon wahr, der fich auch fonft noch
nach der Verfahrungsart diefes Einbalfamirens erkundigte, und mir hierüber folgendes mittheilte.
Bald nach dem Tode werden die Gedärme und Eingeweide durch den After herausgenommen, und die
ganze Höhlung durch eben diefen Weg mit Zeug ausgefüllt und ausgeftopft. So bald fich auf der Haut
etwas Feuchtigkeit zeigt, wird es forgfältig abge-
trocknet, und der Körper über und über mit einer
Menge wohlriechend gemachten Kokosnußöl berieben.
Wird diefes öfters wiederholt, fo erhält er fich viele
Monate lang, bis er endlich nach und nach in Fäulniß übergeht. — Ich meines Theils konnte hierüber
weiter nichts erfahren, als was mir Omai fagte,
daß man fich nämlich bey diefer Operation, nebft
dem Kokosnußöle, des Safts einer Pflanze bedie-
ne, die in den Gebirgen wachfe, und daß der Leichnam öfters mit Seewaffer gewafchen werde. Man
fagte mir auch, daß alle Vornehmen, die natürlichen Todes ftürben, auf eben diefe Weife einbalfamirt,
und hernach eine Zeitlang zur öffentlichen Schau
ausgeftellt würden. Anfänglich — wofern es nicht
regnete — gefchähe es alle Tage, nachher fetzte man

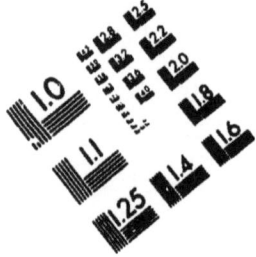

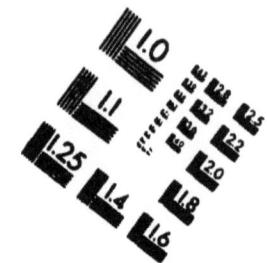

IMAGE EVALUATION
TEST TARGET (MT-3)

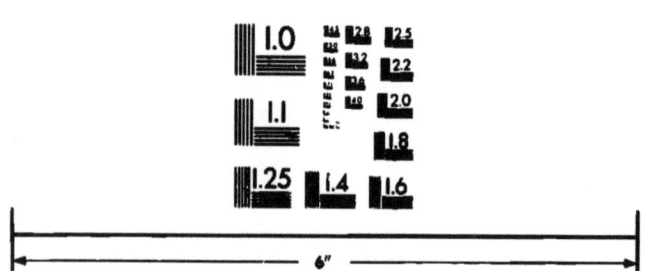

Photographic
Sciences
Corporation

23 WEST MAIN STREET
WEBSTER, N.Y. 14580
(716) 872-4503

länger damit aus, und gegen das Ende bekäme man sie selten mehr zu sehen.

Abends kamen wir von Oparre wieder, wo wir den Otoo mit der ganzen königlichen Familie zurück ließen. Ich bekam vor dem 12ten Niemand mehr davon zu sehen, an welchem Tage mich aber alle besuchten, den König ausgenommen, der, wie ich hörte, nach Attahooroo gegangen war, um an dem dortigen Morai einer andern Opferfeyerlichkeit beyzuwohnen, wozu das Oberhaupt von Tiaraboo das Schlachtopfer geliefert hatte. Zwey Beyspiele dieser Art, binnen so wenig Tagen, sind ein allzutrauriger Beweis, wie oft unter einem sonst so gutmüthigen Volke diese Opfer eines blutgierigen Aberglaubens vorkommen müssen. Ich wäre unfehlbar hingegangen, um auch dieses mit anzusehen, wenn ich es noch in Zeiten erfahren hätte. Nun war es zu spät; und eben so kam ich auch um eine andere Feyerlichkeit, die gestern in Oparre vorgieng, wo Otoo, mit allen, bey dergleichen Gelegenheiten gewöhnlichen Ceremonien, den Verwandten und Anhängern des vorigen Königs Tootaha alle Länderenen und Besitzungen wiedergab, die man ihnen seit seinem Tode vorenthalten hatte. Vermuthlich sollte das neue Opfer dazu dienen, dieser Ehren- und Rechtserstattung das letzte Siegel aufzudrücken.

Am folgenden Abend kam Otoo wieder zurück, nachdem er die unangenehmste aller seiner Königspflichten erfüllt hatte. Er beehrte uns Tags darauf mit einem Besuche. Capitain Clerke und ich, ließen

Freytag den 12ten.

Sonnabend den 13ten.

Sonntag den 14ten.

die Pferde kommen, und machten einen Ritt auf
der Ebene von Matavai, zu großer Verwunderung einer Menge Zuschauer, die uns folgten und
anstaunten, als wären wir Centauren gewesen.
Omai hatte zwar schon ein oder ein Paarmale versucht, zu Pferd zu steigen, aber er wurde allemal her-
untergeworfen, ehe er noch im Sattel kam. Dies
war also das erstemal, daß man hier einen Menschen
zu Pferd sah. Was Capitain Clerke und ich angefangen hatten, wurde so lange wir hier waren,
täglich von einem oder dem andern unserer Leute fortgesetzt, ohne daß die Neugier der Einwohner darum
abgenommen hätte. Ihre Freude an diesen Thieren
war unbeschreiblich, zumal, da sie den Gebrauch
einsehen lernten, den wir davon zu machen wußten.
Und, wenn ich mich nicht irre, so bekamen sie dadurch
weit höhere Begriffe von der Größe und den Vor-
zügen anderer Nationen, als durch alle Seltenheiten zusammengenommen, welche je die Europäer
zu ihnen gebracht haben. Der Hengst und die Stute
waren frisch und gesund, und sahen wirklich schön
aus.

Am folgenden Tag zog Etary, oder Olla, der
sogenannte Gott von Bolabola, welcher sich seit
einigen Tagen in der Gegend von Matavai aufs
gehalten hatte, in Begleitung einiger Seegelcanote,
nach Oparre. Wir erfuhren, daß es Otoo nicht
gerne sah, daß er so nahe an unserer Station war,
weil er befürchtete, Etary's Leute hätten dadurch
die beste Gelegenheit, uns zu bestehlen. Ueberhaupt

muß ich Otoo die Gerechtigkeit wiederfahren laſſen,
zu ſagen, daß er die geſchickteſten Maasregeln nahm,
uns vor Diebſtahl und Plündern zu ſchützen, und
daß es mehr ſeinen klugen Anſtalten, als unſerer
eigenen Vorſicht beyzumeſſen war, daß uns ſo wenig
wegkam. Er ließ ſowohl jenſeits des Matavai-
Sluſſes, hinter unſerem Lagerplatze, als auch ganz
dicht an unſern Gezeiten, am Ufer, zwiſchen dem
Fluß und der See, ein Paar Hütten errichten,
worinnen ſeine Leute beſtändig Wache halten mußten.
Sein Vater reſidirte gewöhnlich an der Landſpitze
von Matavai, ſo, daß wir faſt auf allen Seiten
von den Seinigen umringt waren. Auf dieſe Art
beſchützten ſie uns nicht nur bey Nacht vor Dieben,
ſondern ſie hatten auch ein wachſames Auge auf das,
was bey Tage vorgieng. Außerdem waren ſie ſehr
fertig, die Mädchen, welche mit unſern Leuten ein
geheimes Verkehr hatten, faſt alle Morgen mit einer Art von Contribution zu belegen. Und ſo ſich-
erte uns Otoo, durch ſeine Vorſicht, nicht nur gegen
allen Schaden, ſondern er erreichte auch dabey den
nicht minder weſentlichen Zweck ſeines eigenen
Vortheile. ·

Otoo ſchlug mir vor, ihn andern Tags nach
Oparre zu begleiten, wo er den großen Mann
von Bolabola eine Audienz zu geben hätte. Ich
war ſehr bereit dazu, weil ich hoffte, etwas bemerkenswerthes zu beobachten. Wir giengen alſo am
16ten, Morgens, in Begleitung Hrn. Anderſons
dahin ab. Allein es gieng bey dieſer Gelegenheit

nichts wichtiges oder sonderbares vor. Etary und
sein Gefolg überreichten dem Otoo etwas grobes
Zeug und einige Schweine, und jedes dieser Geschenke wurde mit einigen Ceremonien und gewissen Redeformeln begleitet. Hierauf berathschlag-
ten sich beide, nebst einigen andern Oberhäuptern,
über die Expedition gegen Eimeo. Etary schien
anfänglich, sie zu widerrathen, seine Einwendungen wurden aber verworffen. Es zeigte sich auch am
folgenden Tage, daß nunmehr alles Berathschla-
gen in dieser Sache zu spät sey, da Towha, Potatou und noch ein Befehlshaber bereits mit der
Flotte von Attahoora abgegangen waren. Abends
kam ein Bote mit der Nachricht, daß sie wirklich
Eimeo erreicht hätten, und schon einige Scharmü-
tzel, jedoch ohne sonderlichen Verlust oder Vortheil, auf einer oder der andern Seite, vorgefallen
wären.

Am 18ten, des Morgens, gieng ich wieder
mit Otoo, Hrn. Anderson und Omai nach
Oparre, und nahm die Thiere mit, die ich auf der Insel
zurucklassen wollte. Sie bestanden in einem Widder
und einem Mutterschaafe englischer Rasse, und drey
Mutterschaafen vom Vorgebirge der guten Hoffnung. Ich schenkte sie alle dem Otoo. Da die
drey Kühe den Stier zugelassen hatten, so dachte
ich, man könne sie jetzt ohnbedenklich trennen,
und nahm mir vor, eine oder ein paar nach Ullie-
tea bringen zu lassen. Ich ließ sie also vorführen,
und that dem Etary den Vorschlag, dem Otoo

feinen Stier gegen den meinigen zu überlassen, wozu ich ihm noch eine der drey Kühe geben, und sie beide für ihn bis nach Ulietea mitnehmen wollte. Denn ich hätte gerne gesehen, daß der spanische Stier hiergeblieben wäre, weil ich besorgte, es möchte diesem großen, raschen Thiere, bey dem Transport nach Bolabola, leicht ein Unfall begegnen. Etary machte anfänglich gegen diesen Vorschlag Einwendungen; nachher aber ließ er sich die Sache gefallen, da ihm auch Omai zugeredet hatte. Man war so eben beschäftigt, das Vieh in die Boote zu bringen, als auf einmal einer aus Etarys Gefolge sich mit aller Macht gegen allen Tausch setzte. Da ich nunmehr auf die Gedanken kommen mußte, daß Etary blos, um mir nicht zu mißfallen, für den Augenblick in meinen Vorschlag gewilliget habe, und nach meiner Abreise seinen Stier doch wiedernehmen, mithin Otoo gar keinen haben würde, so hielt ich für rathsamer, den ganzen Tauschhandel fallen zu lassen, da beide Partheyen nicht zu vereinigen waren, und entschloß mich alles mein Hornvieh dem Otoo zu überlassen, band ihm aber dabey aufs schärfste ein, kein Stück davon, selbst den spanischen Bullen und die Schaafe nicht, eher von Oparre wegbringen zu lassen, bis er von allen eine Zucht haben würde. Diese könne er sodann unter seine Freunde vertheilen, und die benachbarten Inseln damit versehen.

Als dieses Geschäft berichtiget war, verließen wir Etary und seine Leute, die nun Zeit hatten,

ihrer Thorheit nachzudenken, und folgten dem Otoo an einen andern Platz in der Nähe, wo ihn die Bedienten eines Oberhauptes, nach deſſen Namen ich zu fragen vergeſſen hatte, mit einem Schwein, einem Ferkel und einem Hunde erwarteten, um ſie, als ein Geſchenk von ihrem Herrn, dem Könige zu überreichen. Dieſes geſchah mit allen hierbey gewöhnlichen Umſtänden, und mit einer förmlichen Rede, worinnen ſich der Sprecher im Namen ſeines Herrn nach dem Wohlbefinden des Königs und aller Vornehmen ſeines Hofes erkundigte. Dieſes Compliment beantwortete, in Otoos Namen, einer ſeiner Miniſter, und nun wurden die Streitigkeiten mit Eimeo abgehandelt, und manche Gründe für und wider den Krieg vorgebracht. Die Abgeordneten des Oberhaupts waren ſehr dafür, daß er mit allem Nachdruck müßte fortgeſetzt werden, und riethen dem Otoo, ein Menſchenopfer zu bringen. Ein Befehlshaber, den wir beſtändig um die Perſon des Königs wahrnahmen, ſetzte ſich aber ſehr dagegen, und es ſchien, als ob er ſeine Meynung mit triftigen Gegengründen begleitete. Dieſes gab mir noch mehr Anlaß zu vermuthen, daß Otoo im Grunde keinen lebhaften Antheil an den Krieg nahm. Towha aber ſchickte Abgeordnete über Abgeordnete, und drang auf ſchleunigen Beyſtand. Man ſagte uns, ſeine Flotte ſey gewiſſermaaßen von der Flotte des Maheine eingeſchloſſen, aber weder die eine noch die andere habe einen Angriff gewagt.

i

364

1777.
September

Freytag
den 19ten.

Sonnabend
am 20sten.

Sonntag
den 21sten.

Nachdem wir bey Otoo zu Mittag gespeiset hatten, giengen wir nach Matavai zurück und ließen ihn in Oparre. Sowohl diesen Tag über, als am folgenden, hatten wir nur wenige Zufuhr an Früchten. Als Otoo dieses hörte, kam er noch denselben Abend, zwischen neun und zehen Uhr, mit seinem Bruder, der Herrn Clerke sehr ergeben war, von Oparre hieher, und sie brachten beyden Schiffen reichlichen Vorrath. Unter allen Gefälligkeiten, die er uns bisher erzeigte, war diese Aufmerksamkeit wohl der stärkste Beweis seiner menschenfreundlichen Gesinnungen. Am andern Tage kam auch die übrige königliche Familie mit Geschenken, so, daß nicht nur unserem Mangel abgeholfen war, sondern wir sogar mehr hatten, als wir verzehren konnten.

Aller Wasservorrath war nunmehr an Bord gebracht, die Schiffe calfatert, das Tau- und Takelwerk ausgebessert, und alles wieder in gehörigen Stand gesetzt. Ich dachte also darauf, Otaheite zu verlassen, um Zeit zu gewinnen, noch die übrigen benachbarten Inseln zu besuchen. Die Sternwarten und Instrumenten wurde daher wieder auf die Schiffe gebracht, und die Seegel an die Raaen gebunden. Tags darauf in aller Frühe, kam Otoo an Bord, mir Nachricht zu geben, daß alle Kriegskanote von Matavai und von drey andern nahe gelegenen Distrikten nach Oparre giengen, um zu der dortigen Flotte zu stoßen, und daß daselbst eine allgemeine Revüe würde gehalten werden. Bald

darauf war auch das ganze Geschwader von Mabtavai in Bewegung, paradirte eine Zeitlang in der Bay umher, und zog sich ungefähr in der Mitte derselben an das Ufer. Ich stieg nun in mein Boot, um sie in Augenschein zu nehmen.

Der Kähne mit flachen Gerüsten, auf welchen die Krieger handgemeng werden, oder was sie Kriegscanote nennen, waren ungefähr sechzig, und fast eben so viel kleinere. Ich hatte mir vorgenommen, sie nach Oparre zu begleiten, allein die Befehlshaber beschlossen bald darauf, daß sie erst am künftigen Morgen abgehen sollten. Dieser Aufschub kam mir sehr zu Statten, weil ich hoffte, dadurch Gelegenheit zu bekommen, ihre Art zu Streiten näher kennen zu lernen. Ich äußerte daher gegen Otoo den Wunsch, daß er sie einige der nöthigen Manövers möchte machen lassen. Er befahl sogleich, daß zwey dieser Kanote in die Bay auslaufen sollten. Otoo, Hr. King und ich bestiegen das eine, und Omai gieng auf das andere. Als wir hinlänglich Raum genommen hatten, wandten wir uns, und giengen bald auf einander los, bald zogen wir uns zurück, und zwar so schnell, als es die Ruderer zu thun vermochten. Unterdessen schwangen die Krieger auf den Gerüsten ihre Waffen, und machten tausenderley seltsame Geberden, vermuthlich um sich in Hitze zu bringen, und desto tapferer fechten zu können. Otoo stand an der Seite unseres Streitgerüstes, und gab die nöthigen Befehle, wenn vor, oder rückwärts sollte manövrirt werden, wobey ein schneller Blick und viele Beurtheilungskraft erforderlich zu seyn scheint, wenn jeder günstige Umstand benutzt, und dem Feinde keine Blöße gegeben werden soll. Endlich, als beide Kähne wenigstens zehen bis zwölf male auf einander losgegangen waren, und sich wieder zurückgezogen hatten, kamen sie so nahe an einander, daß beide Vordertheile, und beide Gerüste aneinander stießen. Nun wurde man handgemeng, und als dieses eine kurze Zeit gedauert hatte, nahm man an, als wenn die Mannschaft auf unserem Gerüste gänzlich geschlagen wäre, und Omai und seine Krieger nahmen Besitz von unserem Kahne. Otoo und alle unsere Ruderer sprangen in diesem Augenblicke über Bord, als wenn sie gezwungen wären, durch Schwimmen ihr Leben zu retten.

Wofern man sich auf Omai's Nachrichten verlassen darf, so werden nicht alle ihre Seetreffen auf diese Art geliefert. Er behauptet, daß man zuweilen gleich Anfangs beide Vordertheile zusammen bände, und so lange fechte, bis auf der einen oder der andern Seite alle Streiter getödet wären. Dieses engere Treffen, findet vermuthlich nur dann Statt, wenn sie entschlossen sind, entweder zu siegen oder zu sterben; und es scheint, daß nur einer dieser Fälle angenommen wird, weil sie, nach einmüthiger Aussage, niemals Pardon geben, es müßte denn seyn, daß sie ihre Gefangenen auf eine noch grausamere Todesart für den folgenden Tag aufbewahren.

Die ganze Macht dieser Inseln, besteht in ihren
Flotten, und ich habe nie von einer großen Schlacht
zu Land gehört, sondern alle entscheidenden Treffen
gehen zu Wasser vor. Wenn beide Partheyen hiezu Zeit und Ort bestimmt haben, so bringen sie den
Tag und die Nacht vorher mit Lustbarkeiten und
Schmausen zu. Gegen Morgen stoßen sie ihre
Kähne in See, und setzen alles in gehörigen Stand.
Mit Tages Anbruch geht die Schlacht an, und ent-
scheidet gemeiniglich den ganzen Zwist. Die Ueberwundenen retten sich durch schleunige Flucht, und
eilen, wenn sie das Ufer erreichen, mit ihren Freunden in die Gebirge. Die Sieger schonen in der
ersten Wuth weder Greise, noch Weiber, noch Kinder.
Tags nach der Schlacht versammeln sie sich am
Morai, um den Eatooa für, den erhaltenen Sieg
zu danken, und ihm die Erschlagenen, oder auch die
Gefangenen, die sie am Leben gelassen haben, als
Opfer darzubringen. Hierauf wird an einen Vergleich gearbeitet, wobey man meistentheils die Bedingungen eingeht, die die Ueberwinder vorgeschrie-
ben haben. Daher kommt es, daß verschiedene
Bezirke, und manchmal ganze Inseln, andere Herren
bekommen. Omai erzählte uns, die Männer von
Bolabola hätten ihn einstmalen gefangen genommen, und mit sich auf ihre Insel geführt, wo er
mit mehrern seiner Landsleute ganz gewiß andern
Tages würde umgebracht worden seyn, wenn sie
nicht Mittel gefunden hätten, in der Nacht zu entkommen.

1777.
September

Nach dieser blinden Schlacht legte **Omai** seine volle Rüstung an b), stieg auf das Streitgerüste eines dieser Kähne, und ließ sich längs dem Ufer der Bay herumfahren, damit er jedermann in die Augen fallen möchte. Sein Panzer-Hemd zog aber die Aufmerksamkeit seiner Landsleute bey weitem nicht so sehr auf sich, als man hätte vermuthen sollen. Einige hatten schon diese Rüstung zum Theil gesehen, und andere hatten an dem armen **Omai**, seines hiesigen unbesonennen Betragens wegen, ein solches Mißfallen, daß sie ihn auch bey dem ungewöhnlichsten Aufzuge, oder wenn er sonst etwas vorzuzeigen hatte, kaum zu bemerken schienen.

b) Man wird sich aus Hrn. **Forsters** Reise erinnern, daß man dem **Omai** unter andern europäischen Seltenheiten, z. B. einer Dreh-Orgel, Elektrisirmaschine ꝛc. ꝛc. auch ein **Panzerhemd** und eine **Ritter-Rüstung** mitgegeben habe. S. Hrn. **Forsters** **Reise u. d. Welt.** 1 B. Vorrede. **W.**

Viertes Kapitel.

Der Tag der Abreise wird vestgesetzt. — Friede
mit Eimeo. — Streitigkeiten darüber; Otoos
Betragen wird getadelt. — Hrn. Kings Beschreibung einer Feyerlichkeit an dem Morai wegen
des Friedens. — Bemerkungen darüber. — Ein
Beyspiel von Otoos listigem Benehmen. —
Omais Kriegs Kanot. Von seinem Betragen.—
Otoos Geschenk und Bothschaft an den König
von Großbritannien. — Nachrichten von der
Beschaffenheit unseres Tauschhandels mit den
Einwohnern von Otaheite und ihrem freundschaftlichen Betragen gegen uns. — Nachricht
von der Expedition der Spanier. — Ihre Be-
mühungen, den Otaheitern eine üble Meynung
von der englischen Nation beyzubringen. —
Wünsche, daß sich hier keine Europäer niederlassen möchten. — Omais Eifersucht auf einen
andern Reisenden.

Am 22sten, in aller Frühe, kam Otoo mit seinem Vater an Bord, um sich zu erkundigen, wenn
ich abzureisen gedächte. Ich hatte ihnen bereits gesagt, daß ich, auf meinem Wege nach Huaheine,
Eimeo besuchen würde, wo ein guter Haven seyn
sollte; sie wünschten also sehr, mit ihrer Flotte, die
dem Towha zu Hülfe kommen sollte, in meiner
Gesellschaft dahin zu gehen. Da ich vollkommen
seegelfertig war, stellte ich ihnen frey, den Tag
selbst zu bestimmen, und sie wählten folgenden Mittwoch, wo ich den König, seinen Vater, seine Mut-

Zweyter Th.   A a

1777.

September

Montag
am 22sten.

ter, kurz die ganze königliche Familie an Bord neh, men sollte. Nachdem diese Punkte berichtiget wa, ren, wollte ich sogleich nach Oparre abgehen, wo sich die ganze nach Eimeo bestimmte Flotte ver, sammeln, und Musterung darüber gehalten werden sollte.

Ich war so eben im Begriffe, in mein Boot zu steigen, als die Nachricht kam, Towha habe mit dem Maheine einen Vergleich eingegangen, und sich mit seiner Flotte nach Attahooroo zurück, gezogen. Dieser unerwartete Vorfall machte alle weitere feindliche Maasregeln unnöthig, und die Kriegscanote erhielten Befehl, anstatt sich in Oparre zu vereinigen, in ihre verschiedene Distrikte zurück, zukehren. Dieser Umstand hinderte mich indessen nicht, mit Hrn. King, und Omai, dem Otoo nach Oparre zu folgen. Bald nach unserer Au, kunft, und während der Zubereitung des Mittagmah, les, kam ein Bote von Eimeo, und machte uns die Bedingungen des Friedens, oder vielmehr des Waf, fenstillstandes bekannt; denn jener war nur auf eine gewisse Zeit eingeschränkt. Die Bedingungen wa, ren für Otaheite sehr nachtheillg, und dem Otoo wurde alle Schuld beygemessen, daß er durch seine Verzögerung, Hülfsvölker zu senden, den Towha in die Nothwendigkeit gesetzt habe, einen schimpfli, chen Vergleich einzugehen. Es gleng sogar die Re, de, Towha sey so sehr darüber aufgebracht, daß man ihn nicht unterstützt hätte, daß er erklärt habe, er würde sich gleich nach meiner Abreise mit den

lie an Bord neh›
e berichtiget wa›
rre abgehen, wo
nnte Flotte ver›
gehalten werden

, in mein Boot
, Towha habe
ich eingegangen,
ahooroo zurück›
rfall machte alle
nöthig, und die
itt sich in Oparre
Distrikte zurück›
ste mich indessen
ai, dem Otoo
nach unserer An›
des Mittagmah›
b machte uns die
ielmehr des Waf›
war nur auf eine
Bedingungen wa›
und dem Otoo
aß er durch seine
en, den Towha
, einen schimpfli›
eng sogar die Re›
aufgebracht, daß
i er erklärt habe,
Abreise mit den

Tiaraboohanern vereinigen, und den Otoo, ent›
weder in Matavai oder Oparre angreifen. Dies
bewog mich, öffentlich zu erklären, ich wäre so vest
entschlossen, meines Freundes Parthey gegen alle
dergleichen Verbindungen zu nehmen; daß jeder,
der sich unterstehen würde, ihn anzugreifen, bey
meiner Rückkehr, das ganze Gewicht meines Un›
willens fühlen sollte. Diese Drohung hatte ver›
muthlich die gewünschte Wirkung, und wenn auch
Towha dergleichen feindliche Absicht gehabt hatte,
so hörten wir doch nachher nichts mehr davon.
Whappai, der Vater des Otoo, mißbilligte den
ganzen Vergleich, und verargte es dem Towha
gar sehr, ihn eingegangen zu haben. Dieser ver›
nünftige Alte urtheilte weislich, daß, wenn ich auch
keinen eigentlichen Theil an diesem Handel genom›
men hätte, es ihrer Sache doch allemal sehr vor›
theilhaft gewesen seyn würde, wenn ich mit ihnen
nach Eimeo gegangen wäre. Er behauptete da›
her, Otoo habe vollkommen recht gethan, auf
mich zu warten, und dieses allein sey die Ursache
gewesen, weswegen der Succurs nicht sogleich er›
folgt sey, als ihn Towha erwartet habe.

Kaum war der Streit über diesen Punkt in
Oparre beygelegt, als ein Abgeordneter von Tow›
ha ankam, und den Otoo auf den folgenden Tag
einlud, dem Dankfeste an dem Morai zu Atta›
hooroo beyzuwohnen, welches den Göttern, wegen
des geschlossenen Friedens, sollte gefeyert werden;

Aa 2

1777.
September

Omai sagte mir wenigstens, dies sey die Veranlassung des Festes. Man bat mich mitzugehen,
ich mußte es aber ablehnen, weil ich mich nicht wohl
befand. Da ich indessen begierig war, zu erfahren,
was bey einer so merkwürdigen Gelegenheit für Ceremonien vorkommen würden, so sandte ich
Hrn. King und den Omai dorthin ab, und kehrte wieder in meinem Boote zurück, um mich an
Bord des Schiffs zu begeben. Otoos Mutter, seine drey Schwestern und noch mehr als acht Frauenspersonen, begleiteten mich. Anfänglich glaubte
ich, diese zahlreiche Gesellschaft von Frauenzimmern
wollte sich nur dieser Gelegenheit bedienen, nach
Matavai zu kommen; als wir aber an das Schiff
kamen, sagten sie mir, sie würden die Nacht an
Bord zubringen, und zwar blos in der Absicht, um
mich von meiner Unpäßlichkeit zu heilen; welche eine
Art von Gichtfluß war, der sich von der Hüfte bis
auf den Fuß herab erstreckte. Ich nahm ihr freund-
schaftliches Erbiethen an, ließ in der Kajütte Betten für sie auf den Fußboden legen, und unterwarf
mich ihrer Verordnung. Ich mußte mich mitten
unter sie niederlegen; und nun fiengen so viele als
um mich her Platz bekommen konnten, an, mich mit
beiden Händen vom Kopf bis zum Fuß, besonders
aber an den schmerzhaften Theilen, dergestalt zu drücken und zu bearbeiten, daß mir Arm und Beine
knackten, und mein Fleisch braun und blau geknettet
war. Nachdem ich diese strenge Heilart gegen eine
Viertelstunde lang ausgehalten hatte, war ich froh,

s fey die Veran
mich mitzugehen,
h mich nicht wohl
war, zu erfahren,
:legenheit für Ce-
so sandte ich
in ab, und kehr-
d, um mich an
tees Mutter, sei-
jr als acht Frau-
anfänglich glaubte
n Frauenzimmern
: bedienen, nach
der an das Schiff
en die Nacht an
n der Absicht, um
zeilen; welche eine
von der Hüfte bis
) nahm ihr freund-
der Kajütte Bet-
n, und unterwarf
außte mich mitten
ngen so viele als
ten, an, mich mit
: Fuß, besonders
dergestalt zu brü-
: Arm und Beine
und blau geknettet
Heilart gegen eine
te, war ich froh-

ihren Händen entkommen zu seyn. Indessen da sie mir augenblickliche Linderung verschafte, so entschloß ich mich, vor Schlafengehen diese Operation nochmals an mir vornehmen zu lassen, und sie that so gute Wirkung, daß ich mich die ganze Nacht über sehr wohl befand. Am nächsten Morgen wiederholten meine weiblichen Aerzte dieses Heilmittel, ehe sie an Land giengen, und kamen Abends wieder an Bord, um es noch einmal anzuwenden. Ich hatte nun keine Schmerzen mehr, und da die Kur vollendet war, nahmen sie am folgenden Morgen Abschied. Sie nennen diese Operation Romee, und sie übertrift, meiner Meynung nach, alles Reiben und Bürsten, oder was wir sonst für äußerliche Mittel dieser Art zu gebrauchen pflegen. Sie ist allgemein bey diesen Insulanern im Gebrauche, und wird zuweilen von Männern, mehrentheils aber von Weibspersonen verrichtet. Wenn irgend jemand müde und matt zu seyn scheint, und sich bey ihnen niedersetzt, so fangen sie sogleich an, dieses Romee mit seinen Beinen vorzunehmen, und ich habe gehört, daß es allemal eine heilsame, erquickende Wirkung thun soll a).

a) Man sehe Capitain Wallis Beschreibung dieser Operation, die man sowohl an ihm, als an seinem ersten Lieutenant vorgenommen hatte, in Hawkesworths Collection Vol. I. p. 243. (deutsche Ausgabe in 4. I. B. S. 238. Hrn. R. Forsters Bemerkungen 2c. S. 361—362. W.)

1777.

September

Dienstag
am 23sten.

Mittwoch
den 24sten.

Am 25ſten des Morgens kam Otoo, mit Hrn.
King und Omai von Attahooroo zurück, und
Hr. King gab mir von dem, was er geſehen hat-
te, folgenden Bericht:

"Bald nachdem Sie mich verlaſſen hatten, kam
ein zweyter Bote von Towha an den Otoo mit
einem Piſangſtamme. Mit Sonnenuntergang ſetzten wir uns in einen Kahn, und verließen Oparre.
Ungefähr um neun Uhr landeten wir an der äußer-
ſten Spitze von Tettaha, welche an Attahooroo
grenzt. Ehe wir noch ans Land geſtiegen waren,
ruften uns die Einwohner vom Ufer etwas zu, vermuthlich, um uns zu benachrichtigen, daß ſich Towha hier befinde. Ich erwartete, daß die Zuſammenkunft zwiſchen Otoo und Towha ſehr intereſſant
ſeyn würde. Otoo ſetzte ſich mit ſeinem Gefolge
auf den Strand, nicht weit von dem Kahne, worinn ſich Towha befand. Dieſer ſchlief; aber ſeine
Leute weckten ihn, und ſobald ſie Otoo's Namen
genannt hatten, wurde augenblicklich ein Piſang-
ſtamm nebſt einem Hunde vor ſeine Füſſe gelegt,
und verſchiedene von Towhas Leuten kamen und
unterhielten ihn, ſo viel ich merkte, von der Expedition gegen Eimeo. Nachdem ich eine Zeitlang
neben Otoo geſeſſen hatte, und Towha ſich weder in ſeinem Kahne bewegte, noch mit uns redete,
begab ich mich zu ihm. Er fragte mich, ob Toote (Cook) zornig auf ihn wäre? Ich antwortete:
Nein, er ſey vielmehr ſein Taio (Freund), und
er habe mich nach Attahooroo abgeſchickt, es ihm

Otoo, mit Hrn.
»roo zurück, und
18 er gesehen hat»

lassen hatten, kam
1 den Otoo mit
1enuntergang seh»
erließen Oparre.
oir an der äußer»
an Attahooroo
gestiegen waren,
:r etwas zu, ver»
1, daß sich Tow»
18 die Zusammen»
: sehr interessant
t seinem Gefolge
em Kahne, wo»
chlief; aber seine
Otoo's Namen
lich ein Pisang»
ine Füße gelegt,
:uten kamen und
te, von der Er»
ich eine Zeitlang
Towha sich we»
) mit uns redete,
mich, ob Too»
Ich antwortete:
(Freund), und
1eschickt, es ihm

zu sagen. Hierauf hatte Omai eine lange Unterre»
dung mit ihm, ich konnte aber über den Innhalt
derselben nichts von ihm herausbringen. Bey mei»
ner Zurückkunft begehrte Otoo, daß ich zum Es»
sen gehen und mich schlafen legen sollte. Ich ver»
ließ ihn also nebst Omai. Als ich diesen befragte,
warum Towha nicht aus seinem Kahne gestiegen
wäre, antwortete er mir, er sey lahm, aber Otoo
und er würden sich jetzt allein unterreden. Dies
schien auch die Wahrheit zu seyn, denn alle, die
wir bey Otoo zurückgelassen hatten, kamen bald
darauf zu uns; Otoo selbst kam ungefähr in zehen
Minuten nach, und wir alle legten uns in seinem
Kahne schlafen. Am folgenden Morgen wurde
Ava in Ueberfluß gereicht. Einer von den Einge»
bohrnen betrank sich so sehr, daß er den Gebrauch
seiner Sinne verlohr, und in heftige Zückungen
gerieth. Er wurde von zween Männern, zum Theil
auch bey den Haaren, gehalten, so daß es mit der
Wurzel in ihren Händen blieb. Ich kehrte mich
weg, um eine rührendere Scene anzusehen, näm»
lich die Zusammenkunft des Towha mit seiner Frau
und einem jungen Mädchen, welches, wenn ich
recht verstanden habe, seine Tochter war. Nach
'. : sich beide Wunden in das Haupt geschnitten,
und eine Menge Blut und Zähren vergossen hatten,
wuschen sie sich, umarmten das Oberhaupt, und
schienen nunmehr wieder guten Muthes zu seyn.
Allein des armen Mädchens Leiden waren noch nicht

376

alle. Terribiri b) kam an, und sie wiederholte gegen ihn, mit größter Fassung eben die schmerzhafte Ceremonie, womit sie ihrem Vater entgegen kam. Towha hatte ein grosses Kriegscanot von Eimeo mitgebracht. Ich erkundigte mich, ob er die darauf gewesene Mannschaft getödtet habe? Man sagte mir aber, es sey niemand darauf gewesen, als er es weggenommen habe.

Zwischen zehen und eilf Uhr verließen wir Tettaha und landeten nächst am Morai in Attahooroo bald nach Mittag. Trey Kähne waren hier dem Morai gegenüber auf den Strand gezogen, und in jedem waren drey Schweine. Unter den Sonnendecken oder Schirmen dieser Kähne lag noch Etwas, so ich aber nicht deutlich erkennen konnte. Wir hofften die Feyerlichkeit würde noch diesen Nachmittag vor sich gehen; aber weder Towha noch Potatou kamen nach, mithin geschah nichts.

Unterdessen kam ein Oberhaupt von Eimeo mit einem kleinen Ferkel, und einem Pisangstamme, und legte sie zu Otoo's Füßen. Sie sprachen eine Zeitlang miteinander, wobey das Oberhaupt von Eimeo öfters die Worte: Warry! Warry! "falsch falsch!" wiederholte. Ich vermuthete, Otoo erzählte ihm, was er gehört hatte, und der andere widersprach es.

b) Terribiri war der Oberea Sohn. Man sehe über die königliche Familie in Otaheite Hawkesworth's Collection, Vol. II. p. 154. (Deutsche Ausgabe. II. Th. S. 152.)

Am folgenden Tage (Mittwochs) kamen Towha und Potatou mit sieben bis acht grossen Kanoten an, und landeten nächst am Morai. Man
brachte dem Otoo viele Pisangbäume im Namen
verschiedner Oberhäupter. Towha blieb unbeweglich in seinem Kahne. Die Feyerlichkeit eröf-
nete der vornehmste Priester, der das eingewickelte
Maro, und noch einen andern Bündel, in Gestalt eines grossen Zuckerhutes hervorbrachte. Man
legte sie am obersten Ende einer Erhöhung nieder,
die, wenn ich recht verstanden habe, ein Grab war.
Darauf kamen drey Priester und setzten sich gegen
über, nämlich an das untere Ende des Grabes, und
hielten einen Pisangstamm, den Zweig eines andern Baumes, und die Blumenscheide einer Kokospalme in der Hand.

So wiederholten diese Priester jeder besonders
verschiedene Sprüche, und absatzweise sangen ihrer
zween, zuweilen auch alle drey ein Lied in traurigen
Tönen, worauf aber das Volk wenig zu achten
schien. Diese Gesänge und Gebethe dauerten fast
eine Stunde, worauf der vornehmste Priester nach
einem kurzen Gebethe, das Maro heraus nahm.
Otoo stand nun auf, umgürtete sich damit, und
hatte dabey eine Mütze in der Hand, die aus rothen Federn von dem Tropikvogel, und andern damit vermengten Federn von dunklerer Farbe gemacht
war. Er stand in der Mitte des Raums, den
Priestern gegen über, die ihre Gebeth ungefähr
zehen Minuten lang fortsetzten, als mit einem Ma-

le ein Mann aus dem versammelten Haufen her:
vortrat, und etwas redete, das sich mit dem Wor:
te Heiva! endigte, worauf die Menge zu drey
verschiedenen Malen mit Earee! antwortete.
Dies war, wie man mir schon vorhergesagt hatte,
der wichtigste Theil der Feyerlichkeit.

Nun begab sich die Versammlung auf die ent:
gegen gesetzte Seite des großen Steinhaufens, wo
sich des Königs Morai befindet, der einem großen
Grabe nicht unähnlich ist. Hier wurde die ganze
vorige Ceremonie wiederholt, und mit einem drey:
maligen Freudengeschreye beschlossen. Das Maro
ward nun wieder zusammengewickelt, dessen Pracht
durch ein kleines Stück von rothen Federn erhöht
worden war, welches ein Priester dem Otoo über:
reichte, da er die Binde noch anhatte, und welches
er selbst daran bevestigte.

Von hier aus verfügte sich das Volk an eine
große Hütte, nächst dem Morai, und setzte sich
in weit größerer Ordnung nieder, als es sonst zu
thun pflegte. Hierauf hielt ein Mann aus Tiara:
boo eine Rede, die gegen zehn Minuten lang
dauerte. Auf ihn folgte ein anderer von Attahoo:
roo; und nach diesem sprach Potatou, und zwar
mit mehr Leichtigkeit und Anstand, als alle die üb:
rigen, die gemeiniglich nur in kurzen, abgebro:
chnen Sätzen redeten, und sie mit ziemlich unge:
schickten Bewegungen der Hand begleiteten. Nun
sprach Tooteo, Otoo's Redner, und nach ihm
ein Mann von Eimeo. Es wurden noch zwey

elten Haufen her-
ich mit dem Wor-
Menge zu dre-
e! antwortete.
orhergesagt hatte,
it.
ilung auf die ent-
teinhaufens, wo
der einem großen
wurde die ganze
mit einem drey-
t. Das Maro
t, dessen Pracht
n Federn erhöht
dem Otoo über-
tte, und welches

is Volk an eine
, und setzte sich
als es sonst zu
nn aus Tiara-
Minuten lang
r von Attahoo-
tou, und zwar
als alle die üb-
zen, abgebro-
ziemlich unge-
eiteten. Nun
und nach ihm
den noch zwey

oder drey Reden gehalten, aber niemand merkte darauf. Omai sagte mir, der Innhalt dieser Reden wären Versicherungen, daß sie nicht mehr streiten, sondern alle Freunde seyn wollten. Da einige der Redner mit großer Lebhaftigkeit sprachen, so ist es möglich, daß wechselseitige Gegenvorwürfe, und Betheuerungen von guter Absicht dabey vorgekommen sind. Mitten unter diesen Reden trat ein Mann von Attahooroo auf, der eine Schleuder um seinen Leib gewunden hatte und einen großen Stein auf der Schulter trug. Nachdem er etwa funfzehen Minuten auf dem Platze paradirt, und etwas, in einem singenden Tone hergesagt hatte, warf er den Stein auf die Erde. Dieser Stein wurde nachher, als die Reden geendiget waren, nebst einem Pisangstamme, der zu Otoo's Füssen lag, nach dem Morai gebracht; wobey einer der Priester und Otoo, noch etwas sprachen.

Auf unserer Rückkehr nach Oparre, erhub sich auf einmal ein Seewind, so daß wir an Land gehen mußten. Dies verschafte uns einen angenehmen Spaziergang fast durch ganz Tettaha, bis nach Oparre. Ein Baum, an welchem zwey große Büschel trockner Blätter aufgehangen waren, bezeichnete die Grenze beyder Distrikte. Der Mann, den wir bey der Ceremonie mit der Schleuder und dem Steine gesehen hatten, begleitete uns. Er besprach sich lange mit Otoo's Vater, und schien sehr ungehalten zu seyn. Ich erfuhr, daß er über Towha, und den Theil der an den Händeln

380

1777.
September

von Eimeo genommen hatte, äußerst aufgebracht war. „

In soweit sich aus Hrn. Kings Beschreibung, über diese Feyerlichkeit urtheilen läßt, scheint solche kein bloßes Dankfest, wie Omai behauptete, sondern vielmehr eine Bestättigung des Friedensschlusses, oder vielleicht beides zugleich gewesen zu seyn. Das Grab dessen Hr. King gedenkt, scheint genau derselbe Platz zu seyn, wo die Feyerlichkeit des dargebrachten Menschenopfers, der ich beywohnte, ihren Anfang nahm, und wohin der Leichnam gelegt wurde, nachdem man ihn vom Strande weggetragen hatte. Auch an diesem Theile des Morai werden ihre Könige das erstemal mit dem Maro bekleidet. Omai war zugegen, als Otoo zum König eingeweihet wurde, und seine Beschreibung von dieser Feyerlichkeit, die er mir damals an Ort und Stelle machte, stimmt beynahe durchgängig mit der so eben von Hrn. King beschriebenen überein, ob sie gleich bey sehr verschiedenen Gelegenheiten veranstaltet wurden. Der Pisangstamm, dessen wir so oft gedenken, ist nicht nur bey allen ihren gottesdienstlichen Gebräuchen, sondern auch bey allen ihren öffentlichen und Privatangelegenheiten eines der wesentlichsten Stücke, und wird vielleicht noch bey verschiedenen andern Gelegenheiten gebraucht, wovon wir nichts wissen. So lange Towha vor Eimeo lag, sandte er täglich einen oder mehrere Boten an Otoo. Jeder hatte einen jungen Pisangstamm in der Hand, den er zu Otoo's Füßen leg-

te, ehe er ein Wort gesprochen hatte. Erst nachher setzte er sich vor ihm nieder, und trug vor, was
man ihm aufgetragen hatte. Ich sah eines Tages
zwey Leute so heftig in Zank gerathen, daß ich erwarten mußte, es würde zu Schlägen kommen;
allein der eine legte einen Pisangstamm vor den andern hin, auf einmal wurden sie besänftiget und setzten
ihr Gespräch ohne weitere Feindseeligkeit fort. Kurz,
dieser Baum ist bey aller Gelegenheit der Oelzweig
dieses Volkes.

Da nunmehr der Krieg von Eimeo und die
dadurch veranlaßten Feyerlichkeiten geendiget waren,
so besuchten uns alle unsere Freunde am 26sten, und
weil sie wußten, daß wir alle Augenblick unter Seegel gehen wollten, brachten sie uns mehr Schweine,
als wir ihnen abnehmen konnten. Denn es mangelte uns an Salz, sie aufzubewahren, und wir
wollten nicht mehr lebendigen Vorrath davon mitnehmen, als wir zu unserem täglichen Gebrauch nöthig hatten.

Am folgenden Tag begleitete ich den Otoo nach
Oparre. Ehe ich wieder abgieng, besahe ich noch
einmal das Vieh und Geflügel, welches ich der
Sorgfalt meines Freundes überlassen hatte. Ich
fand beides in einem hoffnungsvollen Zustande, und
unter sehr guter Warte und Aufsicht. Zwo Gänse
und eben soviel Enten bruteten bereits; die Pfauen-
henne und die Truthühner aber hatten noch nicht gelegt. Ich bekam von Otoo vier Ziegen; wovon
ich mir vornahm, ein Paar in Ulietea zu lassen,

wo fich noch keine befanden, das andere Paar aber
für irgend eine Insel aufzubewahren, die ich auf
meiner Fahrt nach Norden antreffen würde.

Ich muß doch eines Umstands gedenken, der
zum Beweise dienen kann, wie geschickt und schlau
sich die Einwohner zu benehmen wissen, wenn sie
irgend eine ihrer Absichten erreichen wollen. Unter
andern Dingen, die ich dem Otoo von Zeit zu Zeit
geschenkt hatte, war auch ein Fernglas. Nachdem
er es zwey oder drey Tage gehabt hatte, achtete er
es nicht mehr, vielleicht weil es ihm nicht mehr neu
war, oder weil er einsah, daß er es nicht brauchen
könne. Er trug es also heimlich zu Capitain Clerke,
und sagte ihm: weil er immer sein sehr guter Freund
gewesen sey, so hätte er hier ein Geschenk für ihn,
von dem er glaube, es würde ihm angenehm seyn,
aber, setzte er hinzu: "Toote darf es nicht wissen,
denn er hätte es selbst gerne, und ich will es ihm
nicht geben." Er gab darauf dem Capitain Clerke
das Glas, und versicherte ihn, er besitze es auf eine rechtmäßige Weise. Capitain Clerke wollte es
anfänglich nicht annehmen, Otoo bestand aber darauf, daß er es behalten sollte, und ließ es zurück.
Einige Tage hernach erinnerte er den Capitain
Clerke an das Glas; so wenig nun dieser es nöthig
hatte, so wünschte er doch, dem Otoo sich gefällig
zu beweisen, und zeigte ihm vier Beile, die er ihm
als Gegengeschenk geben wollte, weil er glaubte, sie
würden auf der Insel besser zu gebrauchen seyn, als
das Fernrohr. Aber Otoo sah sie kaum, so sag-

te er: "Toote hat mir schon fünf dafür geben wollen."— "Gut, erwiederte Capitain Clerke, wenn
dieses ist, so soll Otoo durch seine Freundschaft für
mich keinen Schaden leiden, und er soll sechs Beile
haben." Diese nahm er denn an, bat aber nochmals, mir ja nichts von der Sache wissen zu lassen.

Unser Freund Omai, der so manche schätzbare
Sachen auf der Insel verschleudert hatte, empfieng
doch wenigstens ein beträchtliches Gegengeschenk,
nämlich ein sehr schönes, vollkommen ausgerüstetes,
doppeltes Seegelcanot, das bereitet war, in See
zu stechen. Ich hatte ihm kurz vorher eine ganze
Garnitur englischer Flaggen und Wimpel zurecht
machen lassen, allein er glaubte, diese wären zu
kostbar, um sie jetzt zu gebrauchen. Er stoppelte sich
also zehen oder zwölf Flaggen und Wimpel aus alten Stücken zusammen, und steckte sie alle miteinander, an allen Orten und Enden seines Fahrzeugs
auf, so daß es mehr Zuschauer bekam, als das
schönst ausstaffirte Orlogschiff in irgend einem europäischen Haven. Omais Flaggen waren nunmehr
ein seltsamer Mischmasch von englischen, franzö-
sischen, spanischen und holländischen Pavillons,
und er hätte deren noch mehrere aufgepflanzt, wenn
er mehrere europäische Farben gesehen hätte. Als
ich das letzte mal auf dieser Insel war, gab ich dem
Otoo und dem Towha jedem einen englischen
Wimpel, und dem erstern noch eine Bögsprietflag-
ge; ich fand, daß alle drey Stücke noch mit der
größten Sorgfalt aufgehoben waren.

1777.
September

Omai hatte sich hier noch mit einem großen Vorrathe an Zeug, und Kokosnußöle verschen, zween sehr wichtigen Handlungsartickeln, welche beide in Otaheite vorzüglicher und in größerer Menge zu bekommen sind, als auf allen übrigen Societäts-Inseln. Er würde überhaupt in vielen Fällen weniger ungereimt, und sonst seiner übrigen Denkungsart zuwider gehandelt haben, wenn seine Schwester und sein Schwager nicht gewesen wären, die, nebst einigen andern seiner Bekannten, ihn an sich zogen, um ihn um alle seine Habseeligkeiten zu bringen, welches ihnen auch gelungen wäre, wenn ich nicht noch in Zeiten Einhalt gethan, und die brauchbarsten Artickel davon in meine Verwahrung genommen hätte. Aber auch das würde ihn nicht gerettet haben, wenn ich diesem Anhange erlaubt hätte, mit uns nach Huaheine, Omais künftigem Wohnsitze, zu gehen, oder uns dorthin zu folgen, wie sie es Willens waren. Ich vereitelte also ihre räubrischen Absichten dadurch, daß ich ihnen ausdrücklich verbot, sich auf jener Insel sehen zu lassen, so lange ich mich in der Nachbarschaft aufhalten würde; und sie kannten mich zu gut, um nicht zu gehorchen.

Sonntag
am 28sten.

Am 28sten kam Otoo an Bord, und bat mich ein Kanot anzunehmen, womit er dem Earee rahie no Pretane c) ein Geschenk machen wollte, da er sonst nichts besseres und Sr. Majestät anständigers zu schicken wüßte. Dieser Beweis von Otoos Dankbegierde rührte mich ungemein. Es war ganz

c) König von Britannien.

sein Gedanke; niemand von uns hatte ihm hierüber
den geringsten Wink gegeben, und man sah daraus,
daß er wohl wußte, wem er eigentlich die wichtigsten Geschenke zu verdanken hatte. Anfänglich
glaubte ich, dieses Kanot würde ein bloßes Modell
eines ihrer Kriegs-Fahrzeuge seyn; es zeigte sich
aber, daß es ein ungefähr sechzehen Fuß langes,
doppeltes Evaa, oder kleines Kanot war, welches
eigens zu dieser Absicht gebaut zu seyn schien, und
mit allem Schnitzwerke welches sie gewöhnlich auf
ihren Kähnen anbringen, reichlich geziert war. Es
war zu groß, um an Bord genommen zu werden,
und ich mußte ihn für seinen guten Willen danken.
Es wäre ihm aber lieber gewesen, wenn man sein
Geschenk hätte annehmen können.

Schwache Winde aus Westen, die mit Wind-
stillen abwechselten, hielten uns einige Tage länger
auf, als ich vermuthete, und es war nicht aus der
Bay zu kommen. Die ganze Zeit über waren die
Schiffe mit unsern Freunden angefüllt, und mit einer Menge Kähne umgeben; denn niemand wollte
den Platz verlassen, bis wir abgeseegelt wären.
Endlich am 29sten um drey Uhr, Nachmittags,
bekamen wir Ostwind, und hoben die Anker.

Sobald die Schiffe unter Seegel waren, ließ ich
auf Otoo's Verlangen, und um die Neugier seiner Leute zu befriedigen, sieben scharfgeladene Kanonen abfeuern. Nun schieden alle unsere guten
Freunde, bis auf den König, und noch zwey oder

Zweyter Th.　　Bb

drey andere, mit solchen Aeußerungen der innigsten Zuneigung und Betrübniß von uns, daß wir sehr deutlich sahen, wie ungerne sie uns verlohren. Weil Otoo gerne gesehen hätte, wie die Schiffe seegelten und umlegten, so stach ich eine Strecke in See, und kehrte wieder gegen die Bay, worauf er Abschied von uns nahm, und in seinem Kahne an Land gieng.

Wir hatten seit einigen Jahren diese Insel so oft besucht, daß die Einwohner vest überzeugt waren, unser Verkehr mit ihnen werde nicht aufgehoben werden, und Otoo schärfte mir besonders ein, in seinem Namen den Eare-rahie no Pretane zu bitten, ihm mit den nächsten Schiffen, rothe Federn, und Vögel von denen sie kommen, imgleichen Beile, ein halbes Dutzend Flinten, nebst Pulver und Blei zu schicken, vor allen Dingen aber die Pferde nicht zu vergessen.

Ich habe gelegenheitlich verschiedener ansehnlichen Geschenke erwähnt, die ich sowohl von Otoo als der übrigen königlichen Familie erhielt, ohne hiebey meiner Gegenpräsente zu gedenken. Es ist unter diesem Volke gewöhnlich, daß sie bey ihren Geschenken zugleich angeben, was sie dagegen erwarten. Ob uns nun zwar auf diese Weise, das was sie uns schenkten, theurer zu stehen kam, als was wir gewöhnlicher Weise von ihnen eintauschten, so hielten wir doch für rathsam, hierin ihren Willen zu thun; denn wenn wir zufälliger Weise Mangel an Lebensmitteln hatten, so durften

wir uns nur an unsere Freunde wenden, um unter
dem Namen eines Geschenks allen Vorrath zu erhalten, den wir auf keine andere Weise bekommen
konnten. Im Ganzen, war also diese Art des Han-
dels für uns eben so vortheilhaft, als für die Eingebohrnen. Sonst vergütete ich jeden einzelnen
Artikel auf der Stelle, nur die Geschenke ausgenommen, die mir Otoo machte, und die mehrentheils so häufig auf einander kamen, daß keine Ab-
rechnung unter uns Statt finden konnte. Ich gab
ihm alles, was er verlangte, wenn ich es entbehren konnte, und ich muß gestehen, daß alle seine
Forderungen bescheiden waren.

Hätte ich den Omai bereden können, seinen
Wohnsitz in Otaheite aufzuschlagen, so würde ich
diese Inseln nicht so bald verlassen haben. Es war
auch nicht zu vermuthen, daß wir anderwärts besser
und wohlfeiler mit Lebensmitteln würden versehen
werden, als wir sie hier, sogar zur Zeit unserer
Abreise noch immer erhalten hatten. Zudem herrschte so viel herzliche Freundschaft und Vertrauen zwischen uns und den Einwohnern, daß wir in diesem
Stücke es schwerlich irgendwo besser treffen konnten. Es ist sonderbar genug, daß dieses gute Vernehmen auch nicht einmal durch verdrüßliche Zufälle unterbrochen, und daß die ganze Zeit über nichts von einiger Bedeutung gestohlen wurde. Ich halte nicht
eben dafür, daß die Insulaner jetzt in dieser Rücksicht sittlich besser gewesen wären, als vorhin, son-

dern ich glaube, daß wir ihr gutes Verhalten viel,
mehr den Oberhäuptern zu verdanken hatten, denen sehr darum zu thun seyn mußte, daß ein Verkehr nicht aufgehoben würde, durch welches sie unsere nützlichen Waaren weit sicherer, und in größerer Menge bekommen konnten, als durch Stehlen
und Plündern. Dieser Punkt wurde auch gleich
bey meiner ersten Unterredung mit den Oberhäuptern, gewissermaaßen von mir ausbedungen. Denn
als ich den großen Ueberfluß bemerkte, der auf der
Insel herrschte, und die Hastigkeit der Eingebohrnen auf unsere verschiedenen Handelsartikel sah, so
wollte ich diese beiden günstigen Umstände benutzen,
und erklärte in den entscheidendsten Ausdrücken, daß
ich dermalen nicht gesonnen wäre, irgend einer Art
von Dieberey mehr nachzusehen, die sie ehehin bey
verschiedenen Gelegenheiten hätten zu Schulden kommen lassen. Omai leistete mir hieben gute Dienste; er machte ihnen, auf mein Angeben, begreiflich,
was für gute Folgen sie sich von ihrem ehrlichen Betragen zu versprechen hätten, welcher harten Ahn-
dungen sie sich aber dagegen aussetzten, wenn sie sich
anders benehmen würden.

Es steht nicht allezeit in der Macht der Anfüh-
rer, Diebstähle zu verhindern; sie werden oft selbst
bestohlen, und beklagen sich darüber als über ein großes
Uebel. Otoo ließ alle Sachen von Werth, die
ich ihm geschenkt hatte, in meiner Verwahrung
bis Tags vor meiner Abreise, und gestand, daß
sie sonst nirgends so sicher wären. Es scheint, daß

bey den Eingebohrnen die Neigung zum Stehlen, durch die eingebrachten neuen Schätze noch stärker geworden ist, und daß dieses die Oberhäupter fühlen, sieht man aus ihrer außerordentlichen Begierde nach europäischen Kisten. Die wenigen, die sie von den Spaniern bekommen hatten, hielten sie in großem Werth, und verlangten beständig noch mehrere von uns. Ich mußte eine für Otoo machen lassen, die, seiner eigenen Angabe nach, acht Schuh lang, fünf breit, und gegen drey tief seyn sollte. Da Schlösser und Riegel zur Sicherheit nicht hinlänglich waren, so mußte sie groß genug seyn, daß ein Paar Kerle darauf schlafen, und sie die Nacht hindurch hüten konnten.

Es ist sonderbar, daß wir niemals genau erfahren konnten, zu welcher Zeit die Spanier hier angekommen seyen, wie lange sie sich hier aufgehalten, oder wenn sie sich wieder weg begeben haben. Wir verstunden die Sprache der Einwohner noch so ziemlich, und hatten überdies den Omai zum Dollmetscher; aber je mehr wir hierüber nachforschten, je mehr wurden wir überzeugt, daß der größte Theil dieses Volkes unfähig sey, sich der eigentlichen Zeit, in welcher sich diese oder jene Begebenheit zugetragen hat, zu erinnern, oder sie anzugeben, besonders wenn sie vor mehr als achtzehn oder zwanzig Monaten vorgefallen ist. So viel wir indessen aus der Aufschrift an dem Kreutze, und aus den Reden der Verständigsten unter den Einwohnern schließen konnten, so müssen bald nach meiner Abreise von

Matavai, im May 1774, zwey Schiffe in Chei, tepeha angekommen seyn. Diese brachten das Haus und die Thiere mit, deren wir vorhin erwähnt haben. Man erzählte uns bey dieser Gelegenheit: nachdem die Fremden gedachte Ladung ausgeschifft, und einige Leute am Lande gelassen hätten, wären sie in der Absicht mich aufzusuchen, wieder unter Seegel gegangen, nach etwa zehen Tagen aber wieder gekommen. Den Umstand des Auffuchns muß ich beynahe bezweifeln, denn weder auf der Höhe von Huaheine noch von Ulietea sind sie uns zu Gesicht gekommen. Ihr zurückgelassenes Vieh bestand in einem Stier, einigen Ziegen, Schweinen und Hunden, nebst dem Männchen von einem andern Thier, welches, wie wir nachher erfuhren, ein Widder war, der sich damals in Bolabola befand, wohin auch der Stier sollte geschaft werden.

Die Schweine sind von einer großen Art; sie haben die, so wir bey unserem ersten Besuche antrafen, um ein beträchtliches verbessert, und bey diesem letztern fanden wir, daß sie sich auch ungemein vermehrt haben. Ziegen sind ebenfalls schon in ziemlicher Menge hier vorhanden, und es wird nicht leicht ein Befehlshaber von einiger Bedeutung seyn, der nicht einige besässe. Was die Hunde betrift, welche die Spanier hier gelassen haben, und deren es zwey oder dreyerley Arten seyn mögen, so glaube ich man würde der Insel einen größeren Dienst erwiesen haben, wenn man sie alle lieber aufgehängt, als hieher

gebracht hätte. Durch einem dieser Hunde fiel
mein schöner junger Widder.

Als die Schiffe die Insel verließen, blieben vier
Spanier zurück; nämlich zween Priester, ein Be=
diente und noch ein vierter, der sich bey den Ein=
gebohrnen sehr beliebt machte, und von ihnen Ma=
teema genannt wurde. Er schien ihre Sprache hin=
länglich begriffen, wenigstens so viel davon erlernt
zu haben, um sich ihnen verständlich zu machen. Er
mußte sich auch viele Mühe gegeben haben, den In=
sulanern die erhabensten Begriffe von der Hoheit der
spanischen Nation einzuprägen, und ihnen die gute
Meynung zu benehmen, die sie von den Engländ=
ern hatten. Er versicherte sie z. B. daß wir keine
unabhängige Nation mehr wären; daß Pretane
(Britannien) nur ein kleines Eiland sey, welches
sie, die Spanier, gänzlich zu Grund gerichtet hät=
ten. Was mich anbelangte, so hätten sie mich zu
See angetroffen, und mein Schiff mit wenigen
Kanonenschüssen mit Mann und Maus zu Boden ge=
schossen. Man begreift, daß unter solchen Umstän=
den, meine Ankunft in Otaheite sehr unerwartet
seyn mußte d); und daß, wenn die Spanier sonst
keine Absicht gehabt haben, als durch diese und meh=

d) Dieses verträgt sich nicht ganz mit dem, was
oben S. 307. erzählt wird, daß diese Spanier
von den Insulanern verlangt hätten, im Fall
Capitain Cook noch einmal auf die Insel
kommen sollte, ihn nicht mehr in die Ohci=
tepeha=Bay zu lassen. W.

rere dergleichen offenbare Unwahrheiten, oder Un=
wahrscheinlichkeiten die englische Nation herabzu=
würdigen, sie besser gethan hätten, ihre Schiffe zu
Hause zu lassen, da meine Wiederkehr nach Ota=
heite, Mateemas Rodomontaden alle zu Schan=
den machen mußte.

In welcher Absicht die Geistlichen zurückblieben,
können wir nur muthmaßen. Hatten sie wirklich
den Endzweck, die Eingebohrnen zu bekehren, so
haben sie ihn zuverläßig in keinem Falle erreicht. Es
scheint aber nicht einmal, daß es ihnen darum zu
thun gewesen sey. Denn nach dem, was uns die
Eingebohrnen sagten, zu urtheilen, haben sie sich
weder über diesen noch sonst einen andern Punkt mit
ihnen eingelassen. Sie blieben beständig in ihrem
Hause zu Oheitepha, unterdessen nur Mateema
überall in den Gegenden der Insel herumstrich.
Endlich, nachdem er und seine Gefährten sich zehen
Monate lang hier aufgehalten hatten, kamen zwey
Schiffe nach Oheitepeha, nahmen sie an Bord,
und giengen binnen fünf Tagen wieder davon. Die=
se schleunige Abreise zeigt deutlich, daß sie ihr erste
Absicht auf diese Insel, an Ort und Stelle, wieder
aufgegeben haben, ob sie gleich, wie ich von Otoo
und vielen andern hörte, die Einwohner vor ihrer
Abreise versicherten, daß sie bald wieder kommen, und
nicht nur Häuser und alle Gattungen von Thieren,
sondern auch Männer und Weiber mitbringen wür=
den, die sich auf der Insel niederzulassen, und mit
ihnen zu leben und zu sterben gedächten. Otoo, der

eiten, oder Un=
Nation herabzu=
ihre Schiffe zu
fehr nach Ota=
alle zu Schan=
n zurückblieben,
tten sie wirklich
zu bekehren, so
lle erreicht. Es
nen darum zu
, was uns die
, haben sie sich
ndern Punkt mit
ländig in ihrem
nur Mateema
sel herumstrich.
hrten sich zehen
n, kamen zwey
n sie an Bord,
er davon. Die=
aß sie ihr erste
Stelle, wieder
e ich von Otoo
ohner vor ihrer
er kommen, und
en von Thieren,
mitbringen wür=
lassen, und mit
en. Otoo, der

mir dieses alles erzählte, fügte noch hinzu, daß wenn auch die Spanier zurückkehrten, er sie doch nicht nach dem Fort Matavai wollte kommen lassen, welches nun, wie er sagte, uns gehörte. Indeß sen war leicht zu sehen, daß ihm der Gedanke einer Niederlassung gefiel; er bedachte aber nicht, daß es alsdann um seine königliche Macht und die Frey= heit seines Volkes geschehen wäre. Man kann hieraus abnehmen, wie leicht es wäre, in Otaheite eine Colonie zu errichten, welches ich aber, aus Dankbarkeit für alle Freundschaft, die mir dieses Volk bewies, nicht hoffen noch wünschen will. Un= sere gelegentlichen Besuche sind den Einwohnern, in mancherley Rücksicht nützlich gewesen, aber eine bleibende Niederlassung, so wie unglückseeliger Wei= se die meisten europäischen Niederlassungen in bei= den Indien zu Stande gekommen sind, würde ih= nen ohne Zweifel gerechte Ursache geben, auf ewig zu beklagen, daß sie irgend eines unserer Schiffe aufgefunden hat. Es ist aber nicht zu befürchten, daß man je im Ernste daran denken sollte, da weder der Ehrgeiz einer Nation, noch die Habsucht einiger Privatpersonen hiebey ihre Rechnung finden wür= de, und ich getraue mir zu behaupten, daß ohne die eine oder die andere dieser Triebfedern, die Sa= che schwerlich wird unternommen werden.

Ich habe oben erzählt, daß mich einer der bei= den Eingebohrnen, die die Spanier mit nach Li= ma genommen hatten, besucht habe. Seit der Zeit ist er mir nie mehr zu Gesicht gekommen, wel=

welches mich um so mehr befremdete, da ich ihn mit
ungemeiner Höflichkeit empfangen hatte. Ich halte aber dafür, daß Omai durch übles Begegnen
ihn in einer gewissen Entfernung von mir zu halten,
mag gesucht haben, vermuthlich weil er eifersüch-
tig war, daß sich noch ein gereister Mensch unter
den Insulanern finden sollte, der es in diesem Stücke
mit ihm aufnehmen könnte. Es war für den Omai
ein sehr glücklicher Umstand, mit uns in Teneriffa
gewesen zu seyn, und daß er sich rühmen konnte,
so gut wie jener ein Land gesehen zu haben, welches
den Spaniern zugehörte. Den andern Insulaner, der von Lima zurückgekommen war, habe
ich nie angetroffen. Capitain Clerke, der ihn gesehen hatte, sprach von ihm als von einem unbedeutenden Burschen, der nicht wohl bey Sinnen wäre,
und seine eigenen Landsleute hatten eben diese Meynung von ihm. Kurz, diese beiden Abentheurer
schienen wenig oder nichts geachtet zu seyn. Aber
sie waren auch nicht so glücklich, mit so vielen Reich-
thümern beladen zurückzukehren, als Omai von
England mitgebracht hatte, der es bey so großen Vortheilen, die ihm diese Reise verschafte, lediglich sich
selbst wird beyzumessen haben, wenn er in einen
eben so unbedeutenden Zustand zurückfallen sollte.

Fünftes Kapitel.

Landung zu Taloo in Eimeo. — Beschreibung der
beiden Häven, Taloo und Paraoraah. — Be=
such von Maheine, dem Oberhaupte von Ei=
meo. — Schilderung seiner Person. — Vorbe=
reitungen zur Abreise. — Sie wird durch den
Diebstahl einer Ziege aufgeschoben. — Diese
wird zurückgegeben und eine andere gestohlen. —
Maasregeln die bey dieser Gelegenheit ergriffen
werden. — Expedition queer durch die Insel. —
Häuser und Kähne werden verbrannt. — Die
Ziege wird zurückgegeben. — Einige Nachrich=
ten von der Insel.

Ich blieb bey meinem Vorsatz, von Otaheite aus,
nach Eimeo zu gehen, und steuerte am 30sten des
Morgens, mit Anbruch des Tages, nach dem nörd=
lichen Ende dieser Insel, wo der Haven liegt, den
ich untersuchen wollte. Omai war lange vor uns
in seinem Kahne dort angekommen, und nahm die
nöthigen Maasregeln, um uns die Stelle zu zei=
gen. Wir waren zwar selbst nicht ohne Lootsen, da
sich noch verschiedene Männer, und nicht wenig
Weiber von Otaheite an Bord befanden; allein
ich wollte mich nicht ganz auf diese Wegweiser ver=
lassen, und schickte noch zwey Boote aus, den Haven
zu untersuchen. So bald sie das Zeichen einer sichern
Ankerstelle gegeben hatten, liefen wir mit beiden
Schiffen ein, und ließen, ganz dicht im Hinter=
grunde der Bay, in zehen Faden Wasser, auf ei=
nem weichen Schlamm=Boden, die Anker fallen,

1777.

September

Dienstag
am 30sten.

396

und legten uns noch mit einem Cabeltau am Ufer
vest.

Dieser Haven heißt Taloo, und liegt auf der
Nordseite der Insel, im Bezirke von Oboonoboo,
oder Poonoboo. Er zieht sich ungefähr zwey
Meilen zwischen den Hügeln gegen Süd, oder Süd
gen Osten hin, und er giebt sowohl in Ansehung der
Sicherheit, als der Güte des Grundes, keinem
Haven etwas nach, den ich an den Inseln dieses
Oceans angetroffen habe. Er hat auch noch diesen
besondern Vorzug, daß ein Schiff mit dem herr-
schenden Passatwinde mit gleicher Bequemlichkeit sowohl ein, als auslaufen kann. Es fallen verschiedene Bäche hinein, wovon einer im hintersten Theile
des Havens so beträchtlich ist, daß man eine Viertelmeile weit mit Booten hinauf kommen kann, wo
wir sein Wasser vollkommen ungesalzen angetroffen
haben. Seine Ufer sind überall mit einer Gattung
von Bäumen bewachsen, welche die Eingebohrnen
Pooroo a) nennen, die sie aber nicht sonderlich
achten. Sie taugen übrigens sehr gut zum Brennen, so daß man sich hier sehr leicht sowohl mit Holz
als mit Wasser versehen kann.

An eben dieser Seite der Insel, ungefähr zwey
Meilen östwärts, liegt der Haven von Parowroah,
der weit größer ist als der von Taloo, aber seine
Einfahrt oder Oeffnung im Riffe von Korallfels
(welches die ganze Insel umgiebt) ist ungleich enger,

a) Crataeva religiosa? *Forst.* E-Pura-au, oder
Puratauuru. *S. Plant. escul.* p. 45. W.

und liegt dem Haven unter dem Winde. Diese
beiden Mängel sind so beträchtlich, daß der Haven
von Taloo immer vor jenem einen entscheidenden
Vorzug behalten wird. Es ist sonderbar genug,
daß ich dreymal in Otaheite gewesen war, und einmal ein Boot nach Eimeo geschickt hatte, und bis
jetzt nicht wußte, auch nicht einmal glaubte, daß diese Insel einen Haven habe. Nun erfuhr ich auf
einmal, daß sich, außer den beiden obenerwähnten
Häven, auf der Südseite der Insel noch ein oder
zwey andere befänden, die aber nicht so beträchtlich
sind, als die, so wir eben beschrieben haben.

Wir hatten kaum geankert, so waren schon die
Schiffe voller Einwohner, die blos die Neugier an
Bord führte; denn sie hatten nicht das geringste zum
Vertauschen mitgebracht. Am folgenden Morgen
kamen verschiedene Kähne von entlegenern Gegenden,
und ersetzten diesen Abgang durch einen Ueberfluß
an Brodfrucht, Kokosnüssen, und einigen Schweinen, die sie uns gegen Beile, Nägel und Glaskorallen überließen, denn die rothen Federn sind hier
bey weitem nicht so gesucht, als in Otaheite. Da
mein Schiff sehr von Ratten geplagt war, so ließ
ich es so nahe, als es die Tiefe des Wassers gestattete, nämlich ungefähr dreyßig Yarden weit vom
Ufer, gegen das Land boogsiren, und vom Schiff
aus Seile an die Bäume binden, um ihnen einen
Ausweg zu bahnen. Dieses Mittel soll schon oft
gute Dienste gethan haben; ich zweifle aber, ob

1777.
September

1777.
October.

Mittwoch
den 1sten.

398

Donnerſtag
den 2ten.

wir eines einigen dieſer läſtigen Gäſte losgewor-
den ſind.

Am 2ten des Morgens hatte ich einen Beſuch
von Maheine, dem Oberhaupte der Inſel. Er
näherte ſich dem Schiffe mit vieler Vorſicht, und
man mußte ihm zureden, an Bord zu kommen.
Vermuthlich verſah er ſich nichts gutes zu uns, weil
wir Freunde der Otaheitier waren; denn dieſe
Völker haben keinen Begriff, wie man eines andern
Freund ſeyn kann, ohne an deſſen Geſinnungen gegen ſeine Feinde Theil zu nehmen. Maheine war
in Geſellſchaft ſeiner Frau, die, wie ich hörte, eine
Schweſter des Oamo in Otaheite war, der während meines letzten Aufenthaltes auf dieſer Inſel
verſtorben war. Ich machte beiden Geſchenke von
ſolchen Dingen die ſie am vorzüglichſten zu ſchätzen
ſchienen. Nachdem ſie ungefähr eine halbe Stunde
bey uns zugebracht hatten, giengen ſie wieder ans
Land; kamen aber bald darauf mit einem großen
Schweine wieder, welches ſie mir zum Gegenge-
ſchenk brachten, deſſen Werth ich ihnen aber durch
neue Geſchenke vollkommen zu vergüten ſuchte.
Hierauf begaben ſie ſich hinweg, um Capitain Clerke
zu beſuchen.

Dieſes Oberhaupt, welches ſich, mit wenigen
Anhängern, gewiſſermaſſen von Otaheite unabhängig gemacht hat, iſt zwiſchen vierzig und fünf-
zig Jahr alt, und kahlköpfig, welches in einem ſolchen Alter auf dieſen Inſeln etwas ſeltenes iſt. Er
ſchien ſich ſeiner Glatze zu ſchämen, und trug eine

Art von Turban. Ob die Einwohner diesen Mangel an Haaren für etwas schimpfliches halten, oder
ob sie glaubten, daß wir ihn dafür ansehen, kann
ich nicht sagen. Das letztere kommt uns darum am
wahrscheinlichsten vor, weil sie gesehen hatten, daß
wir einem ihrer Leute, der auf Mauserey ertappt
wurde, die Haare vom Kopf wegscheeren ließen.
Sie schlossen daraus ganz natürlich, daß dieses unsere
gewöhnliche Strafe für Diebe sey, und hatten daher ein oder ein Paar unserer Herrn, deren Kopf
nicht überflüssig mit Haaren versehen war, in starkem Verdacht, daß sie Tetos (Diebe) wären.

Abends ritt ich mit dem Omai längs dem östlichen Strande spazieren. Unsere Begleitung war
nicht sehr zahlreich, weil Omai den Eingebohrnen
verboten hatte, uns nachzufolgen, und die meisten,
aus Furcht mich zu beleidigen, ihre Neugier unter-
drückten und zurückblieben. In diesem Haven hatte
Towha's Flotte vor Anker gelegen; und obgleich
der Krieg nur wenige Tage dauerte, so sah man
doch überall Spuren seiner Verwüstungen. Die
Bäume waren ihrer Früchte beraubt, und alle Häuser in der Nachbarschaft niedergerissen oder in die
Asche gelegt.

Wir hatten zwey bis drey Tage mit unseren
Branntweinfässern zu thun, die wir aus dem Rau-
me schaften, um ihre Böden mit Theer zu be-
gießen, und dadurch dem Schaden vorzubeugen,
den ein kleines Insekt daran verursachte. So bald
wir damit fertig waren, zogen wir am 6ten des

1777.
October.

Morgens das Schiff in den Strohm, in der Absicht, Tags darauf in See zu gehen. Aber es ereignete sich ein Vorfall, der uns daran verhinderte, und mir viel zu schaffen machte. Wir hatten allemal des Tags über, unsere Ziegen an Land und auf die Weide geschickt, und ihnen zwey unserer Leute zur Aufsicht mitgegeben. Dieser Vorsicht ungeachtet, fanden die Eingebohrnen doch Mittel, diesen Abend eine davon zu stehlen. Der Verlust einer Ziege hätte nicht viel zu bedeuten gehabt, wenn meine Absicht nicht dadurch vereitelt worden wäre, noch andere Inseln mit dieser Art Thiere zu versehen. Es war daher nöthig, die Ziege wiederum auch, wieder habhaft zu werden. Wir erfuhren am folgenden Morgen, daß man sie Maheine, dem Oberhaupte, gebracht habe, der sich damals am Haven von Parœœroah aufhielt. Ein Paar alte Männer waren erbötig, einige meiner Leute dahin zu führen, wofern ich es für dienlich erachtete hinzuschicken, und die Ziegen wieder abfordern zu lassen. Ich ließ also sogleich ein Boot mit ihnen abgehen, und dem Maheine die ernstlichste Ahndung versichern, im Fall er mir nicht unverzüglich die Ziege mit dem Diebe ausliefern würde.

Dieses Oberhaupt hatte mich nur erst Tags zuvor um zwey Ziegen gebethen. Da ich ihm aber solche nicht geben konnte, ohne andere Inseln darum zu bringen, die mit diesen Thieren noch nicht versehen waren, auch so leicht keine Gelegenheit, welche zu bekommen, mehr finden werden; da ich

Dienstag
den 7ten.

rigens wußte, daß sich bereits ein Paar auf der Insel befanden, so schlug ich sie ihm ab; damit er aber
sehen sollte, wie gerne ich ihm zu Willen gewesen
wäre, so trug ich dem Tidooa, einem andern Oberhaupte von Otaheite, der gerade zugegen war,
auf, den Otoo in meinem Namen zu bitten, dem
Maheine zwey dieser Thiere zu überlassen, und
um ihn hierzu desto geneigter zu machen, sandte ich
ihm durch eben dieses Oberhaupt ein großes Stück
rother Federn, welches so viel werth war, als die
beyden verlangten Ziegen. Ich hoffte, Maheine
und die übrigen Befehlshaber der Insel würden mit
dieser Ausgleichung vollkommen zufrieden seyn, aber
der Erfolg zeigte das Gegentheil.

Da ich mir nicht träumen ließ, man werde die
Frechheit haben, mir noch eine Ziege zu stehlen, da
ich so ernstliche Maasregeln nahm, die erste wieder
zu bekommen, so ließ ich die übrigen Ziegen des
Morgens ans Land setzen, und sie Abends wieder
an Bord bringen. Als unsere Leute sie in das Boot
bringen wollten, fand sichs, daß wieder eine unbemerkt bey Seite geschaft war. Man vermißte sie
auf der Stelle, und ich dachte, es würde um so
weniger Schwierigkeit machen, sie wieder zu bekommen, da sie in so kurzer Zeit nicht weit konnte weg-
geschleppt worden seyn; es machten sich auch sogleich
zehn bis zwölf Eingebohrne auf den Weg, um sie
wieder zu bringen, oder wenigstens aufzusuchen; —
denn keiner wollte es dazu kommen lassen, daß man

Zweyter Th.   C c

sie gestohlen habe, sondern alle suchten uns zu
überreden, daß sie sich in dem Walde müsse verlaufen haben. Ich selbst war anfänglich dieser Meynung, bis ich nach und nach vom Gegentheile überzeugt wurde, da keiner von denen, die sie vorgeb-
lich aufsuchen wollten, zurückkam, und ich deutlich
sehen mußte, daß ihre Absicht blos war, mich so
lange zum besten zu haben, bis sie ihre Beute in
Sicherheit gebracht hatten, und die einbrechende
Nacht allen weitern Nachsuchen ein Ende machte.
Unterdessen kam das Boot zurück, und brachte nicht
nur die andere Ziege, sondern auch einen der Diebe mit, welches in diesen Eilanden ein Exempel
ohne Exempel war.

Mittwoch
den 8ten.

Am folgenden Morgen fand ich, daß sich die
mehresten Einwohner der umliegenden Gegenden
hinwegbegeben, und einen Leichnam, der dem
Schiffe gegen über, unter einem Toopapaoo lag,
mit sich fortgenommen hatten; auch bekamen wir
Nachricht, daß sich Maheine in den entlegensten
Theil der Insel zurückgezogen habe. Nun zeigte
sich offenbar, daß sie es absichtlich darauf angelegt
hatten, mir dasjenige zu entwenden, was ich ihnen nicht freywillig geben wollte; und daß, wenn
sie auch eine Ziege zurückgegeben haben, sie vest
entschlossen waren, die andere zu behalten, die eine
Geise, und trächtig war. Ich meiner Seits war
eben so entschlossen, sie ihnen nicht zu lassen; und
wendete mich zu dem Ende an die beiden alten
Männer, die mir zu der ersten wieder verholfen hat-

uchten uns zu
e müsse verlau-
ch dieser Men-
egentheile über-
die sie vorgeb-
und ich deutlich
 war, mich so
 ihre Beute in
le einbrechende
n Ende machte.
und brachte nicht
 einen der Die-
en ein Exempel

ch, daß sich die
nden Gegenden
iam, der dem
oopapaoo lag,
ch bekamen wir
den entlegensten
e. Nun zeigte
darauf angelegt
en, was ich ih-
und daß, wenn
haben, sie vest
halten, die eine
einer Seits war
 zu lassen; und
die beiden alten
r verholfen hat-

ten. Sie sagten mir, die Ziege wäre nach Watea, einem Distrikte an der Südseite der Insel,
und zwar von Hamoa, dem Oberhaupte dieses
Theils, gebracht worden, man würde sie mir aber
unfehlbar wieder ausliefern, wenn ich Jemand darnach hinschicken wollte. Sie waren erbötig, einige unserer Leute, queer durch das Land dahin zu
führen. Weil ich aber zu gleicher Zeit von ihnen
hörte, daß man mit einem Boote, in einem Tage
bequem dahin kommen, und wieder zurückkehren
könne, so schickte ich eines, mit zwey Unteroffici-
ren, Hrn. Roberts und Hrn. Shuttleworth
ab, mit der Weisung, daß einer davon im Boote
zurückbleiben sollte, wenn es nicht an angezeigten
Orte dicht ans Land stoßen könnte, unterdessen der
andere mit den Wegweisern und ein Paar von unseren Leuten sich dahin zu begeben habe.

Das Boot kam Abends spät zurück, und die
Officiere berichteten mir; sie wären mit dem Boote so weit gegangen, als es die Klippen und Untiefen erlaubt hätten, nachher aber sey Hr. Shuttleworth mit zwey Seesoldaten und einem der
Wegweiser an Land gegangen, und hätte sich nach
Watea in Hamoa's Haus verfügt. Hier wären sie eine Zeitlang von den Insulaner unter dem
leeren Vorwande aufgehalten worden, man habe
nach der Ziege geschickt, und sie werde bald gebracht
werden. Sie wäre indessen nicht gekommen, und
weil es angefangen habe, Nacht zu werden, hätte

fich Hr. Shuttleworth ohne Ziege wieder auf
fein Boot begeben müssen.

Jetzt that es mir leid, daß ich in der Sache
schon zu weit gegangen war, um fie mit Ehren aufgeben zu können, und ohne dadurch den Einwohnern anderer Inseln, die wir noch besuchen wollten,
merken zu lassen, daß fie uns ungestraft plündern
könnten. Ich berathschlagte mich mit Omai und
den beiden Alten, was nun zu thun fey? Sie
riethen mir, ohne alles Bedenken mit einem Commando an Land zu gehen, und jeden der mir begegnen würde, niederzuschleßen. Diesen grausamen
Vorschlag konnte ich nun nicht genehmigen, aber
ich beschloß, mit einem Theil meiner Mannschaft,
die Insel zu durchkreuzen. Zu dem Ende gieng ich
andern Morgens, bey anbrechendem Tag, mit fünf
und dreyßig Mann meiner Leute, den beiden Alten,
dem Omai und drey bis vier seiner Bedienten ans
Land, und beorderte den Lieutenant Williamson
mit drey bewaffneten Booten, den westlichen Theil
der Insel zu umfahren, und zu uns zu stoßen.

Ich hatte kaum mit meiner Mannschaft gelandet, so nahmen die wenigen Einwohner, die in der
Nachbarschaft zurückgeblieben waren, die Flucht.
Der erste der uns aufstieß war auch wirklich in Le-
bensgefahr, denn so wie ihn Omai erblickte, fragte
er mich, ob er ihn erschleßen sollte? so völlig war
er überzeugt, daß man nun seinen gegebenen Rath
befolgen würde. Aber ich befahl ihm und unsern
Wegweisern, bekannt zu machen, daß es meine Ab-

ze wieder auf

in der Sache
mit Ehren auf-
h ben Einwoh-
esuchen wollten,
straf plündern
mit Omai und
un sey? Sie
nit einem Com-
der mir begeg-
esen grausamen
nehmigen, aber
ter Mannschaft,
Ende gieng ich
n Tag, mit fünf
en beiden Alten,
r Bedienten ans
t Williamson
westlichen Theil
zu stoßen.
Mannschaft gelan-
ohner, die in der
en, die Flucht.
ich wirklich in te-
i erblickte, fragte
e? so völlig war
gegebenen Rath
ihm und unsern
daß es meine Ab-

sicht nicht sey, jemand Leid zuzufügen, viel weniger
einem Eingebohrnen das Leben zu nehmen. Diese
frohe Zeitung flog wie ein Blitz vor uns her, kein
Einwohner floh mehr vor uns, und keiner verließ
sein Haus und seine Arbeit.

Als wir anfiengen, die Hügel hinaufzusteigen,
über welche der Weg nach Watea geht, erfuhren
wir, daß die Ziege eben daher gekommen sey, und
noch nicht über die Berge hinaus seyn könne. Wir
setzten unsern Marsch in größter Stille fort, und
hofften diejenigen noch zu erreichen, die die Beute
weiter bringen wollten. Als wir aber an die oberste
Plantage, an der Seite des Berges kamen, hörten wir von den dortigen Einwohnern, das Thier,
welches wir suchten, sey zwar die erste Nacht hier
gewesen, Hamoa habe es aber Tags darauf nach
Watea geführt. Wir setzten also unsern Weg über
die Hügel fort, ohne weiter mehr nachzufragen, bis
uns Watea zu Gesicht kam. Hier zeigten uns einige Eingebohrne Hamoa's Wohnung, und sagten,
dort befände sich die Ziege. Nun dachte ich nicht
anders, als sie nach meiner Ankunft ohne alle
Schwierigkeit wieder zu bekömmen. Als wir aber
vor das Haus kamen, wollten die wenigen Leute, die
wir hier antrafen, zu meiner großen Verwunderung,
nichts von der Ziege wissen, und selbst Hamoa erschien, und versicherte ein gleiches.

Ehe wir noch an diesen Platz kamen, hatte ich
in dem Gehölze einige Eingebohrne, mit Keulen und
Büscheln Wurfspießen, hin und wieder laufen ge-

ſehen. **Omai** gieng ihnen nach; ſie bewillkomm-
ten ihn aber mit einigen Steinen, und es ſchien,
daß ſie anfänglich vorhatten, ſich bey dem geringſten
Angriffe zu wiederſetzen: da ſie aber die Stärke meiner Mannſchaft ſahen, mochten ſie dieſes Vorhaben wieder aufgegeben haben. Ich wurde noch
mehr in dieſer Meynung beſtärkt, weil wir alle ihre
Häuſer leer fanden, und nur mit Mühe einige Einwohner zuſammen bringen konnten. Dieſen ließ ich
durch den **Omai** vorſtellen, wie thöricht ſie handelten, mir die Ziege abzuläugnen, da ich von unver-
werflichen Zeugen hätte, daß ſie ſich in ihren Händen befände, mithin von der Auslieferung nicht ab-
ſtehen, ſondern im längeren Verweigerungsfall ihre
Häuſer und Kähne in Brand ſtecken würde. Aber
ich und **Omai** mochten ſagen was wir wollten, ſie
läugneten hartnäckig, und wußten von keiner Ziege.
Nun blieb mir kein anderes Mittel, als Wort zu
halten. Ich ließ alſo ſechs bis acht Häuſer anzünden, die auch ſogleich, mit zwey oder drey nahe gelegenen Kriegscanoten, in Rauch aufgiengen. Hierauf kehrte ich wieder nach den Booten zurück, die
ungefähr ſieben bis acht Meilen von uns lagen, und
ließ unterwegs noch ſechs Kriegscanote verbrennen,
ohne daß ſich jemand dagegen geſetzt hätte; ja, es
leiſteten uns ſogar viele hülfreiche Hand, wahrſcheinlich aber mehr aus Furcht, als aus gutem Willen.
Omai, der eine Strecke vorausgegangen war, kam
auf einmal zurück, und ſagte uns, es hätte ſich an ei-
einem Ort ein großer Haufe Einwohner verſammelt,

die uns vermuthlich angreifen würden. Wir hielten
uns in Bereitschaft sie zu empfangen; allein anstatt
Feinde anzutreffen, fanden wir Supplicanten, mit
Pisangstengeln in der Hand, die sie mir zu Füssen
legten, und mich baten, einen Kahn zu verschonen,
der zunächst an uns lag; welches ich auch gerne be=
willigte.

Endlich Nachmittags, gegen vier Uhr, kamen
wir an unsere Boote, die in Wharrarada, auf
uns warteten, einem Bezirk, der dem Tiarata=
boonoue gehörte. Aber sowohl dieses Oberhaupt,
als die übrigen Vornehmen in dieser Gegend, hat=
ten sich in die Gebirge geflüchtet, so wenig ich auch
daran dachte, etwas von ihrem Eigenthume zu be=
rühren, da sie alle Otoo's Freunde waren. Hier
blieben wir ungefähr eine Stunde, um auszuruhen;
setzten uns wieder in unsere Boote, und kamen
Abends gegen acht Uhr an unsere Schiffe. Noch
war keine Nachricht wegen der Ziege eingegangen,
und unser ganzes Tagwerk war verlohrne Mühe.

Tags darauf in aller Frühe schickte ich einen von
Omai's Leuten an den Maheine und ließ ihm zum
letztenmal sagen: wenn er auf seiner Verweigerung
beharrte, sollte auf der ganzen Insel auch kein Na=
chen übrig bleiben, und ich würde die Feindseelig=
keiten so lange fortsetzen, als das gestohlene Thier
in seinen Händen wäre. Damit der Abgeordnete
berichten könnte, daß es mit meinen Drohungen
Ernst sey, ließ ich sogleich den Zimmermann kom=
men und drey bis vier Kähne, die im Haven am

1777.
October.

Strande waren, auseinander brechen. Die Planken ließ ich an Bord bringen, und sie sollten als
Baumaterialien zu Omais Hause gebraucht werden,
wenn er sich den Ort seiner Niederlassung würde gewählt haben. Hierauf gieng ich, mit hinlänglicher
Bedeckung, nach dem nächsten Haven, woselbst wir
noch drey bis vier Kähne zertrümmerten und eben
so viele verbrannten. a) Als ich Abends um sieben

a) Diese vielleicht nöthigen Maasregeln waren
sehr hart, aber von der Beschaffenheit waren
sie doch nicht, wie man sie vor der Hand ausgegeben hatte. In dem Tagbuche eines Unge-
nannten heißt es: — "Da der Ziegenbock noch
immer fehlte, ward eine Parthey Leute von beiden Schiffen mit allen Seesoldaten ausgeschickt, —
die drey Tage lang die Verheerung fortsetzten,
über zweyhundert Häuser und eine gleiche
Anzahl Kriegs-Kanoes verbrannten, Frucht-
bäume umhauten und die Plantagen zerstörten.
Die Eingebohrnen die in einiger Entfernung lebten, und von der Verwüstung, die bey der Bay
gemacht ward, hörten, füllten ihre Kanoes mit
Steinen und versenkten sie, aber dieses half ihnen
nichts. Der Kapitain gab ihnen Befehl, daß die
Boote bemannt und bewafnet würden, und ließ
die Kanoes heraufbringen und zerstören.„ S.
Tagebuch einer Entdeckungsreise nach der
Südsee, in den Jahren 1776 bis 1780 ꝛc. in 8.
Berlin 1781. S. 159. u. f.
Sollte auch der ehrliche Capitain Cook alle diese
Umstände, die so sichtbare Kennzeichen der Un-
richtigkeit und Uebertreibung an sich tragen, ge-
flissent-

Uhr wieder an Bord kam, fand ich, daß man un‑
gefähr vor einer halben Stunde die Ziege zurückge‑
bracht hatte, und nach allem, was ich darüber in
Erfahrung bringen konnte, kam sie zuverlässig von
eben demselben Orte her, wo die Einwohner Tags
zuvor versichert hatten, sie wüßten nichts von ihr.
Genug, Maheine hielt für rathsam, nach erhaltener
Botschaft mich nicht länger zum besten zu haben.

So endigte sich dieses verdrüßliche oder vielmehr
unglückliche Geschäft, welches die Einwohner nicht
mehr als ich selbst beklagen konnten. Besonders
that es mir leid, daß, nachdem ich die dringenden
Bitten meiner Freunde in Otaheite, ihnen gegen
Eimeo beyzustehen, abgeschlagen hatte, ich so bald
darauf selbst gezwungen wurde, gegen die Einwoh‑
ner der Insel Feindseeligkeiten auszuüben, welche
ihnen vielleicht mehr Schaden zugefügt haben, als
Towhas ganze Expedition.

Unser Verkehr mit den Eingebohrnen erneuerte
sich wieder am folgenden Morgen, und es stellten
sich verschiedene mit Brodfrucht und Kokosnüssen an
den Schiffen ein. Ich sah hieraus, daß sie sichs

flissentlich verschwiegen haben, er, der weiter un‑
ten, bey einer ander Gelegenheit, eines gewisser‑
massen noch strengern Verfahrens, mit aller Frey‑
müthigkeit, gedenkt; — ist es wohl glaublich, daß
die kriegerischen Einwohner von Eimeo, bey ei‑
ner so entsetzlichen Verwüstung, welche fünf und
dreyßig bis vierzig Mann, drey Tage lang, auf
ihrer Insel anrichteten, die Hände in den Schos ge‑
legt haben sollten? W.

selbst beynnaaßen, daß ich sie strenge behandelt hatte, und nun nichts mehr befürchteten, da die Ursache meines Unwillens gehoben war. Als gegen
neun Uhr ein gelinder Wind auffam, lichteten wir
die Anker. Er wurde aber so schwach und unstät,
daß wir vor Mittag nicht in offene See kamen.
Nun aber hielten wir nach Huaheine, und Omai
folgte uns in seinem Kahne. Er mochte sich vermuthlich nicht ganz auf seine Geschicklichkeit verlaß-
sen haben, denn er nahm einen Lootsen an Bord;
und nun hielten sie so gerade auf die Insel, als wir
es nur immer thun konnten.

Wir hatten uns in Eimeo reichlich mit Brenn-
holz versehen, welches wir in Otaheite nicht thun
konnten, noch wollten, weil in der   gend von
Matavai nicht ein Baum war, de   en Eingebohrnen nicht, seiner Früchte wegen, nutzbar gewesen
wäre. Wir erhielten hier noch außerdem einen beträchtlichen Vorrath an Schweinen und Früchten,
nämlich Kokosnüsse und Brodfrucht. Die andern
Artifel waren außer der Zeit. Ich fand nicht, daß
die Produfte dieser Insel von den otaheitischen
verschieden wären, aber desto auffallender ist der
Unterschied der Weiber, den ich mir auf keine Art
erflären fann. Die zu Eimeo sind flein, von
dunflerer Farbe, und haben, im Ganzen, eine
widerwärtige Gesichtsbildung. Drafen wir hier
irgendwo eine hübsche Frauensperson an, so fand
sichs allemal, daß sie von einer andern Insel hergekommen war.

Der allgemeinen Ansicht nach, ist **Eimeo** von
Otaheite sehr verschieden; letzteres erhebt sich als
eine steile Gebirgs-Masse, und hat nur wenig nie-
deres Land, einige tiefe Thäler und den flachen Rand
an der See ausgenommen, der den größten Theil
der Insel umzingelt. In **Eimeo** hingegen ziehen
sich die Berge nach verschiedenen Richtungen hin.
Sie sind zwar ebenfalls steil und rauh, aber man
sieht in ihren Zwischenräumen sehr breite Thäler, und
an ihren Seiten nur gemach sich erhebendes Erdreich. So felsicht auch die Grundlage dieser
Berge ist, so sind sie doch mehrentheils fast bis an
die Gipfel mit Bäumen bewachsen, oft aber ist an
den niedern Theilen ihrer Seiten nichts als Farn-
kraut zu sehen. Im Hintergrund des Havens, wo
wir vor Anker lagen, erhebt sich das Erdreich allmälig bis an den Fuß der Berge, die sich ungefähr mitten durch die Insel hinziehen, in einer kleinen Entfernung von der See aber verschwindet der flache Rand
an beiden Seiten mit einem Male, und wird eine
steile Wand, welches einen sehr romantischen Anblick gewährt, und alles übertrift, was wir von
der Art in Otaheite gesehen haben. Der Boden
in den Niederungen ist eine gelbliche steife Erdart;
auf den kleinern Hügeln aber ist sie schwärzer und
lockerer. Das Gestein, woraus die Berge bestehen, ist bläulich auf dem Bruche, nicht sonderlich
derb, und etwas mit Glimmer eingesprengt. Diese Umstände sind vielleicht von einiger Erheblich-

1777.
October.

keit; der Leser wird aber nicht so denken, wenn
ich noch hinzufüge, daß nicht weit von unserem
Ankerplatze, zwey große Steine oder Felsen sind,
von denen die Eingebofrnen allerley abergläubische
Meynungen hegen. Sie halten sie für Eatooas,
oder Gottheiten, behaupten sie seyen Bruder und
Schwester, und wären auf eine übernatürliche Weise
von Ulietea hieher gekommen.

Sechstes Kapitel.

Ankunft zu Huaheine. — Versammlung der Oberhäupter — Omais Geschenke und Rede an die
Oberhäupter. — Seine häußliche Niederlassung
auf dieser Insel wird einmüthig genehmiget. —
Es wird ihm ein Haus gebauet, und ein Garten für ihn angelegt. — Maasregeln zu seiner
Sicherheit. — Schaden den die Schaben auf
den Schiffen anrichten. — Entdeckung und
Strafe eines Diebs. — Er entweicht aus
dem Verhaft. — Feuerwerke. — Thiere, welche dem Omai zurückgelassen werden. — Sein
Hausgesinde. — Seine europäischen Waffen. —
Aufschrift an seinem Hause. — Sein Betragen
bey Abfahrt der Schiffe. — Kurze Schilderung seines Charakters. — Nachricht von den
jungen Neu-Seeländern.

Wir verließen Eimeo mit einem leichten Winde und bey schönem Wetter, und erblickten am folgenden Morgen mit anbrechendem Tage Huaheine,
im Striche Südwest gen West halb West, bis zu
West gen Nord. Um Mittag ankerten wir an der
Westseite der Insel, in der nördlichen Einfahrt des
Havens Owharre a). Den ganzen Nachmittag
brachten wir damit zu, die Schiffe an einen bequemen Ort zu boogsiren, und vest zu machen. Omai
war schon, vor uns, mit seinem Kahne eingelau-
fen; er stieg aber nicht ans Land, schien auch we-

a) S. den Abriß dieses Havens in Hawkesworth's
Collection, Vol. II. p. 248. (deutsche Ausgabe,
1 B. S. 268. No. 34.)

414

nig auf feine Landsleute Acht zu geben, die die
Neugierde ihn zu fehen hiehergetrieben hatte. Un:
gleich mehrere famen aber auf unfere Verdecke, fo,
daß man fich vor der Menge faum regen nochwen:
den fonnte. Unfere Paffagiere, (die wir von Ota:
heite mitgebracht hatten), erzählten ihnen fogleich,
was wir alles in Eimeo gethan hätten, und ver:
größerten die Anzahl der angezündeten Häufer und
Kähne wenigftens zehnfach. Ich ließ mir diefes
in fo weit gefallen, da ich fah, daß es auf alle die
es hörten, einen großen Eindruck machte, und
hoffte, die Einwohner diefer Infel würden fich dies:
mal beffer gegen uns betragen, als es bey meinen
vorigen Befuchen gefchehen war.

Ich hatte fchon in Otaheite erfahren, daß
mein alter Freund Otoo nicht mehr oberfter Be:
fehlshaber von Huaheine war, und fich gegen:
wärtig in Ulietea aufhalte. Eigentlich war er
auch nie mehr gewefen, als Regent, während der
Minderjährigkeit des Taireetareea, des jetzigen
Earee:rahie (Königs). Er gab aber die Staats:
verwaltung nicht eher auf, als bis er dazu genö:
thiget wurde. Seine beiden Söhne, Opoony
und Towha, waren die erften die mich befuchten,
und famen mit einem Gefchenke an Bord, ehe noch
das Schiff recht im Haven war.

Am folgenden Morgen, famen fchon alle Vor:
nehmen der Infel auf unfere Schiffe. Da es nun:
mehr hohe Zeit war, Anftalten zu Omai's Nie:
derlaffung zu machen, fo war mir diefer Befuch um

so erwünſchter, da ich hoffte, ſolche bey dieſer Gelegenheit auf eine ſehr vortheilhafte Art für ihn zu
treffen. Nun bezeigte er aber mehr Neigung, in
Ulietea zu wohnen, und ich würde nichts dagegen
gehabt haben, wenn wir über die Art und Weiſe,
wie der Plan ſollte ausgeführt werden, hätten einig werden können. Als die Einwohner von Bolabola Ulietea eroberten, war Omai's Vater
um einige Ländereyen auf dieſer Inſel gekommen.
Ich zweifelte nicht, durch freundſchaftliche Unter-
handlungen, den Sohn wieder zu deren Beſitz zu
verhelfen, und hiezu wäre auf ſeiner Seite weiter
nichts erforderlich geweſen, als daß er mit den Herren
der Inſel auf gutem Fuß gelebt hätte. Allein ſein
Patriotismus gieng viel zu weit, als daß er von
dergleichen Vorſchlägen hätte hören wollen, und
er war eitel genug, ſich einzubilden, daß ich Gewalt brauchen ſollte, um ihn wieder in ſeine einge-
zogene Güter einzuſetzen. Dieſes machte alſo ſeine
häusliche Niederlaſſung in Ulietea unmöglich, und
ich ſah nun Huaheine als den ſchicklichſten Ort dazu
an. In dieſer Abſicht, wollte ich mir die Gegenwart der Großen auf der Inſel zu Nutz machen,
und ihnen die Sache vortragen.

Als ſich der große Schwarm der uns dieſen
Vormittag umgab, verlaufen hatte, ſchickten wir
uns an, dem Taireetareea einen förmlichen Beſuch abzuſtatten, und unſere Geſchäfte anzubringen.
Omai hatte ſich bey dieſer Gelegenheit ſehr anſtän-
dig gekleidet, und verſah ſich dabey mit einem ſchö-

nen Geschenke sowohl für den König, als für seinen
Eatooa. Ueberhaupt muß ich ihm die Gerechtigkeit wiederfahren lassen, daß er fast von dem Augenblick an, da er den Händen seiner Otaheitischen Gau-
ner-Rotte entgangen war, sich ungemein vorsichtig
betrug, und sich in Achtung zu setzen wußte. Unsere Landung zog die meisten Großen von den Schiffen an das Ufer, und sie verfügten sich mit denen,
die bereits am Strande versammelt waren, in ein
sehr geräumiges Haus. Der Zulauf war bey dieser
Gelegenheit ungemein groß; und es waren verhältnißmäßig weit mehr wohlgebildete Personen beyderley Geschlechts unter ihnen, als wir sonst in irgend einer dieser neuen Inseln auf einmal beysammen gesehen hatten. Im Ganzen schien das Volk
hier nicht nur weit stärker, und von hellerer Farbe
zu seyn, als in Otaheite, sondern es waren auch,
nach Verhältniß der Größe dieser Insel, ungleich
mehr Personen von vornehmerem Ansehen darunter, die auch mehrentheils so corpulent waren, wie
die Oberhäupter von Wateeoo. b) Wir mußten einige Zeit auf den Taireetareea warten, weil ich
ohne den Earee rahie (den König) nichts anfangen wollte. Als er aber erschien, fand ich, daß
wir seine Gegenwart gar wohl hätten entbehren können, denn er war nicht älter als acht oder zehen
Jahre. Omai stand in einiger Entfernung von
dem Kreise der Vornehmen, und fieng nunmehr an
den Göttern seine Geschenke darzubringen, die in

b) S. das 2te Kapitel, des 1sten Bandes.

rothen Federn, Zeug u. d. gl. bestanden. Hier=
auf folgte noch eine Gabe für die Götter, die das
Oberhaupt überreichen mußte, und nach diesem
wurden noch einige rothe Federn=Stücke und Sträu=
ße geopfert. Jedes dieser Stücke wurde vor eine
Person niedergelegt, die, wie ich hörte, ein Prie=
ster war, und bey jedem Stücke sagte einer von
Omai's Freunden, der neben ihm saß, eine Rede
oder ein Gebeth her, welches größtentheils Omai
einsagte. In diesen Gebethen wurden weder seine
Freunde in England, noch die, welche ihn so
glücklich zurückgebracht hätten, vergessen, und in je=
dem hörte ich: Earee rahie no Pretane, Lorb
Sandwich, Toote und Tate c). Als Omai
mit seinen Opfern und Gebethen fertig war, nahm
der Priester jedes Stück nach der Ordnung, wie
man sie vor ihn hingelegt hatte, und schickte sie nach
einigen Gebethen, nach dem Morai, welcher wie
uns Omai sagte, sehr weit von hier entfernt war;
sonst wäre diese Ceremonie dort vorgegangen.

Als diese gottesdienstliche Gebräuche vorüber
waren, setzte sich Omai zu mir; und wir schritten
nun, unter Darreichung meiner dem jungen Ober=
haupte bestimmten Geschenke, zu Werke. Ich er=
hielt Gegengeschenke, und sie waren von beiden Sei=
ten ansehnlich genug. Hierauf wurden einige Be=
dingungen über die Art und Weise unseres wechsels=

c) König von Britannien, Cook, und Clerke.

Zweyter Th.　　D d

weiſen Verkehrs veſtgeſetzt, und ich ſtellte ihnen da,
bey vor, welcher verdrüßlichen Folgen ſie ſich aus,
ſetzten, wenn ſie uns wieder, wie die beiden vorigen
Male beſtehlen würden. Und nun kam Omais
Niederlaſſung in Vortrag.

Er ſagte den verſammelten Oberhäuptern.
"Wir hätten ihn mit uns in unſer Vaterland ge,
führt, wo er von dem groſſen Könige und ſeinen
Earees, wohl aufgenommen, und während ſeines
ganzen Aufenthaltes mit allen erſinnlichen Merkma:
len der Achtung und des Wohlwollens behandelt
worden ſey; Wir hätten ihn wieder zurückgebracht,
und er fände ſich durch unſere Freygebigkeit, ſo reich
an mancherley Sachen, daß er dadurch ſeinen Lands:
leuten von einigen Nutzen ſeyn könnte. Außer ein
paar Pferden, welche bey ihm bleiben würden, wä,
ren noch verſchiedene andere unbekannte und nützli,
chen Thiere in Otaheite zurückgelaſſen worden, die
ſich bald vermehren, und eine hinlängliche Anzahl
zum Behuf aller benachbarten Inſeln hervorbringen
würden. Er gab ihnen hierauf zu verſtehen, daß
es mein ernſtlicher Wille ſey, und daß ich es als
ein Merkmal ihrer Erkenntlichkeit für alle meine gu:
ten Dienſte anſehen würde, wenn ſie ihm ein
Stück Land eingeben wollten, worauf er ein Haus
bauen, und die nöthigen Lebensmittel für ſich, und
ſeine Leute erzielen könnte. Endlich ſetzte er noch
hinzu, wenn er dieſes in Huaheine entweder durch
Schenkung oder durch Kauf nicht erhalten könnte,

so wäre ich entschlossen, ihn nach Ulietea zu bringen, und ihn dort ansäßig zu machen. „

Ich hatt hier vielleicht meinen Freund eine bessere Rede angegeben, als er sie wirklich gehalten
hat, inzwischen, waren dies die wesentlichsten Punkte; die er vortragen sollte. Ich bemerkte, daß der
Schluß seines Vortrags, wo von meinem Vorhaben, ihn nach Ulietea zu bringen die Rede war,
den Beyfall aller Oberhäupter zu erhalten schien,
und ich konnte die Ursache davon leicht errathen.
Ich habe bereits erwähnt, daß sich Omai sehr ir-
rig einbildete, ich würde Gewalt gebrauchen, um
ihm die Güter seines Vaters in Ulietea wieder zu
verschaffen. Er sprach sogar hievon ganz unbeson-
nener Weise, und ohne alle Vollmacht von mir zu
haben, gegen einige der Versammlung, die schon von
nichts Geringerem träumte, als Ulietea zu über-
fallen, und durch meinen Beystand die Bolabolaner aus dieser Insel zu verjagen. Es war mir sehr
daran gelegen, ihnen diesen Irrthum zu benehmen,
deshalb erklärte ich ihnen auf das nachdrücklichste,
daß ich ihnen weder in diesem Unternehmen beystehen, noch zugeben würde, daß sie es versuchten,
so lange ich mich in ihren Gewäßern befände; und
daß, wenn Omai sich ja noch in Ulietea setzen
sollte, derselbe von den Bolabolanern als ein
Freund aufgenommen, nicht aber als ein Eroberer
aufgedrungen werden müsse.

Dd 2

420

1777.
October.

Diese Erklärung gab den Gesinnungen der ganzen Rathsversammlung eine andere Wendung, und eines der Oberhäupter antwortete: "Die ganze Insel Huaheine und alles was darinnen wäre, gehöre mir, ich könne also meinem Freund davon geben, was ich für gut fände." Omai, der wie seine Landsleute, nicht weiter sah, als wie sich ihm die Dinge im ersten Augenblicke darstellten, hatte eine große Freude über diese Erklärung, und stellte sich nichts geringeres vor, als daß ich nun recht freygebig seyn und ihm mehr geben würde als er brauchte. Da aber dieses Erbiethen so beschaffen war, daß es nicht wohl angenommen werden konnte, so sahe ich es als gar keines an, und verlangte, daß sie nicht nur Ort und Stelle, sondern auch den genauen Umfang des Stück Landes bestimmen möchten, den sie zu dieser Niederlassung einzuräumen gesonnen wären. Hierauf schickte man nach einigen Oberhäuptern, die bereits t. Versammlung verlassen hatten, und nach einer kurzen Berathschlagung wurde mein Begehren einmüthig zugestanden. Man wählte ein Stück Land, nahe an dem Hause, wo sie versammelt waren. Es erstreckte sich ungefähr zweyhundert Yarden d) weit, längs der Küste des Havens; die Breite bis an den Fuß der Hügel mochte etwas mehr betragen, und man gab

d) Ungefähr acht und vierzig rheinländische, oder ein und dreyßig französische achtzehnfüßige Ruthen. W.

noch einen verhältnißmäßigen Theil an diesen Hügeln
dazu.

Als dieses Geschäft zu allgemeiner Zufriedenheit
der Partheyen berichtigt war, ließ ich ein Gezelte
am Ufer aufschlagen, eine Wache dazu stellen, und
die Sternwarte errichten. Es mußten auch die
Zimmerleute von beiden Schiffen ein kleines Haus
für den Omai erbauen, worinnen er seine europäischen Waaren sicher aufbewahren könnte. Zu gleicher Zeit ließ ich durch einige meiner Leute einen
Garten für ihn anlegen, und mit Pompelmusen,
Weinstöcken, Ananas, Melonen und verschiedenen andern Gesäme versehen, welches alles noch
ehe ich die Insel verließ, zu meinem großen Vergnügen, vortreflich angeschlagen war.

Omai fieng nun an, ernstlich auf seine Angelegenheiten zu denken, und bereuete seine Unbesonnen-
heit und Verschwendung von ganzem Herzen. Er
traf in Huaheine einen Bruder, eine Schwester,
und weil diese verheirathet war, auch einen Schwager an. Diese begehrten ihn nicht zu plündern, wie
es seine übrigen Verwandten gethan hatten, es waren auch viel zu ehrliche, gutmüthige Leute, als daß
sie nicht sein Bestes gewollt hätten: aber ich fand
zu meinem großen Leidwesen, daß sie zu gering waren, um dieses Beste selbst befördern zu können.
Denn sie hatten weder Ansehen, noch Einfluß genug auf der Insel, sein Eigenthum oder seine Person in Schutz zu nehmen; und in dieser hülflosen
Lage lief er immer Gefahr, um alles, was er von

uns hatte, zu kommen, so bald wir, seine mäch,
tigen Beschützer, würden den Rücken gekehrt haben.

Ist jemand reicher als seine Nachbarn, so darf
er sichere Rechnung auf eine Menge Neider machen,
die ihn gerne zu sich herabgebracht sähen. Aber in
Ländern, wo Cultur, Gesetze und Religion die
Menschen in Zaum halten, ist der Reiche hinläng,
lich gesichert. Hiezu kommt noch, daß in allen die,
sen Gesellschaften Güter und Schätze so sehr vertheilt
sind, das der begüterte Privatmann nicht fürchten
darf, die ärmere Classe werde sich gegen ihn mehr,
als gegen andere gleich Beneidenswerthe zu seinem
Schaden verbinden. Mit dem Omai aber verhielt
es sich ganz anders. Er sollte nunmehr unter Men,
schen leben, die größtentheils keinen andern Beweg,
grund zu handeln kennen, als den unmittelbaren
Trieb ihrer natürlichen Gefühle; und seine Lage
wurde um so gefährlicher, da er in der Gesellschaft,
welcher er nun angehörte, der einzige Reiche war.
Er sah sich durch seine glückliche Verbindung mit
uns im Besitze von so vielen und mancherley
Schätzen, die keiner seiner Landsleute sich durch ei,
gene Kunst und Fleiß je zu erwerben im Stande
war; es war also sehr natürlich zu vermuthen, daß
alle nach einen Theil dieser Schätze lüstern werden,
und daß sie alle zusammen helfen würden, diesen ein,
zigen Reichen nach und nach um das Seine zu
bringen.

Um diesem allen, so viel möglich vorzubauen,
gab ich ihm den Rath, einen Theil seines beweglie

chen Vermögens unter zwey oder drey der vornehmsten Oberhäupter der Insel zu vertheilen, damit sie
durch diese Freygebigkeit bewogen würden, sich seiner anzunehmen, und ihn gegen die Unterdrückun-
gen der andern zu schützen. Er versprach mir diesem
Rath zu folgen, und ich erfuhr noch vor meiner Abreise, daß er wirklich diese dienlichen Maasregeln
genommen habe. Weil ich mich indessen nicht so
ganz auf die Wirkungen ihrer Erkenntlichkeit verlassen wollte, so nahm ich den zuverlässigern Beweggrund der Furcht zu Hülfe, und gab den Einwohnern bey jeder Gelegenheit zu verstehen, daß ich nach
Verlauf der gewöhnlichen Zeit, wieder auf ihre
Insel kommen würde; und wenn ich sodann den
Omai nicht in eben demselben Zustande der Ruhe
und Sicherheit finden sollte, in welchem ich ihn gegenwärtig zurückließe, dürften alle diejenigen, die
sich erweißlich auf eine feindseelige Art gegen ihn betragen hätten, versichert seyn, daß ich es auf das
strengste zu ahnden wissen würde. Diese Drohung
wird vermuthlich nicht ohne Wirkung seyn. Denn
unsere, seit einigen Jahren verschiedene mal wiederholten Besuche auf der Insel, haben die Einwohner
daran gewöhnt, zu glauben, daß unsere Schiffe
nach einem gewissen Zeitraume wieder kommen, und
so lange sie diese Meynung hegen, die ich durch eine
unschuldige Kriegslist zu bestärken suchte, denke ich
soll Omai seine neue Pflanzung in guten Stand
setzen und in Ruhe genießen können.

1777.
October.

Während unseres Aufenthaltes in diesem Haven brachten wir den vorräthigen Zwieback aus dem Brodraume ans Land, um ihn vom Gewürme und Ungeziefer zu reinigen. Die Menge Schaben oder Kackerlacken e) womit damals das Schiff geplagt war, ist unglaublich, so wie der Schade den sie anrichteten; und kein Mittel half, sie auszurotten. Anfänglich waren sie, gleich mehrern Insekten, blos beschwerlich; jetzt aber wurden sie eine wahre Pest; denn sie verschonten nichts was wir an Bord hatten. Setzte man etwas von Eßwaaren an die Luft, so war es in wenigen Minuten gänzlich von ihnen überdeckt und so durchlöchert, daß es einer Honigscheibe ähnlich sah. Besonders machten sie sich hinter die ausgestopften Vögel; und noch schlimmer war es, daß sie vorzüglich der Dinte nachgiengen, und von den Zetteln, die an verschienen Artickeln angeheftet waren, die Schrift wegfraßen. Ja, hätten sie in die eingebundenen Bücher, zwischen die Blätter hindurch kommen können, sie würden auch da die Buchstaben rein aufgezehrt haben. Sie waren nach Herrn Andersons Wahrnehmung von zweyerley Art, nämlich die ostindische und deutsche Schabe (*blatta orientalis* und *germanica*). Die erste Gattung hatte ich von meiner vorigen Reise mit nach Haus gebracht, und sie hielt den strengen Winter im Jahr 1776 aus, ohnerachtet das Schiff die ganze Zeit in der Docke lag. Die andere kam erst seit unserer Abreise von Neuseeland zum Vor-

e) Blatta. *Linn.*

in diesem Hafen | schein, hatte sich aber unterdessen so stark vermehrt,
ieback aus dem | daß sie nicht nur allen vorhin erzählten Schaden an
Gewürme und | richtete, sondern sich auch dergestalt in das Tackel
Schaben oder | werk eingenistet hatte, daß wenn wir ein Seegel
Schiff geplagt | losmachten, sie zu Tausenden auf das Verdeck fielen.
Schade den sie | Die ostindischen, in so unzähliger Menge sie auch
sie auszurotten. | auf dem Schiff waren, ließen sich selten anders als
Insekten, blos | bey Nacht sehen; aber alsdann machten sie in den
ine wahre Pest; | Kajütten, durch ihr Herumkriechen an allen Orten
an Bord hatten. | und Enden ein so sonderbares Geräusch, daß man
an die Luft, so | meynte, alles wäre in Bewegung. Ihr Anblick war
von ihnen über | ohnehin schon widerlich genug, aber nun überdecker Honigscheibe | ten sie noch unsern Zwieback, wovon sie bereits so
sich hinter die | viel verdorben hatten, mit ihrem Unrathe, daß ein
limmer war es, | etwas leckerer Mund wohl schwerlich davon würde
engen, und von | gekostet haben.
tickeln angehef | Unser Tauschhandel und das gute Vernehmen
. Ja, hätten | zwischen uns und den Eingebohrnen war bisher durch
ischen die Blät | nichts unterbrochen worden, bis den 22sten Abends
würden auch da | ein Insulaner Mittel fand, in Hrn. Bayly's Sternn. Sie waren | warte zu kommen und unvermerkt einen Sextanten zu
ung von zweyer | entwenden. So bald ich von diesem Diebstahle Nache und deutsche | richt hatte, gieng ich ans Land und ließ durch den
germanica). | Omai die Häupter bitten, mir wieder zu meinem Inner vorigen Rei | strumente zu verhelfen. Sie machten aber hiezu nicht
hielt den strengen | die mindeste Anstalt, weil sie einem Heeva der so
achtet das Schiff | eben aufgeführt wurde, sehr aufmerksam zusahen.
Die andere kam | Da ich den Schauspielern befahl aufzuhören, merkten
Land zum Vor | sie, daß es Ernst war, und fiengen an, nach dem
 | Dieb zu fragen. Dieser saß wirklich mitten unter

ihnen, und zwar so unbefangen, daß ich ni.: auf
ihn gefallen wäre, zumal da er nichts von der Sache
wissen wollte. Weil mich aber Omai versicherte,
er und kein anderer sey der Thäter, so ließ ich ihn
an Bord bringen und gut verwahren. Dieses ver=
ursachte eine allgemeine Gährung unter den versam=
melten Eingebohrnen, und der ganze Haufe entfloh,
was ich auch thun und sagen mochte, sie zu beruhi=
gen. Omai mußte den Gefangenen verhören; aber
es kostete Mühe, von ihm heraus zu bringen, wohin
er das Instrument verborgen habe, und da es dar=
über Nacht wurde, so konnten wir es nicht eher

Donnerstag
den 23sten.

finden, als andern Morgens mit anbrechendem Tage,
da wir es denn ganz unversehrt wieder bekamen.
Nunmehr erholten sich auch die Eingebohrnen von
ihrem Schrecken, und umringten uns wieder wie
gewöhnlich. Den Dieb, der ein unverschämter
Bösewicht zu seyn schien, bestrafte ich strenger, als
alle bisherige Verbrecher. Ich ließ ihm Haare und
Bart abscheeren, beide Ohren abschneiden, und so=
dann laufen.

Sonnabend
den 24sten.

Diese Strafe schreckte ihn indessen nicht ab, uns
neue Unruhe zu machen. Denn Nachts zwischen
den 24sten und 25sten entstand ein allgemeiner Lärm,
und es hieß, eben der Kerl habe uns eine Ziege ge=
stohlen. Indessen fand sich auf dieser Seite alles
in Ordnung, und weil die Ziege gut bewacht war,
mag er sein Vorhaben wieder aufgegeben haben.
Aber desto sicherer gelang ihm sein Anschlag auf einer
andern Seite, denn höchstwahrscheinlich war er's,

der in Omai's Grundstücken verschiedene Weinstöcke und Kohlpflanzen verdarb, und mit sich fortnahm. So drohete er auch öffentlich, er wolle den Omai umbringen und sein Haus in Brand stecken, so bald wir die Insel würden verlassen haben.

Damit nun dieser Bube weder mir, noch dem Omai mehr Schaden zufügen möchte, ließ ich ihn ergreifen und wieder an Bord vestsetzen, in der Absicht, ihn von hier weg, und auf eine entfernte Insel zu bringen, womit auch alle Oberhäupter ausnehmend zufrieden schienen. — Er war zwar von Bolabola; aber dem ungeachtet gab es hier Eingebohrne genug, die recht gerne bey allen seinen Schelmereyen mit ihm gemeine Sache machten; denn ich habe in Huaheine immer ungleich mehr unruhige Köpfe angetroffen, als in allen andern benachbarten Inseln, und wenn sie sich diesmal besser als sonst gegen mich betragen haben, so war es blos der Furcht und dem Mangel an schicklicher Gelegenheit zuzuschreiben. Wie konnte es aber auch bey einem so gesetzlosen Zustande anders seyn? Ihr so genannter König, oder Earee rahie, war ein bloses Kind, wie ich schon oben erwähnt habe, und wir bemerkten nicht, daß eine andere Person, oder ein gewisser Senat, seine Stelle in der Regierung vertreten hätte. Denn, wenn irgend eine Mißhelligkeit zwischen uns und den Eingebohrnen vorfiel, so wußten wir nicht, an wen wir uns eigentlich zu wenden hatten, um gütliche Auskunft zu bewirken, oder Hülfe zu erhalten. Die Mutter des jungen Ober-

1777.
October.

hauptes schien sich manchmal den Angelegenheiten unterziehen zu wollen, aber ich fand nicht, daß sie mehr Gewicht hatte als die andern.

Sonntag
am 26sten.

Omais Haus war nun beynahe fertig. Es wurden daher am 26sten, viele seiner Geräthschaften ans Land gebracht. Unter andern mehr seltenen als nützlichen Dingen befand sich auch ein Kästchen mit allerley Spielwaare, die er der umherstehenden Menge sehen ließ, und von ihr mit außerordentlichem Wohlgefallen betrachtet wurde. Seine Töpfe, Kessel, Schüsseln, Teller, Becher, Gläser und übriger Hausrath wurde aber kaum des Ansehens werth geachtet, und Omai selbst fieng an, zu glauben, daß ihm dies alles von schlechtem Nutzen seyn könne; daß ein gebackenes oder gestooftes Schwein weit besser schmecke, als ein gesottenes; daß ein Pisang-Blatt eben so gute Dienste thue, als ein zinnerner Teller, und daß eine Kokosnußschale ein so bequemes Trinkgeschirr sey, als ein englischer Pokal. Er suchte also sehr weißlich sein englisches Küchengeräthe, wo es nur möglich war, bey unsern Leuten auf beiden Schiffen anzubringen, und ließ sich Beile und andere Eisenwaaren daran geben, die in diesem Welttheile ungleich mehr innern Werth hatten, und ihn bey Leuten, unter denen er nun seine Tage zubringen sollte, zu einer ungleich wichtigern Person machen konnten, als alles andere.

Dienstag
am 28sten.

Bey den zahlreichen Geschenken, die man ihm in England machte, wurden auch die Feuerwerke nicht vergessen. Wir brannten einige davon am 28sten,

Abends, vor einer zahlreichen Menge Zuschauer ab,
die sie halb mit Vergnügen, halb mit Furcht an,
sahen. Was noch übrig blieb, wurde wieder zu,
rechtgelegt, und dem Omai, dem alles dieses ei,
gentlich gehörte, zurückgelassen. Ich weiß nicht,
ob ich es im Ernste bedauern soll, daß von diesem
Theile seiner Ladung, bey verschiedenen Gelegenhei,
ten, schon so viel auf andern Inseln in die Luft ge,
gangen ist, und daß von dem Uebrigen, durch das
lange Liegen, nicht viel mehr wird zu gebrauchen
seyn.

Den 30sten, zwischen Mitternacht um vier
Uhr fand der Bolabolaner den wir an Bord in
Verwahrung hatten, Mittel, sich davon zu ma,
chen. Er hatte die Fußschelle vom Blocke, wo er
angeschlossen war, mitgenommen, und kaum war
er an Land, so nahm sie ihm einer der Vornehmen
ab, und gab sie dem Omai. Dieser kam in aller
Frühe, und klagte, daß nun sein ärgster Feind wie,
der auf ihn losgelassen sey. — Bey unserer Nach,
frage fand sich, daß nicht nur der Posten, der ober,
halb des Gefangenen an der Lücke stand, sondern
auch die ganze Wache auf dem Unterverdecke, wo er
lag, eingeschlafen war. Und nun ersah sich der
Dieb die Gelegenheit, den Schlüssel zu seiner Schel,
le aus einem Schubkasten zu nehmen, worein er
ihn hatte legen gesehen, und setzte sich also in Frey,
heit. Meine Leute, die des Nachts ihre Schuldig,
keit so schlecht beobachtet hatten, ließ ich tüchtig be,
strafen, und gab neue Verordnungen, um ähnli,

chen Nachläſſigkeiten für die Zukunft vorzubauen. Uebrigens war es mir ganz recht, als ich bald dar- auf hörte, der Geflüchtete ſey nach Ulietea über- gegangen, wo ich ihn aufs neue werde in Feſſeln legen laſſen f).

Da nunmehr Omai in ſeiner neuen Wohnung eingerichtet war, machte ich Anſtalten zu meiner Abreiſe. Ich ließ dieſen Abend alles was ſich am ſ···. befand, an Bord bringen, den Hengſt, die Stute und die trächtige Ziege ausgenommen, die wir unſerem Freunde zurückließen, von dem wir uns nunmehr trennen mußten. Ich gab ihm noch ei- nen Eber und zwey Schweine von engliſcher Zucht; er hatte ſich auſſerdem noch ein Paar andere ſelbſt angeſchaft. Der Hengſt hatte die Stute ſchon in Otaheite belegt, und ich hoffe, daß durch dieſes ſchäßbare Geſchenk künftig auch Pferdzucht auf die- ſen Inſeln zu finden ſeyn wird.

Einen großen Theil unſerer Leſer intereſſirt Omai vielleicht mehr, als alles Uebrige auf dieſer Reiſe, deren Gegenſtände freylich nicht allgemeine Unterhaltung verſprechen können. Es wird alſo je- der nähere Umſtand, der ſich auf die Lage, in der wir ihn zurückließen, und auf ſeine ganze häußliche Einrichtung bezieht, ſehr willkommen ſeyn. Ich will daher noch folgendes hinzufügen. In Ota- heite hatte er ſich vier bis fünf Toutous, oder

f) Da Ulietea nur ungefähr zwey Seemeilen weit von Huaheine liegt, ſo war dieſe Nachbarſchaft dem Omai noch zu gefährlich. W.

Knechte ausgefucht; die beiden Neu-Seeländer
blieben bey ihm, und von Huaheine hatte er feinen Bruder nebſt einigen andern mitgenommen,
daß alſo feine Haushaltung ungefähr aus zehen Perſonen beſtand, worunter ſich aber kein einziges weib-
liches Geſchöpf befand, und wahrſcheinlich auch ſo
bald keines befinden wird, es müßte denn ſeyn,
daß der Herr feine Flüchtigkeit verlöhre, denn bis
hieher hatte er gar keine Neigung zum Heyrathen
gezeigt.

Das Haus, welches wir ihm baueten, war
vier und zwanzig Fuß lang, achtzehen breit und ungefähr zehen Fuß hoch. Wir nahmen die Bretter
von den Kähnen dazu, die wir in Eimeo erbeutet
hatten, und brachten dabey ſo wenig Nägel an,
wie möglich, damit die Eingebohrnen, bey ihrer großen Begierde nach Eiſen, nicht in Verſuchung geriethen, es niederzureiſſen. Es wurde übrigens ausgemacht, daß er gleich nach unſerer Abreiſe, ein
geräumiges Haus nach der dort gewöhnlichen Bauart errichten ſollte, wovon das eine Ende über das
von uns gebaute hinausragen und ſolches zu mehrerer Sicherheit ganz einſchlieſen ſollte. Einige Häupter der Inſel verſprachen ihm auch, hiezu behülf-
lich zu ſeyn, und wenn der in Vorſchlag gebrachte
Bau den Grund wirklich einnehmen wird, der dazu
abgeſteckt wurde, ſo werden wenig Häuſer auf der
Inſel ihn an Größe übertreffen.

Seine europäiſchen Waffen beſtanden in einer
Muskete, mit Bayonnet und Patrontaſche; einer

1777.
October.

Vogelflinte, zwey Paar Piſtolen und zwey bis drey Säbeln. Er hielt ſich durch ihren Beſitz für den glücklichſten Menſchen, und blos darum ſchenkte ich ſie ihm, denn im Grunde war ich überzeugt, daß es beſſer für ihn geweſen wäre, wenn er kein Feuergewehr, oder andere europäiſche Waffen gehabt hätte. Dergleichen Werkzeuge in der Hand eines Menſchen, auf deſſen Vorſichtigkeit und Mäſigung ich mich eben nicht ſehr verlaſſen wollte, können mehr ſeine Gefahr vergrößern, als ihn furchtbar machen. Nachdem er alle ſeine Habſeeligkeiten ans Land gebracht hatte, und in ſeinem Hauſe alles in Ordnung war, gab er den mehreſten Officieren beider Schiffe zwey oder dreymal ein Mittageſſen, und ſeine Tafel war jedesmal in Ueberfluß mit den beſten Speiſen, die die Inſel nur liefern konnte, beſetzt.

Ehe wir unter Seegel giengen ließ ich auf die Auſſenſeite ſeines Hauſes folgende Inſchrift einhauen:

Georgius Tertius, Rex, 2 Novembris,
1777.

Naves.{Reſolution, Jac. Cook, Pr.
Diſcovery, Car. Clerke, Pr.

1777.
November.

Sonntag
den 2ten.

Am 2ten November, Nachmittags, machte ich mir einen gelinden Oſtwind zu Nutz, und ſeegelte aus dem Haven. Die meiſten unſerer guten Freunde blieben bey uns an Bord, bis die Schiffe unter Seegel waren. Um ihre Neugier zu befriedigen, ließ ich fünf Kanonen abfeuern. Hierauf nahmen

zwey bis drey
Besitz für den
um schenkte ich
überzeugt, daß
m er kein Feu-
Waffen gehabt
er Hand eines
und Mäßigung
sollte, können
a furchtbar ma-
seligkeiten ans
Hause alles in
sten Officieren
in Mittagessen,
berfluß mit den
liefern konnte,

ließ ich auf die
Inschrift ein-

Novembris,

ok, Pr.
erke, Pr.
ags, machte ich
tz, und seegelte
er guten Freun-
ie Schiffe unter
: zu befriedigen,
Hierauf nahmen

sie alle Abschied, bis auf den Omai, der bey uns
blieb, bis wir in geraumer See waren. Wir hatten das Schiff im Haven mit einem Cabel am Ufer bevestigt. In dem man es loosmachte, merkten unsere Leute
nicht, daß das Cabel durch das Reiben an den Felsen entzweygegangen, und das äussere Ende am
Strande geblieben war. Es mußte also ein Boot
zurückgeschickt werden, um es an Bord zu bringen.
Mit diesem Boote gieng Omai wieder ans Land,
nachdem er von allen Officieren einen sehr zärtlichen
Abschied genommen hatte. Er bezeigte sich hiebey
ungemein gefaßt; aber als er an mich kam, fiel
sein ganzer Muth, und er konnte seine Thränen
nicht länger verbergen, auch sagte mir Herr King,
der ihn im Boote begleitete, daß er den ganzen
Weg hindurch nicht zu weinen aufgehört habe.

Es war uns keine geringe Beruhigung, ihn
wohlbehalten an eben denselben Ort wieder zurückgebracht zu haben, aus welchem man ihn mitgenommen hatte. Aber so sonderbar ist der Lauf der
menschlichen Schicksaale, daß wir ihn, wahrscheinlich, in einer weniger glücklichern Lage zurückließen,
als in der er sich vor seiner Bekanntschaft mit uns
befand. Ich will damit nicht sagen, daß er dadurch
unglücklicher geworden sey, weil er die Annehmlich-
keiten eines gesitteten Lebens gekostet hatte, und
nun jeden Gedanken aufgeben mußte, solche ferner
zu genießen; sondern blos, weil die Vortheile, die
er durch uns erhalten hatte, ihn in eine weit mißli-

Zweyter Th.   E e

chere Lage, in Anſehung ſeiner perſönlichen Sicherheit ſetzten. In England machte man ſich viel
mit ihm zu ſchaffen, und er ſchien jedermanns Lieb-
ling zu ſeyn; darüber verlohr er ſeinen alten Stand
und Herkommen ganz aus dem Geſichte, und über-
legte nicht, welchen Werth ſeine Landsleute bey ſeiner Rückkehr auf ſeine erworbene Kenntniſſe oder
ſeine Reichthümer ſetzen würden, durch die allein
er ſich gegenwärtig bey ihnen empfehlen, und auf
die er ſeine künftige Glückſeeligkeit oder Größe
bauen konnte. Es ſcheint ſogar, daß er ihre Denkungsart, und gewiſſermaaſſen ihre Gewohnheiten,
in dieſer Rückſicht verkannt, oder vergeſſen habe;
denn ſonſt mußte er wiſſen, wie äußerſt ſchwer es
halten würde, in einem Lande als ein Mann von
Rang angeſehen zu werden, wo es vielleicht ohne
Beyſpiel iſt, daß eine Perſon von niederem Stande, ſich durch eigenes, ſey es auch das größte Verdienſt empor gehoben habe. Hier zu Lande ſcheint
der Grund alles Anſehens und der damit verknüpf-
ten Vorzüge und Macht, blos Geburt und Rang
zu ſeyn, und man beſteht ſo hartnäckig und blind-
lings darauf, daß eine Perſon, die nicht auf einer dieſer
höheren Stuffen ſtehet, gewiß auf Haß oder Ver-
achtung rechnen kann, wenn ſie ſich einiges Anſehen
anmaſſen wollte. Bey Omai war dies ganz der
Fall, wenn auch ſeine Landsleute ihre wahren Geſinnungen zurückhielten, ſo lange wir uns bey ihnen befanden. Hätte er von den Geſchenken, die
er aus England mitbrachte, einen wohl überleg-

ten Gebrauch gemacht, so würde ihm dieses, nebst
den Kenntnissen, die er sich auf einer so beträchtlichen Reise erworben hatte, in den Stand gesetzt
haben, die allervortheilhaftesten Verbindungen einzugehen. Allein man findet in diesem Tagebuche
nur zu viele Beweise seiner kindischen Unachtsamkeit,
und wie sorglos er die leichtesten Mittel aus den
Händen ließ, sein wahres Interesse zu befördern.
Er hatte sich in seinen Gedanken einen ungleich er-
habenern Plan entworffen, der im Grunde lächerlich war, und ich möchte sagen, seinem Herzen keine
Ehre machte, da ihn mehr Rachsucht, als Ehrgeiz
zu beleben schien, ob zwar dies mehr der allgemeine
Fehler seiner Landsleute, als ein besonderer Zug in
seinem Charakter war. Sein Vater hatte wirklich
ansehnliche Güter in Ulietea gehabt, ehe diese
Insel von den Bolabolanern erobert wurde ; er
mußte sich mit vielen andern nach Huaheine flüchten, wo er starb, und den Omai nebst verschiedenen
andern Kindern hinterließ, die auf diese Weise in
eine Lage versetzt wurden, wo sie blos von andern
abhängen mußten. So fand ihn Capitain Furneaux und nahm ihn mit sich nach England. Ich
weiß nicht, ob er aus der guten Aufnahme, die ihm
dort wiederfuhr, den Schluß machte, man werde
ihm gegen die Feinde seines Vaters und seines Landes beystehen, oder ob er sich einbildete, seine eigene Ueberlegenheit an Kenntnissen, und sein per-
sönlicher Muth würden hinreichend seyn, die Eroberer

1777.
November.

von Illietea wieder aus dieser Insel zu vertreiben; aber so viel ist gewiß, daß dies gleich vom ersten Anfang der Reise an, sein beständiges Dichten und Trachten war. Alle Vorstellungen die wir ihm gegen einen so thörichten Entschluß machten, fanden kein Gehör, und er gerieth in eine wilde Hitze, so bald man ihm gemäßigtere und vernünftigere Maasregeln zu seinem Besten anrieth. Ja! er war von seinem Lieblingsplane so begeistert, daß er sich einbildete, die Bolabolaner würden die eroberte Insel sogleich verlassen, so bald sie nur seine Ankunft in Otaheite würden vernommen haben. Als wir indessen auf unserer Reise weiter kamen, fieng er nach und nach an seinen Irrthum einzusehen, und bey unserer Ankunft auf den Freundschafts-Inseln, befürchtete er eine so üble Aufnahme in seinem Vaterlande, daß er Lust hatte, zu Tongataboo, unter dem Schutze seines Freundes Feenou zu verbleiben. Auf diesen Inseln verschleuderte er einen sehr beträchtlichen Theil seiner europäischen Schätze. Eben so unbesonnen handelte er in Tiaraboo, wo er nie Willens war zu bleiben, mithin keine Absicht haben konnte, sich dort Freunde zu machen. In Matavai gieng es eben so fort, bis ich seiner Verschwendung mit einem Male ein Ende machte. Hier suchte er so schlechten Umgang, daß Otoo, der anfänglich sehr geneigt war, sich seiner anzunehmen, nachher sein Mißfallen über ihn und seine Aufführung öffentlich zu erkennen gab. Demungeachtet wäre es noch nicht zu spät gewesen, sich wieder bey ihm in

Gunſt zu ſetzen, und er hätte ſich auf eine ſehr vor⸗
theilhafte Art in Otaheite niederlaſſen können, da
er ſchon vormals verſchiedene Jahre da gelebt
hatte, und gegenwärtig bey dem Towha beliebt
war. Dieſer ſchenkte ihm das große Doppelka⸗
not, deſſen wir oben gedacht haben. — In Ota⸗
heite würde es auch in Anſehung eines gewiſſen
Ranges nicht ſo ſchwer gehalten haben, weil ein
Fremder weit leichter als ein Einheimiſcher ſich
etwas über ſeinen Stand erheben, und an ſich
ſchon auf mehr Ehrenbezeugungen Anſprüche machen
kann. Allein Omai blieb bis ans Ende unentſchloſ⸗
ſen, und er würde, allem Vermuthen nach, in den
Plan ſeiner Niederlaſſung in Huaheine nicht ein⸗
gewilliget haben, wenn ich mich nicht auf eine ent⸗
ſcheidende Art erklärt hätte, ich würde nimmermehr
Gewalt brauchen, ihn in ſeines Vaters Ländereyen
einzuſetzen. Ob er den Reſt ſeiner europäiſchen
Reichthümer, die bey aller ſeiner Verſchwendung,
noch immer ſehr beträchtlich ſind, vernünftiger ge⸗
brauchen, oder ob die Maasregeln, die ich zu ſeiner
Sicherheit und Beſchützung in Huaheine genom⸗
men habe, die erwünſchte Wirkung haben werden,
müſſen wir von künftigen Seefahrern, die dieſen
Ocean beſchiffen werden, vernehmen, welche ſich
gewiß mit einigem Intereſſe nach unſerem Aben⸗
theurer und ſeinen weiteren Schickſaalen erkundigen
werden. Vor der Hand kann ich blos muthmaſſen, daß
ſeine größte Gefahr aus den unbeſonnenen Aeuße⸗
rungen ſeines großen Haſſes gegen die Einwohner

1777.
November.

von Bolabola entstehen wird. Denn diese werden ihn ganz sicher aus Eifersucht, bey den Eingebohrnen von Huabeine gehässig zu machen suchen,
da sie gegenwärtig mit dieser Insel Friede haben,
und ihre Absicht um so leichter ausführen können, da
viele Bolabolaner sich in Huabeine niedergelassen haben.   Dieses hätte er aber leicht vermeiden
können, da sie nicht nur keine Abneigung gegen ihn
hatten, sondern eines ihrer Häupter, dessen wir
oben gedachten, und den wir in Tiaraboo als Botschafter, Priester, oder als Gott von Bolabola
fanden, sich sogar erbot, ihn in seines Vaters Ländereyen wieder einzusetzen; Omai schlug es aber
rund aus, und blieb bis zum letzten Augenblick auf
seinem Entschluß, bey der ersten Gelegenheit die
sich ereignen würde, seine Rache in einer Schlacht
zu nehmen.   Ich müßte mich sehr irren, wenn nicht
sein von England mitgebrachtes Panzerhemd seinen Muth erhöhet hätte, denn in dieser Rüstung
und mit seinem Schießgewehre hielt er sich für un-
überwindlich.

Alle diese Fehler in Omais Charakter wurden durch seine ausserordentliche Gutherzigkeit weit
überwogen.   Die ganze Zeit über, die er bey uns war,
hatte ich selten Ursache mit seiner Aufführung, im
Ganzen genommen, ernstlich unzufrieden zu seyn.
Sein Herz war voll der dankbarsten Gefühle für
die Wohlthaten die er in England empfangen hatte, auch wird er gewiß nie diejenigen vergessen, die
ihn, während seines dortigen Aufenthaltes mit ihrem

Schutz und ihrer Zuneigung beehrt hatten. Es
fehlte ihm nicht an Verstand, aber es mangelte ihm
jene geschärfte Richtung des Gemüths, und die Beharrlichkeit ihn anzuwenden, so daß seine Kenntnis-
se von Dingen sich blos auf das Allgemeine erstreckten, und in vielen Fällen sehr unvollkommen waren.
Er hatte keinen sonderlichen Beobachtungsgeist. Er
fand bey den Einwohnern der freundschaftlichen
Inseln, so manche nützliche Künste, so viele angenehme Erholungsspiele, die er in seiner Insel hätte einführen können, wo sie wahrscheinlicher Weise
leicht aufgenommen worden wären, da sie dem Genius der Einwohner angemessen waren: aber ich
habe nie bemerkt, daß er sich die Mühe gegeben
hätte, nur eines oder das andere davon zu erlernen.
Diese Gleichgültigkeit aber ist der allgemeine charak-
teristische Fehler seiner Nation. Ob sie gleich seit
zehen Jahren öfters von Europäern besucht worden
sind, so konnten wir doch nicht die mindeste Spur
entdecken, daß sie jemals versucht hätten, aus diesem Verkehre einigen Nutzen zu ziehen, oder daß
sie uns bis hieher in irgend einem Stücke nachgeahmt
hätten. Es ist also nicht wohl zu erwarten, daß
Omai im Stande seyn werde, viele unserer Künste und Gebräuche unter ihnen einzuführen, oder
die ihrigen zu verbessern. Ich hoffe dagegen, daß
er sich wenigstens bemühen werde, die verschiedenen
Früchte und Gewächse, die wir dort angepflanzt haben, zu vermehren und zur Vollkommenheit zu bringen; und schon dieses wird für seine Insel kein geringer

440

1777.
November.

Gewinnst seyn. Aber der größte Vortheil, den wahrscheinlich diese Eilande Omais Reisen werden zu danken haben, werden ihnen die nützlichen Thierarten gewähren, die wir darauf zurückgelassen haben, und die sie vielleicht niemals erhalten haben würden, wenn Er nicht nach England gekommen wäre. Wenn diese sich vermehren, so werden Otaheite und die Societäts-Inseln in Ansehung der Lebensmittel jedes Land der bekannten Welt, wo nicht übertreffen, doch ihm wenigstens gleichkommen.

Omais Wiederkunft und die vielen Beweise unserer Freygebigkeit, die er mit zurückbrachte, machten Vielen Lust, mich als Freywillige nach Pretane zu begleiten. Allein ich gab bey jeder Gelegenheit zu erkennen, daß ich vest entschlossen sey, dergleichen Anträge nicht anzunehmen. Omai dem es so viel daran gelegen zu seyn schien, der ein'ge große gereiste Mann unter ihnen zu bleiben, war gleichwohl noch immer besorgt, ich möchte mich bewegen lassen, und ihm noch andere Nebenbuhler an die Seite setzen; er erinnerte mich daher sehr oft, Lord Sandwich habe ihm versprochen, es solle keiner seiner Landsleute mehr nach England kommen.

Hätte ich die mindeste Wahrscheinlichkeit vor mir gesehen, daß man noch ein Schiff nach Neu Seeland schicken würde, so hätte ich die beiden Jungen aus diesem Lande mit nach Hause genommen, die nichts mehr wünschten, als bey uns zu bleiben. Taweiharooa, der ältere war ein ausserordentlich

munterer Bursch, von sehr gutem natürlichen Ver=
stande, und vortreflicher Anlage, Unterricht anzu=
nehmen. Er schien es zu fühlen, daß sein Vater=
land diesen Inseln weit nachstehen müsse, und ent=
schloß sich, jedoch vielleicht nicht ganz ohne inneren
Kampf, seine Tage hier in Ruhe und im Ueber=
flusse zu beschließen. Der andere, Namens Kotoa,
hatte uns so lieb gewonnen, daß man ihn mit Ge=
walt aus dem Schiffe tragen und ans Land bringen
mußte. Es war ein durchtriebener, rascher und wi=
tziger Junge, und deßwegen an Bord sehr beliebt.

Siebentes Kapitel.

Ankunft zu Ulietea. — Aſtronomiſche Beobach⸗
tungen. — Entweichung eines See ⸗ Solda⸗
ten. — Nachrichten von Omai. — Juſtruc⸗
tion für Capitain Clerke. — Ein See⸗Cadet
und ein Matroſe gehen davon. — Drey der
vornehmſten Perſonen auf der Inſel werden dieſes
Vorfalls wegen gefangen genommen. — Miß⸗
lungener Anſchlag der Eingebohrnen auf die bei⸗
den Capitaine Cook und Clerke. — Die bei⸗
den Ueberläufer werden zurückgebracht, und die
Gefangenen wieder in Freyheit geſetzt. — Die
Schiffe ſeegeln ab. — Erfriſchungen, die wir
in Ulietea erhielten. — Gegenwärtiger und
vormaliger Zuſtand dieſer Inſel. — Nachricht
von dem abgeſetzten Könige, und dem ehemali⸗
gen Regenten in Huaheine.

1777.
November.

Montag
den 3ten.

So bald das Boot, welches den Omai ans
Land gebracht hatte, mit dem zurückgebliebenen Ca⸗
bel wieder bey dem Schiffe angelangt war, holten
wir es auf, und ſteuerten geraden Weges nach Ulie⸗
tea, welches ich zunächſt berühren wollte. Nachts
um zehen Uhr legten wir bey, bis gegen vier Uhr
am folgenden Morgen, wo wir das Süderende der
Inſel umſchifften, um in den Haven Ohamaneno
zu kommen a). Wir hatten wechſelsweiſe bald Wind⸗
ſtillen, bald leichte Lüfte aus verſchiedenen Richtun⸗
gen, ſo daß wir Mittags noch eine Seemeile von

a) S. den Abriß dieſes Havens in Hawkes⸗
worth's Collection, Vol. II. p. 248. (Geſch.
der engl. See⸗Reiſen, 2ter B. S. 268.)

dem Eingange des Havens entfernt waren. Während dieses Aufenthalts machte uns Oreo, das
Oberhaupt dieser Insel, mein alter Freund, nebst
seinem Sohne, und Pootoe, seinem Tochtermanne,
einen Besuch. Ich hatte mir vorgenommen, so
bald wie möglich in den Haven zu kommen, und
ließ alle Boote ausheben, um uns zu boogsiren.
Hiebey kam uns anfänglich ein gelinder Südwind zu
Statten, er legte sich aber bald wieder, und nun
blies auf einmal, gerade aus dem Haven, ein Wind
aus Osten her, der uns nöthigte gegen zwey Uhr,
am Eingange desselben, Anker zu werfen, und die
Schiffe vorwärts auf die Anker zu schleppen, womit wir bis zu eintretender Nacht zubrachten. So
bald wir uns in dem Haven befanden, umringte
uns eine Menge Kähne, mit Eingebohrnen, die
uns Schweine und Früchte zum Tausch brachten,
und wo wir uns hinwendeten, sahen wir alles in
Ueberfluß.

Am folgenden Morgen, den 4ten, ließ ich dicht
an der Nordseite des Ufers, in der Vertiefung des
Havens das Schiff mit Vorder- und Hintertheil am
Strande anlegen, alle Cabeltaue auf das Verdeck
ziehen, und eine der Ballast-Pforten öffnen. Von
dieser Oeffnung aus, ließ ich ein leichtes Gerüste
oder eine Brücke, ungefähr zwanzig Schuh lang, bis
ans Ufer führen, um durch dieses Mittel der Ratten los zu werden, die uns noch immer plagten.
Die Discovery legte sich in eben der Absicht an die
südliche Seite des Ufers. Mittlerweile stattete ich

1777.
November.

Dienstag
den 4ten.

1777.
November.

Donnerstag den 6ten.

meinen Gegenbesuch bey dem Oreo ab, und schenkte ihm bey dieser Gelegenheit ein langen, weiten Oberrock von Leinwand, ein Hemd, eine Mütze von rothen Federn aus Tongataboo, nebst noch anderen Sachen von geringerem Werthe, und nahm ihn, mit einigen seiner Freunde, mit mir zum Mittagessen an Bord.

Am 6ten wurden die Sternwarten errichtet und die nöthigen Instrumente an Land gebracht. Die beiden folgenden Tage nahmen wir sowohl an Bord, als am Lande, mit allen unsern Compassen, Sonnen-Azimuthe, um die Abweichung der Mangnetnadel zu finden. In der Nacht zwischen dem 8ten und 9ten beobachteten wir eine Occultation des ς im Steinbock, durch den finstern Theile des Mondes. Nach Hrn. Bayly's und meinen Wahrnehmungen, die vollkommen übereinstimmten, geschah die Immersion um 10 Uhr 6 Minuten 54½ Secunden, nach Hrn. King aber eine halbe Secunde früher. Hr. Bayly hatte das achromatische Telescop der Längen-Commission; Hr. King das Spiegel-Telescop, welches eben dieser Commission gehört; ich hatte mein gregorysches, von achtzehen Zoll Brennweite. Nicht lange vorher war auch eine Immersion des π des Steinbocks, in den finstern Mond-Saum, welche aber Hr. Bavly nur allein beobachtete. Ich versuchte sie zwar durch ein kleines achromatisches Fernrohr zu beobachten, aber es vergrößerte nicht genug.

ab, und schenkte
n, weiten Ober-
eine Mütze von
nebst noch ande-
the, und nahm
it mir zum Mit-

ten errichtet und
gebracht. Die
sowohl an Bord,
vassen, Sonnen-
: Mangnetnadel
t dem 8ten und
ation des ♃ im
ile des Mondes.
Wahrnehmungen,
geschah die Im-
Secunden, nach
e früher. Hr.
scop der Längen-
egel ‒ Telescop,
hört; ich hatte
n Zoll Brenn-
h eine Immer-
finstern Mond-
allein beobach-
in kleines achro-
es vergrößerte

Bis zum 12ten fiel nichts merkwürdiges vor. Aber in der Nacht auf den 13ten, gieng der See-soldat, John Harrison, der an der Sternwarte Schildwacht gestanden war, davon, und nahm Muskete und alle Montirungsstücke mit fort. So bald wir am Morgen Nachricht erhielten, welchen Weg er genommen habe, wurde ein Commando ausge-schickt, ihn aufzusuchen, es kam aber gegen Abend wieder zurück, ohne ihn gefunden zu haben. Am folgenden Morgen, wendete ich mich dieses Vor-falls wegen an das Oberhaupt, und erhielt von ihm die Versicherung, daß er eine Parthey seiner Leute nachschicken, und mir ohne Zweifel noch selbigen Tages den Ueberläufer ausliefern wollte. Dies ge-schah aber nicht, und ich hatte sogar Ursache zu glauben, daß er diesfalls nicht die geringste Vor-kehr getroffen habe. Wir hatten um diese Zeit eine Menge Kähne an den Schiffsseiten; hieben wurden viele Diebstähle begangen, die ruchtbar wurden, und die den Eingebohrnen üble Folgen befürchten ließen. Wir hatten also am nächsten Morgen nur wenig Zuspruch. Oreo selbst besorgte nichts Gutes und entfloh mit seiner ganzen Familie. Ich sah dieses als eine gute Gelegenheit an, ihn desto eher zu Aus-lieferung des Deserteurs zu vermögen, der sich, wie ich in Erfahrung gebracht hatte, in einem Orte, Hamoa genannt, an der andern Seite der Insel aufhielt. Ich gieng zu dem Ende mit zwey bewaff-neten Booten dahin, und nahm einen Eingebohrnen als Wegweiser mit. Unterwegs fanden wir das Ober-

1777.
November.

Mittwoch den 12ten.
Donnerstag den 13ten.

Freytag den 14ten.

Sonnabend den 15ten.

1777.
November.

haupt, und nahmen es zu uns an Bord. Ungefähr anderthalb Meilen von Hamoa stieg ich mit einigen meiner Leute ans Land, und marschirte in aller Eile darauf zu, ehe der Anblick meiner Boote
noch Aufsehen machte, und der Entlaufene nicht Zeit
gewinnen möchte, sich in die Gebirge zu flüchten.
Diese Vorsicht war indessen unnöthig; denn die
Eingebohrnen dieses Theils der Insel hatten schon
vor meiner Ankunft, Nachricht erhalten, und sich
vorgenommen gehabt, den Flüchtling auszuliefern.

Ich fand Harrison, mit der Flinte zu seinen
Füssen, zwischen zwo Weibern sitzen, die so bald
ich ins Haus trat, aufstanden und für ihn sprechen
wollten. Da es hier sehr um die Folgen zu thun
war, so ließ ich sie hart an, und befahl ihnen sich
fortzupacken. Sie brachen darüber in Thränen aus,
und begaben sich hinweg. Paha, der Befehlshaber dieses Bezirks, kam hierauf mit einem Pisang-
stengel, und einem Sponferkel, die er mir als ein
Friedensgeschenk darbringen wollte. Ich verwarf es
aber, und hieß ihn seiner Wege zu gehen; schiffte mich
mit dem Deserteur, an Bord des nächsten Bootes
ein, und kehrte nach den Schiffen zurück. Nun
war das vorige gute Vernehmen wieder hergestellt.
Der Kerl wußte keine andere Entschuldigung vor-
zubringen, als daß er von den Eingebohrnen ver-
führt worden sey, und das mochte dann einigermas-
sen wahr seyn, weil Paha und die vorhinerwähn-
ten beiden Weibspersonen, Tags vorher, ehe er
wegging, auf dem Schiffe gewesen waren. Da er

Borb. Unge,
z ftieg ich mit ci,
marfchirte in al,
f meiner Boote
laufene nicht Zeit
birge zu flüchten.
,thig; denn die
nfel hatten fchon
:halten, und fich
g auszuliefern.
Flinte zu feinen
jen, die fo bald
für ihn fprechen
Folgen zu thun
befahl ihnen fich
: in Thränen aus,
, der Befehls,
lit einem Pifang,
ie er mir als ein
Ich verwarf es
hen; fchiffte mich
nächften Bootes
, zurück. Nun
wieder hergeftellt.
fchuldigung vor,
ingebohrnen ver,
bann einigermaß,
e vorhinerwähn,
vorher, ehe er
,waren. Da er

---

bis auf wenige Minuten vor der Ablöfung auf fei,
nem Poften geblieben war, fo ließ ich ihn nicht eben
fehr ftrenge beftrafen.

Wir waren zwar von Omai getrennt, aber
noch befanden wir uns nahe genug, Nachricht von
ihm erhalten zu können, um die ich ihn gebeten hat,
te. Ungefähr vierzehn Tage nach unferer Ankunft
in Ulietea fandte er auch zwey feiner Leute in ei,
nem Kahne an mich ab, und ließ mir zu meinem
großen Vergnügen fagen, daß er fich in keinem
Stücke über die Einwohner der Infel zu beklagen
habe, und alles recht gut gehe, ausgenommen daß
feine Ziege im Werfen darauf gegangen fey. Die,
fe Nachricht war mit der Bitte begleitetet, ihm ei,
ne andere Ziege und zwey Beile zu fchicken. Es
war mir fehr angenehm, ihm noch diefe Dienfte
leiften zu können, und ich fchickte am 18ten feine beiden
Abgeordneten mit den Beilen, einem Ziegenböck,
chen und einer jungen Ziege, die fich noch auf der
Discovery befanden, nach Huaheine zurück.

Am folgenden Tage gab ich dem Capitain Clerke,
im Falle wir, nach unferer Abreife aus diefen Infeln
getrennt werden follten, folgende Verhaltungsbe,
fehle:

Inftruction von Capitain Jacob Cook, Befehlshaber von Sr. Majeftät Schlup, pe, Refolution:

"Da die Fahrt von den Societäts , Infeln bis
an die nördliche Küfte von America von beträcht,
licher Dauer feyn wird, und zum Theil mitten im

1777.
November.

Winter geschehen muß, wo Stürme und schlimmes
Wetter, ja sogar Trennung beider Schiffe zu erwarten stehen; so haben Sie alle mögliche Sorgfalt anzuwenden, letzteres zu verhüten. Wenn sich
aber, aller unserer Mühe ungeachtet, dennoch der
Fall ereignen sollte, daß wir aus einander kämen;
so haben Sie mich vor der Hand an der Stelle
aufzusuchen, wo Sie mich das letztemal gesehen haben. Sollten Sie mich hier binnen fünf Tagen
nicht zu Gesicht bekommen; so haben Sie, laut
der Instruction des hohen Admiralitäts-Collegium,
wovon Sie eine Abschrift in Handen haben, Ihren
Lauf nach der Küste von Neu-Albion fortzusetzen, und zu trachten, alldort in die Breite von
45° zu kommen.

In dieser Breite haben Sie, in einer mäßigen
Entfernung vom Lande, zehen Tage lang nach mir
zu kreutzen, und sollten Sie mich auch alsdann
nicht sehen; so werden Sie in den ersten bequemen
Haven dieser Breite, oder weiter nordwärts anlegen, um Holz und Wasser einzunehmen, und sich
Erfrischungen zu verschaffen.

Während Ihres Aufenthaltes in diesem Haven,
werden Sie sich beständig nach mir umsehen lassen,
und zu dem Ende so nahe als möglich an der See-
küste eine Ankerstelle wählen, damit sie mich desto
leichter wahrnehmen können, wenn ich auf offener
See erscheinen werde.

Sollte ich vor dem 1sten April, künftiges Jahres, nicht zu Ihnen stoßen, so gehen Sie wieder

in See, und richten ihren Lauf nordwärts, bis un
ter den 56° der Breite; wo Sie in schicklicher Ent
fernung von der Küste, die sich jedoch nicht über
funfzehen Seemeilen erstrecken darf, bis zum 10ten
May nach mir zu kreutzen haben.

Sehen Sie in diesem Zeitraume nichts von mir,
so gehen Sie immer weiter nordwärts, um, in Ge
maßheit der oben gedachten Instruction, einer.
Durchgang in das atlantische Meer, durch die
Hudsons, oder Baffinsbay aufzusuchen.

Sollten Sie weder in einer dieser Bayen, noch
auf einem andern Weg eine Durchfahrt entdecken
können, und es bey der Jahreszeit allzu gefährlich
werden, sich in hohen Breiten aufzuhalten; so ha
ben Sie sich in den Haven St. Peter und St.
Paul in Kamtschatka zu begeben, um ihre Mann
schaft mit Erfrischungen zu versorgen, und da
selbst zu überwintern.

Sollten Sie aber in gedachtem Haven nicht
hinlängliche frische Lebensmittel antreffen; so steht
es Ihnen frey, nach eigenem Gutdünken, einen
andern Haven zu wählen; jedoch werden Sie
bey ihrer Abreise den dortigen Gouverneur die dieß
falls nöthige Auskunft schriftlich zurücklassen, die er
mir bey meiner Ankunft einhändigen wird. Im
Frühling des folgenden Jahres 1779, werden Sie
sich wieder in oben erwähnten Haven begeben, und
wo möglich, längstens bis den 10ten May daselbst
einzutreffen suchen.

Zweyter Th.   Ff

Werden Sie bey ihrer Ankunft weder Befehle, noch Nachrichten von mir finden, die Sie rechtfertigen könnten, andere Maasregeln zu nehmen, als in der vorhin gedachten Instruction angezeigt sind; so haben Sie sich in der Folge lediglich an diese letztere zu halten, und die darinnen angezeigten, noch nicht befolgten Punkte zu vollziehen, wofern sich solches mit gegenwärtigen Befehlen verträgt.

Sollten Sie endlich durch Krankheit oder durch sonst einen Zufall verhindert werden, sowohl gegenwärtige Instruction, als die Verhaltungsbefehle der Admiralitaetskammer zu befolgen; so werden Sie Sorge tragen, daß solche demjenigen Officier übergeben werden, der nach Ihnen der nächste im Commando ist, und dem andurch aufgegeben wird, sie bestmöglichst zu vollziehen.

Gegeben unter meiner Hand, an Bord der Resolution; Ulietea am 18ten November 1777.

J. Cook.

„An dem Capitain, Carl Clerke
Befehlshabern Sr. Majestät
Schluppe, Discovery."

Während wir mit den Schiffen dicht am Ufern dieser Insel lagen, ließen wir sie beide kielholen, säuberten den äussern Boden, und belegten ihn mit dünnen Zinnplatten, nachdem wir das alte Beschläge weggenommen und alles Mangelhafte ersetzt hatten. Der geschickte Herr Pelham, Secretair bey dem Proviant-Commissariat der Königlichen

Flotte hatte mir diese Zinn-Platten mitgegeben, **1777.**
und ich werde nun sehen, ob sie nicht in dieser Absicht **November.**
eben die Dienste thun, als Kupferplatten.

Am 24sten des Morgens wurde mir gemeldet, **Montag**
daß man auf der Discovery einen Midschipmann **am 24sten.**
(Seekadeten) und einen Matrosen vermisse. Nicht
lange darauf hörten wir von den Eingebohrnen, daß
beide am vorhergehenden Abend, in einem Kahne
weggefahren wären, und sich jetzt am andern Ende
der Insel befänden. Da der Midschipmann schon
ein Verlangen geäußert hatte, auf einer dieser Inseln zurückzubleiben, so war es sehr wahrscheinlich,
daß er sich mit seinem Begleiter blos in dieser Absicht unsichtbar gemacht hatte. Capitain Clerke
setzte ihnen daher in zwey bewafneten Booten, mit
einer Parthey Seesoldaten nach; kam aber gegen
Abend unverrichteter Sache zurück, und ohne etwas zuverlässiges über ihren Aufenthalt erfahren zu
haben. Er wollte sogar aus dem Betragen der
Eingebohrnen abgenommen haben, daß sie die
Flüchtlinge zu verbergen suchten, daß sie ihn den
ganzen Tag über nur mit falschen Nachrichten aufgehalten, und ihn an Stellen geführt hätten, wo
er sie unmöglich hätte finden können. Er betrog
sich auch nicht in diesen Muthmaßungen, denn am
folgenden Morgen erfuhren wir, daß sich die zwey
Ausreisser nach Otaha b) hätten übersetzen lassen.

Ff 2

b) Eine kleine nahe gelegene Insel an der Nordseite
von Ulietea. W.

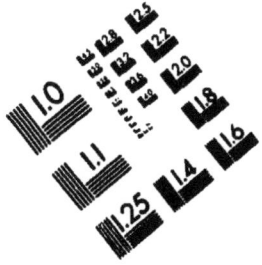

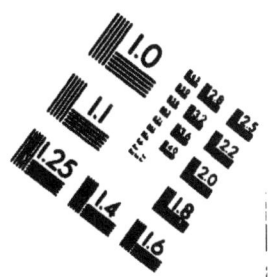

**IMAGE EVALUATION
TEST TARGET (MT-3)**

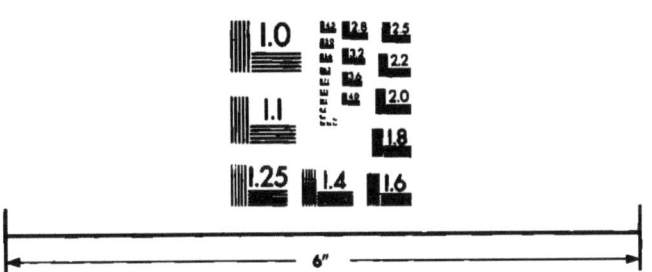

← 6" →

Photographic
Sciences
Corporation

23 WEST MAIN STREET
WEBSTER, N.Y. 14580
(716) 872-4503

Da sie nicht die einzigen auf den Schiffen wa, ren, die ihr Leben auf diesen glücklichen Inseln zu beschließen wünschten; und es mir sehr darum zu thun war, allen weitern Versuchen dieser Art vor, zubeugen, so hielt ich es für höchst nöthig, sie wie, der zu bekommen, es koste auch was es wolle; und damit die Eingebohrnen sähen, daß ich die Sache ernstlich nähme, entschloß ich mich, die Ueberläufer selbst aufzusuchen, weil ich bey verschiedenen Vor, fällen auf diesen Inseln bemerkt hatte, daß man es nicht wagte, mich mit falschen Nachrichten zu hin, tergehen.

Dienstag
den 25ten.

Ich machte mich also, am folgenden Morgen, mit zwey bewafneten Booten auf den Weg, und wurde von dem Oberhaupte selbst begleitet. Wir hielten uns, nach seiner Anleitung, nirgends auf, bis wir an die Mitte der Ostseite von Otaha ka, men, wo wir ans Land stiegen. Oreo schickte so, gleich einen Boten voraus, mit dem Befehle, daß man die Flüchtlinge ergreifen, und so lange in Ver, haft behalten solle, bis wir mit unseren Booten würden nachgekommen seyn. Als wir aber den Ort erreicht hatten, wo wir sie zu finden hofften, sagte man uns, daß sie die Insel verlassen, und bereits Tags zuvor nach Bolabola gegangen wä, ren. Ich hielt nicht für rathsam, ihnen dahin zu folgen, und kehrte also nach den Schiffen zurück, jedoch mit dem vesten Vorsatze, ein Mittel zu, treffen, durch welches ich die Einwohner von Ulie,

n Schiffen wa-
ichen Inseln zu
: sehr darum zu
1 dieser Art vor-
nöthig, sie wie-
s es wolle; und
ß ich die Sache
, die Ueberläufer
schiedenen Wor-
te, daß man es
chrichten zu hin-

genden Morgen,
den Weg, und
begleitet. Wir
, nirgends auf,
von Otaha ka-
Oreo schickte so-
n Befehle, daß
so lange in Ver-
nseren Booten
s wir aber den
finden hofften,
verlassen, und
a gegangen wä-
ihnen dahin zu
Schiffen zurück,
ein Mittel zu-
hner von Ulie-

tea selbst zu zwingen gedachte, unsere entwichene Leute von jener Insel zurückzubringen.

In der Nacht beobachte ich mit Hrn. Bayly, und Hrn. King eine Immersion des dritten Jupiters-Trabanten. Sie eräugte sich:

nach Hrn Bayly um 2 U. 37 M. 54 S.}
— Hrn. King . 2   37   24   } Morg.
meiner eig. Beob. 2   37   44 }

Hr. Bayly und Hr. King hatten dollondsche vierthalbfüssige achromatische Teleskope, von der größten Amplification. Ich beobachtete mit einem zweyfüßigen gregoryschen Spiegelteleskope von Bird.

Kaum war der Tag angebrochen, so kam Oreo mit seinem Sohne, seiner Tochter, und seinem Tochtermanne an Bord der Resolution. Diese drey letztern hatte ich vor, so lange als Geiseln zu behalten, bis die Deserteurs zurückgebracht wären. Capitain Clerke mußte sie zu dem Ende an Bord seines Schiffs einladen, und so bald sie dort angekommen waren, machte er sie zu Kriegsgefangenen. Oreo war noch bey mir, als er die Neuigkeit erfuhr; er erzählte mir den Vorfall, in der Meynung, daß dieses alles ohne mein Wissen, und folglich ohne meine Genehmigung geschehen sey. Ich benahm ihm aber augenblicklich seinen Irrthum, so daß es ihm jetzt um seine eigene Lage bange wurde, und in seinem Blicke und Wesen die größte Bestürzung zu lesen war. Hierüber beruhigte ich ihm aber vollkommen, indem ich ihm sagte, es stehe blos bey ihm das Schiff zu verlassen, wenn er nur wollte, um

schickliche Wege einzuschlagen, mit die beiden Leute
wieder zu verschaffen, und dadurch die Seinigen in
Freyheit zu setzen. Geschähe jenes nicht, so wäre
ich entschlossen, sie mit mir hinweg zu nehmen, wie
mich denn überhaupt sowohl sein Betragen, als das
Betragen seiner Leute, die nicht nur zu dieser Flucht
behülflig gewesen wären, sondern noch gegenwärtig
andere zu verführen suchten, zu allen Maasregeln
berechtigte, die ich nur immer nehmen könnte, dieses Vornehmen zu vereiteln.

Auf diese Erklärung, und Anzeige der Beweggründe meines Verfahrens, die wir Mittel fanden,
dem Oreo und seinem Gefolge vollkommen begreiflich zu machen, erholten sie sich von der ersten allgemeinen Bestürzung, besonders in Ansehung ihrer
eigenen Sicherheit; aber noch waren sie immer der
Gefangenen wegen, äußerst bekümmert. Viele begaben sich in ihren Kähnen unter den Spiegel (die
Kajütten-Fenster) der Discovery, und beklagten
ihre gefangenen Landsleute in langen, lauten Aus-
ruffungen. Poedooa! — so hieß die Tochter des
Oberhauptes — erschallte auf allen Seiten; die
Weiber bejammerten ihr Schicksaal um die Wette,
und dieses nicht blos mit Thränen und Geschrey,
sondern es gab bey dieser Gelegenheit viele blutig-
geritzte Köpfe.

Oreo überließ sich hiebey keiner unnützen Wehe-
klage, sondern machte auf der Stelle Anstalten, die
Flüchtlinge wieder zu schaffen. Er schickte zu dem
Ende einen Kahn nach Bolabola an Opoony, den

König der Insel, und ließ ihm durch einen Abge
ordneten den Vorfall anzeigen und ihn bitten, die
beiden Entlaufenen gefangen nehmen zu lassen und
hieher zu senden. Oreo nahm hiezu keinen gerin=
gern Botschafter als Pootoe, den Vater seines
Tochtermannes, der noch vor seiner Abreise zu mir
an Bord kam, um meine Befehle zu vernehmen.
Ich schärfte ihm ein, ja nicht ohne die Flüchtlinge
zurückzukommen, und dem Opoony in meinem
Namen zu sagen, daß wenn sie allenfalls die Insel
sollten verlassen haben, er ihnen einige Kähne nach=
schicken sollte; denn ich konnte mir wohl vorstellen,
daß sie sich nicht lange an einem Orte aufhalten
würden.

Unsere Gefangenen waren indeß von so großer
Wichtigkeit, daß die Eingebohrnen es nicht für
rathsam hielten, sich in Ansehung ihrer Befreyung
auf die Zurückkunft unserer Deserteur zu verlassen,
oder vielmehr, ihre Ungeduld war so groß, daß sie
auf einen Anschlag fielen, der ihnen ein noch größe=
res Ungemach zugezogen hätte, wenn es nicht, glück=
licher Weise, noch wäre abgewandt worden.   Abends
zwischen fünf und sechs Uhr bemerkte ich, daß alle
Kähne in, und um den Haven, sich auf das schleu=
nigste entfernten, als wenn sie ein panisches Schre=
cken ergriffen hätte.   Ich befand mich damals am
Lande, den Schiffen gegen über, und fragte lange
Zeit vergeblich nach der Ursache, bis unsere Leute
vom Bord der Discovery uns zuriefen, eine Par=
they Eingebohrner hätten Capitain Clerke und

1777. Herrn Gore, die in einiger Entfernung von den
November. Schiffen spazieren gegangen wären, gefangen genommen. Erstaunt über diesen kühnen Plan der
Wiedervergeltung, wodurch man mir auf meinem
eigenen Wege so treffend entgegen arbeitete, sahe
ich, daß hier keine Zeit zu verliehren war. Ich ließ
daher meine Leute unverzüglich bewaffnen, und in
weniger als fünf Minuten, rückte Hr. King mit
einem starken Commando aus, um die beiden Herren
frey zu machen. Zu gleicher Zeit wurden zwey bewaffnete Boote mit einer andern Parthey, unter
Anführung Hrn. Williamsons, nach den fliehenden
Kähnen ausgesandt, um ihnen den Rückweg am
Ufer abzuschneiden. Wir hatten aber kaum diese
beiden Detaschements aus den Augen verlohren, so
ergab sich's, daß man uns falsch berichtet hatte,
worauf sie sogleich zurückberuffen wurden.

Es war indessen aus verschiedenen Umständen
nur allzu deutlich zu sehen, daß die Eingebohrnen
wirklich mit der Absicht umgegangen waren, sich des
Hrn. Clerke zu bemächtigen; ja, sie machten am
folgenden Tag gar kein Geheimniß daraus. Ihren
erstern, großen Operationsplan aber, hatten sie eigentlich auf mich angelegt. Ich war gewohnt,
mich alle Abende in frischem Wasser zu baden, wohin ich mich öfters allein und ohne alles Gewehr verfügte. In der Vermuthung, daß dieses heute
Abends wieder geschehen werde, hatten sie sich vorgenommen, mich und Hrn. Clerke, im Fall er
mich begleiten sollte, in Beschlag zu nehmen. Al-

lein seit dem ich Oreo's Familie im Arreſt hatte,
hielt ich es nicht für rathſam, mich ihrer Gewalt
auszuſetzen. auch warnte ich Hrn. Clerke und alle
Offcier, ſich nicht allzu weit von den Schiffen zu
entfernen. Oreo fragte mich dieſen Nachmittag
zwey oder dreymal, ob ich heute nicht auf meinen
gewöhnlichen Badeplatz gehen wollte? Weil er aber
ſah, daß ich mich nicht dazu bereden ließ, begab er
ſich mit ſeinen Leuten fort, ſo ſehr ich ihn auch bat,
länger zu bleiben. Ich dachte damals nichts Arges,
und ſtellte mir vor, es habe ſie ſonſt ein Schrecken
ergriffen, der, wie gewöhnlich, bald wieder vorüber
ſeyn würde. Da ihnen nun in Anſehung meiner
der Verſuch fehlgeſchlagen war, ſo ſuchten ſie ſich
an diejenigen zu halten, die ihnen näher zu Handen
waren. Sehr gut war es inzwiſchen für beide Theile, daß der ganze Anſchlag zu Waſſer wurde, und
noch ein größeres Glück, daß hiebey kein Menſch
ums Leben kam. Denn, außer zwey oder drey
Ladungen, die gegen die Kähne abgefeuert wurden,
geſchahen ſonſt keine Musketenſchüſſe, und dieſen
wenigen hatten vielleicht die Herren Clerke und Gore
ihre Rettung zu verdanken. c) Denn gerade um
dieſe Zeit gieng eine Rotte mit Keulen bewaffneter

c) Vielleicht auch dem Umſtande, daß Capitain
Clerke mit einer Piſtole in der Hand ſpazieren
gieng, und ſie einmal losſchoß. Capitain Cook
und Hr. Anderſon erwähnen zwar hievon nichts
in ihren Tagebüchern, wir haben aber Capitain
Kings Gewährſchaft für uns.

Eingebohrnen auf sie los, die aber durch den Knall der Flinten aus einander gescheucht wurden.

Diese Verschwörung, wenn sie anders diesen Namen verdient, wurde zuerst durch ein Mädchen entdeckt, die einer unserer Officier von Huaheine mit sich genommen hatte. Sie hörte von ungefähr daß einige Ulieteaner einander sagten, man wolle sich Herrn Clerke's und Hrn. Gore bemächtigen, und so lief sie unverzüglich zu dem ersten, dem besten unserer Leute, ihm davon Nachricht zu geben. Diejenigen, denen die Vollziehung dieses, durch sie verrückten Planes anvertrauet war, droheten ihr, sie umzubringen, so bald wir nur die Insel würden verlassen haben. Um nun diesem vorzukommen, fanden wir Mittel, sie einige Tage hernach durch ihre Verwandten aus dem Schiffe hinweg und an einen sichern Ort zu bringen, wo sie so lange verborgen bleiben könnte, bis die Ihrigen Gelegenheit hätten, sie wieder nach Huaheine zurückzuschicken.

Am 27sten schaften wir unsere Sternwarten, und alles, was wir am Lande hatten, wieder an Bord. Die Schiffe wurden vom Ufer losgemacht, und eine kleine Strecke den Haven hinabgezogen, wo wir sie vor Anker brachten. Nachmittags fiengen die Einwohner wieder an, ohne Furcht die Schiffe zu umgeben, und wie gewöhnlich an Bord zu steigen, so daß man den gestrigen, so vieles Unglück drohenden Vorfall auf beiden Seiten schien vergessen zu haben.

In der folgenden Nacht hatten wir heftige Windstöße aus Süd-Ost, und schwere Regenschauer.

Durch einen dieſer Stöſſe gieng das Cabeltau, woran die Reſolution lag, dicht vor dem Klißloche
entzwey. Wir hatten aber noch einen Anker, den wir
konnten fallen laſſen, und ſo blieb das Schiff ſo
ziemlich auf der Stelle. Nachmittag war der Wind
gemäſigter, ſo daß wir das Bugankertau wieder in
die Klüſe nehmen konnten.

Oreo, das Oberhaupt, der ſo wie ich anfieng,
unruhig zu werden, daß keine Nachricht von Bolabola kam, gieng noch dieſen Abend dahin ab,
und bat mich ihm Tags darauf mit den Schiffen
nachzufolgen. Dies war auch wirklich meine Abſicht; allein der Wind ließ uns nicht aus dem Haven. Dagegen war er für Oreo deſto günſtiger,
der nunmehr mit den zwey Flüchtlingen von Bolabola ankam. Dieſe hatten noch am Abend ihres
Entweichens Otaha erreicht; da ſie aber keinen
Wind hatten, um, ihrer Abſicht gemäs, auf eine
der öſtlichen Inſeln zu kommen, ſo wendeten ſie ſich
nach Bolabola, und von da nach Toobaee, einem kleinen Eilande, wo ſie Pootoe's Vater,
auf Befehl Opoony des Königs, an den er geſchickt war, in Empfang nahm. So bald ſie an
Bord kamen, ließ ich die drey Gefangenen los —
und ſo gieng dieſes mühevolle, ärgerliche Geſchäft
zu Ende. Ich würde bey dieſem Vorfalle vielleicht
nicht mit ſo vielem Nachdruck zu Werk gegangen
ſeyn, wenn ich nicht, nebſt den vorhin angezeigten
Urſachen, den Midſchipmann, der ein Sohn eines

460

1777.
December.

Sonntag
den 7ten.

Officiers, der mein guter Freund war, seinem Vaterlande hätte erhalten wollen.

Der Wind blieb immer zwischen Nord und West
und hielt uns bis am 7ten December in dem Haven; da dann um acht Uhr des Morgens ein leichter Wind in Nord Osten auffam, den wir uns zu
Nutz machten, und mit Zuziehung aller unserer
Boote in Gesellschaft der Discovery geraume See
gewannen.

Die letzte Woche hindurch hatten wir häufigen
Zuspruch aus allen Gegenden der Insel, und wir
wurden mit einem beträchtlichen Vorrath an Schweinen und grünen Pisangen versehen, so daß wir unseres längeren Aufenthaltes wegen im Haven, eini-
germaassen entschädiget wurden. Die unreifen Pisange lassen sich vierzehen Tage, bis drey Wochen
aufbewahren und können anstatt des Brods gebraucht
werden. Sonst hatten wir auch noch Gelegenheit
unsern Vorrath an Holz und Wasser zu ergänzen.

Die Einwohner von Ulietea sind mehrentheils
kleiner und dunkler von Farbe, als die Eingebohrnen
der benachbarten Inseln, und scheinen mir auch
zügelloser und ungesitteter. Dies kommt vielleicht
daher, daß ihre Insel ein erobertes Land von Bolabola, und Oreo, ihr Oberhaupt, nur Statt-
halter von dem Beherrscher letzterer Insel ist. Auch
scheint diese Eroberung die Anzahl der untergeordneten Häupter hier sehr vermindert zu haben, so daß
der gemeine Mann jetzt nicht mehr so unmittelbar
von den Befehlen derer abhängt, denen es ihres ei-

var, ſeinem Wa

t Nord und Weſt

aber in dem Ha

lorgens ein leich

den wir uns zu

ng aller unſerer

ry geraume See

ten wir häufigen

Inſel, und wir

rrath an Schwei

, ſo daß wir un

im Haven, eini

Die unreifen Pi

is drey Wochen

Brods gebraucht

noch Gelegenheit

er zu ergänzen.

ind mehrentheils

ie Eingebohrnen

)einen mir auch

kommt vielleicht

s Land von Bo

pt, nur Statt

r Inſel iſt. Auch

der untergeord

zu haben, ſo daß

r ſo unmittelbar

rnen es ihres ei

genen Vortheiles wegen, um unbedingten Gehorſam zu thun ſeyn muß. Indeſſen ſoll Ulietea, ehe es in dieſen abhängigen Zuſtand verfallen iſt, die vorzüglichſte Inſel der ganzen Gruppe geweſen ſeyn, und ſie war aller Vermuthung nach, der Hauptſitz der Regierung; denn man ſagte uns, daß die gegenwärtige Königliche Familie in Otaheite, von der abſtammt, die vor der letzten Revolution hier geherrſcht hat. Ooroo, der abgeſetzte Monarch von Ulietea lebte noch, und war bey unſerem letzten Aufenthalte, in Huaheine, wo er zur Zeit ſeine Wohnung aufgeſchlagen hat, und als ein irrender König, ein redendes Beyſpiel der Unbeſtändigkeit menſchlicher Macht und Gröſſe iſt. Noch merkwürdiger aber iſt die Anhänglichkeit des Volks an ſeine Begriffe von der Hoheit gewiſſer Geſchlechter, und der Heiligkeit der Gebräuche, wodurch die Oberhäupter zu unumſchränkten Beherrſchern eingeweihet werden; denn Ooroo genießt noch aller Unterſcheidungszeichen, die dieſe Völkerſchaft der höchſten königlichen Würde beylegt, ob er gleich ſein Land verlohren hat.

Wir ſahen ein ähnliches Beyſpiel in Ulietea. Unter unſern gelegentheitlichen Beſuchen befand ſich auch mein alter Freund Oree, der vormalige Regent von Huaheine. Er erſchien noch in aller ſeiner äuſerlichen Würde; hatte immer ein zahlreiches Gefolg, und machte uns ſehr anſehnliche Geſchenke. Er ſah gegenwärtig noch beſſer aus, als ich ihn auf

1777.
December.

meinen vorigen Reiſen geſehen hatte d), ob er gleich um ſo viel älter geworden iſt. Vielleicht iſt er jetzt geſünder, weil er als Privatmann nicht mehr ſo viel Ava trinkt, den er ſich ſonſt, als Regent, über die Maaſſen wohl hatte ſchmecken laſſen.

d) Capitain Cook ſah den Oreo zum erſtenmale im J. 1769. als er die Endravour commandirte, und zum zweytenmal auf ſeiner vorletzten Reiſe.

Ende des zweyten Bandes.

Druckfehler und Verbeßrungen.
Nachtrag zum Ersten Band.

S. LXXII. 3. 10. v. u. für 1772. lies: 1722.

, LXXI. , 21. v. u. Anmerk. m) statt Indianerin lies: Indianerinnen.

, XCII. , 9. v. o. für Graden, lies: Minuten.

, 157. , 12. v. u. , nach England, , wenig.

, 209. , 2. v. u. , Anmerk. f) und

, 210. , 6. v. u. , Anm. i) für Hawkesworths Geschichte der Seereisen, lies: Hrn. Forsters Reise u. d. Welt.

, 229. , 2. v. o. , Marckt, , Mark.

, 283. , 6. v. o. , einer, , eines.

, 284. , 5. v. u. nach: so kann, del. man.

Im Zweiten Bande.

S. 12. , 13. v. o. für Gegegenwart l. Gegenwart.

, 32. , 2-2. v. o. , haben, , hatten.

, 46. , 7. v. u. , und das, , und da das.

, 84. , 14. v. u. , del. , einiger.

, 87. , 11. v. u. , Gerüche, , Gericht.

, 106. , 1. v. o. , zu, , zum.

, 132. , 16. v. o. , dünen, , dünnen.

, 133. , 1. v. u. , ihm, , ihn.

, 134. , 4. v. u. , als einer ihres, , als eines ihrer.

, 137. , 3. v. o. , Seemeile, , Seemeile.

, 176. , 13. v. o. , ihm, , ihn.

, 179. , 11. v. o. , außerhalb, , außer.

, , , 5. v. u. , seinen, , seinem.

, 191. , 2. v. o. , um Schweine, , mit Schweinen.

, , , 9. v. u. , abschlüssig, , abschlüssig.

, 192. , 1. v., u. , und sich, , und man sich.

, 195. , 6. v. o. , ein, , einen.

, 197. , 3. v. u. , Nähe, , Nähne.

, 202. , 15. v. o. , gehen, , zu gehen.

, 209. , 2. v. u. , wenn, , wann.

, 217. , 3. v. u. , geschlige, , geschlige.

, 226. , 15. v. o. , als, , für.

, , , 16. v. o. , als, , als für.

S. 239. Z. 6. v. o. für hizufügen, lies: hinzufügen.
247. 16. v. o. Schildkrot, Schildpadde.
264. 5. v. u. sezten segen.
267. 5. v. o. punkturt punktiet.
275. 11. v. o. derer, deren.
282. 1. v. o. mehrer, mehreter.
300. 9. v. u. heraus hieraus.
303. 19. v. u. nödlichen, nördlichen.
307. 2. v. u. in der Anm. für 285. lies: 235.
307. 8. v. o. für: ihn, lies: sie.
308. 3. v. u. keinen keinem.
312. 13. v. o. Diengen Dingen.
313. 7. v. u. ihm ihn
327. 10. v. o. Franckrich Franckreich.
329. 7. v. u. Ausdrcks. Ausdrucks.
342. 10. v. o. angebohren angebohrnen.
351. 1. v. u. begleitet begleitete.
379. 1. v. u. der an, den er an.
383. 11. v. o. bereitet bereit.
385. 13. v. o. ihn ihm.
390. 9. v. o. Auffuchns Auffuchens.
392. 16. v. o. Obeirepha Obeitepeha.
402. 6. v. u. haben, hätten.
403. 14. v. o. an, am.
405. 1. v. u. Büscheln, Büscheln von.
410. 4. v. u. Trafen, Trafen.
414. 5. v. o. konnten, konnte.
418. 17. v. o. nüzlichen nüzliche.
419. 3. v. o. hatt, hatte.
meinen meinem.